U0922323

中国煤炭工业协会重大研究项目

中国煤炭工业安全高效矿井建设年度报告

（2009）

王显政　主编

中国矿业大学出版社

内容提要

本书是2008年度中国煤炭工业安全高效矿井建设工作的总结报告。全书围绕2008年度煤炭工业安全高效矿井建设情况、安全高效矿井开采工艺及装备、安全高效矿井建设发展思路、全国安全高效矿井建设经验等方面进行了深入的分析和研究，全面、系统、客观地介绍了我国煤炭工业安全高效矿井建设的基本情况。

本书内容丰富、系统性好、实用性强，可供煤炭管理部门及企事业单位生产管理人员及技术人员参考阅读。

图书在版编目(CIP)数据

2009中国煤炭工业安全高效矿井建设年度报告/王显政主编. —徐州：中国矿业大学出版社，2010.5

ISBN 978-7-5646-0657-2

Ⅰ.①2… Ⅱ.①王… Ⅲ.①煤炭工业—研究报告—中国—2009 Ⅳ.①TD82

中国版本图书馆CIP数据核字(2010)第072864号

书　　名 中国煤炭工业安全高效矿井建设年度报告(2009)
主　　编 王显政
责任编辑 李士峰　刘社育
责任校对 宋会娜
出版发行 中国矿业大学出版社
(江苏省徐州市解放南路　邮编221008)
营销热线 (0516)83885307　83884995
网　　址 http://www.cumtp.com　**E-mail**:cumtpvip@cumtp.com
印　　刷 北京兆成印刷有限责任公司
经　　销 新华书店
开　　本 787×1092　1/16　**印　　张** 26.25　**字　　数** 457千字
版次印次 2010年5月第1版　2010年5月第1次印刷
印　　数 1~1600册
定　　价 128.00元

编　委　会

前　言

煤炭是我国的主体能源，煤炭工业作为我国的能源基础，有力地保障了国家的能源安全及经济社会的持续快速发展。我国煤炭工业走过了辉煌的60年，从落后的煤炭生产状况到现代化的煤矿建设，大型煤炭基地建设初见成效，大型煤炭企业集团发展日新月异，煤炭工业结构调整不断优化，经济发展方式得到切实转变，市场化改革稳步推进，经济运行质量大幅提升，煤矿生产事故得到有效遏制。2008 年，全国原煤产量达到 28 亿 t，其中大型煤炭企业原煤产量达到 14. 88 亿 t，占全国原煤产量的 50% 以上。

煤炭工业安全高效矿井建设是我国煤炭工业坚持开展多年的一项重要活动。经过多年坚持不懈的努力，安全高效矿井建设工作取得了显著成绩，得到了全行业的广泛认同和大力支持。广大煤炭企业在推动安全高效矿井建设的过程中，通过不断总结经验、更新观念，开展有针对性的关键技术攻关，有力地推动了煤炭科技进步和管理创新，促进了我国煤炭工业的健康发展。实践证明，安全高效矿井建设是煤炭行业深入贯彻落实科学发展观的集中体现，对于推进发展方式转变，促进煤炭工业节约发展、清洁发展、安全发展，实现健康可持续发展具有十分重要的意义。

为了进一步推进我国煤炭企业安全高效矿井建设，加强经验交流，促进煤炭工业生产力水平的提高，中国煤炭工业协会在命名表彰 2008 年度安全高效矿井的基础上，继续编辑出版《中国煤炭工业安全高效矿井建设年度报告（2009）》，本书围绕 2008 年度煤炭工业安全高效矿井建设基本情况、具体经验、基本思路等方面，力求全面涵盖、重点突出地反映我国煤炭工业安全高效矿井建设的基本情况，为我国煤炭工业的健康可持续发展发挥积极作用。

2010年，中国煤炭工业协会将继续推动全国煤炭工业安全高效矿井建设，编辑出版安全高效矿井建设年度报告。希望全国煤炭行业对安全高效矿井建设工作继续予以高度关注和大力支持，对年度报告的编辑出版给予建议和帮助，以便于我们不断地改进工作。

由于时间仓促，并限于编者水平，书中不妥之处，敬请读者批评指正。

编　者

2010年1月

目 录

第一章　煤炭工业安全高效矿井建设综述

第一节　改革开放以来煤炭工业生产水平概述

改革开放以来，我国煤炭工业快速发展，煤炭产量大幅增长，安全基础工作不断加强，生产力水平明显提升，为国民经济的发展提供了稳定的能源保障。

一、煤矿生产能力大幅度提高

煤炭产量得到大幅度提高，全国原煤产量由改革开放初期 1978 年的 6.18 亿 t，增加到 2008 年的 28 亿 t，增长了 3.5 倍，原煤产量位居世界第一位。经济体制的改革使煤炭行业发展实力显著增强，据 2008 年底统计，全国规模以上煤炭企业达到了 9 212 家，其中原煤年产量超过千万吨的企业达到了 43 家；超过 3 000 万 t 的企业达到了 16 家，见表 1－1。

表 1－1　　2008 年度全国煤炭产量在 3 000 万 t 以上的企业

序号	企业名称	2008 年产量（万 t）	2007 年产量（万 t）	2008 年安全高效矿井数量（个）
1	神华集团	28 161	23 577	25
2	中煤集团	11 411	10 502.5	9
3	山西焦煤集团	8 029.1	7 237.32	12
4	大同煤矿集团公司	6 890.52	6 549.96	17
5	陕西省煤业集团	6 040.84	5 026	1
6	淮南矿业集团公司	5 666.26	3 632.73	8
7	龙煤矿业集团公司	5 495	5 404	9
8	河南煤业化工集团	4 464.82	—	12
9	潞安矿业集团公司	4 209.2	3 718.09	6
10	平顶山煤业集团公司	4 120	3 743	11
11	兖矿集团有限公司	3 970.34	3 886.47	9

续表 1－1

序号	企业名称	2008 年产量（万 t）	2007 年产量（万 t）	2008 年安全高效矿井数量（个）
12	晋城无烟煤集团公司	3 744.3	3 221	2
13	阳泉煤业集团公司	3 729	3 303.05	5
14	中电投霍林河集团公司	3 705.5	2 717.28	0
15	冀中能源集团	3 578.49	—	16
16	开滦集团公司	3 285.87	3 072.6	6

改革开放30年来，煤炭产量构成呈现明显的转变，国民经济中重要的工业交通企业用煤和大城镇人民生活用煤主要依靠国有重点煤矿来保证；地方煤矿主要供应地方工农业和市场销售。国有重点煤矿和地方煤矿显示出了各尽所能，各供所需，适当协调，共同发展，以适应国民经济各方面需要的格局。

我国煤炭生产的发展速度是较快的。但是必须清醒地认识到，煤炭工业的发展离不开国民经济的发展和社会的不断进步。20 世纪 70 年代后期，改革开放以后，国民经济快速发展，煤炭产量由 1978 年的 6.18 亿 t 增长到 1990 年的 10.79 亿 t，年平均增长率为 4.75%；20 世纪 90 年代中期，煤炭市场出现了供大于求的局面，煤炭产量增幅下降，年平均增长率仅为 1.86%。进入21 世纪，国民经济持续快速发展，开始进入新一轮快速发展周期，我国煤炭生产总体保持了较快增长，原煤产量不断扩大。2000 年至 2004 年的 5 年期间，煤炭产量年平均增长率为 13.86%；2005 年原煤产量突破21 亿 t；2008 年达到了 28 亿 t。

二、煤矿安全基础工作在不断加强

安全生产是关系到煤炭工业持续健康发展的头等大事。党中央、国务院历来十分重视煤矿安全生产工作。2000 年组建了国家煤矿安全监察局；颁布了《矿山安全法》、《国务院关于特大安全事故行政责任追究规定》，强化了各级政府的安全生产责任制；成立了国务院安全生产委员会，加大了安全生产工作力度；国家增加对煤矿的安全生产设施投入，先后投入 40 亿元，加快解决原国有重点煤矿重大安全技术改造问题，收到了明显效果。

煤矿自然灾害严重，所有矿井都有发生冒顶和瓦斯爆炸的危险，许多矿井还存在煤与瓦斯突出、自然发火、煤尘爆炸、水患等灾害威胁。加强劳动保护，实现安全生产，是国家的一贯方针。从根本上改善煤矿安全生产状况，是关系煤炭工业发展的大事。

中国煤炭工业协会积极推动全国煤矿安全整治工作，先后与国家煤矿安全监察局共同召开了“铁法瓦斯治理现场会”、“晋城煤矿安全现场会”、“七台河煤矿安全质量标准化现场会”，推广煤炭企业安全生产工作先进经验，提出了“先抽后采、以风定产、监测监控”的指导方针。随着煤炭经济运行形势的好转，全国煤矿普遍增加了安全生产投入，事故率明显下降。

改革开放30年以来，我国煤矿安全费用和维简资金的提取大幅度增加，这对于加强矿井基础建设，提高抗灾能力，改善职工工作环境具有十分重要的作用，有利于企业的长远发展。

三、采煤方法改革促进煤炭生产技术进步

采煤方法是按照煤层赋存条件设计的采区巷道布置和使用各种机械设备组成的采煤工艺及其流程的总称。采用不同组合，可构成多种形式的采煤方法。在煤炭生产过程中，采煤方法起着重要的作用，被称为“煤矿生产的核心”。采煤方法的改革，为推行采煤机械化创造了条件；机械化的发展，又推动着采煤方法的改革。采煤方法的改革和发展是煤炭生产技术进步的一个重要方面。

改革开放以来，我国大力推广机械化采煤方法和工艺，采煤机械化程度稳步提升，逐步实现了煤炭开采技术装备以机械化开采为主。经过煤炭人的艰苦努力，通过自主创新和消化引进吸收再创新，采煤技术与工艺不断革新、进步。国有重点煤矿采煤机械化程度由1978年的32.52%增长到2008年的89.97%，增加了57.45个百分点；采煤工作面平均单产由1978年的10 989 t/（个·月），提高到2008年的54 183 t/（个·月），提高了3.9倍，见表1－2。

我国煤层赋存条件比较复杂，煤炭资源分布地域辽阔，地质条件复杂多样，井型大小不同，技术经济条件不一，所以使采煤方法和技术装备呈多层次发展、多种工艺并存的局面。目前，我国煤矿井工开采有特色的采煤方法是：厚煤层综合机械化放顶煤开采、中厚煤层及厚煤层一次采全高综合机械化采煤、薄煤层机械化开采方法等；露天矿开采的主要采煤方法是：岩石剥离采用吊斗铲倒堆开采、黄土剥离方面采用轮斗连续生产工艺、煤层开采为单斗—卡车—胶带输送机半连续生产工艺；部分露天矿还采用了单斗—准轨生产工艺。

表 1-2　　2000～2008 年国有重点煤矿采掘机械化主要指标

序号	项　　目	单　位	2000 年	2001 年	2002 年	2003 年	2004 年	2005 年	2006 年	2007 年	2008 年
1	回采产量	万 t	40 860	46 904	53 857	62 684	71 327	76 320	82 567	90 246	98 790
2	工作面个数	个	1 259	1 306. 7	1 274. 77	1 362. 07	1 352. 5	1 364	1 412	1 495	1 545
3	平均单产	t/(个·月)	27 038	29 912	34 887	38 351	43 948	46 597	48 721	50 475	54 183
4	机械化产量	万 t	30 414	35 381	41 509	51 070	59 002	64 463	70 594	79 599	88 665
5	机械化程度	%	74. 43	75. 43	77. 78	81. 47	82. 72	84. 46	85. 5	88. 2	89. 97
6	机采工作面个数	个	543. 65	575. 79	596. 26	680. 37	694. 6	722. 44	733. 32	784. 22	810. 74
7	机采工作面平均单产	t/(个·月)	46 621	51 206	58 013	62 552	70 788	74 357	80 222	84 584	91 135
8	综采产量	万 t	23 179	27 868	33 612	43 034	51 218	57 841	63 966	73 845	82 931
9	综采机械化程度	%	56. 73	59. 42	62. 98	68. 65	71. 81	75. 79	77. 47	81. 83	84. 15
10	综采工作面个数	个	265. 7	297. 56	325. 91	418. 41	441. 56	493. 61	506. 13	568. 89	610. 27
11	综采工作面平均单产	t/(个·月)	72 699	78 048	85 946	85 710	96 661	97 649	105 320	108 171	113 243
12	高档普采产量	万 t	6 402	6 653	7 120	7 140	7 320	5 906	6 152	5 437	5 295
13	高档普采程度	%	15. 67	14. 19	13. 34	11. 39	10. 26	7. 74	7. 45	6. 02	5. 37
14	高档普采工作面个数	个	233. 77	232. 93	232. 43	219. 05	244. 14	192. 54	214. 66	207. 01	193. 47
15	高档普采工作面平均单产	t/(个·月)	22 825	23 805	25 530	27 165	24 989	25 564	23 884	21 888	22 807
16	掘进总进尺	万 m	504. 54	556. 53	596. 64	655. 12	705. 73	746. 46	795. 42	823. 46	844. 26
17	掘进装载机械化总进尺	万 m	369. 77	404. 33	476. 42	491. 53	565. 32	581	618. 47	647. 87	680. 8
18	掘进装载机械化程度	%	73. 29	72. 56	79. 85	78. 35	80. 1	77. 83	79	78. 68	80. 03
19	综掘机械化总进尺	万 m	64. 61	74. 90	94. 76	135. 06	167. 76	193. 14	222. 62	272. 89	313. 49
20	综掘机械化程度	%	12. 81	15. 93	15. 88	21. 53	23. 77	25. 87	28. 44	33. 14	36. 85

（1）厚煤层综合机械化放顶煤开采。自20世纪90年代起综放开采得到了迅速发展，出现了潞安、兖州、阳泉等以综放开采为主的大型高产高效矿区。在条件适宜的地方应用综放开采技术可以实现：产量高，掘进率低，材料及能源消耗低，工作面搬家少，辅助环节人员少，效率高，成本低。因而，综放技术成为实现高产、高效、集约化生产和提高经济效益的有效途径。

2008年，中煤能源公司平朔安家岭矿一号井综采队最高月产139.11万t，取得全国综放队当年月产最好成绩；同煤大唐塔山煤矿有限公司综采一队最高月产123.32万t；中煤能源公司平朔安家岭矿二号井综采一队最高月产118.39万t。这些矿井综放工艺的发展，标志着我国综放队已达到年产千万吨的生产能力。

（2）中厚煤层及厚煤层一次采全高综合机械化采煤。1978年，我国从西方引进了100套综采设备，其中从德国引进了G320－20/37型、G320－23/45型等大采高液压支架及配套的采煤运输设备。与此同时，我国开始研制大采高液压支架和采煤机。30年来，我国生产矿井已经广泛采用大采高综采设备进行厚煤层的开采，并取得了良好的经济效益。

（3）普通综采工作面。由于近年来大功率重型采矿设备（大功率电牵引采煤机、大功率大运量长距离刮板输送机及带式输送机、高强度电液控制支架）、锚杆支护技术及无轨胶轮车等新型辅助运输技术的不断发展，使工作面装备可靠性得到明显提高，矿井生产模式实现了一井一面或两面。在20世纪80年代，由于国内普通综采工作面设备装机功率小、可靠性差，开机率一般低于60%，工作面平均年产量仅有40万～50万t，与国外相比有明显差距。20世纪90年代以来，国有重点煤矿在引进国外综采设备的基础上，广泛采用了国产大型综采设备，2008年，国有重点煤矿综采工作面平均单产达到11.32万t/（个·月）；部分综采工作面已实现了日产万吨以上。

（4）薄煤层机械化开采。我国薄煤层开采主要采用长壁采煤法，但由于开采煤层厚度小（小于1.3 m），与中厚及厚煤层相比，薄煤层机械化长壁工作面主要有以下问题：采高低，工作条件差，设备移动困难；采掘比大、掘进率高，采煤工作面接替紧张；煤层厚度变化、断层等地质构造对薄煤层长壁工作面生产影响大，造成薄煤层长壁综采或机采工作面布置困难；薄煤层机械化采煤工作面的投入大，经济效益不如开采中厚煤层工作面。

2001年，辽宁铁法小青矿首家引进德国DBT公司刨煤机、工作面输送机及计算机远程控制系统，该矿全自动化刨煤机开采技术的成功应用，为我国薄煤层实现全自动化开采提供了新的途径。2008 年小青煤矿综采刨煤机队在煤层平均厚 1.7 m 的条件下，全年生产原煤 226 万 t、平均月产达到 19.6 万 t、平均日产达到 6 457 t。辽宁沈阳煤业集团公司西马矿刨煤机队采用国产 BH30/2 ×160 型刨煤机，在煤层平均厚度 1.36 m 的条件下，全年生产原煤 35.4 万 t，平均月产 2.95 万 t，平均日产 1 014 t。

(5) 露天煤矿开采。近年来我国露天煤矿发展迅速，神华集团准格尔能源公司黑岱沟露天矿是我国目前生产规模最大的现代化露天矿。在岩石剥离上，采用吊斗铲倒堆开采工艺，黄土剥离方面采用轮斗连续生产工艺，煤层开采为单斗—卡车—破碎站工艺，煤层平均厚 28.8 m，2008 年产煤 2 283.88 万 t，实现利润 16.62 亿元。

第二节　安全高效矿井建设成果及基本经验

一、安全高效矿井建设成果显著

1995 年 3 月，原煤炭工业部党组做出《关于加快高产高效矿井建设的决定》，明确提出“用 5 年时间，在全国建成 100 处高产高效矿井，原煤生产人员效率平均提高 2 t/工，减少人员 30 万人”的规划目标，要求煤炭企业吸收和借鉴当今世界各国一切适合现代化生产规律的先进技术、经营方式和管理方法，提高煤矿生产技术、装备和管理水平，建设安全高效矿井。

1998 年，国家煤矿管理体制改革后，中国煤炭工业协会承担起指导全国高产高效矿井建设的工作。每年组织开展评审工作，进行动态达标的资格审查，根据不同煤矿的采煤工艺、生产模式、单产单进水平、原煤生产人员效率、安全生产指标和经济效益等内容，确定该矿达到的相应级别。

2002 年 9 月，中国煤炭工业协会在成都召开了“全国煤炭工业高产高效矿井建设经验交流会”，全面系统地总结了十年来高产高效矿井建设的经验和做法，研究讨论了新时期的工作思路和对策，提出了对高产高效矿井建设管理办法的修改意见。

2007 年将“高产高效矿井”更名为“安全高效矿井”。中国煤炭工业协会重新修订和发布了《煤炭工业安全高效矿井（露天）评审办法》，从 2007 年开始执行。

近年来，全国煤炭生产企业依靠科技进步，大力发展机械化，推进矿井技术改造，推动了煤炭工业生产力水平的提高，安全高效矿井建设成果显著。2008 年，全国 292 处煤矿被命名为安全高效矿井，是 2000 年的 3.56 倍（见图 1－1）；原煤产量达到 8.62 亿 t，是 2000 年的 4.42 倍（见图 1－2）；百万吨采煤队达到 259 个，年产超过 300 万 t 的采煤队达到 37 个，年产超过 600 万 t 的采煤队达到 16 个，年产量超过1 000 万 t的采煤队 5 个。

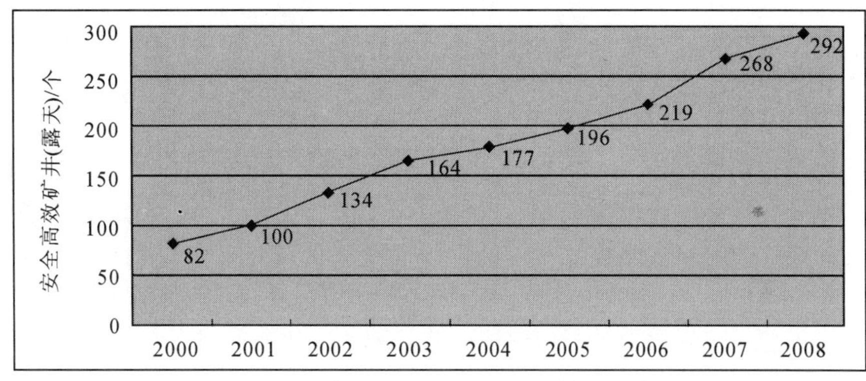

图 1－1　历年安全高效矿井数量

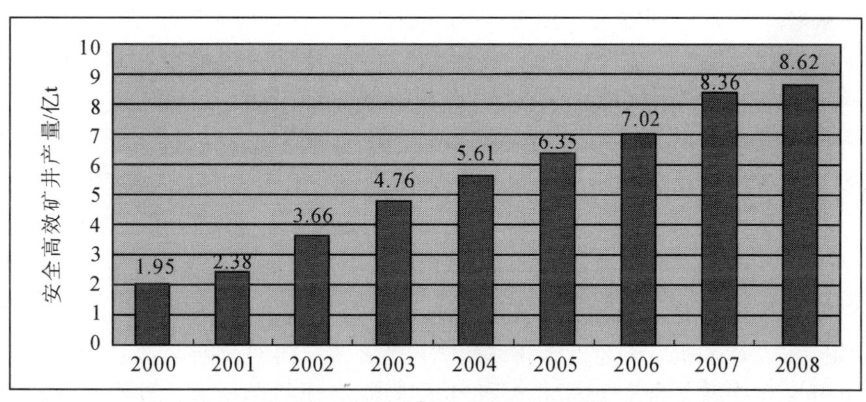

图 1－2　历年安全高效矿井产量

二、安全高效矿井建设基本经验

（一）依靠技术发展，提高科技水平

（1）大力发展机械化，提高单产单进水平。综采综掘技术是煤炭生产企业在采掘技术方面发展的趋势。采掘工作面是矿井生产许多环节中关键环节，单产单进是衡量煤矿生产技术水平的主要指标，也是安全高效矿井评审标准中的重要指标。必须依靠科技进步，全方位地推进综采综掘技术，并把改革采煤工艺和发展机械化作为提高单产单进水平、建立安全高效矿井的重要手段。

(2) 加强技术改造，依靠科技进步。优化矿井提升、供电系统，提高矿井提升、供电能力；优化井下辅助运输系统、简化生产环节；优化矿井通风系统，提高矿井通风能力；优化采场接续和巷道布置，确保正常接续；选择技术先进、安全可靠、经济合理的综采设备，确保采煤机、刮板输送机、转载机及液压支架配套使用；选择先进的巷道支护技术，为工作面高产奠定坚实基础。

(3) 推行安全高效的采煤方法。对于缓倾斜厚及特厚煤层，要在解决防火、防尘和资源回收率的前提下，推行综采放顶煤技术，解决缓倾斜厚及特厚煤层，急倾斜特厚煤层和不稳定煤层机械化开采问题。构造复杂带矿井、中小型矿井及大矿的边角可采用轻型支架、悬移支架、网格支架等；稳定或较稳定薄煤层应推行刨煤机采煤。要大力推行特殊条件的煤层采煤方法，如“三软”条件下的机械化采煤，4.5 ~5 m 一次采全高的机械化采煤技术等。

(4) 加强产学研联合，促进技术进步。煤炭企业应积极主动地采用新技术、新成果，对矿井进行挖潜改造，倡导不同井型的煤炭企业间的技术交流与合作，引导和推动科研单位与企业开展多种形式的科技攻关，鼓励和支持部分科研院所发展科技服务产业，为企业的发展提供技术服务，努力探索有利于产学研管理的新体制。

(二) 加强生产准备，优化生产组织

(1) 调整生产布局，实现合理化集中生产。建设安全高效矿井是一项复杂的系统工程，要从基础工作抓起，按照循序渐进、因地制宜的原则进行。在调整生产布局上，对于生产矿井相邻的新区，要通过技术改造或改扩建合并开发，少建新井；对老井深部和老井深部新的勘探区，要合理调整井田边界，结合开拓进深合并采区，使工作面的几何尺寸适度加大；在优化巷道布局上，推进单层化和全煤巷化，并尽可能实现单水平、单翼生产；在生产规模上，要控制最小生产规模，现有小型煤矿要通过联合改造，提高规模升级。

(2) 加强生产准备，强化现场生产管理。采煤区队应根据作业现场，制定目标；精心组织，超前安排，指标分解落实到班组、个人，实现全员全过程管理，确保各项措施落实到位；加强生产准备，实现快速搬家撤面，确保工作面正常接续。

（三）强化科学管理，实施素质工程

(1) 提高认识是建设安全高效矿井的基础。煤炭企业要提高建设安全高效矿井的认识，把它作为煤矿发展的一项主要工作来抓；要加强对安全高效矿井建设工作的领导，有关部门要开展对创建工作的监督、检查、协调、服务工作，不断增强建设安全高效矿井的紧迫感和责任感，以积极态度加快安全高效矿井建设的步伐。

(2) 加强安全管理，减少事故隐患。安全是煤炭企业发展的重要内容，是创建安全高效矿井的首要条件，煤炭企业应强化现场监督检查，狠抓隐患排查治理，确保煤矿安全生产。

(3) 建立培训制度，注重人才引进。强化技能培训，实施素质教育，提高职工技术水平和岗位适应能力；建立人才引进的倾斜政策，引进人才的重点是大专院校毕业生，高新技术人才及重要工种的工人技师；加强同国内外先进企业间的交流与合作，不断学习，借鉴和引进新技术、新装备；充分调动广大干部职工的积极性，保证安全高效矿井创建工作的顺利实施。

第三节 安全高效矿井建设发展思路分析

一、安全高效矿井建设发展存在的问题

安全高效矿井的基本内涵是“三高四好”，即：单产水平高、劳动效率高、资源回收率高，安全状况好、劳动条件好、经济效益好、环境治理好，核心是提高单产、减头减面、减人提效。近年来，煤炭工业安全高效矿井建设虽然取得了一定的成绩，但在发展过程中仍然面临着许多存在的问题和新的挑战。

（一）企业对建设安全高效矿井的重要意义认识不足

目前，全国有年产 120 万 t 以上的大型煤矿 469 处（包括在建和改扩建煤矿），产量 14.23 亿 t，产量达到全国的 53.14% 。2008 年，全国 95% 的大型煤矿采煤机械化程度达到 100% ，大型煤矿平均百万吨死亡率 0.035，其中千万吨以上煤矿实现零死亡。多数大型现代化煤矿的主要经济技术指标已经达到了国际先进水平，神华集团主要经济技术指标处于国际领先水平。但每年评选出的安全高效矿井个数远低于全国大型煤矿的数量，虽然存在着煤矿某些指标达不到评审标准要求的情况，更大程度上则是企业对安全高效矿井建设意义认识的不足。

(二) 老化矿井应加大技术改造的力度

我国一些生产矿井已经有几十年的开采史了，随着采深的延伸和开采强度的加大，开采条件逐渐变得复杂；矿井向深部延伸，高地压、高瓦斯、高地温表现突出，开采难度不断增大；加之先天设计不足、优势资源枯竭等情况的出现，使得老化矿井在创建安全高效矿井的过程中，面临着许多困难。提高老矿井技术经济指标，达到建设安全高效矿井的要求，技术改造是增能提效的有效途径。在现有的资源条件下，通过对采区合理划分和巷道布置调整，优化煤矿开拓布局，简化生产系统，实现集约生产；对机械化采煤设备进行配套调整，更换和增加部分采、掘、排水、通风等设备，提高工作面单产；不断夯实安全基础，提高矿井整体安全管理水平。

(三) 发展不平衡的问题十分突出

目前，我国已建成了一大批具有国际先进水平的安全高效矿井，神华、中煤、同煤、山西焦煤、兖矿、河南煤化工等一大批大型企业集团快速发展壮大，煤矿各项技术经济指标名列前茅。但是，全国煤矿平均原煤工效和综合单产依然不高，产业集中度低的态势十分严峻。大型国有煤炭企业科技和技术装备水平达到国际领先，采煤机械化率达到87%以上，但小煤矿依然靠炮采和手工作业为主。全行业采煤机械化程度仅为45%左右，远低于发达国家水平。

按地区分布，2008年度评选出的安全高效矿井涵盖了我国17个省(区、市)，部分省区如山西、河南、山东、安徽等更是建成了20处以上的安全高效矿井。但全国有部分产煤省（区、市）具备创建安全高效矿井的条件，却没有建成一处安全高效矿井，存在着地区发展不平衡的问题。

(四) 发展水平亟待提高

我国安全高效矿井建设目前仍有大量工作要做，许多理论和技术问题都亟待研究和解决。绝大多数煤炭企业仍然停留在靠加大煤炭资源开发强度、扩大煤炭生产规模，以产量快速增长和煤炭价格上涨来提高企业利润水平的层次。同时，对于在生产过程中不顾资源及环境因素盲目追求规模和速度的倾向，给煤矿安全和区域经济协调发展带来的新的挑战，也应引起全行业的注意。

二、安全高效矿井建设发展思路

今后一个时期，正是我国结构调整、转变经济发展方式的重要时期，煤炭行业要认清形势，深入研究和探索煤炭工业发展新理念、新思路、新途径，突破瓶颈，创新发展。要认真贯彻“三个代表”重要思想，全面贯彻落实科学发展观，坚持以科学发展观统领安全高效矿井建设。

(1) 坚持因地制宜，分类指导。各地区、各单位应根据资源条件和区域经济地理特征，坚持因地制宜、分类指导的建设思路，科学可行地制定和落实本地区、本单位的安全高效矿井建设规划。安全高效矿井的建设规模要与煤炭资源开采条件、生态环境容量和区域经济社会发展水平相适应。

(2) 坚持科学规划，有序开发。安全高效矿井建设要坚持科学规划、有序开发。建设规模、开发节奏、开发强度要与国家规划矿区总体布局、基础设施和相关产业发展相衔接，煤矿生产规模要与资源储量相匹配。煤矿建设要不断突破传统观念的束缚，与时俱进，不断创新，积极采用新工艺、新技术，不断提高煤矿的建设水平。

(3) 坚持创新发展理念，转变发展方式。依靠创新发展理念、转变发展方式，在煤炭生产过程中开展一系列的创新突破，解放思想，转变观念，用先进的思想理念指导安全高效矿井建设。

(4) 坚持依靠科技发展，推动技术进步。安全高效矿井建设要运用国内外先进的科技成果、设计理念、生产工艺和技术装备。把科技投入与企业生产紧密地结合起来，煤炭企业作为技术进步的主体，要围绕安全高效矿井建设工作，积极主动地采用新技术、新工艺、新装备，要在引进、消化、吸收的基础上实现再创新，组织开展关键技术和装备攻关，不断提升矿井技术水平。

(5) 坚持职工素质教育，提升整体水平。建设安全高效矿井必须有一支高素质的职工队伍，企业应重视人才的培养，完善企业职工人才队伍建设制度；始终把提高员工业务技能水平作为发展生产的重要措施，采取多种形式，大力开展技能培训，从培训计划制定、计划落实、制度保障等方面予以实施，提高职工队伍素质；同时，企业要能凝聚人才、留得住人才、用得好人才，充分发挥高素质人才作用，提升煤炭行业从业人员的整体水平。

(6) 坚持清洁发展，安全发展。安全高效矿井建设要坚持节约资源和保护环境的原则，必须综合考虑环境承载能力，实施清洁生产，实现节能减排，保护矿区生态环境，促进清洁发展。必须严格建设标准，提高机械化、自动化和信息化水平，强化煤矿安全隐患排查和瓦斯、水害等重大事故的防治工作，完备煤矿生产条件和劳动环境，提高安全保障能力，实现安全发展。

三、安全高效矿井建设发展与展望

在建设安全高效矿井过程中，煤炭企业应立足矿区实际，针对矿井瓦斯、地温、煤层赋存条件，围绕安全高效目标，瞄准国内外先进水平，因地制宜地开展这项工作。

当前，随着我国工业化、城镇化、市场化和国际化步伐的加快，煤炭的社会需求量大幅度增加，煤炭产量快速增长，行业整体效益提高，煤炭经济形势呈现出较好的发展态势，煤炭工业生产力技术水平也有了较大提高。与发达产煤国家相比，我国煤炭工业生产技术水平还存在一定的差距，全行业粗放型生产方式并没有得到根本改善。面对机遇与挑战，建设安全高效矿井是煤炭工业现代化发展的重要方向，是煤炭工业减人提效、推进机械化采掘、实现集约化生产、走新型工业化道路的重要途径。

《煤炭工业发展“十一五”规划》明确要求，到2010年，全国要建成380处安全高效矿井，产量占全国的45%，其中千万吨级煤矿达到25处，大型煤矿采掘机械化程度达到95%以上，中型煤矿采掘机械化程度达到80%以上。安全高效矿井建设工作依然任重道远。新形势下，中国煤炭工业协会将继续坚持科学发展观，广泛深入宣传建设安全高效矿井的重大意义，加快安全高效矿井建设工作，提高煤矿装备现代化水平，提升企业核心竞争力，为我国煤炭工业不断发展做出新贡献。

第二章　2008 年度安全高效矿井建设分析

第一节　2008 年度全国安全高效矿井建设特点

2009 年 3 月，中国煤炭工业协会组织专家对 2008 年度安全高效矿井进行了初审，审核的内容包括安全指标、综合单产、原煤计效、劳动工资、采掘关系、采区回采率、采掘机械化程度和经济效益等。各省（区、市）煤炭管理部门（协会）和中央企业高度重视安全高效矿井建设及申报工作，严格把关，分别于 3 月初在本地区、本企业组织了预审工作，剔除了一批指标不过硬的煤矿。

初审工作结束后，为保证安全高效矿井建设质量，加强技术交流，促进煤矿安全生产，中国煤炭工业协会对首次申报并通过初审的矿井组织开展了验收工作。本次验收工作共组织了 6 个验收工作组，各验收组成员均由具有丰富实践经验的采掘、机电、运输、通风和劳资方面的专家组成，中国煤炭工业协会负责验收协调工作，验收工作自 2009 年 5 月中旬开始，至 5 月底全部结束。

在初审、验收、公示的基础上，2008 年度共命名神华神东煤炭集团上湾煤矿等 292 处煤矿为 2008 年度煤炭工业安全高效矿井（露天）。其中，特级安全高效矿井（露天）100 处，行业一级矿井（露天）123 处，行业二级矿井（露天）69 处。2008 年度全国安全高效矿井建设呈现以下特点。

一、煤炭工业安全高效矿井发展迅速，对行业影响扩大

2008 年度煤炭工业安全高效矿井比 2007 年度增加 24 处，增幅达 9%。292 处安全高效矿井生产原煤 8.62 亿 t，原煤产量占当年全国原煤生产总量的 30.9%。开展安全高效矿井建设工作，得到了全行业的高度认同和积极参与。煤炭生产企业创建安全高效矿井的积极性越来越高，对安全高效矿井的荣誉更加重视。

二、管理部门高度重视

各省（区、市）煤炭管理部门（协会）、中央企业高度重视安全高效矿井建设工作，提出安全高效矿井建设的“十一五”发展规划，严格把关本地区、本企业安全高效矿井建设预审工作，使申报全国安全高效矿井的数量和质量有所提高。同时，大力支持协会组织的安全高效矿井初审、验收等各项工作。

三、主要技术经济指标得到提升

2008 年，283 处安全高效井工煤矿产量为 7.69 亿 t，平均生产规模为 271.7 万 t，死亡 30 人，百万吨死亡率为 0.039，综合单产 14.7 万 t/（个·月），原煤工效 14.8 t/工，单井盈利 2.67 亿元，人均收入 4.9 万元，百万吨采煤队 259 个，生产集约化程度提高。9 处安全高效露天煤矿产量为 0.93 亿 t，平均生产规模为 1 032.6 万 t，综合单产 18.6 万 t/（个·月），原煤工效 73.6 t/工，剥采比 1∶4.6，单矿盈利 5.14 亿元，人均收入 6.1 万元，百万吨死亡率为 0。安全高效矿井的技术经济指标不断提升，安全高效矿井建设质量逐步提高。

四、原地方国有、乡镇煤矿积极性提高

2008 年度共有 43 处原地方国有、乡镇煤矿被评为全国煤炭工业安全高效矿井，占全国安全高效矿井总数的 14.7%。这 43 处煤矿 2008 年共生产原煤 5 273 万 t，占全国安全高效矿井产量的 6.11%。通过技术创新、产业升级，原地方国有、乡镇煤矿的综合实力不断增强，对安全高效矿井建设的积极性也越来越高，其中，特级安全高效矿井 7 处，一级安全高效矿井 15 处，二级安全高效矿井 21 处。

第二节　2008 年度安全高效矿井总体分析

一、安全高效矿井总体指标分析

（一）原煤产量继续增加

2008 年，292 处安全高效矿井共生产原煤 8.62 亿 t，占全国原煤生产总量的 30.9%；同比 2007 年安全高效矿井产量 8.36 亿 t，增长 3.1%。

2008 年度安全高效矿井（露天）共有 21 处煤矿核定生产能力为千万吨以上，其中，井工矿 16 处，露天矿 5 处。21 处煤矿中有 19 处原煤产量超过了千万吨，其中，井工矿 15 处，露天矿 4 处，见表 2 -1。2008 年，年产量超过千万吨的综采队有 5 个，分别是神华神东煤炭集团哈拉沟煤矿综采队生产原煤 1 064. 8 万 t、补连塔煤矿综采一队产煤1 207. 43 万 t、上湾煤矿综采队产煤 1 201. 07 万 t，中煤平朔公司安家岭二号井工矿综采一队产煤 1 038 万 t、一号井工矿综采队产煤 1 030 万 t。

表 2 -1　2008 年度千万吨安全高效矿井（含井工矿、露天矿）建设

序号	矿井名称	核定能力（万 t）	原煤产量（万 t）
井工矿总计		20 133	18 964. 3
1	神华神东煤炭集团补连塔煤矿	2 006	2 148. 7
2	神华神东煤炭集团榆家梁煤矿	1 852	1 690
3	神华神东煤炭集团上湾煤矿	1 300	1 329. 8
4	淮南矿业（集团）有限责任公司张集煤矿	1 260	1 211. 9
5	神华神东煤炭集团哈拉沟煤矿	1 250	1 205
6	神华宁夏煤业集团有限责任公司羊场湾煤矿	1 545	1 202. 8
7	神华神东煤炭集团大柳塔矿大柳塔井	1 040	1 099. 7
8	山西晋城无烟煤矿业集团有限责任公司寺河矿	1 080	1 073
9	淮南矿业（集团）有限责任公司顾桥煤矿	1 000	1 050
10	中煤能源集团平朔煤业公司安家岭二号井工矿	1 000	1 038. 3
11	中煤能源集团平朔煤业公司安家岭一号井工矿	1 000	1 037
12	神华神东煤炭集团石圪台煤矿	1 170	1 034. 4
13	同煤大唐塔山煤矿有限公司	1 500	1 025. 5
14	神华神东煤炭集团大柳塔矿活鸡兔井	1 130	1 020. 7
15	神华神东煤炭集团万利一矿	1 000	1 015. 5
16	神华神东煤炭集团锦界煤矿	1 000	782
露天矿总计		8 860	8 317. 8
1	神华准格尔能源有限责任公司黑岱沟露天煤矿	2 200	2 283. 9
2	中煤平朔煤业有限责任公司安太堡露天矿	2 200	2 258
3	中煤平朔煤业有限责任公司安家岭露天矿	2 000	1 451
4	华能伊敏煤电有限责任公司露天矿	1 460	1 382. 9
5	神华宝日希勒能源有限公司露天煤矿	1 000	942

（二）单产单进不断提升

安全高效井工矿中，最高单产是由神华神东煤炭集团榆家梁煤矿创造的，为135万t/（个·月）。综合单产超过30万t/（个·月）的井工矿有24个，见表2－2。

表2－2　2008年度单产超过30万t/（个·月）的井工矿

序号	矿井名称	原煤产量（万t）	工作面数量（个）	综合单产t/（个·月）
1	神华神东煤炭集团榆家梁煤矿	1 690	1.97	1 351 489
2	中煤平朔公司安家岭二号井工矿	1 038.26	0.904	906 885
3	神华神东煤炭集团哈拉沟煤矿	1 205	0.98	905 442
4	同煤大唐塔山煤矿有限公司	1 025.5	0.93	885 564
5	中煤平朔公司安家岭一号井工矿	1 037	0.9	858 889
6	神华神东煤炭集团万利一矿	1 015.5	1	846 250
7	神华神东煤炭集团补连塔煤矿	2 148.7	2	839 528
8	神华神东煤炭集团锦界煤矿	782	0.97	671 821
9	神华神东煤炭集团上湾煤矿	1 329.75	1.77	626 059
10	山西潞安矿业集团常村煤矿	678.7	1.03	549 106
11	神华神东煤炭集团石圪台煤矿	1 034.4	1.82	473 626.4
12	山西晋城煤业集团寺河矿	1 073	1.75	449 205
13	兖州煤业股份有限公司兴隆庄煤矿	644.9	1.21	435 401
14	神华宁煤集团羊场湾煤矿	1 202.75	2.38	421 131
15	淮南矿业集团顾桥煤矿	1 055	2	412 942
16	铁法煤业（集团）有限责任公司大平矿	405	0.792	409 301
17	国投新集能源股份有限公司刘庄煤矿	456.96	0.98	380 798
18	兖州煤业股份有限公司鲍店煤矿	600	1.29	369 391
19	神华神东煤炭集团大柳塔矿大柳塔井	1 099.7	2.73	335 745
20	兖州煤业股份有限公司东滩煤矿	700.64	1.763	319 706
21	淮南矿业集团张集煤矿	1 211.89	3	317 143
22	山西潞安矿业集团漳村煤矿	370.67	0.95	313 650
23	神华神东煤炭集团大柳塔矿活鸡兔井	1 020.7	2.72	312 714
24	山西亚美大宁能源有限公司	346.21	0.67	303 873.3

安全高效露天矿中最高单产是由华能伊敏煤电有限公司露天矿创造的，

为 37.3 万 t/（个·月）。9 个安全高效露天矿平均工作面个数为 11.1 个，平均综合单产为 18.68 万 t/（个·月），见表 2－3。

表 2－3　　2008 年度露天矿单产统计

序号	矿井名称	原煤产量（万 t）	工作面数量（个）	综合单产 t/（个·月）
1	华能伊敏煤电有限责任公司露天矿	1 382.93	15	373 000
2	神华神东煤炭集团武家塔露天煤矿	309.8	1	258 000
3	中煤平朔公司安太堡露天矿	2 258	12	245 625
4	神华宝日希勒能源有限公司露天煤矿	942	12	235 492
5	神华准能公司黑岱沟露天煤矿	2 283.88	12	163 000
6	中煤平朔公司安家岭露天矿	1 451	17	134 352
7	抚顺矿业集团有限责任公司西露天矿	228.49	2	95 202
8	云南先锋煤业开发有限公司先锋露天矿	200.2	13	91 000
9	潞安新疆煤化工（集团）露天煤矿	237.23	16	82 256

最高月进尺是由神华神东煤炭集团补连塔煤矿创造的，为 4 557 m/（个·月）。最高单进进尺和最高日进尺均是由神华神东煤炭集团补连塔煤矿创造的，分别为 3 691 m/（个·月）和 195 m/（个·日）。有 19 处煤矿平均单进超过 1 000 m/（个·月），见表 2－4。

表 2－4　　平均单进超过 1 000 m/(个·月)的安全高效矿井

序号	单位名称	实际产量	煤巷平均月进尺	最高月进尺	最高日进尺
		万 t	m/(个·月)	m/(个·月)	m/(个·日)
1	神华神东煤炭集团补连塔煤矿	2 148.7	3 691	4 557	195
2	山西亚美大宁能源有限公司	346.21	2 065	3 137	110
3	山西汾河焦煤股份公司三交河煤矿	300.17	1 880	2 009	70
4	霍州煤电集团公司辛置煤矿	256.68	1 872	2 145	85.8
5	神华神东煤炭集团锦界煤矿	782	1 730.8	1 968.2	89.6
6	神华神东煤炭集团上湾煤矿	1 329.75	1 526	2 269	95
7	大同煤矿集团公司忻州窑矿	230	1 501.8	1 503	50.1
8	神华神东煤炭集团活鸡兔井	1 020.7	1 335	1 630	59.3
9	神华神东煤炭集团石圪台煤矿	1 034.4	1 300.3	1 756.7	97

续表 2-4

序号	单位名称	实际产量	煤巷平均月进尺	最高月进尺	最高日进尺
		万 t	m/(个·月)	m/(个·月)	m/(个·日)
10	山西潞安环能股份公司五阳煤矿	243	1 232.2	1 437	67.9
11	伊泰股份公司宏景塔一矿	312.82	1 230.75	1 693	81
12	神华神东煤炭集团哈拉沟煤矿	1 205	1 226.85	2 003.9	92
13	神华神东煤炭集团榆家梁煤矿	1 690	1 209	1 793	63
14	神华神东煤炭集团大柳塔井	1 099.7	1 183	1 712	62
15	伊泰股份公司纳林庙煤矿二号井	316.39	1 167	1 801	71
16	珲春矿业(集团)板石煤业有限公司	230	1 111	1 398	110
17	山西大同鹊山精煤有限责任公司	110	1 088	1 126	38.5
18	伊泰股份公司大地精煤矿	114.69	1 061	1 230	62
19	山西潞安环能股份公司漳村煤矿	370.67	1 001	1 035	38

（三）井工矿原煤工效略有降低

2008 年度 283 处安全高效井工矿原煤工效平均达到 14.8 t/工，同比 2007 年度安全高效井工矿原煤工效 15.25 t/工，降低 3%；9 处安全高效露天矿原煤工效平均达到 73.6 t/工，同比增加 18.9%；共计有 12 处矿井超过 100 t/工，见表 2-5 和表 2-6。其中，神华神东煤炭集团上湾煤矿达到 157.86 t/工，原煤生产人员效率全国第一。

表 2-5　　原煤工效超过 100 t/工的安全高效井工矿

序号	单位名称	原煤产量	采煤机械化程度	百万吨死亡率	原煤工效	原煤生产期末人数	实现利润	年收入	采区回采率
		万 t	%		t/工	人	万元	万元/人	%
1	上湾煤矿	1 329	100	0	157.86	285	103 537.5	9.58	81.1
2	哈拉沟煤矿	1 205	100	0	156.82	306	150 000	13	76
3	补连塔煤矿	2 148.7	100	0	150.1	518	101 367.6	11.3	75.1
4	安家岭二号井工矿	1 038.3	100	0	136.23	287	40 008.2	9.98	80
5	榆家梁煤矿	1 690	100	0	126.63	557	51 480.5	13	75
6	大柳塔矿大柳塔井	1 099.7	100	0	125.2	357	65 994	8.6	76.5
7	大柳塔矿活鸡兔井	1 020.7	100	0	124.8	334	61 242	8.6	81.3
8	石圪台煤矿	1 034.4	100	0	112.8	374	23 240.7	11	76.5

续表 2－5

序号	单位名称	原煤产量	采煤机械化程度	百万吨死亡率	原煤工效	原煤生产期末人数	实现利润	年收入	采区回采率
		万 t	%		t/工	人	万元	万元/人	%
9	安家岭一号井工矿	1 037	100	0	102	428	41 796.7	8.5	79.2

表 2－6　原煤工效超过 100 t/工的安全高效露天矿

序号	单位名称	原煤产量	剥采比	百万吨死亡率	原煤生产人员效率	原煤生产期末人数	实现利润	年收入
		万 t	m^3/t		t/工	人	万元	万元/人
1	黑岱沟露天矿	2 283.9	3.77	0	150.28	550	166 200	6.48
2	安太堡露天矿	2 258	5.5	0	133.35	752	94 509	7.75
3	安家岭露天矿	1 451	7.6	0	119.86	484	78 000	7.39

（四）安全生产形势稳步好转

2008 年度安全高效井工矿百万吨死亡率为 0.039，同比降低 26.4%。其中，行业一级安全高效矿井死亡 18 人，百万吨死亡率为 0.07；行业二级安全高效矿井死亡 12 人，百万吨死亡率为 0.156；安全高效露天矿百万吨死亡率为 0。

（五）生产集中度进一步加大

2008 年度 283 处安全高效井工矿中，采用一井一面生产模式的安全高效矿井有 113 处，见表 2－7，占全部安全高效井工矿的 40%。这 113 处矿井生产原煤 21 718.9 万 t，占安全高效井工矿总产量的 28.2%，原煤工效平均15.26 t/工。

表 2－7　2008 年度采用一井一面生产模式的安全高效矿井

序号	矿井名称	实际产量	原煤工效	实现利润	人均收入
		万 t	t/工	万元	万元/人
1	神华神东煤炭集团哈拉沟煤矿	1 205	156.82	150 000	13
2	神华神东煤炭集团锦界煤矿	782	85.8	11 500	8.54
3	神华神东煤炭集团万利一矿	1 015.5	58.68	11 947	6.29
4	神华神东煤炭集团寸草塔矿	237.6	16.34	18 900	6.6
5	神华新疆能源有限公司小红沟煤矿	137.8	17.4	4 058.5	5.52
6	神华新疆能源有限公司大洪沟煤矿	123.7	15.06	385.3	4.86

续表 2-7

序号	矿井名称	实际产量	原煤工效	实现利润	人均收入
		万 t	t/工	万元	万元/人
7	神华新疆能源有限公司铁厂沟煤矿	119.83	10.25	7 280.14	4.39
8	神华新疆能源有限公司六道湾煤矿	175	8.94	1 100	6.25
9	神华乌海能源公司黄白茨矿业公司	196.6	8.3	11 413.45	5.24
10	神华集团陕西集华柴家沟矿业公司	95.6	7.65	11 172	4.4
11	中煤平朔公司安家岭二号井工矿	1 038.3	136.23	40 008.21	9.98
12	中煤平朔公司安家岭一号井工矿	1 037	102	41 796.7	8.5
13	中煤上海大屯能源公司龙东煤矿	120	7.42	4 513.4	4.2
14	冀中能源金牛能源股份公司邢东矿	115.9	12.2	37 451	7.4
15	冀中能源邯郸矿业集团亨健矿业公司	55.3	5.2	13 858	3.4
16	冀中能源邯郸矿业集团陶一煤矿	60.3	4	5 433	3.78
17	冀中能源张家口矿业集团宣东二号矿	148	7.21	18 988	4.18
18	冀中能源张家口矿业长城矿业公司	84.16	4.1	3 800	3.8
19	冀中能源张家口矿业康保公司张纪井	51	4.05	2 844	3.2
20	冀中能源峰峰集团有限公司黄沙矿	79	4.18	8 390	3.96
21	冀中能源峰峰集团有限公司新三矿	71	4	368	4.1
22	河北省磁县申家庄煤矿	74.48	5.08	63 766.8	6.47
23	河北省磁县六合工业有限公司	81.7	4.41	59 493	5.3
24	扎赉诺尔煤业有限责任公司铁北煤矿	220.86	12.02	6 351.87	3.01
25	平庄能源股份公司古山煤矿三井	70.5	5.829	3 232.5	3.6
26	平庄煤业（集团）有限公司红庙煤矿	150.36	5.266	2 237	3.33
27	大雁矿业集团有限责任公司第二煤矿	230	9.37	338.25	4.86
28	大雁矿业集团有限责任公司雁南煤矿	160.6	8.38	360.88	4.2
29	大雁矿业集团有限责任公司第一煤矿	171	8	298.05	4.38
30	伊泰煤炭股份公司纳林庙煤矿二号井	316.39	47	65 324	8
31	伊泰煤炭股份有限公司宏景塔一矿	312.82	46.55	62 700	8
32	伊泰集团有限公司大地精煤矿	114.69	34.19	35 120	6.1
33	铁法煤业集团有限责任公司大平矿	405	17.98	56 712	5.07
34	铁法煤业集团有限责任公司小青矿	249	13.6	6 582	5.28
35	铁法煤业集团有限责任公司大隆矿	295	13.18	13 398	4.4

续表 2-7

序号	矿井名称	实际产量	原煤工效	实现利润	人均收入
		万 t	t/工	万元	万元/人
36	铁法煤业集团有限责任公司晓南矿	210	12.25	5 746	5.41
37	铁法煤业集团有限责任公司小康矿	260	12.14	6 768	4.03
38	铁法煤业集团有限责任公司晓明矿	190	9.1	10 215	3.56
39	同煤大唐塔山煤矿有限公司	1 025.5	81.75	125 976.31	9.01
40	大同煤矿集团白洞煤业有限责任公司	119	7.56	159	4.6
41	大同煤矿集团永定庄煤业有限公司	124.04	7.03	5 840	4.24
42	大同煤矿集团大同地煤东周窑煤矿	65	6.43	1 104	3.75
43	大同煤矿集团杏儿沟煤业有限公司	90	4.93	2 932	2.2
44	大同煤矿集团大同地煤马口煤矿	63	4.33	1 180.5	2.88
45	山西潞安环能股份有限公司漳村煤矿	370.67	22.55	96 800.2	6.33
46	山西潞安集团司马煤业有限公司	235	22.03	74 428	6.31
47	山西潞安集团余吾煤业有限责任公司	282.87	12.68	13 254.6	6.25
48	山西潞安集团潞宁煤业有限责任公司	140	10.91	22 400	7.22
49	山西潞安环能股份有限公司五阳煤矿	243	8.44	50 551	6.16
50	山西大同鹊山精煤有限责任公司	110	5.2	1 380	3.63
51	山西亚美大宁能源有限公司	346.21	16.96	74 867.3	7.01
52	山西兰花科技创业股份公司望云煤矿	45.4	10	5 737	4.01
53	山西兰花科技创业股份公司唐安煤矿	149.97	9.02	48 394	4.84
54	山西高平申家庄矿业有限公司	59.6	6.65	16 000	3.76
55	山西省高平市赵庄煤矿	93.45	6.6	18 730	4.5
56	山西省高平市南阳煤矿	59.97	4.33	23 243.47	3.41
57	山西三元煤业股份有限公司	179.9	18.38	114 216	6.79
58	山西省襄垣县花宝沟煤矿	88	10.24	4 700	4.1
59	山西省长治县西山煤业有限责任公司	81.6	10.2	15 886.2	3.6
60	山西襄垣县七一煤矿	91.6	6.8	30 900	4.3
61	山西临汾四通焦化有限公司四通二矿	58.8	13.16	16 400	3
62	山西乡宁县沙坪煤炭公司沙坪煤矿	90.18	10.88	36 270	4.26
63	乡宁县地方国营台头煤矿前湾子坑口	83	10.88	39 861	4.62
64	山西乡宁县申南凹焦煤有限公司	103.6	7.2	30 000	4.5

续表 2-7

序号	矿井名称	实际产量	原煤工效	实现利润	人均收入
		万 t	t/工	万元	万元/人
65	山西省盂县东坪煤矿	106.5	9.9	10 163	4.91
66	山西柳林兴无煤矿有限责任公司	128	12.41	43 700	4.95
67	山西柳林大庄煤矿有限责任公司	61.56	11.46	5 658	5.45
68	山西省柳林同德焦煤有限公司	89.99	10.19	44 215	4.08
69	山西柳林金家庄煤业有限公司	121.8	10	75 073.4	4.6
70	山西柳林寨崖底煤业有限公司	119.56	8.78	42 434	4.5
71	山西义棠煤业有限责任公司	118	19	25 018	4.3
72	山西国投昔阳能源公司黄岩汇煤矿	91.8	6.4	8 300	3.69
73	淄博矿业集团陕西长武亭南煤业公司	260	12.71	42 706	4.76
74	临沂矿业集团山东东山王楼煤矿公司	89.9	6.26	10 458	4.31
75	兖矿集团山西和顺天池能源公司	111	8.34	530	4.83
76	枣庄矿业集团有限责任公司新安矿	296	13.34	20 130	6.34
77	枣庄矿业集团付村煤业有限公司	270	12.08	73 400	6.01
78	肥城矿业集团梁宝寺能源公司	239.69	15.37	92 162	6.1
79	山东里能鲁西矿业有限公司	81.7	6.56	18 083	9.42
80	山东省岱庄生建煤矿	81.1	4.2	40 526	10.86
81	淮北矿业集团有限责任公司涡北煤矿	112.26	7.24	4 016.2	4.49
82	淮南矿业集团淮沪煤电公司丁集煤矿	323.4	14.72	13 292.62	7.8
83	淮南矿业集团有限责任公司潘北煤矿	186.67	9.57	8 588.2	6.55
84	皖北煤电集团安徽五沟煤矿有限公司	100.8	8.6	4 844	4.3
85	国投新集能源股份有限公司刘庄煤矿	456.96	15.2	107 872.42	6.41
86	平顶山天安煤业股份有限公司十二矿	162.13	10.2	24 294.7	3.78
87	中平能化集团瑞平公司张村矿	95.62	6.89	12 000	3.17
88	中平能化集团平顶山七星煤业公司	101.78	5.13	12 900	3.7
89	河南煤业化工集团永煤集团新桥煤矿	119.89	9.36	49 163.65	5.07
90	河南煤业化工集团云盖山煤矿二矿	53.9	4.6	6 011	3.9
91	河南煤业化工集团焦作煤业演马庄矿	116	7.4	2 968	3.9
92	河南煤业化工集团焦作煤业古汉山矿	127.6	5.19	1 439.19	4.1
93	河南煤业化工集团焦作煤业中马村矿	94.56	5.15	3 969.08	4.46

续表 2-7

序号	矿井名称	实际产量	原煤工效	实现利润	人均收入
		万 t	t/工	万元	万元/人
94	河南煤业化工集团焦作煤业九里山矿	87.65	5.08	382	3.62
95	河南煤业化工集团鹤壁煤业第二煤矿	63.38	2.31	5 809.51	2.91
96	义马煤业集团股份有限公司千秋煤矿	209.89	12.18	15 126.33	4.42
97	义马煤业集团股份有限公司杨村煤矿	169.7	10.11	20 183.66	4.27
98	义马煤业集团股份有限公司常村煤矿	198.69	8.92	1 435.68	4.46
99	义马煤业集团股份有限公司跃进煤矿	125.76	7.7	1 611.4	4.26
100	河南神火煤业有限公司新庄煤矿	224.2	12.78	60 544	6.4
101	河南神火集团许昌新龙矿业公司	84.5	10.04	30 000	4.63
102	河南省济源煤业有限责任公司一矿	69.8	6.03	9 980	3.98
103	河南省禹州中锋枣园煤矿	45	5.08	9 487	3.93
104	华亭煤业集团有限责任公司山寨煤矿	201.1	11.46	3 582.7	5.39
105	华亭煤业集团新窑煤矿有限责任公司	140.25	10.72	3 875	4.92
106	华亭煤业集团新柏煤矿有限责任公司	140.07	10.68	5 000	4.98
107	窑街煤电集团天祝煤业有限责任公司	63	6.35	3 315	4.33
108	潞安新疆煤化工集团有限公司一矿	174	16.44	4 493.85	4.5
109	新疆乌苏四棵树煤炭公司八号井	83.12	11.08	5 804.48	3.89
110	辽源矿业集团公司梅河煤矿四井	78	4.1	2 504.8	3.59
111	珲春矿业集团八连城煤业有限公司	135.16	7.18	1 263	3.1
112	珲春矿业集团有限责任公司英安煤矿	135.03	7.06	220	3.22
113	徐州矿务集团公司庞庄煤矿张小楼井	112.44	7.19	6 142.92	4.52

（六）经济效益增幅较大

2008 年，全国 292 处安全高效矿井（露天）共盈利 800.7 亿元，占全国规模以上煤炭企业利润总额的 34%。全国共有 17 处安全高效矿井（露天）单井盈利超过 10 亿元，见表 2-8，同比 2007 年度增长 183%。其中，冀中能源金牛能源股份有限公司东庞矿、河南煤业化工集团正龙煤业有限公司城郊煤矿、兖州煤业股份有限公司兴隆庄煤矿、兖州煤业股份有限公司济宁三号煤矿、兖州煤业股份有限公司东滩煤矿、神华准格尔能源有限责任公司黑岱沟露天煤矿、神华神东煤炭集团哈拉沟煤矿等 7 家公司单井盈利超过 15 亿元。冀中能源金牛能源股份有限公司东庞矿单井盈利超过 20

亿元。

表 2－8　　单井盈利超过 10 亿元的安全高效矿井（露天）

序号	单位名称	实际产量（万 t）	实现利润（万元）	人均年收入（万元/人）
1	冀中能源股份有限公司东庞矿	280	200 078.9	6.24
2	河南煤业化工集团城郊煤矿	497.7	198 624.8	6.11
3	兖州煤业股份有限公司兴隆庄煤矿	644.9	191 468	6.03
4	兖州煤业股份有限公司济宁三号煤矿	619	184 830	5.2
5	兖州煤业股份有限公司东滩煤矿	700.6	182 091	5.98
6	神华能源公司黑岱沟露天煤矿	2 283.9	166 200	6.48
7	神华神东煤炭集团哈拉沟煤矿	1 205	150 000	13
8	霍州煤电集团有限责任公司辛置煤矿	256.7	138 991.4	4.07
9	晋城矿业集团有限责任公司寺河矿	1 073	132 912	6.2
10	同煤大唐塔山煤矿有限公司	1 025.5	125 976.3	9
11	晋城矿业集团有限责任公司成庄矿	839.9	118 018.4	6.27
12	兖州煤业股份有限公司鲍店煤矿	600	118 000	5.8
13	临沂矿业集团古城煤矿有限公司	219.18	117 060	4.7
14	山西三元煤业股份有限公司	179.9	114 216	6.8
15	国投新集能源股份公司刘庄煤矿	456.96	107 872.42	6.41
16	神华神东煤炭集团上湾煤矿	1 329.75	103 537.5	9.59
17	神华神东煤炭集团补连塔矿	2 148.7	101 367.6	11.3

二、安全高效矿井地区分布

2008 年度达标的 292 处安全高效矿井（露天），集中分布于我国的中东部地区。共涉及 17 个省（市、自治区），见表 2－9。安全高效矿井数量超过 10 处的有河北省、山西省、辽宁省、内蒙古自治区、山东省、河南省、安徽省、江苏省，其中，山西省达到 81 处，占全国安全高效矿井的 27.7%，数量为各省（市、自治区）之最，河南省 35 处，山东省 31 处，安徽省 25 处。

表 2－9　　安全高效矿井按地区分布统计表

序号	省（市区）	安全高效矿井数量				省（市区）安全高效矿井数量占全国比重（%）
		总量	特级	一级	二级	
1	山西	81	24	39	18	27.74
2	河南	35	9	16	10	11.99
3	山东	31	15	9	7	10.62
4	安徽	25	8	12	5	8.56
5	河北	24	4	9	11	8.22
6	内蒙古	20	12	6	2	6.85
7	辽宁	14	7	5	2	4.79
8	江苏	10	1	8	1	3.42
9	新疆	9	6	2	1	3.08
10	陕西	9	8	1	0	3.08
11	黑龙江	9	0	6	3	3.08
12	甘肃	9	3	2	4	3.08
13	吉林	8	0	5	3	2.74
14	宁夏	3	3	0	0	1.03
15	重庆	2	0	0	2	0.68
16	四川	2	0	2	0	0.68
17	云南	1	0	1	0	0.34
合　计		292	100	123	69	100

三、安全高效矿井隶属企业分布

按安全高效矿井所属企业分析，达标数量超过 10 处的为神华集团公司、冀中能源集团公司、大同煤矿集团公司、山西焦煤集团公司、平顶山煤业集团公司、河南煤业化工集团，见表 2－10。

表2－10　　安全高效矿井所属企业分布表

序号	企业名称	安全高效矿井数量		序号	企业名称	安全高效矿井数量	
		总量	特级			总量	特级
1	神华集团公司	25	22	30	临沂矿业集团公司	3	0
2	中煤能源集团公司	9	6	31	兖矿集团公司	9	6
3	开滦集团公司	6	2	32	枣庄矿业集团公司	6	3
4	冀中能源集团公司	16	2	33	龙口矿业集团公司	2	2
5	磁县申家庄煤矿	1	0	34	新汶矿业集团公司	2	0
6	磁县六合工业公司	1	0	35	肥城矿业集团公司	3	1
7	扎赉诺尔煤业公司	1	1	36	里能鲁西矿业公司	1	0
8	平庄煤业集团公司	2	0	37	山东岱庄生建公司	1	0
9	大雁煤业集团公司	3	0	38	淮北矿业集团公司	8	0
10	伊泰集团公司	3	2	39	淮南矿业集团公司	8	6
11	铁法煤业集团公司	8	6	40	皖北煤电集团公司	6	0
12	沈阳煤业集团公司	3	1	41	国投新集能源公司	3	2
13	抚顺矿业集团公司	2	0	42	中平能化集团	11	3
14	阜新矿业集团公司	1	0	43	河南煤业化工集团	12	3
15	大同煤矿集团公司	17	4	44	义马煤业集团公司	6	2
16	山西焦煤集团公司	12	1	45	郑州煤炭工业集团	2	0
17	阳泉煤业集团公司	5	2	46	神火集团公司	2	1
18	晋城无烟煤集团	2	2	47	济源煤业集团公司	1	0
19	潞安集团公司	6	5	48	禹州中锋公司	1	0
20	大同市地方煤矿	1	0	49	华亭煤业集团公司	5	3
21	忻州市地方煤矿	1	1	50	窑街煤电公司	4	0
22	晋城市地方煤矿	8	2	51	潞安新疆公司	2	1
23	长治市地方煤矿	8	2	52	徐矿新疆天山公司	1	0
24	临汾市地方煤矿	5	0	53	四棵树煤炭公司	1	0
25	阳泉市地方煤矿	1	0	54	龙煤矿业集团公司	9	0
26	吕梁市地方煤矿	5	0	55	辽源矿业集团公司	4	0
27	晋中市地方煤矿	2	0	56	珲春矿业集团公司	3	0
28	山西省监狱管理局	2	0	57	舒兰矿业集团公司	1	0
29	淄博矿业集团公司	6	4	58	徐州矿务集团公司	6	0

续表 2－10

序号	企业名称	安全高效矿井数量		序号	企业名称	安全高效矿井数量	
		总量	特级			总量	特级
59	陕西黄陵矿业集团	1	1	62	华能伊敏煤电公司	1	1
60	华蓥山煤业公司	2	0	63	先锋煤业集团公司	1	0
61	重庆松藻煤电公司	2	0	合计		292	100

第三节 2008 年度安全高效矿井分级分析

一、特级安全高效矿井

2008 年度特级安全高效矿井共有 100 处。按所属地区分，主要分布在山西省（24 处）、山东省（15 处）和内蒙古自治区（12 处）。按所属企业分，神华集团公司特级安全高效矿井的数量居各企业之首，共有 22 处特级安全高效矿井，其中，有 10 处年产量超过 1 000 万 t，分别为神华神东煤炭集团的补连塔煤矿 2 148.7 万 t、榆家梁煤矿 1 690 万 t、上湾煤矿 1 329.8 万 t、哈拉沟煤矿 1 205 万 t、大柳塔矿活鸡兔井 1 020.7 万 t、大柳塔矿大柳塔井 1 099.7 万 t、石圪台煤矿 1 034.4 万 t、万利一矿 1 015.5 万 t，神华宁煤集团公司羊场湾煤矿 1 202.75 万 t，神华集团准格尔能源公司黑岱沟露天矿 2 283.9 万 t。

（一）煤炭生产

2008 年度 100 处特级安全高效矿井中，有井工矿 94 处，露天矿 6 处；94 处特级安全高效井工矿设计年生产能力 34 355 万 t，平均 365.5 万 t/矿，核定能力 47 749 万 t，平均 508 万 t/矿，生产原煤 44 163 万 t，平均 470 万 t/矿；6 处特级安全高效露天矿设计年生产能力 6 933 万 t，核定能力 9 160 万 t，生产原煤 8 627.6 万 t，平均 1 437.9 万 t/矿。100 处特级安全高效矿井原煤产量 5.28 亿 t，占当年全国原煤生产总量的 18.9%，占全部安全高效矿井原煤生产总量的 61.3%。

94 处特级安全高效井工矿共有采煤平均工作面 145.2 个，综采平均工作面达到 142.2 个，44% 的矿井采用一井一面生产模式。平均单产 26.5 万 t/（个·月），原煤工效 28.8 t/工，采煤机械化程度达 99.93%。

神华神东煤炭集团补连塔煤矿是目前世界生产规模最大的现代化矿井，

核定生产能力2 006万t，2008年全年原煤产量2 148.7万t，该矿为一井两面生产模式，其中，综采一队产煤1 207.43万t，综采二队产煤807.44万t，矿井综合单产达到83.95万t/（个·月），采煤机械化程度达100%。综采一队使用的综采设备为引进的JOY7LS7采煤机、国产ZY12000/28/63大采高液压支架、DBT3×1 000 kW刮板输送机。综采二队使用的综采设备为引进的7LS6采煤机、国产ZY11000/25/50大采高液压支架、SDFAFC3×1 000 kW刮板输送机。

94处特级安全高效井工矿共有采煤队164个。其中，百万吨采煤队有131个，占安全高效矿井百万吨采煤队总数的50.6%。

6处特级安全高效露天矿开采采用单斗—卡车—破碎站工艺、电铲—卡车—胶带半连续工艺等；最大剥采比为7.6，最小剥采比为1.91；最大开采深度240 m，最小开采深度60 m，平均原煤工效为101.4 t/工。

神华集团准格尔能源公司黑岱沟露天矿为当前我国生产规模最大的现代化露天矿，核定生产能力2 200万t，该矿岩石剥离采用单斗—卡车开采工艺和吊斗铲倒堆开采工艺，黄土剥离采用轮斗连续开采工艺，煤层采用单斗—卡车—带式输送机（地面半固定破碎站）的半连续开采工艺，煤层厚28.8 m，剥采比为3.77，实际产煤2 283.8万t，实现利润16.62亿元。

（二）经济效益

100处特级安全高效矿井共盈利507.22亿元，占全国规模以上煤炭企业2008年度利润总额的21.6%，平均每矿盈利5.07亿元。其中，冀中能源河北金牛能源股份有限公司东庞矿20亿元，位居全国煤矿第一。100处特级安全高效矿井职工人均收入6.33万元/年，神华神东煤炭集团哈拉沟煤矿人均收入最高，达到13万元/年。

二、行业一级安全高效矿井

2008年度评选出的行业一级安全高效矿井共有123处，其中井工矿120处，露天矿3处，主要分布在山西、山东、河北、河南、安徽、江苏、内蒙古等省区。

（一）煤炭生产

120处行业一级安全高效井工矿设计生产能力19 546万t，平均162.9万t/矿；核定能力26 626.6万t，平均221.9万t/矿；生产原煤25 071.7万t，平均208.9万t/矿。3处行业一级安全高效露天矿设计年生产能力525万t，平均175万t；核定能力700万t，平均233.3万t/矿；生产原煤 665.9 万 t，平均 221.97 万 t/矿。123 处行业一级安全高效矿井原煤产量占当年全国原煤生产总量的 9.2%，占全部安全高效矿井原煤生产总量的 29.9%。

120 处行业一级安全高效井工矿共有采煤平均工作面 219.8 个，其中综采平均工作面 204.4 个，30.8% 的矿井采用一井一面生产模式。平均单产 10 万 t/（个·月），原煤工效 8.9t/工；采煤机械化程度达 99%，掘进装载机械化程度达 99%；死亡 18 人，百万吨死亡率为 0.07。其中，淮南矿业（集团）有限责任公司谢桥煤矿原煤产量最高，产量达到 800.17 万 t。

120 处行业一级安全高效井工矿共有采煤队 235 个。其中，百万吨采煤队 109 个，占安全高效矿井百万吨采煤队总数的 42%。

3 处行业一级安全高效露天矿为抚顺矿业集团有限责任公司西露天矿、潞安新疆煤化工（集团）有限公司露天煤矿、云南先锋煤业开发有限公司先锋露天矿。抚顺矿业集团有限责任公司西露天矿采用半连续工艺，剥采比为 4.06，开采深度 426 m，煤层厚度平均 45 m，原煤工效 20.12 t/工；潞安新疆煤化工（集团）有限公司露天煤矿采用单斗—准轨工艺，剥采比为 4.89，开采深度 120 m，煤层厚度平均 13.84 m，原煤工效 8.66 t/工；云南先锋煤业开发有限公司先锋露天矿采用单斗—汽车间断工艺，剥采比为 3，开采深度 110 m，煤层厚度平均 57 m，原煤工效 25.02 t/工。

（二）经济效益

123 处行业一级安全高效矿井共盈利 208.5 亿元，占全国规模以上煤炭企业 2008 年度盈利总额的 8.9%，平均每矿盈利 1.7 亿元。其中，霍州煤电集团有限责任公司辛置煤矿盈利 13.89 亿元，名列行业一级安全高效矿井第一。行业一级安全高效矿井职工人均收入 4.4 万元/年，其中，淮南矿业（集团）有限责任公司潘集第一煤矿人均收入最高，达 6.99 万元/年。

三、行业二级安全高效矿井

2008 年度行业二级安全高效矿井共有 69 处，全部为井工矿。主要分布在河北、山西、山东、河南等省。

（一）煤炭生产

69 处行业二级安全高效矿井设计年生产能力 6 398 万 t，平均 92.7 万 t/矿；核定能力 8 211 万 t，平均 120.8 万 t/矿；生产原煤 7 671.7 万 t，平均 111.2 万 t/矿。69 处行业二级安全高效矿井原煤产量占当年全国原煤生产总量的 2.8%，占全部安全高效矿井原煤生产总量的 8.9%。

69 处行业二级安全高效井工矿共有采煤平均工作面 90.7 个，其中综采平均工作面 76.6 个，56.5% 的矿井采用一井一面生产模式。平均单产 6.9 万 t/（个・月），平均原煤工效 6 t/工；采煤机械化程度达 98.8%，掘进装载机械化程度达 98.4%；死亡 12 人，百万吨死亡率为 0.156。

69 处行业二级安全高效矿井共有采煤队 105 个。其中，百万吨采煤队 19 个，占安全高效矿井百万吨采煤队总数的 7%。

（二）经济效益

69 处行业二级安全高效矿井共盈利 84.9 亿元，占全国规模以上煤炭企业盈利总额的 3.6%，平均每矿盈利 12 309 万元。其中，临沂矿业集团山东东山古城煤矿盈利 11.7 亿元，名列行业二级安全高效矿井第一。二级安全高效矿井职工人均收入 4.1 万元/年，山东省岱庄生建煤矿人均收入达 10.85 万元/年。

四、特级、行业一级、行业二级安全高效矿井指标对比

（一）单产水平

特级安全高效矿井工作面单产水平 26.4 万 t/（个・月），其单面月产量分别是行业一级和行业二级安全高效矿井的 2.5 倍和 3.8 倍。

（二）经济效益

特级安全高效矿井平均单矿盈利达到 5.07 亿元，分别是行业一级和行业二级安全高效矿井对应指标的 3 和 4 倍；特级安全高效矿井职工人均收入为 6.33 万元/年，分别是行业一级和行业二级安全高效矿井对应指标的 1.4 和 1.5 倍。不同等级安全高效矿井的盈利水平和职工收入的对比如图 2－1 所示。

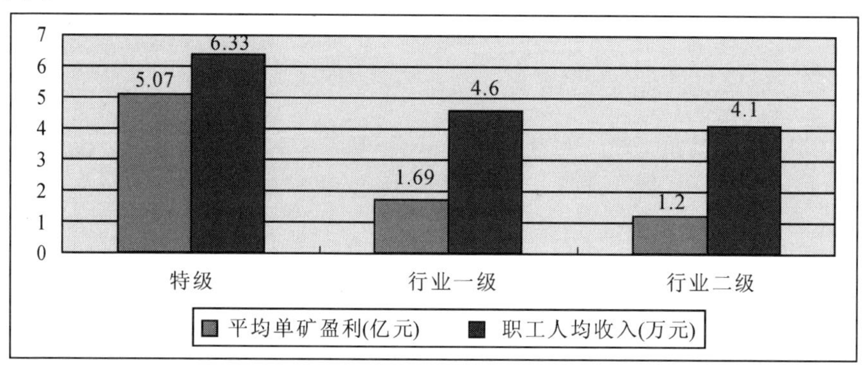

图 2－1　2008 年度不同等级安全高效矿井盈利水平及人均收入对比

（三）原煤生产人员效率

从图 2－2 可见，特级安全高效矿井原煤生产人员效率一般都较高，特级安全高效矿井原煤工效平均 33.2 t/工，分别是行业一级和行业二级的 3.6 倍和 5.5 倍。

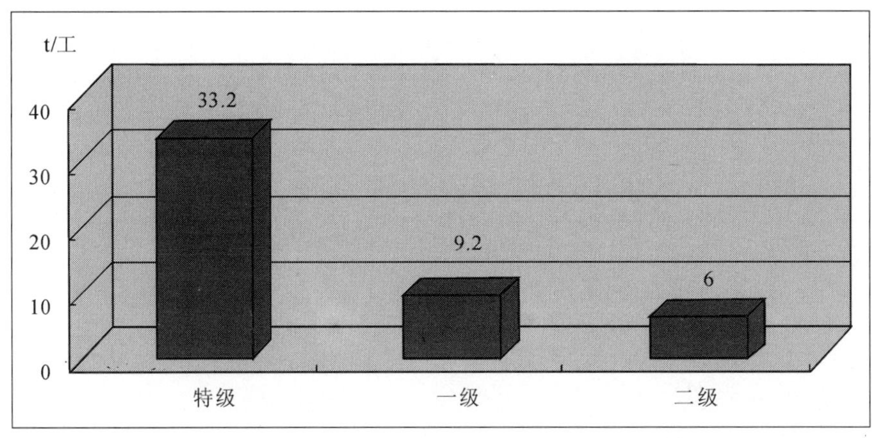

图 2－2 2008 年度三个等级安全高效矿井原煤工效

第三章　2008年度安全高效矿井开采工艺及装备分析

第一节　2008年度安全高效矿井开采工艺分析

一、2008年度安全高效矿井开采工艺

2008年，292处安全高效矿井中，井工矿283处，露天矿9处。从回采工艺上看，283处安全高效井工矿共有采煤工作面455.7个。其中，综采工作面423.2个，高档普采工作面31.5个，涵盖了我国煤矿常用的各种采煤工艺，有综采一次采全高，也有综采放顶煤和分层综采，有刨煤机综采，也有高档普采，有旺格维利采煤法，也有炮采、水采；9处安全高效露天矿开采采用单斗—卡车—破碎站工艺、电铲—卡车—胶带半连续工艺、半连续（电铲—自移式破碎机—胶带）工艺、单斗—准轨工艺、单斗—汽车间断工艺和其他半连续工艺。

二、2008年度安全高效矿井百万吨采煤队采煤工艺分析

2008年，安全高效矿井建设水平进一步提高，百万吨采煤队达到259个，总体呈现数量逐步提高，稳中有升的趋势。全国百万吨采煤队发展情况如图3-1所示。

2008年，283处安全高效井工矿的259个百万吨采煤队，平均单队年产量217.7万t。多数百万吨采煤队采煤工作面煤层赋存条件较好，大多数为厚煤层或中厚煤层，但是也有少数采煤队在倾斜煤层和急倾斜煤层的工作面年产超过百万吨，见表3-1。年产300万t以上的采煤队有37个，见表3-2。16个年产量超过600万t的综采队中，综放队有6个，分别是中煤能源公司平朔安家岭二号矿综采一队、安家岭一号矿综采队、大同煤矿集团大唐塔山煤矿综采一队、潞安集团公司常村煤矿综采队、兖矿集团公司东滩煤矿综采工区、兴隆庄煤矿综采一队。

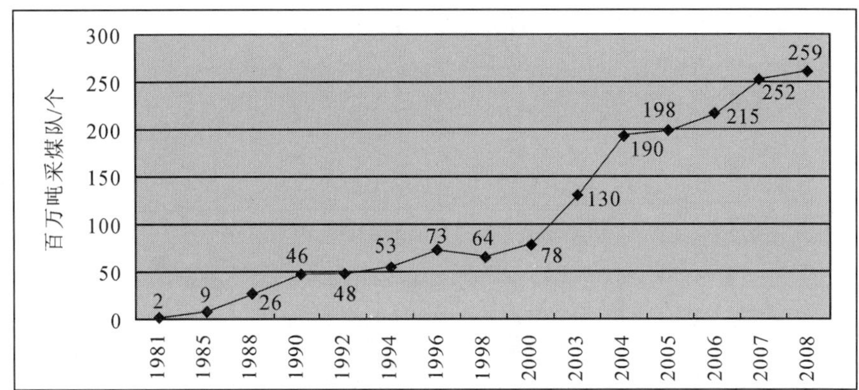

图 3－1 1981～2008 年全国百万吨采煤队发展情况

表 3－1 2008 年度大倾角开采百万吨采煤队

序号	采煤队名称	平均倾角（°）	采煤工艺	煤层厚度（m）	原煤产量（万 t）
1	神华新疆公司小红沟煤矿综放队	87	综放	32	135.2
2	神华新疆公司大洪沟煤矿综放队	82	综放	50	120.7
3	神华新疆公司碱沟煤矿综采一队	82	综放	50	101.2
4	神华新疆公司六道湾煤矿综采队	60	综放	50	172
5	窑街煤电集团三矿综采二队	45	综放	74	102.6
6	神华新疆公司铁厂沟煤矿综采区	41	综放	29.6	114.63
7	淮南矿业集团潘北煤矿综采一队	40	综采	4.2	152.85
8	华亭煤电砚北煤矿综采一队	32	综放	48.8	218.4
9	龙煤鹤岗分公司峻德煤矿综采一队	31	综采	4.2	111.53
10	淄博矿业集团葛亭煤矿综采队	26.3	综放	6.8	102.24
11	淮南矿业集团潘集第三煤矿综采二队	26	综采	3.6	144.86
12	冀中能源邯矿集团云驾岭煤矿采一区	26	综放	4.09	105.5

表 3－2 年产量超过 300 万 t 的安全高效矿井综采队

序号	采煤队名称	工作面地质条件			工作面产量		工作面设备		
		采煤工艺	煤层平均厚度	煤层平均倾角	年产量	单产	液压支架型号/架数	采煤机型号	刮板输送机型号
			m	(°)	万 t	t/(个·月)			
1	神东补连塔煤矿综采一队	综采	7.59	1	1 207.43	1 006 194	ZY12000/28/63/176	JOY7LS7	DBT3×1000
2	神东上湾煤矿综采队	综采	6.0	1.5	1 201.07	1 000 892	ZY10800－28－63/176	JOY－07LS07	DBT－ACF173×1 000 kW
3	神东哈拉沟煤矿综采队	综采	5.28	1	1 064.8	887 333	DBT/184	7LS6/LWS603	SDAFC
4	中煤平朔二号井工矿综采一队	综放	13.2	5	1 038	865 838	ZFS10000/23/37/202	JOY7L3A	SGZ1000/2×1000
5	中煤平朔一号井工矿综采队	综放	12.91	0	1 030	858 889	ZFS8000/23/37/156	Eickhoff SL750	SGZ1200/2×700(后) SGZ1000/2×700(前)
6	同煤大唐塔山矿综采一队	综放	13.53	3	988.29	823 574	ZF13000/25/38/126	SL－500	PF6/1142 PF6/1342
7	神东大柳塔井综采一队	综采	4.6	1	981.3	387 559	JOY(2×7625kN)/141	JOY(6LS－5)	JOY(700＋522)kW
8	神东万利一矿采煤队	综采	4.8	1	946.83	789 025	ZY8600/24/50D/175	MG750/1800－WD	SGZ1000/3×700
9	神东榆家梁煤矿综采一队	综采	4.39	1	933.2	777 700	EKF(162)	SL500	JOY(AF7)
10	神东补连塔煤矿综采二队	综采	4.75	1	807.44	672 862	ZY11000/25/50/176	7LS6/LWS51	SDAFC3×1000kW
11	神东活鸡兔井综采二队	综采	3.5	1	662.34	551 950	JOY(2×7625kN)/170	JOY(6LS－5)	JOY(700＋522)kW
12	神东锦界煤矿综采队	综采	3.12	1	650	360 987	DTB(8824kN)/210	JOY(7LS－2A)	JOY(3×855)kW
13	潞安常村煤矿综采队	综放	6	3	627.08	506 526	ZFS6000、ZF7000、ZF7500、ZF6500	MGY400/930－3.3D、EL－1000	SGZ960/1400、SGZ830/800、SZZ1200/400

续表 3－2

序号	采煤队名称	工作面地质条件			工作面产量		工作面设备		
		采煤工艺	煤层平均厚度	煤层平均倾角	年产量	单产	液压支架型号/架数	采煤机型号	刮板输送机型号
			m	(°)	万 t	t/(个·月)			
14	神宁羊场湾煤矿综采一队	综采	6.83	12	618.9	510 644	ZY10000/28/62D/173	7LS7	AFC3×855kW
15	兖矿东滩煤矿综采工区	综放	9.3	6	605.98	525 066	ZFY8500－21/40/138	SL－750	SGZ－1000/1400
16	兖矿兴隆庄煤矿综采一队	综放	8.57	4	601.86	524 633	ZFS7200/139	MG650/1480	SGZ1000/1400
17	神东石圪台综采一队	综采	4.85	1.5	577.55	481 300	DTB2×4412 3.5/176 DTB2×4319 5.5/176	JOYLWS457 AKFSL－500 6490	JOY3×855kW
18	淮南顾桥煤矿综采一队	综采	4.5	6	568	47 335	ZY9200/25/50D/148	7LS6	SGZ1000/1400
19	神东榆家梁煤矿综采二队	综采	3.2	1	554.2	461 900	郑煤机(211)	JOY(6LS－5)	JOY(AF7)
20	兖矿鲍店煤矿综采队	综放	8.43	9	518.16	431 802	ZFS6200/18/35/122	MGTY400/930－3.3D	SGZ－1000/1050
21	晋城寺河矿综采二队	综采	6.3	5	505.82	445 681	ZY9400/28/62/112	SL－500	JOY
22	晋城寺河矿综采一队	综采	6.36	4	437.51	458 512	ZY9400/28/62/112	SL－500	JOY
23	淮南张集煤矿综采三队	综采	3.2	9	434.84	362 367	ZZ6400/18/38/171	MG610/1400－WD	SGZ1000/1400
24	淮南顾桥煤矿综采二队	综采	3.4	5	423.09	352 549	ZY8800/18/38D/147	SL750	SGZ1000/1400
25	国投新集刘庄煤矿综采队	综采	4.1	16	415.18	345 983	ZZ10000－22/45D/163	SL500AC	SGZ1000/1710
26	淮南张集煤矿综采一队	综采	4.1	4	403.21	346 005	ZZ6400/22/45/163	MG610/1400－WD	SGZ1000/1400
27	铁法大平矿综放队	综放	13.35	4	389	324 167	ZFS8800－17/29H/169	MG940/400－WD	SGZ－1000/1400

续表 3－2

序号	采煤队名称	工作面地质条件			工作面产量		工作面设备		
		采煤工艺	煤层平均厚度	煤层平均倾角	年产量	单产	液压支架型号/架数	采煤机型号	刮板输送机型号
			m	(°)	万 t	t/(个·月)			
28	神宁枣泉煤矿综采一队	综放	7.8	17	366.8	305 683	ZF7800－17/35/112	MG－500/1130－WD	SGZ900/1050
29	潞安漳村煤矿综采队	综放	6.2	6	358.5	298 751	ZFS6000/142	MGTY－250/600	SGZ830/800
30	阳煤一矿北丈八井综五队	综放	6.5	6	348.13	290 111	ZF5600/160	MGTY400/930－3.3D	SGZ－880/1050
31	神宁羊场湾煤矿综采三队	综采	7	12	336.1	285 799	DBT2－Leg Shield/2/143	SL－500	AFC 2×700kW
32	淮南顾北煤矿综采一队	综采	3.9	5	331.9	276 583	ZZ6400/22/45/161	MG650/1480－GWD	SGZ1000/1400
33	阳煤二矿综采一队	综放	6.13	5	322.19	278 710	ZF6200－1.7/3.2	MGTY－400/930	SGZ－1000/1400
34	淮南谢桥煤矿综采三队	综采	2.8	14.5	310.17	258 476	ZZ6400/15/30/167	SL－300	ZGZ900/1050
35	淮南张集煤矿综采二队	综采	3.6	10	303.67	253 058	ZZ6000/21/42/162	MG610/1400－WD	SGZ1000/1400
36	淮南潘一煤矿综采一队	综采	5.2	9	301.13	250 940	ZZ9200/24/50/100	MGTY750/1715－3.3D	SGZ1000/2×700
37	晋城成庄矿综采三队	综放	6.65	1.5	300.1	253 464	ZFS5400/17/33	MG450/1020/WD	SGZ880/400×2

第二节　2008 年度安全高效矿井设备配套分析

一、2008 年度安全高效矿井设备分析

2008 年度安全高效矿井共有采煤队 504 个，其中，采用全套国产设备的采煤队有 432 个，产量合计为 5.11 亿 t；部分引进国外设备的采煤队有 63 个，产量为 1.45 亿 t；全套引进国外设备的采煤队有 9 个，产量为5 712 万 t。

（一）采用全套国产设备的生产工作面

2008 年度安全高效井工矿有 432 个采煤队使用全套国产设备，占全部安全高效井工矿采煤队的 85.7%，见表 3－3。

（二）引进部分国外设备，配以部分国产设备的生产工作面

引进部分关键综采设备，电牵引采煤机、刨煤机、液压支架的电液控制系统等，配套国产液压支架和大运量带式输送机装备的安全高效采煤工作面，达到了安全高效生产。如神华神东煤炭集团补连塔煤矿使用 JOY7LS 型采煤机和 DBT3×1000 型刮板输送机，配以 ZY12000/28/63 型国产液压支架，综采一队年产量达到 1 207.43 万 t；神华神东煤炭集团上湾矿采用 JOY－07LS07 型采煤机、DBT－ACF173×1000 kW 刮板输送机，配以国产液压支架 ZY10800/28/63，2008 年工作面产量为 1 201.07 万 t。2008 年度有 50 个安全高效矿井的 63 个采煤队使用国外和国产设备相结合的方式，见表3－4。

（三）全套引进国外设备的生产工作面

神华神东煤炭集团的哈拉沟矿、石圪台矿、大柳塔矿等均采用这种模式，原煤产量和原煤工效遥遥领先国内其他煤矿。2008 年度安全高效井工矿有 8 处矿井的 9 个综采队（见表 3－5），采用引进全套国外综采设备，其中有 8 个综采队属于神华煤炭集团，另一个为山西亚美大宁能源有限公司。9 个综采队中最高年产量 1 064.8 万 t，最低年产量 244.3 万 t。

二、2008 年度安全高效矿井百万吨采煤队技术装备

2008 年，283 处安全高效井工矿的 259 个百万吨采煤队中有 9 个装备了全套的进口综采设备，27 个装备了国产和进口相结合的综采设备，其余全部装备的是国产综采设备。

表 3－3　2008 年采用全套国产设备的采煤队(产量前 20 名)

序号	采煤队名称	工作面地质条件			工作面产量		工作面设备		
		采煤工艺	煤层平均厚度 m	煤层平均倾角 (°)	年产量 万 t	单产 t/(个·月)	液压支架 型号/架数	采煤机 型号	刮板输送机 型号
1	神华万利一矿采煤队	综采	4.8	1	946.83	789 025	ZY8600/24/50D/175	MG750/1800－WD	SGZ1000/3×700
2	潞安常村煤矿综采队	综放	6	3	627.08	506 526	ZFS6000 ZF7000 ZF7500 ZF6500	MGY400/930－3.3D EL－1000	SGZ960/1400 SGZ830/800 SZZ1200/400
3	兖矿兴隆庄煤矿综采一队	综放	8.57	4	601.86	524 633	ZFS7200/139	MG650/1480	SGZ1000/1400
4	兖矿鲍店煤矿综采队	综放	8.43	9	518.16	431 802	ZFS6200/18/35/122	MGTY400/930－3.3D	SGZ－1000/1050
5	淮南张集煤矿综采三队	综采	3.2	9	434.84	362 367	ZZ6400/18/38/171	MG610/1400－WD	SGZ1000/1400
6	淮南张集煤矿综采一队	综采	4.1	4	403.21	346 005	ZZ6400/22/45/163	MG610/1400－WD	SGZ1000/1400
7	铁法大平煤矿综放队	综放	13.35	4	389	324 167	ZFS8800－17/29H/169	MG940/400－WD/1	SGZ－1000/1400/2
8	神华枣泉煤矿综采一队	综采	7.8	17	366.8	305 683	ZF7800－17/35/112	MG－500/1130－WD	SGZ900/1050
9	潞安漳村煤矿综采队	综放	6.2	6	358.5	298 751	ZFS6000/142	MGTY－250/600	SGZ830/800
10	阳煤一矿综五队	综放	6.5	6	348.13	290 111	ZF5600/160	MGTY400/930－3.3D	SGZ－880/1050
11	淮南顾北煤矿综采一队	综采	3.9	5	331.9	276 583	ZZ6400/22/45/161	MG650/1480－GWD	SGZ1000/1400
12	阳煤二矿综采一队	综放	6.13	5	322.19	278 710	ZF6200－1.7/3.2	MGTY－400/930	SGZ－1000/1400

续表 3－3

序号	采煤队名称	工作面地质条件			工作面产量		工作面设备		
		采煤工艺	煤层平均厚度	煤层平均倾角	年产量	单产	液压支架型号/架数	采煤机型号	刮板输送机型号
			m	(°)	万 t	t/(个·月)			
13	淮南张集煤矿综采二队	综采	3.6	10	303.67	253 058	ZZ6000/21/42/162	MG610/1400－WD	SGZ1000/1400
14	淮南潘集煤矿综采一队	综采	5.2	9	301.13	250 940	ZZ9200/24/50/100	MGTY750/1715－3.3D	SGZ1000/2×700
15	晋煤成庄煤矿综采三队	综放	6.65	1.5	300.1	253 464	ZFS5400/17/33	MG450/1020/WD	SGZ880/400×2
16	伊泰纳林庙矿二号井综采队	综采	6.26	2	296.39	246 989	ZY－8640/25.5/55/119	MG750/1915－GWD	SSZ－1000/1400
17	淮南丁集煤矿综采一队	综采	3.55	3	290.43	242 020	ZZ8800/18.5/38/146	MG650/1480－WD	SGZ1000/1400
18	伊泰宏景塔一矿综采队	综采	5.16	0	287.99	239 900	ZY－8640/25.5－55/119	MG750/1915－GWD	SSZ－1000/2×700
19	汾西新阳煤矿综采一队	综放	9	6	281.78	247 175	ZF5400/17/32H/133	MG300/700－1.1D	SGZ－764/630 SGZ－880/800
20	枣庄新安煤矿综采一队	综放	9	12	278	231 667	ZFS5200－17/33	MG400/930－WD	SGB－830/500

表 3－4　　2008 年国产设备和进口设备相结合的采煤队

序号	采煤队名称	工作面地质条件			工作面产量		工作面设备		
		采煤工艺	煤层平均厚度	煤层平均倾角	年产量	单产	液压支架型号/架数	采煤机型号	刮板输送机型号
			m	(°)	万 t	t/(个·月)			
1	神华补连塔煤矿综采一队	综采	7.59	1	1 207.43	1 006 194	ZY12000/28/63/176	JOY7LS7	DBT3×1000
2	神华上湾煤矿综采队	综采	6	1.5	1 201.07	1 000 892	ZY10800－28－63/176	JOY－07LS07	DTB－ACF173×1000kW
3	中煤安家岭二号井综采一队	综放	13.2	5	1 038	865 838	ZFS10000/23/37/202	JOY7L3A	SGZ1000/2×1000
4	中煤安家岭一号井综采队	综放	12.91	0	1 030	858 889	ZFS8000/23/37/156	Eickhoff SL750	SGZ1200/2×700 SGZ1000/2×700
5	同煤塔山煤矿综采一队	综放	13.53	3	988.29	823 574	ZF13000/25/38/126 ZFG13000/26.5/38H/7	SL－500	PF6/1142(前) PF6－1342(后)
6	神华补连塔煤矿综采二队	综采	4.75	1	807.44	672 862	ZY11000/25/50/176	7SL6/LWS51	SDAFC3×1000kW
7	神华羊场湾煤矿综采一队	综采	6.83	12	618.9	510 644	ZY10000/28/62D/173	7LS7	AFC3×855kW
8	兖矿东滩煤矿综采工区	综放	9.3	6	605.98	525 066	ZFY8500－21/40/138	SL－750	SGZ－1000/1400
9	淮南顾桥煤矿综采一队	综采	4.5	6	568	47 335	ZY9200/25/50D/148	7LS6	SGZ1000/1400
10	神华榆家梁煤矿综采二队	综采	3.2	1	554.2	461 900	郑煤机(211)	JOY(6LS－5)	JOY(AF7)
11	晋煤寺河煤矿综采二队	综采	6.3	5	505.82	445 681	ZY9400/28/62/112	SL－500	JOY
12	晋煤寺河煤矿综采一队	综采	6.36	4	437.51	458 512	ZY9400/28/62/112	SL－500	JOY
13	淮南顾桥煤矿综采二队	综采	3.4	5	423.09	352 549	ZY8800/18/38D/147	SL750	SGZ1000/1400

续表 3 –4

序号	采煤队名称	工作面地质条件			工作面产量		工作面设备		
		采煤工艺	煤层平均厚度	煤层平均倾角	年产量	单产	液压支架型号/架数	采煤机型号	刮板输送机型号
			m	(°)	万 t	t/(个·月)			
14	国投新集刘庄矿综采队	综采	4.1	16	415.18	345 983	ZZ10000 –22/45D/163	SL500AC	SGZ1000/1710
15	淮南谢桥煤矿综采三队	综采	2.8	14.5	310.17	258 476	ZZ6400/15/30/167	SL –300	ZGZ900/1050
16	神华石圪台煤矿综采二队	综采	1.8	1.5	291	242 500	ZY100200/14/28	JOY7LS1A	SGZ1000/2000
17	铁法小青煤矿 661 综采队	综采	1.7	4	226	196 181	ZY5200/08/18D/150	9 –38Ve/GH5.7	PRT –GH –PG3/822
18	鲁能上榆泉煤矿综采二队	综采	8.6	3	204.6	170 522	ZF8600/20/38/151	SL –300	SGZ –1000/1400
19	神华寸草塔煤矿采煤队	综采	2.4	1	203.1	169 167	ZY7600/12/24 211	SL –300	SGZ1000/2100
20	神华灵新煤矿综采一队	综采	2.6	13	153.9	164 370	TAGOR –5200 /17/35/190	MG –450/1030 –WD	SGZ –900/1400
21	淮南潘三矿综采一队	综采	1.9	7	116.25	96 873	ZY5000/11/24/158	SL300	SGZ900/1050
22	平煤八矿综采三队	综采	4.3	10	114	94 995	ZY6400 –23.5/45/110	MGTY300/730	MECO830/750
23	徐矿张小楼井综采三区	综采	2.2	13	105.41	89 637	WS1.7 –1.2/2.8/120	MG300/700 –QWD	SGZ –764/400W
24	神华枣泉煤矿综采二队	综采	3.2	18	101.7	139 355	TAGOR5200/17/35/122 ZZ6300/21/42/165	MG –450 –1020 –WD	SGZ –900/1400 SGZ –900/1050
25	同煤晋华宫矿大采高队	综采	4.5	6	100.46	98 386	ZZ9900	SL –500	SGZ1000/1050
26	开滦荆各庄矿采煤二队	综采	2	8	100.34	83 616	G320 –13/32	MG –375	SGD –730/320
27	徐矿张双楼煤矿综采一队	综采	3.1	23	100.11	99 315	WS1.7 –16/35/98	MG300/700 –QWD	SGZ –764/400

表 3－5　　2008 年度全部采用进口设备的采煤队

序号	采煤队名称	煤层平均厚度	煤层倾角	工作面产量		工作面设备		
				年产量	单产	液压支架型号/架数	采煤机型号	刮板输送机型号
		m	(°)	万 t	t/(个・月)			
1	神东哈拉沟煤矿综采队	5.28	1	1 064.8	887 333	DBT/184	7LS6/LWS603	SDAFC
2	神东大柳塔井综采一队	4.6	1	981.3	387 559	JOY(2×7625kN)/141	JOY(6LS－5)	JOY(700＋522)kW
3	神东榆家梁煤矿综采一队	4.39	1	933.2	777 700	EKF(162)	SL500	JOY(AF7)
4	神东活鸡兔井综采二队	3.5	1	662.34	551 950	JOY(2×7625kN)/170	JOY(6LS－5)	JOY(700＋522)kW
5	神东锦界煤矿综采队	3.12	1	650	360 987	DBT(8824kN)/210	JOY(7LS－2A)	JOY(3×855)kW
6	神东石圪台煤矿综采一队	4.85	1.5	577.55	481 300	DBT2×4412 3.5/176 DBT2×4319 5.5/176	JOYLWS457/1 AKFSL－500 6490/1	JOY3×855kW
7	神宁羊场湾煤矿综采三队	7	12	336.1	285 799	DBT2－Leg Shield/2/143	SL－500	AFC 2×700kW
8	神东活鸡兔井综采三队	3.5	1	262.61	208 421	JOY(2×7625kN)/170	JOY(6LS－5)	JOY(700＋522)kW
9	山西亚美大宁能源公司综采队	4.85	4	244.31	203 594	DBT－2550/5500－ 2×3926－1750/129	JOY7LS6	LA－0530 PF4

引用全套进口设备的最高产量是由神华神东煤炭集团哈拉沟煤矿综采队创造的，该综采队 2008 年生产原煤 1 064. 8 万 t，工作面煤层平均厚5. 28 m，平均倾角为 1°，采用综采工艺，该综采队工作面基本情况见表 3 –6。

表 3 –6　　2008 年哈拉沟矿综采队工作面基本情况

工作面编　号	液压支架型号	采煤机型号	刮板输送机型号	倾角(°)	煤厚/采高(m)	生产日数	工作面平均长度(m)	工作面进度(m/月)	工作面产量(万 t)	在籍人数(人)
02210	DBT184	7LS6/LWS603	SDAFC	<1	5. 28/5. 2	97	320	1 329	497. 4	46
02209	DBT184	7LS6/LWS603	SDAFC	<1	5. 28/5. 2	166	320	2 266	284. 6	46
02204	DBT184	7LS6/LWS603	SDAFC	<1	5. 28/5. 2	96	300	1 314	282. 8	46

国产设备和进口设备相结合的综采设备配套最高产量为 1 207. 43 万 t，该成绩是由神华神东煤炭集团补连塔矿综采一队创造的，该综采队工作面煤层平均厚 7. 59 m，平均倾角为 1°，采用综采工艺，该综采队工作面基本情况见表 3 –7。

表 3 –7　　2008 年补连塔矿综采一队工作面基本情况

工作面编　号	液压支架型号	采煤机型号	刮板输送机型号	倾角(°)	煤厚/采高(m)	生产日数	工作面平均长度(m)	工作面进度(m/月)	工作面产量(万 t)	在籍人数(人)
32301	ZY12000/28/63	JOY7LS7	DBT3 × 1000	0 ~ 3	6. 5/6. 1	300	301	5 220	1 020. 22	46
32302	ZY12000/28/63	JOY7LS7	DBT3 × 1000		6. 6/6. 1	65	301	767	187. 21	

全套国产综采设备最高产量为 946. 83 万 t，该成绩是由神华神东煤炭集团万利一矿综采队在煤层平均厚 4. 8 m，倾角为 1°的工作面，采用综采工艺取得的，该矿综采队工作面基本情况见表 3 –8。

表 3 –8　　2008 年万利一矿综采队工作面基本情况

工作面编　号	液压支架型号	采煤机型号	刮板输送机型号	倾角(°)	煤厚/采高(m)	生产日数	工作面平均长度(m)	工作面进度(m/月)	工作面产量(万 t)	在籍人数(人)
15104	ZY8600/24/50D	MG750/1800 – WD	SGZ1000/3 × 700	2	5. 1/4. 8	110	300	1 508	300. 5	85

续表 3－8

工作面编　号	液压支架型号	采煤机型号	刮板输送机型号	倾角(°)	煤厚/采高(m)	生产日数	工作面平均长度(m)	工作面进度(m/月)	工作面产量(万 t)	在籍人数(人)
15105	ZY8600/24/50D	MG750/1800－WD	SGZ1000/3×700	2	5.1/4.8	140	300	2 035	403.7	83
15106	ZY8600/24/50D	MG750/1800－WD	SGZ1000/3×700	2	5.1/4.8	100	300	1 243.5	242.6	84

第四章 2008年度煤炭工业安全高效矿井建设经验

神华神东煤炭集团上湾煤矿

一、矿井概况

上湾煤矿是中央直属企业中国神华神东煤炭集团的特大型现代化骨干矿井之一，位于内蒙古鄂尔多斯市伊金霍洛旗乌兰木伦镇境内。上湾井田位于东胜煤田补连区东南部，现有井田面积 61.8 km^2，地质储量为 12.3 亿 t，煤层倾角为 1°~3°。上湾煤矿采用斜井—平硐—立井联合开拓方式，生产布局为“一井一面”，生产组织模式为“一综两连”，工作面采煤工艺为一次采全高，采煤方法为倾斜长壁后退式全部垮落综合机械化采煤法。

二、2008 年主要技术经济指标

2008 年生产原煤 1 329.75 万 t，商品煤 1 250 万 t；掘进进尺 23 193 m。实现全员工效 157.86 t/工，回采工效 895.47 t/工；职工人均年工资 9.585 万元；矿井百万吨死亡率为 0。

三、2008 年取得的成绩和亮点

（一）深入推进本质安全管理体系，安全管理整体水平进一步提升，实现了全年安全生产无伤亡目标

通过层层会议特别是调度会、班前会及时传达贯彻两级公司方针决策，紧密结合实际，采取了切实可行的安全措施，强化责任落实。针对工作任务制定了书面安全工作程序，规范工作流程，明确风险责任。深入开展了以质量标准化为重点的“操作规范年”活动，严格规程制度落实，坚持标

准化施工作业，标准上岗，规范操作。狠抓安全培训不放松，按计划、分层次举办了管理人员、岗位工、劳务人员、特种岗位工等培训班，全面落实培训计划。不断加强班组建设，始终把班组建设作为本质安全型矿井基础建设的重点，在取得成绩的基础上，不断巩固，不断加强。

（二）深入开展科技创新创效活动，为安全生产提供了强劲动力

在回采工艺和工程质量上采取了一系列切实可行的技术措施，实现了51202大采高加长重型工作面及51208工作面末采的优质贯通；顺利通过了51208工作面薄基岩区域。同时，对51203重型工作面回风平巷正负帮进行了科学补强支护，保证了安全生产。配合使用线性支架最大限度地回收了边角煤，提高了回采率，为优化旺采回采工艺积累了经验。科学组织，圆满完成了采高7 m的51105大采高工作面运输平巷开口掘进工作，建成世界首个7 m大采高加长工作面。采取切实技术措施，安全顺利地通过了51203工作面落差2～4 m的断层和较大的冲刷构造，保证了安全生产。充分发挥工程技术人员及广大员工的聪明才智，深入开展科技创新、小改小革活动，取得了43项成果，解决了多项安全生产技术难题。

（三）经营管理进一步加强，促进了经济效益稳步提高

将公司下达的各项指标细化分解到了区队、班组，层层签订了责任书。制定完善了各项经营管理制度，尤其对2008年工资分配与考核办法进行了修订，并跟踪落实考核，强化了各环节管理的责任心。择优用工，合理定编，在较少增员的情况下，在全公司率先实行了“四六”工作制和带薪休假制，保证了员工的休息时间，提高了工作效率。强化班组核算，通过规范班组核算制度，加强基层库房标准化管理，严格材料消耗管理等基础工作，稳步推进班组核算计划，形成了较为完善的班组核算机制，节约了材料，取得了良好的效果。持久性地开展修旧利废活动，提高了设备及物资的使用价值，节约了资金。全矿修复电缆、破旧风筒等累计节约资金201万元。深入开展了财务管理创水平活动，始终坚持财务会审会签制度，加大了事前控制力度，促进了增收节支。

神华神东煤炭集团哈拉沟煤矿

一、矿井概况

哈拉沟煤矿地处陕西省神木县大柳塔镇，井田面积 75 km^2，煤炭工业储量 9.95 亿 t，可采储量 6.81 亿 t。哈拉沟煤矿现开采煤层为 2－2 煤，开采深度 22.4～119.1 m，属于浅部煤层开采。煤层结构简单，厚度为 0.69～7.07 m，平均厚度为 5.28 m，矿井采用平硐—斜井—立井联合开拓，中央大巷两翼盘区条带式布置采煤工作面，采煤方法为长壁一次采全高综合机械化采煤法，全部垮落法管理顶板。

二、2008 年主要技术经济指标

2008 年实现利润 150 000 万元；职工人均年收入 13 万元，是煤炭行业人均收入的 4.3 倍；采掘机械化程度达 100%，采掘关系正常，采区采出率达 76%；矿井百万吨死亡率为 0。

三、2008 年采取的主要做法

（1）在生产组织管理上，坚持均衡生产理念。在生产组织上不搞疲劳战术，均衡组织生产，加大检修力度，既保证了设备的正常运行，又避免了生产上的大起大落。

（2）采取综合措施，强化顶板控制。充分发挥锚索钢梁联合支护的组合梁作用及斜拉锚索减少空巷跨度的作用，利用了深部岩层以及邻近岩层联合控制顶板的优势，加强顶板支护密度，使上覆岩层整体性增强，安全、顺利地通过了 02209、02210 工作面的四条平行工作面的大断面空巷。

（3）强化机电管理在现代化矿井生产中的重要地位。认真推行点检（规定时间、规定内容对设备规定的部位进行检查，以随时掌握设备状态，提前发现事故隐患，以便及时处理）和预防性检修制度，每月根据点检记录在适当时间安排预防性检修，通过提高设备完好率、开机率来保证连续、高效地生产。

（4）大力开展教育培训，鼓励员工学习，努力创建学习型企业，建立一支高素质人才队伍。现代化矿井建设靠的是科技和管理，以及掌握先进的科技和管理知识的高素质人才队伍。针对综连采机司机、电工等特殊岗位人员短缺，水平偏低的状况，在全矿开展了以师带徒活动，对于能够培养出合格徒弟的师傅和成绩优异的徒弟给予重奖。同时，通过开展组织技术比武活动激发职工学习业务的热情，对通过职业技能鉴定和学历教育的职工给予特殊津贴，对一专多能的人才给予特殊待遇。目前，矿级管理人员大专以上学历100%，其他管理人员中专以上学历100%，一、二线工人高中以上学历89%。

（5）在矿井经营成本管理上，力求节约，降低煤炭生产成本。2008年全面推广应用了班组核算软件系统，年底又在该软件系统原基础上增加了周转材料和回收材料管理子系统，矿井周转材料得到有效利用，各基层单位领取新周转材料的数量大大减小，大型材料费用得到有效控制。2008年，大型材料比年初计划节约了0.56元/t，共节约金额644万元，极大地降低了煤炭生产成本。

（6）加强入井人员管理，率先在矿井安装使用了KJ133人员考勤定位安全管理系统。该系统实现全部覆盖矿井井下区域，并且在综连采实施了精确定位，定位精度是50 m。该系统能记录所有人员入井、升井时间及实际工作时间，系统还能够监测人员作业地点、经过的路径及停留时间等信息，更为重要的是系统具有双向呼叫功能，对于井下出现的紧急情况，井下的矿工可以用射频卡向调度指挥中心发出呼救信号，调度室也可以发信号通知井下人员撤离。

（7）完善监测监控系统。KJ90NA系统从2004年投入使用，2007年底进行系统升级改造，目前系统运行稳定。该系统将矿井的采掘工作面、变配电硐室及回风巷内的瓦斯、风速、一氧化碳、负压、温度、烟雾的数据及时上传，做到各监测点动态监控。该系统在矿井安全生产中，尤其是在预防矿井“一通三防”重大灾害方面发挥着积极的作用。

（8）完善通讯系统功能，扩大覆盖面。2008年9月，对原有的小灵通无线通讯系统进行升级改造。升级后系统的基站功率更大，覆盖范围更广，消灭了之前的很多盲区。同时，实现了矿区各矿井之间小灵通的自由漫游，扩大了小灵通系统的使用范围。

神华神东煤炭集团补连塔煤矿

一、矿井概况

补连塔煤矿位于内蒙古自治区鄂尔多斯市乌兰木伦镇，行政属乌兰木伦镇管辖。井田位于乌兰木伦河一级阶地的西缘，南与上湾井田连接，西与呼和乌素及尔林兔毗邻，北与李家塔矿接壤。补连塔井田走向长13.6～19.7 km，倾斜宽6.1～14.3 km，井田面积130.9 km^2。根据地勘公司提供的补连勘探区储量汇总表，可采储量14.3亿t。补连塔煤矿是平硐加斜井开拓方式。采用全部垮落、一次采全高的长壁综合机械化采煤方法。

二、2008 年主要技术经济指标

2008年生产原煤2 148万t，商品煤2 040万t；完成掘进进尺44 297 m，商品煤完全成本为95.15元/t，责任成本为30.42元/t。

三、创建安全高效矿井采取的主要措施

（一）夯实安全基础，推进“本质安全型”矿井建设

广泛地开展安全教育和安全文化建设活动，推行全员培训、持续培训、反复培训。利用班前会、培训班、周五学习、安全知识考试、每日一题、安全知识竞赛等方式，将安全教育和安全文化建设落到实处。开展家属协管、广播、案例宣讲、文艺演出等安全文化活动，发挥群工组织优势。

（二）坚持均衡生产，确保完成全年生产任务

严格落实生产目标管理责任制，强化正规循环作业和劳动组织，将生产计划分解，落实到班组，实现均衡生产。制定生产组织保证措施，强化现场管理工作，努力提高商品煤质量。站在建设安全高效矿井形象的高度，树立全员责任意识，加大奖处力度，推进清洁生产，提高现场管理水平。

（三）狠抓机电管理，发挥设备效能，为稳产高产提供有力保障

2008年，机电管理工作以设备运行为重点，以现场质量标准和完好管理为基础，从严落实各项制度，推行设备预知管理，突出抓好日常点检和预防性检修两个关键，提高设备日常维护保养和预防性检修质量，杜绝机

电运输事故，实现机电工作规范化、制度化、科学化、标准化管理。

（四）加强科技研究，推进技术创新，为安全高效矿井建设提供技术支持

创新是企业的灵魂，科技是发展的不竭动力。坚持技术创新是实现矿井可持续发展的保证。该矿坚持抓技术研究，推进技术创新，实施“科技兴矿”战略，提高矿井科技水平。进一步完善矿井技术管理体系，充分发挥工程技术人员的聪明才智，切实、及时解决生产过程中遇到的各种技术问题。勇于创新，敢于突破，在系统、设备、工艺优化和技术革新方面为矿井提供技术支持。

（五）强化经营管理，合理控制成本，实现全年经营奋斗目标

加强成本管理，将成本指标分解落实到基层单位，规范、细化班组核算，严格兑现成本奖罚。完善三项定额及价格体系，发挥定额管理的基础作用，提高煤炭回采率和设备利用率，提高生产效率。发挥技术优势，通过改进生产工艺、优化系统设计等手段降低生产成本，实现降成提效。

（六）加强队伍建设，打造职业化团队

推进职业化团队建设，全面推进领导班子和干部队伍的组织建设、作风建设和先进性建设，强化“自动自发，相互补位”的思想，树立“识大体，顾全局”意识，加强“一专多能”复合型人才培养，打破“分工专一化，工作单一化”工作格局，提高工作效率和休息时间。落实“学习型矿井”实施纲要，开展以提高员工业务知识和操作技能为主要内容的综合素质培训工作，强化员工学习意识，提高员工整体素质，不断改善人才队伍结构。

神华神东煤炭集团榆家梁煤矿

一、矿井概况

榆家梁煤矿位于陕西省神木县店塔镇，井田面积 56.33 km^2。矿井地质储量 5.04 亿 t，可采储量 3.55 亿 t。井田内煤层赋存稳定，结构简单，属平缓单斜构造。井田内煤质优良，具有特低灰、特低硫、特低磷、高发热量等特点，属长焰不粘煤，是优质动力、化工、食品工业用煤和民用煤。矿井瓦斯含量低，属低瓦斯矿井。矿井为多井口分煤层联合开采，截至 2008 年底，矿井累计生产煤炭 11 307 万 t。主要为走向长壁采煤方法，采煤工艺为综采，全部垮落式管理顶板。

二、2008 年主要技术经济指标

2008 年矿井生产原煤 1 690 万 t；完成掘进进尺 74 600 m。实现全员工效 126.6 t/工，职工人均年工资 13 万元。

三、2008 年创建安全高效矿井的主要工作

（1）完成国内最长自动化综采工作面试生产，从而建成我国首个中厚偏薄煤层自动化综采工作面。煤层厚度平均 1.85 m，工作面回采率达到 95%，年产量达到 300 万 t 以上。填补了我国综采全自动化开采 1.5 m 左右中厚偏薄煤层技术的空白。

（2）率先推行机电“五零”（综采工作面“零断链”、工作面平巷胶带“零断带”、主运输系统“零撕带”、设备检修前“零缺陷”、设备运行“零故障”）目标管理，加强设备日常维护保养和预防性检修，推行“清洁”检修、“零缺陷”检修，实现采掘运系统无非正常停机。设备的可靠运行保障矿井实现了稳产、高产、超产。

（3）率先推行“七个精细化”管理法（标准精细化、行为精细化、管理精细化、隐患排查精细化、监督检查精细化、考核奖惩精细化、安全文化建设精细化）确保安全。

（4）经营管理工作上台阶。制定出台《2008 年劳动定额工资管理办

法》、成本管理及班组核算考核办法，公司首个完成了完全成本报表的制订，完善了绩效考核软件、班组核算、专项资金、材料配件和回收管理，注重过程控制和质量控制。

(5) 加强制度文化建设。突出企业文化建设与安全生产、经营管理各项工作有机融合。开展了“迎奥运、讲文明、树新风主题竞赛”活动，下发《榆家梁煤矿工作日禁酒规定》，培育文明风尚，提高员工文明素养。

(6) 加强干部队伍思想作风建设。发扬“一方有难、八方支援”精神，矿党委先后组织举行 3 次捐款，共捐款 308 041 元，支援四川汶川地震灾区，是公司捐款数额最多的单位，激发了员工干好本职工作的积极性。

(7) 结合神华煤炭生产技术经验交流会的内容，加大对井上、下环境治理力度，使井下质量标准化水平产生质的飞跃，得到有关人员的一致好评。建成青年创新创效展示栏，荣获分公司五四红旗团委，3 人获得分公司优秀团员称号，1 人获得榆林市优秀团员称号，冯泽锋获得分公司“岗位奉献在心中”和“如何当好班组长”两个演讲比赛第一名。

(8) 坚持“安全第一，预防为主，综合治理”的方针，实现了全年安全无伤害。不断推进新型工业化进程，实现了矿井安全监测监控及管理信息化、网络化。矿井坚持“高起点、高技术、高质量、高效率、高效益”的建设方针，采掘设备引进成套国际先进一流设备，奠定了安全高效矿井的基础。

(9) 坚持矿井开发与治理并举，注重生态建设和环境保护。工业污水实现全部循环利用，不外排；生活污水经过处理，然后排放，达到环保要求。塌陷区及时回填堵漏，矸石山及时覆盖、绿化。坚持质量就是企业生命的原则，矿井狠抓煤质管理，全年煤质达到了用户的要求。坚持正规循环作业，科学组织，其中两个采煤队全年分别生产原煤 939.2 万 t 和 511 万 t，达到了世界一流采煤队水平。

神华神东煤炭集团大柳塔矿

一、矿井概况

大柳塔矿地处陕西省神木县境内大柳塔镇南端的乌兰木伦河畔，下辖两个自然井，分别是大柳塔井和活鸡兔井。大柳塔井井田面积 126.8 km^2，煤炭地质储量 13.68 亿 t，可采储量 9.07 亿 t。煤层平均厚度为 4.5 m，煤层倾角 0°~4°。大柳塔井有一个普通旺采面，普通旺采面采用支巷单翼留煤柱一次采全高的采煤工艺，小煤柱支撑法管理顶板。高产高效综采工作面采用条带式开采，工作面采用引进全套综采设备。活鸡兔井井田面积 63 km^2，设计生产能力 500 万 t/a，地质储量 9.5 亿 t，可采储量 6.24 亿 t。2006 年核定生产能力 1 130 万 t/a。2008 年活鸡兔井“一井四面 334 人”生产原煤 1 020.7 万 t，其中高产高效综采工作面年产量为 924.95 万 t，占全矿年产量的 90.6%。

二、2008 年主要技术经济指标

2008 年，矿井生产商品煤 2 120.6 万 t，完成掘进进尺 6.49 万 m，分别完成全年计划的 108% 和 102%，同比增长 7.2% 和 2%；计划责任成本 30.78 元/t，实际责任成本 30.75 元/t，降低 0.03 元/t，节约费用 60 万元；实现全员工效 124.66 t/工，同比增长 0.49 t/工，增幅 0.4%。

三、2008 年工作经验和思路

（一）落实责任，强化管理，实现安全工作目标

深刻领会两级公司关于安全生产工作的重要指示，全面开展“本质安全管理实施年”活动。严格落实矿 1 月 3 日安全生产工作会要求，各分管领导带头逐项落实，强化责任，切实解决“落实不下去，严不起来”的问题，做到不折不扣。

（二）精心组织，合理安排，确保矿井持续稳产、高产

认真落实“安全、均衡、超前、高效”八字方针，突出抓好生产过程中的安全管理工作，超前准备矿务工程、搬家倒面、生产系统，做到设计

科学，布置合理，安排周密。明确目标和措施，按月分解生产作业计划，制定考核办法，严格奖罚。加强劳动组织，优化工序，简化生产环节，提高工时效率，强化指导，搞好服务。

（三）提高业务能力，强化科技创新，为企业发展做好保障

技术创新是企业发展的动力源泉，大柳塔矿20余年的发展得益于创新。建立健全科技创效管理机制，畅通科技创新工作渠道，定期召开科技创新座谈会。鼓励广大员工大胆创新，努力实践。合理安排生产接续，保证矿井稳产、高产，工程设计科学、合理，系统优化、安全可靠。

（四）完善标准，严抓细管，实现质量标准化水平稳步提高

严格要求，严格制度，严格考核。实施项目验收负责制，月月考核评比，力保考核公平、公正、合理。对于掺杂“水分”的考核验收结果，要严肃追究相关人员责任。奖罚结果与业务部门、分管领导挂钩，与绩效考核挂钩，确保矿井质量标准化动态达标。

（五）挖潜提效，精细管理，实现经营管理新目标

积极推广新工艺、新技术，突破生产成本控制难点，挖潜提效，降低生产成本。以成本控制为目标，以节支降耗为核心，充分挖掘内部潜力，圆满完成公司下达的各项经营指标，实现效益最大化。

（六）强化组织，严格管理，引导外围管理走向规范

规范工程开工前，从严进行资质审查、人员培训、规程审批等各项程序。各施工单位不断提高装备水平，充实施工管理人员和技术人员力量，加强施工现场组织。坚持以质量为中心，实施精品战略，从设计、原材料进场、施工，到现场监督、工程验收，从严把关。

（七）加强“双基”建设，推进职业化水平，建立煤矿管理系统

全面推进领导班子和干部队伍的思想建设、组织建设和作风建设，深化各级干部教育引导和传帮带作用，提高干部综合能力和责任感。

神华神东煤炭集团石圪台煤矿

一、矿井概况

石圪台煤矿是神华神东煤炭集团所属的大型煤炭生产矿井，井田位于陕西省榆林地区神木县北部，陕蒙边界乌兰木伦河东岸，行政区划隶属神木县大柳塔镇管辖。矿区最高标高 1 351 m，最低处位于乌兰木伦河河谷，标高约 1 122 m，相对高差 219 m，一般标高 1 250 m。地理坐标东经 110°07′47″~110°14′55″，北纬 39°22′43″~39°28′01″，东西长约 10 km，南北宽约 8 km，面积 65. 27 km^2，地质储量 8. 35 亿 t，可采储量 4. 62 亿 t，按年产量 1 170 万 t，矿井服务年限 30. 4 年。煤质优良，具有特低灰、特低硫、特低磷、富油（或含油）低熔灰；对 CO_2 还原率高、热稳定性好、抗碎强度高；不粘 31 号煤可选性好，是优质的动力用煤和民用煤，远销日本、韩国、菲律宾等国家。

二、2008 年主要技术经济指标

2008 年矿井生产原煤 1 034. 4 万 t；掘进进尺 46 226 m；实现全员生产工效 112. 8 t/工；职工人均年收入 11. 01 万元；商品煤完全生产成本 89. 36 元/t；为国家交纳各种税费 1 953. 64 万元。

三、安全高效矿井建设情况

石圪台煤矿由西安设计研究院进行开拓设计，经两次修改，于 1994 年最终完成。矿井设计生产能力 300 万 t/a。神东煤炭分公司于 2004 年 10 月启动石圪台煤矿扩建项目，设计生产能力 1 000 万 t/a。

扩建是按照“高起点、高技术、高质量、高效率、高效益、低成本”的“五高一低”方针建设新型现代化矿井，于 2006 年 1 月 15 日正式投产。

矿井始终坚持“投资少、见效快、滚动发展”的新路子，主要生产系统为国外或国内先进设备，通过对国内外技术的有效整合，实现了矿井生产技术的优化。目前，矿井已实现运输胶带化、辅助运输无轨防爆胶轮化、井巷支护锚喷化、安全检测监控自动化的安全生产格局，矿井机械化程度高达100%。

石圪台煤矿建立了科学、严格、高效的管理机制。职工队伍具备较高的专业素质，全矿在册职工374人，其中：硕士生2人，本科生58人，大专生135人，中专及技校生104人，高中生98人；具有高级职称11人，中级职称29人，初级职称52人。矿级管理人员全部具有大专以上文化学历。

石圪台煤矿机关设置“三办一中心”，即：综合办、经营办、生产办、生产指挥中心。生产队伍配置“二综采、三连采”。生产辅助单位设置通风队、机电队、运转队、车队、机修厂。

综采工作面装备采用德国艾科夫公司生产的AKFSL－500 6490/1型采煤机、DBT2×4319 5.5/176型液压支架、JOY3×855 kW型刮板输送机、JOY375 kW型转载机、315 kW破碎机。

连采工作面装备采用美国JOY公司生产的12CM27－11DYL型和12CM15－10D型连续采煤机、10SC32－48B型梭车，配套德国DBT公司生产的1030破碎机，澳大利亚约翰芬雷公司生产的4E00－2246－WT型锚杆机。

2008年，该矿以质量标准化为突破口，狠抓安全生产，经营管理取得显著成果。石圪台煤矿在保证矿井接续、高速发展的同时，唱响“环境、素质、责任”三步曲。加大矿区环保投资力度，环保设施齐全到位，设备运转率始终达100%，完好率100%，各种污染物排放均达到国家标准要求。工业广场面积171 300 m^2，绿化面积71 300 m^2，栽种各种乔、灌木11万余株，草坪61 000 m^2，绿化率45.7%，旧矸石山植被覆盖，建成一座现代化花园式矿井。

石圪台煤矿始终坚持“科技兴矿、以人为本”的宗旨。经统计，2008年全矿共有52项小改小革项目，受到矿表彰奖励的有31项，奖励金额合计达17.2万元，极大地鼓舞了员工创新创效的积极性。

神华神东煤炭集团锦界煤矿

一、矿井概况

锦界煤矿位于榆林市神木县境内，地处榆神矿区二期规划区的西北部，井田西临秃尾河，北接神府矿区，南靠锦界开发小区，东与凉水井井田毗临。井田东西宽 12 km，南北长 12.5 km，井田面积 137 km^2，探明地质储量 20.93 亿 t，可采储量 15.78 亿 t，矿井设计能力 1 000 万 t/a，服务年限为 112.7 年。井田煤质优良，具有低灰、低硫、低磷、高挥发分、中高发热量等特点，属于长焰不粘煤，是优质动力、化工和工业用煤。矿井采用斜井开拓方式，采用综合机械化一次采全高，全部垮落式管理顶板。

二、2008 年主要技术经济指标

2008 年，矿井生产商品煤 782 万 t，综合单产为 671 821 t/（个・月），综采工作面平均月产为 360 987 t/（个・月）。全年完成掘进进尺 62 310.7 m，全员工效 85.8 t/工，职工人均年工资 8.54 万元。

三、2008 年经验总结

（一）安全工作措施得力、基础扎实

全面实施“012345”安全工程，大力推进本质安全管理体系，狠抓矿井质量标准化建设，强化现场监管力度，强化员工安全培训，规范操作行为，严厉打击“三违”，积极开展安全文化建设，组织开展了“四个百日安全生产无事故”和“安全生产月”活动，安全措施得力、扎实有效。

（二）生产组织有力，产量翻番，改扩建有序进行

2008 年，该矿主体工作围绕“01771”工程和 1 500 万 t 改扩建工程有序开展，综连采队伍得到较好锻炼，矿井各大系统能力匹配可靠，为今年增产铺平了道路。

根据电厂用煤需求及地销计划，均衡组织综采生产，预留连采生产仓位，确保产量与进尺同步进行，做到两不误。精心组织 1 500 万 t 改扩建项目，创新工艺、破解难题，变更支护形式、更改技术参数、编制可行措施、

采取有效手段，安全顺利通过综采过低洼、连采过薄基岩等特殊地质条件。

（三）机电设备完好、运行可靠

加强设备运行管理，加大机电设备的完好检查及奖罚力度，采取各种措施保障主运输系统安全。优化连采掘进运输系统，完善供电系统，保障安全生产。改造排水系统，优化排水方案，使矿井污水和清水分路合理排放。完成了主运输系统改造，延伸 3－1 煤大巷 3 100 m 胶带机一部，更换了井下给煤机，完成了集中巷胶带机安装工作，对 3－1 煤总回大巷 1.2 m 胶带机进行优化设计。完成了 2 号、3 号变电所安装工作。

（四）防治水工作取得重大进展，实现了污水不外排

通过施工管道、设置水仓、钻孔施工、安设管路、安装水表、强排施工、采空区沉淀等有效途经，完善了井下排水设施和系统。目前，全矿最大涌水量为 2 400 m^3/h，已形成 1#水泵房 1 400 m^3/h、2#水泵房 1 100 m^3/h、3#水泵房 1 600 m^3/h、采空区水泵房 800 m^3/h 的排水能力，满足井下排水要求，实现了井下水的清污分离、污水不外排的目的。

（五）堵塞漏洞、规范管理，经营管理水平明显提升

以制度为保障，全面控制生产成本。全面预算管理良好，以班组核算为手段，降低材料消耗；制定了工程（预）结算管理制度，实行了基建、专项资金分级分类管理。狠抓了员工培训、劳资管理工作，员工培训采用内培外训的方式，积极组织了各类培训。

（六）精神文明建设成效显著，和谐矿井建设迈出新步伐

通过专题讲座、集中学习，加深了全体干部和职工对科学发展观的理解。通过民主测评、个别谈话，各级干部各负其责、各施其能，较好地服务于矿井安全生产。通过举办演讲比赛、歌咏比赛等各种文体活动，丰富职工文化生活，大大激发了职工的团队协作热情。通过“以师带徒”、“创新创效”、“技术比武”等活动，激发了青工为煤炭事业贡献青春的热情。通过家属赠言、祝语、慰问信等征集活动，组织家属下井慰问送亲情，召开家属协管座谈会，让员工牢记家人的重托，让家属体验亲人的艰辛，当好贤内助，筑牢第二道防线。

神华神东煤炭集团万利一矿

一、矿井概况

万利一矿位于内蒙古自治区鄂尔多斯市西北约 7 km 处，距包头市约 87 km，行政区划隶属鄂尔多斯市万利镇，交通较为便利。万利一矿井田面积 92 km^2，工业储量 152 958.9 Mt，可采储量 98 100.3 Mt。井田煤层赋存基本为一单斜构造的近水平煤层，可采煤层 6 层，倾角小于 3°。2008 年开采 5－1 煤层，平均厚 4.2 m，准备 4－1 上煤层。5－1 煤层采用长壁综采，全部垮落法管理顶板，生产系统为一综采二综掘一掘锚，采掘机械化程度均达到 100%。2008 年该矿综采工作面有 3 个，即：15104 部分工作面、15105 工作面、15106 部分工作面。

二、2008 年主要技术经济指标

2008 年矿井生产原煤 1 015.53 万 t，巷道掘进总长度 28 992 m，百万吨死亡率为 0，原煤生产期末人数 745 人，生产 12 个月，原煤生产实际工日为 173 061 工日，人员效率为 58.68 t/工，生产成本 79.36 元/t，销售商品煤 926.6 万 t，实现利润 11 947 万元。全矿人均工资为 62 921 元。综采工作面总动用储量 1 436.4 万 t，综采煤量 946.83 万 t，煤层平均厚 4.8 m，最大厚度为 5 m，煤层平均倾角 2°，最大倾角 3°。采区回采率为 70.7%。

三、2008 年安全高效矿井建设工作总结

（一）精心组织生产，确保国产设备“四个一”工程目标的实现

“四个一”工程即：一矿、一井、一面、一千万吨。加强全员培训与考核，提高员工队伍综合素质，开展技术创新和小改小革活动。加强机电管理制度建设，为设备正常运行提供保障，加强预防性检修，实现检修、生产两不误，加强生产劳动组织管理，科学安排搬家倒面工作。

（二）加大采高，提高回采率

通过采取一系列行之有效的措施，加大工作面采高，增加产量，提高回采率。05 工作面参数：工作面长 300 m，走向长 2 035 m，设计采高

4. 5 m，设计储量 365. 4 万 t。采取加大采高，增加产量的办法，05 工作面实际平均采高 4. 82 m，实际产量 403 万 t，超设计 38. 6 万 t。综采工作面回采率由 88% 提高到 94. 5% 。

（三）深化质量标准化建设，做好各项基础管理工作

积极探索精细化管理，强化质量达标的约束机制。在重点工程建设上，严格按照质量标准化的规定和要求施工，狠抓生产过程中的动态达标，细化工程质量考核验收标准。从工程设计、施工、现场监督到验收设专职验收员把关，全面、真实地检查考核现场安全质量工作状况，每旬验收一次，月底综合考核，考核结果与工资挂钩，对不合格的工程不予结算。加强对外围施工队的管理，严格把关，与矿区队同等考核、同等责任追究，从而为创建神华集团特级矿井奠定了基础。

（四）强化“一通三防”和顶板管理，构建煤矿安全生产主系统

完善矿井通风系统，加大井下通风的安全投入，完善通风设施，并对其刷白美化。加强对局部通风标准的检查，井下各掘进工作面全部实现双风机、双电源和自动切换，保证井下安全生产供风。

（五）全面实施本质安全管理体系，加快本质安全型矿井建设

该矿于 2007 年底完成了本安管理体系文件的编制和审核工作，2008 年 1 月开始在全矿范围内推行实施。通过软件的使用，既方便了管理也提高了效率，业务部门随时将检查的问题录入系统，基层一线单位每班通过查询本安信息系统中录入的各类问题，在班前会进行通报及意识教育。这样，不仅使管理人员，也使每一位员工都能及时、清楚地了解到本单位存在的不足之处，以便及时有效地进行整改完善，员工的个体责任心及素质有了明显提高。

神华神东煤炭集团寸草塔矿

一、矿井概况

寸草塔矿位于内蒙古自治区鄂尔多斯市伊金霍洛旗境内，行政区划隶属伊金霍洛旗乌兰木伦镇管辖。井田面积 8.7 km^2，开采煤层为 3－1 煤层，平均厚度 2.3 m，倾角 1°～3°，煤种属 BN31 不粘煤，井田内公路、铁路畅通，交通条件便利。寸草塔矿原属包头矿务局，设计生产能力 0.15 Mt/a，1988 年 6 月开始建井，1990 年 10 月投产，于 1998 年划归万利公司。2008 年达到设计生产能力 240 Mt/a。寸草塔矿井为平硐—斜井混合开拓方式，采煤方式为单一走向长壁后退式采煤法，一次采全高，顶板管理方式为全部垮落法。

二、2008 年主要技术经济指标

2008 年生产原煤 237.6 万 t，巷道掘进进尺 17 179 m，矿井综合单产 19.8 万 t/（个·月），直接成本 90.37 元/t，年人均工资 6.6 万元，原煤生产人员效率 16.34 t/工，采区回采率 86%，工作面回采率 98.5%。

三、生产系统与开采方法

（一）主要生产系统

（1）综采工作面装备：采煤机装机总功率为 1 138 kW，截深 865 mm，采高 2.4 m，生产能力为 1 600 t/h；工作面刮板输送机功率为 1 400 kW，输送能力为 1 800 t/h；转载机装机功率为 315 kW，输送能力为 3 000 t/h；破碎机装机功率为 315 kW，破碎能力为 4 000 t/h。

（2）运输系统：43114 运输平巷带式输送机，长 1 664 m，电机功率 2×315 kW，输送能力 1 500 t/h，为 6 级整芯胶带，带宽1.2 m，胶带速度 3.5 m/s。3－1 煤运输大巷带式输送机，长3 900 m，减速器型号为 630 ks，电机功率 560 kW，输送能力 2 500 t/h，胶带为 ST2000 阻燃型钢丝绳芯胶带，带宽 1.4 m，胶带速度 4 m/s。主井带式输送机，长 240 m，电机功率 3×630 kW，输送能力 2 500 t/h，胶带为 ST－2000 阻燃抗静电整芯胶带，带宽 1.4 m，胶带速度 4 m/s。运煤路线为工作面—大巷—主井—上仓胶带—原煤仓。

（3）掘进设备：掘进设备是 EBZ－132 型半煤岩掘进机及其配套设备，能保证矿井采掘的正常接续。

（二）采掘工艺

采煤工作面采用双向割煤，滚筒与输送机铲板配合装煤，输送机把煤从工作面拉出，通过转载机转运到平巷胶带机上，工作面顶板采用液压支架支护，全部垮落法管理采空区顶板。掘进面工艺采用掘进机破煤和装煤，平巷胶带输送机运煤，锚杆机实施锚杆支护顶板。

（三）开拓方式和开采方法

寸草塔矿井为平硐—斜井混合开拓方式，共有四条井筒，分别是：辅运平硐、主斜井、1#回风井、2#回风井。现有一个生产水平，在西部大巷一侧的 I 盘区内直接布置长壁工作面，条带式回采。主要采煤方法为单一走向长壁后退采煤法，一次采全高，顶板管理方式为全部垮落法。

（四）通风方式

采用中央并列式通风方式，抽出式通风方法。

（五）现主要生产采区、工作面

寸草塔煤矿现主要生产煤层为 3－1 煤层，煤层结构简单，总体属稳定型煤层，采区、工作面布置在西部盘区。

（六）生产接续安排

现生产盘区为西部盘区 43114 工作面，沿着大巷走向布置工作面，现接续工作面已布置完毕，生产接续正常。

中煤能源集团平朔煤业有限责任公司安家岭二号井工矿

一、矿井概况

安家岭二号井工矿井田属安家岭露天矿井田范围，由安家岭露天矿不采区域组成，位于宁武煤田北端。地理位置于东经 112°33′～112°45′，北纬 39°23′～39°37′。行政区划隶属于山西省朔州市平鲁区。

主要可采煤层三层，分别为4#煤、9#煤、11#煤，安家岭二号井工矿调整后的井田面积为 13.77 km^2，工业储量 48 223.4 万 t，可采储量 28 440.6 万 t，技改设计能力 1 000 万 t/a，生产核定能力 1 000 万 t/a，服务年限约 23.4 年（备用系数 1.3）。加上后备区可采储量 117 749.7 万 t，按生产能力核定年产 1 000 万 t 计算，服务年限可达 114 年（备用系数 1.3）。二号井开拓方式均为斜井开拓，采煤方法为倾斜长壁综采放顶煤回采方法。

二、2008 年达到的技术经济指标

2008 年，计划生产原煤 1 000 万 t，实际生产原煤 1 038 万 t；计划掘进进尺 10 500 m，实际掘进进尺 11 276 m；计划原煤生产成本61.84 元/t，实际原煤平均生产成本 58.44 元/t。2008 年全年收入 16.27 亿元，支出 12.27 亿元，实现利润 4 亿元。

三、创建安全高效矿井的主要工作及特点

（一）科技立井科技强井，为矿山又好又快地发展提供技术保障

该矿每月对矿山科技创新创效活动进行总结评比，并从矿长奖励基金中拿出专项奖金，每月对做出突出贡献的科技人员进行表彰奖励。为保证科技经费，矿按不低于销售收入 1%～2% 的比例进行计划安排，并对科技创新创效项目进行知识产权保护。

该矿技术部在设备的选型配型上下功夫，选择适应生产需要的采煤机功率。技术人员力求优化工艺，选择合理的采放比、采掘顺序和采掘比例；

综采由单向割煤改为双向割煤；放顶由双轮放顶改为三轮放顶，充分提高原煤回收率。通过扩大转载机容量，增加过煤量，提高系统运输能力。

（二）实施精细化管理，为矿山又好又快地发展提供制度保证

从基建到投产，大胆创新，勇于改革，强化管理，保障矿井安全生产，做到人员无失误，系统无缺陷，设备无故障，管理无漏洞，建设“两型三化”矿井。

煤巷自营掘进工程采用掘进机组厂家反承包结合后配套项目承包的方式来完成。2003～2004年期间，18个月即完成煤巷掘进工程26 600 m，掘进造价约为2 500元/m（低于概算2 700元/m），提前保质保量完成了掘进任务，既保证了工期，又锻炼了队伍。同时，留下了六套宝贵的综掘设备（价值超过1 000万元），并在2007年创造了单队月掘进803 m的掘进纪录。

（三）加强职工学习培训，为矿山又好又快地发展提供智力支持

加强安全制度、规程规章的学习、宣传、教育、培训，做到制度化、系统化、规范化，不断增强职工安全意识，消灭职工思想的隐患，提高职工综合素质，纠正职工的习惯性不良行为。

对综采一线职工开展技能鉴定，在平朔公司原煤年产突破5 000万t庆功表彰大会上，二号井工矿及其下属多个部门被公司命名为先进集体；67名员工分立一、二、三等功。在平朔公司2008年度职工技术比武表彰大会上，多人被公司命名为“平朔公司技术能手”和“平朔公司操作能手”。

（四）培育矿山和谐文化，为矿山又好又快地发展提供精神动力

大力培育“讲学习、讲协作、讲业绩；爱矿山、爱他人、爱自己”的矿山文化，全力铸造“协作、奋进、创新、超越”的矿山精神，模范遵守矿山“员工职业道德规范”，不断丰富矿山干部职工的精神世界，不断增强矿山干部职工的精神力量。

中煤能源集团平朔煤业有限责任公司安家岭一号井工矿

一、矿井概况

安家岭一号井工矿井田位于安家岭露天矿的南侧，由安家岭露天矿的西排土场下的上窑采区和七里河西边的太西采区组成，地理座标为东经112°17′~112°25′，北纬39°25′~39°30′，行政区划隶属于山西省朔州市平鲁区。矿区北到大同123 km，南至太原226 km。地表标高1 180~1 511 m，一般在1 250~1 350 m。矿井井田由40个拐点圈定，东西长1.7~5.4 km，南北宽1.7~6.1 km，面积20.21 km^2，工业资源储量为74 615万t，可采储量为45 900万t，矿井服务年限36年。矿井工作面采用单一倾斜长壁布置，综采放顶煤回采工艺，全部垮落法管理顶板。

二、2008年主要技术经济指标

2008年矿井生产原煤1 037万t，掘进进尺2.21万m，原煤工效102 t/工，职工人均年工资8.5万元，实现利润41 796.67万元。百万吨死亡率为0，杜绝了重伤。

三、建设安全高效矿井的主要做法

（一）细化生产管理，提高生产效率

2008年，该矿根据生产需要组织了一次为期一个月的采掘现场生产写实工作，对综采队、掘进队的各生产工序用时和故障影响时间进行了统计，并且每天对统计数据进行分析，找出影响生产的主要原因并加以改进。通过一个月的努力，综采队生产故障率降低了17%，掘进队生产故障率降低了15%。

该矿开采的4#、9#煤层较厚，但构造变化大，为了及时掌握煤层变化情况，以指导放煤管理，该矿从两个方面入手采取了措施。第一，每推进20 m对综采工作面探一次煤厚，根据煤厚变化考核每刀产量。第二，设专

人对综采工作面放煤进行监督管理。通过这两项措施，有效地提高了煤炭回收率和单产水平。

（二）优化运输系统，提高运输效率

该矿井下人员、材料运输全部采用无轨胶轮车，运输车辆多，运输路线单一，为规范入井车辆运行，提高生产效率，该矿在运输大巷每100 m施工一个车场。在巷道U型转弯处施工绕道，实现了上下车辆分道行驶，在不加宽巷道的前提下，既保证了运输安全，又大大提高了巷道运输效率。

（三）提高设备可靠性，降低材料消耗

该矿运用现代信息技术对设备采购、验收、管理、维修等一系列流程实行电脑网络化管理。提高了企业设备运行的可靠性与使用价值，降低了维护与维修成本，提高了企业考核管理水平和人员素质，实现了现场设备、材料的状态跟踪，设备、材料生命周期的监控，充分发挥设备、材料使用效率，使设备、材料寿命周期内的费用最经济，提高了企业竞争力。

（四）一通三防、通讯智能化管理

该矿巷道采用智能降尘装置实现了智能化，高压喷头在喷雾时，喷射口形成负压，达到二次降尘的目的，提高降尘效率。综采工作面采用ZPD（A）智能定位喷雾装置，设备具有采煤机跟踪喷雾、移架自动喷雾及放煤自动喷雾除尘功能，无需人员操作干预，实现工作面喷雾全自动智能化运行。

该矿调度通讯实现了井上下有线无线调度通讯一体化，小号电话、办公电话、小灵通之间可任意拨打。

（五）安全质量标准化管理

编制印发了体系管理手册、程序文件等一套8本纲领性文件，辨识归类出全矿1 261条危险源，制定了相应的管理标准和管理措施，明确了风险等级及危害程度。通过计算机网络，将矿井安全管理信息实时传递给各责任人及相关领导，使有关人员能够及时处理各类安全隐患及安全问题。

开滦（集团）有限责任公司
钱家营矿业分公司

一、矿井概况

开滦钱家营矿业分公司是一座设计能力 400 万 t/a 的特大型现代化煤矿。2008 年核定生产能力 550 万 t/a。矿井位于河北省唐山市丰南区，北到京山铁路线 18 km，距京唐港、天津新港、秦皇岛港均在百公里左右，井田内有唐港高速公路，唐乐公路穿过，水陆交通便利。

井田位于开平煤田东南翼的西南段，属于缓倾斜煤层，煤层倾角 7°～18°。矿井为近距离煤层群开采，有 5#、7#、8#、9#、12#、12－2#共 6 个可采煤层（其中 8#、12－2#煤层局部可采），煤层厚度 1.3～4.2 m，煤种主要是肥煤和1/3焦煤。2008 年底矿井保有储量 93 129.2 万 t，可采储量 60 032.4 万 t。开拓煤量 1 870.6 万 t，准备煤量 629.9 万 t，回采煤量 228.5 万 t，采掘关系正常。矿井为立井阶段石门、集中大巷开拓，目前开拓水平－850 m，开采水平－600 m 以上。采用走向长壁式采煤方法，综合机械化采煤工艺。

二、2008 年主要技术经济指标

指标名称	单　　位	完成情况
原煤总产量	t	5 497 147
精煤产量	t	2 030 000
掘进总进尺	m	28 081
其中开拓	m	5 958
原煤期末生产人数	人	1 489
全员效率	t/工	15.402
百万吨死亡率	%	0
利润总额	万元	69 606
原煤单位成本	元/t	133.42
采煤机械化程度	%	100

续表

指标名称	单　　位	完成情况
综掘程度	%	89
采煤工作面平均个数	个	2.9
采煤工作面单产	t/（个·月）	147 372
年人均收入	元	61 517.7

三、2008 年安全高效矿井建设的主要做法

（一）以“高模”管理为主线，积极推进企业管理创新

加强载体建设，推进“高模”管理不断深化。充分发挥专业队伍与协管组织的动态巡查职能，使地面员工行为和工作秩序达到了一个新层次，有计划地组织了现场班队长、重点岗位工种、应届大中专毕业生和入矿新工的“两训”，积极推进井上下设备设施、环境卫生的规范化和标准化，促进了企业管理水平的不断提高。

（二）以安全统领生产经营各项工作，保持了稳定的安全局面

突出落实安全统领观的坚定性，突出安全政策激励的连续性，组织开展“安全保勤”、“行为控制月”、“三违治理月”、“奥运期间保安全”、“回顾总结、自查自纠”以及“强化后两个月安全生产”等安全系列主题活动，确保了阶段性安全目标的实现，以提高安全可控程度为目标，全年提出安全合理化建议 2 491 条，落实 1 993 条，查处三级以上不安全隐患 96 个。

（三）以安全高效队建设为重点，努力提高生产组织驾驭能力

围绕落实全年产煤目标，坚持把握重点，科学安排生产衔接，驾驭能力不断增强，提高了系统环节适应能力，机电事故率同比降低 30%。不断加快数字化矿山建设进程，实现了副井提升自动化和主变电站的远程自动化控制；完成了电子考勤视频监控工程及物资、设备、工资等市场化管理软件的开发。

开滦能源化工股份有限公司
范各庄矿业分公司

一、矿井概况

开滦范各庄矿业分公司是我国自行勘察、自行设计、自行施工的大型现代化矿井。1958 年开始建井，1964 年 10 月 21 日投产，设计能力为 180 万 t/a，1975 年开始进行改扩建工程，扩建设计井型产量为400 万 t/a，2006 年核定生产能力为 450 万 t/a。公司内铁路与京山线古冶站接轨，有公路干线通过井田，交通十分便利。范各庄矿业分公司井田位于开平煤田东南翼的中部，井田南北走向长 13.8 km，倾斜长 1.0 ~ 3.8 km，平均 2.84 km，井田面积 38.3 km^2。2008 年底保有地质储量 30 425.1 万 t，可采地质储量 19 390.4 万 t。矿井开拓方式为立井多水平集中上山采区石门开拓。矿井采煤方法为走向长壁综合机械化采煤法。其主要设备为一套综采设备、一套轻放设备、一套综放设备。

二、2008 年主要经济技术指标

2008 年矿井生产原煤 450 万 t，职工总数 4 608 人，原煤生产期末人数 1 167人，生产人员效率达到 15.078 t/工，实现利润 47 706 万元。人均年收入达 6.12 万元。矿井生产模式为一综放、一轻放、一综采的生产格局。采煤机械化程度达 100%，综掘机械化程度达 86.64%，百万吨死亡率为 0。

三、安全高效矿井建设经验及具体做法

（一）完善安全管理制度，加大安全资金投入，改善作业环境，确保公司的安全生产

在安全工作上，公司健全完善了《安全质量标准化管理》、《安全生产奖惩制度》等 22 项涵盖公司方方面面安全保障制度和运行机制，补充完善了瓦斯便携式及瓦斯监测等设备、设施，在掘进工作面为降低迎头的粉尘，推广应用了除尘风机等防尘设备，为吸取胶带伤人事故教训，公司在完善

原有胶带保护装置的基础上，投资数十万元为井下带式输送机配置了胶带运行人员安全保护装置，为胶带的安全运行和维护提供了安全保证，一年来，公司积极运行安全管理制度，在公司全体员工的努力下，矿井质量标准化月月达到一级，到2008年底公司实现连续安全生产1 670天。

（二）深入推进科技创新、管理创新和机制创新，为建设安全高效矿井提供了不竭动力

2008年，该矿围绕提高回采生产效率和装备水平，进一步加大了科技投入和技术创新力度。着眼提高工作面单产能力，投资购入了厚煤层大截深综采设备，在2329综采工作面采用大采高、大截深、大工作阻力、无网开采技术，进一步提高了生产效率和生产能力。以加强轻放工艺研究为重点，试验成功并全面推广了轻放工作面侧护板改造和尾煤回收装置，不仅减少了联网工序环节、节约了回采成本，而且使放顶煤工作面资源回收率提高了4.68%，取得了显著的经济效益。为解决好综采工作面生产瓶颈制约，试验并推广了转载机自移装置，有效提高了生产能力和运输效率。该矿在B2523综放工作面，创出了日产8 602 t，月产19.118 8万t的水平，这也有力地证明了科技进步对矿山发展的重要性，也更坚定了该矿走科技兴矿之路的信念和决心。

（三）超前谋划、科学组织，建设可持续发展的原洗煤加工基地

坚持超前谋划，统筹协调，科学设计矿井采掘衔接规划，及时调整生产作业线，保证了衔接不断线。通过合理调剂队伍、加强调度指挥和协调管理、提前做好设备选型等准备工作，保证了拆安装工程安全高效进行。坚持把住采掘交接质量，超前组织衔接工作面试生产，保证了动态衔接不减产。科学组织，实行订单生产管理，打造持续稳定的原煤生产基地。

（四）深入开展RMDC及精细管理法，努力提升企业文化建设

近年来，该矿围绕建设大型现代化煤炭生产加工基地的阶段目标，自觉运用文化理论指导推进企业管理实践，坚持把企业文化有机融入到文明煤矿建设之中，以目标激励和理念灌注为导向，以实施RMDC及精细管理法为载体，以规范企业和员工行为，努力建设具有现代工业文明素养、高技能的员工队伍，实现了创建工作的外延性向文化内涵性转变。

开滦（集团）有限责任公司
唐山矿业分公司

一、矿井概况

唐山矿业分公司地处唐山市区，位于开平煤田西北翼的南端，井田面积 37.28 km^2，是开滦集团公司的大型主力生产矿井。矿井始建于 1878 年，迄今为止已有 130 年开采历史。矿井目前生产水平为 12－14 水平（－600～－950 m），属于深部矿井，含煤地层为石炭二迭系，含煤地层总厚度为 580 m，煤层属于缓倾斜煤层。采煤方法为走向长壁综合机械化采煤法，以综放为主。

二、2008 年主要技术经济指标

2008 年生产原煤 392.6 万 t，原煤工效达到 14.759 t/工，矿井综合单产 122 286 万 t/（个·月），百万吨死亡率 0.254。采掘机械化程度均达到标准要求，其中：采煤机械化程度达到 100%；综掘机械化程度达到 100%。企业盈利 11 269.54 万元，职工平均年收入 4.638 9 万元，较上年度提高 15% 以上。

三、2008 年安全高效矿井建设的主要做法

（一）超前谋划，坚持走安全高效发展模式

从优化生产格局入手，做好超前谋划工作，为全年安全生产做好总体部署，超前谋划，做好科学化主线衔接，科学调整主辅工作面的生产能力调配，有力地保证了安全高效的顺利进行。做好生产集约化及老区收缩工作，使生产布局更趋简化，有力地推进了安全高效建设。充分利用技术创新解决生产中的技术难题，为安全高效的顺利进行提供了技术保障。

（二）科学化主线衔接，优化设计，为实现安全高效奠定基础

实现安全高效，科学化主线衔接及优化采区工程设计是基础，该矿对新投入的铁一区 8、9 合区煤层工作面进行了优化设计，达到了区域集中生

产的目的。在生产布局上该矿以生产环节少，工作面设备能力大的T2293、T1492综放工作面为主力工作面，使主线能力达到了205万t/a以上，形成了以铁二区为龙头，铁一区为骨干的格局，由于生产区域合理集中，工作面能力得以提高，2008年实现了“一井两面”的生产格局。

（三）坚持深化技术创新，为安全高效提供强劲动力

多年来，该矿始终坚持深化技术创新，推动安全高效建设不断深入。公司不断完善采掘工艺，2008年掘进锚杆支护巷道12 500 m，锚杆支护率达到了82.1%；引进先进的技术装备，先后在T2293、T1492等安全高效工作面推广应用了大功率采煤机、转载机、破碎机、远方供液、3 300 V移动电站等一大批先进设备，为安全高效的顺利进行提供了技术保障；深入开展技术创新工作，先后完成了技术创新项目51项，从而促进了安全高效建设的不断深入。

（四）坚持科学管理，为安全高效建设提供有力保证

要保证安全高效矿井建设就必须在生产过程中进行科学管理，继续推行RMDC管理法、市场化管理法以及准军事化管理模式，对全矿所有岗位制定了岗位标准。对管理人员有配套走动管理标准和配套制度、管理方法进行约束。实现了浮动工资由现场管理人员负责按岗位标准考核，日清日结、岗变薪变。分配制度向技术性强的岗位倾斜，鼓励职工学技术。各项工作都有了进一步提高，为安全高效矿井建设奠定了基础。

（五）完善安全长效机制，为安全高效提供安全保障

2008年，该矿继续以深化RMDC精细管理为主线，推行市场化管理相结合，同时引入准军事化管理模式。容纳整合了《员工安全行为百分考核办法》安全管理等机制，突出强化了以“双规范”为主要内容的现场安全管理，充分利用多种形式加大了安全宣教力度，广泛开展了“安全第一、生产第二”安全理念及政策法规教育，利用多媒体课件进行事故案例教育，增强了广大员工的安全意识。同时加强了员工安全技能培训工作，大大提高了员工的安全素质，安全可控度得以提高，推动安全工作向本质型迈进，安全生产呈现出持续稳定的发展态势，质量标准化达到了一级，实现了矿井的安全生产。

开滦（集团）蔚州矿业有限责任公司崔家寨矿

一、矿井概况

开滦（集团）蔚州矿业公司崔家寨矿是经国家计委批准建设的河北省蔚县矿区第一对大型矿井，由原煤炭工业部石家庄设计研究院进行初步设计，于1996年10月正式开工建设，2003年正式投产。矿井设计生产能力为180万t/a，设计服务年限84.3年，投产后通过对井下采掘设备、运输系统、主副井提升系统等环节进行技术改造，充分挖潜了矿井的生产能力，2008年重新核定生产能力为265万t/a。崔家寨矿井位于河北省蔚县矿区的北部，井田东西长7～11 km，南北宽5 km，面积约34 km^2。井田属于山前丘陵地貌，海拔标高介于+1 078～+1 367 m。地表大部分被新生界松散地层所覆盖，厚度为0～153 m。

本矿井田开拓方式采用立井单水平开拓（局部设辅助水平），设主、副、风三对井筒，井筒位于井田储量中心，井筒深度300 m。5#、6#煤层联合布置，1#煤层单独布置。矿井通风方法为抽出式，通风方式为中央并列式。采煤方法为长壁后退式，全部垮落法管理顶板。工作面采用综合机械化采煤工艺，一次采全高。巷道主要支护形式为锚喷和锚网。

二、2008年主要技术经济指标

2008年生产原煤255.08万t，其中综采一队年产煤100.3万t，综采二队年产煤122万t；矿井综合单产达到9.645 1万t/（个·月）；原煤工效达到9.61 t/工，采区采出率达到81.5%。2008年实现利润21 145万元。职工平均年收入达到42 073元。采煤机械化程度和掘进装载机械化程度及综掘机械化程度均达100%。百万吨死亡率为0，杜绝了重伤。

三、安全高效矿井建设的主要工作

（一）着力完善安全保障体系，巩固和发展了安全生产的稳定局面

深化了安全生产管理长效机制建设，以强化责任落实为重点，进一步

明确了安全职责。狠抓矿井重大灾害事故的预防，推进质量标准化高标准达标工作。

（二）以原煤生产的均衡稳定为重点，系统谋划，科学组织，努力推进安全高效矿井建设

以稳产高产为目标，树立风险防范意识，科学组织生产。从“规划、设计、施工、验收”以及“机电、运输、通风”等环节入手，明确了每一个环节的责任，实行责任目标管理和责任追究制度，提高抵御制约均衡稳定生产风险的能力。强化生产准备工作，保证生产衔接到位。该矿克服了战场集中、系统紧张等不利因素的制约，超前做好生产准备工作，严密组织，强化管理，实现了采掘平衡。加强协调指挥，保持均衡稳定生产。技术部门超前谋划，精心组织，严格监督，统筹安排，积极深入现场，解决技术难题；基层单位加强了设备维护和检修，提高了开机率，保证了8 h内的工作效率，达到了安全生产的良性循环，实现了安全生产双收益。

（三）依靠管理、技术创新，不断提升企业发展水平

该矿坚持“科技兴煤，科技兴矿”的指导思想，通过引进新设备、采用新技术、推广新工艺，不断提升矿井现代化水平。引入了大功率、高性能采煤机，使用大采高、高强度、高可靠性的液压支架，采、掘工作面安设大运力胶带机，极大地提高了生产效率。2008年新上线的E12505工作面综采配套设备采用MG610/1400－WD型大功率采煤机、SGZ1000/1400型刮板输送机和ZY6400－21/45型掩护式大采高液压支架取得了非常好的效果，在7月份单面月生产原煤12.2万t。引入液压锚杆加固煤壁技术，在该矿E12609工作面回采期间投入使用，为稳固工作面煤体、防止冒顶事故发生起到了较好的作用。E12609工作面下覆5煤层遭到小煤窑破坏，通过研究论证和加强现场管理，取得了E12609工作面跨采空区回采的技术突破。对煤层自然发火规律和顶板运动规律进行研究，对火区进行科学治理。成功实施了对原E12605火区支架的回撤工作。对制约生产的井下胶带运输系统进行改造，提高了运输能力。

开滦（集团）有限责任公司
荆各庄矿业分公司

一、矿井概况

荆各庄矿业分公司是 1979 年投产的一座大型矿井，位于唐山市东北约 13 km，在开平煤田凤山西北侧，自成一个封闭的盆状向斜，井田面积 10. 6 km^2。井田内共有可采煤层四个，其中：9 煤层平均厚 6. 19 m，11 煤层厚 1. 62 m，12 -1 煤层厚 2. 17 m，12 -2 煤层厚 5 m，全部属于石炭二迭纪煤系地层。截至 2007 年底，矿井剩余地质储量 6 854. 6 万 t，其中可采储量 3 603. 4 万 t，可排产储量 268. 6 万 t。煤种牌号为 QM，为低硫高灰煤，发热量 19. 7 MJ。矿井瓦斯等级为低瓦斯矿井。

该矿于 1979 年投产，设计能力 120 万 t/a，经过多年来的技术改造，使产量逐年递增，2007 年核定生产能力为 195 万 t/a。矿井的开拓方式为立井多水平分区集中大巷开拓、暗斜井延深。

二、2008 年主要技术经济指标

2008 年产煤 185 万 t，采区回采率符合要求。经济效益实现利润 2 298 万元。安全生产形势稳定，百万吨死亡率为 0。综采机械化程度、综掘机械化程度和装载机械化程度均达到 100%。矿井综合单产达到 81 219 t/（个·月），原煤工效达到 7. 93 t/工。

三、安全高效矿井建设情况

（一）安全基础工作明显加强，保持了相对稳定的发展态势

安全管理实时监测监控延伸到班组，形成了横到边，纵到底的安全预警控制网络。按规范设计，按设计施工，按标准验收活动继续深化，有效地规范了管理行为和员工操作行为。着力打造和完善基层区科与公司相传承的“五力”安全管理模式，基层各单位在“小五力”安全文化建设上做

了大量的探索性工作，促进了管理水平的提升。准军事化训练拉动了员工行为养成，班前会程序、安全确认、手指口述、集体升入井和内务管理等工作顺利通过上级验收。通过以上措施，进一步发挥机制的控制作用，实现了安全生产自然年。

（二）持续加强生产准备工作

面对煤炭储量减少的实际，加大了掘进强度，不断提高掘进效率，单头月进达到了开滦企业的先进水平，全年煤巷进尺达到11 040 m；改造和完善了生产系统，加大系统维护的投入，组织了重点环节的套修治理；利用节假日停产检修，减少事故，保证了大系统的顺畅运行；严细安装、回撤的组织，在保证施工质量的同时提高效率，全年共安装、回撤12个综采工作面，为产量稳定提高创造了条件。

（三）狠抓正规循环作业

各回采单位严格按计划组织生产，调度室严肃考核，提高了计划的兑现率。

（四）开展技术创新，促进安全高效

2008年以来，该矿从矿井资源日益萎缩的实际出发，通过加强地质勘测，在技术管理上，实施边角残煤挖潜的设计与开采，通过优化设计，加大各种形式的放煤及采空区捡煤力度等措施，确实提高各工作面的利用率，加大了薄煤层及边角余煤的开采回收力度，实现了精采细收，大幅度提高了资源回收率。围绕制约生产发展的重点环节，广泛开展了技术创新活动。将箕斗下开式改为上开式卸载，对主井制动闸和 -375 m 主排水泵进行了改造。结合“三按”施工活动，组织专用设施部件的统一加工，提高了系统的质量标准化和安全可靠程度。发动广大员工发挥聪明才智，组织小革小改的技术攻关，解决了一大批长期困扰生产发展的关键问题。掘进运料胶轮车、绞车护绳架、自动排水装置等，在推广应用中收到了明显的综合效益。

开滦能源化工股份有限公司
吕家坨矿业分公司

一、矿井概况

开滦股份吕家坨矿业分公司位于河北省唐山市古冶区境内，西距唐山 18 km，北距古冶 9 km。矿区交通便利，古吕钱公路南接唐港公路，北通 205 国道，津唐、唐港、京沈高速公路；矿区铁路专线吕古铁路和吕陡铁路与京山线接轨；水路运输东有秦皇岛港，西有天津新港，南有新近建成的京唐港。水、陆交通发达，煤炭外销十分方便。井田北与林西矿业分公司相邻，东与范各庄矿业分公司为邻，南与钱家营矿业分公司相接。井田平面形态呈上小下大的扇形，平均走向长 8.5 km，平均倾斜长 4.67 km，井田总面积 39.7 km^2。

为了扩大矿井生产能力，从 1984 年开始进行矿井改扩建，由地面至 -800 m水平开凿了一座直径 8.3 m 的混合井，井内装有两套提升设备，主提和副提，提升机型号 J kmD4.5×4。同时新开凿了一个直径 6.5 m 的西对角回风立井；扩建了工业广场和一些地面土建配套工程。混合井和新风井分别于 1994 年和 1996 年投入使用。混合井设计原煤提升能力 180 万 t/a。2006 年核定矿井生产能力 330 万 t/a。与矿井同时建有处理原煤能力为 240 万 t/a的选煤厂一座，全套引进波兰装备，生产 12 级和 14 级优质冶炼精煤，2003 年开始改扩建，扩建后能力达到 300 万 t/a。目前所生产的原煤可以全部入洗。矿井开拓方式为立井多水平岩石集中大巷、岩石上山开拓，煤层群联合开采。

二、主要技术经济指标

2008 年，在册原煤生产人员 4 548 人，计效人数 1 524 人；原煤产量完成 300 万 t，精煤产量完成 85.6 万 t；矿井综合单产 7.85 万 t/（个·月），原煤生产人员效率 7.88 t/工；采煤机械化程度 100%，综掘程度 77.29%；2008 年员工人均年收入达到 4.62 万元。

三、安全高效矿井建设的主要工作

2008 年，该矿认真贯彻落实党的安全生产方针，牢固树立“安全第一、生产第二”理念，深化“培塑”课题成果，狠抓安全确认和工程质量两项重点，积极构建安全生产长效机制，推进本质型安全管理，矿井安全质量达标继续保持了一级。有针对性地组织了安全培训，以规范管理行为和操作行为为目标，狠抓了现场行为规范训练，为塑造本质型安全员工奠定了基础；以落实各级安全责任制为重点，强化了隐患排查制度的落实，狠抓了岗位过程安全确认，强化了重大事故隐患排查预防；围绕发挥安全机制激励制约作用，建立了安全质量工资、安全风险抵押、“三违”积分等安全管理机制，实现了安全责任和利益全员挂钩。

做好职工培训，提高员工队伍整体素质。该矿非常重视职工培训工作，发挥一个“中心”、“两个基地”作用，开办“大课堂”，组织送教上门，开展岗位立项，深化学习活动，定期输送学员异地培训，提高员工队伍技术素质，满足综采发展需要。以岗位带头人的培养为龙头，深化“三百工程”，确保岗位人才的梯次培养和顺畅接替。广泛开展岗位练兵比武活动，通过政策和机制激励调动员工学技术的积极性。加强班组建设，提升班组战斗力。

加强劳动用工管理，提高生产效率。本着“科学调整、优化配置、效益最佳”的原则，强化劳动定岗、定编、定员管理，建立与内部市场化相适应的劳动力资源市场，完善人员进出机制，搞好富余人员分流，优化劳动力配置。严格劳动纪律，落实考勤制度，提高用工效率。

冀中能源河北金牛能源股份有限公司
东　庞　矿

一、矿井概况

东庞矿地处冀南平原，位于河北省内邱县西南约 10 km，东毗京广铁路、京深高速公路，交通便利，是冀中能源集团河北金牛股份公司的大型现代化主力矿井。矿井于 1983 年 12 月 26 日建成投产，原设计生产能力为 180 万 t/a，2007 年核定生产能力达到 280 万 t/a，同时附有配套入洗能力 400 万 t/a的全重介工艺洗煤厂和装机 1.8 万 kW · h 的矸石热电厂。

东庞矿采用立井多水平开拓，采煤方法为单一厚煤层一次采全高走（倾）向长壁后退式全部垮落法的综合机械法，4.5 ~5.0 m 高架综采技术为国内首创。

二、2008 年度主要技术经济指标

2008 年矿井生产原煤 280 万 t，掘进进尺 15 604 m，矿井综合单产达到 13.41 万 t/（个 · 月）。原煤生产人员效率达到 12.3 t/工。销售收入完成 35.89 亿元，利润水平完成 20 亿元，比上年同期 6.3 亿元大幅度增加，增幅为 217.5%。

三、安全高效矿井建设的主要经验

（一）合理谋划布局，科学组织，打造稳产、高产、安全高效矿井

通过超前谋划部署，对实际情况进行了客观认真的分析，从设计布局、队伍安排及生产组织上，制定了有针对性的组织措施，进一步明确目标，落实责任，通过科学组织，加强现场管理，保证生产衔接到位，实现采掘平衡，打造稳产、高产、安全高效矿井。

（二）依靠科技进步，提升装备水平，改善矿井安全生产环境

积极实施“科技兴矿”的发展战略，加强科技创新，优化采场设计方案，建立了完善的技术创新管理体系，确立了以发展安全高效技术为龙头，

全面推进地测、采掘机运通、洗煤加工、多种经营等技术发展，达到国内领先、国际先进水平的定位目标。

（三）突出重点，加强矿井“一通三防”的防治力度

2008 年，矿井采取了符合矿井实际、切实可行的安全防治措施，进一步加强“一通三防”的防治力度。完善矿井通风系统、合理进行风量分配、减小矿井通风阻力，加强防尘防火监测管理力度，完善瓦斯治理安全管理制度，同时矿井加大了机电设备的防爆管理力度，完善了机电设备各种保护设施。

（四）建立安全长效机制，努力打造本质安全高效型矿井

为了实现安全生产，东庞矿构建安全长效机制，形成全方位管理、全过程控制和全民参与的安全管理格局。通过严格逐级安全责任制和各项安全管理制度的落实与考核，加强和完善班组建设工作，认真落实班组现场安全生产主体责任和员工岗位安全生产主体责任，增强基层组织工作积极性和主动性，积极培育安全文化，夯实安全工作基础。

（五）强化成本管理，狠抓过程监督，提升经济运行质量和效益

进一步提高综合管理水平，创新管理机制，积极推行精细化管理，在公司内部率先实行全面预算管理体系，节约成本，强化监管，严格审批，切实做到有计划、有落实、有监督、有考核。同时创造性地建立了物资验收环节的管理，有效地保证了物资供应产品质量。

（六）坚持科学发展，努力构建绿色环保矿山

通过开展节能减排、强化基础环境整治等措施，实现了企业与环境、企业与社区的共融和谐发展。同时，注重社企共建，打造和谐稳定的社区环境，进一步完善了矿区学习教育、文化娱乐、健康运动的场所和设施。在节能减排方面，积极稳步推进“绿色矿山”建设步伐。

冀中能源河北金牛能源股份有限公司
邢　东　矿

一、矿井概况

邢东矿隶属冀中能源集团金牛能源股份有限公司，位于邢台市东北 4 km处，南北长4.1 km 左右，东西宽4 km 左右，井田面积14.5 km^2，北距市北外环路1.2 km，东距京深高速公路3.2 km，京广铁路从井田西侧通过，距井田 3 km，地理位置优越，交通条件十分便利。

井田地层共含煤 15 层，煤层总厚度 20.72 m，采用立井多水平开拓技术，工作面采用一次采全高、综合长臂采煤法采煤，自 2001 年正式投产以来，采用新技术、新工艺、新装备，形成一井一面的生产布局，实现了当年投产、当年达产，营造了一个产煤不见“煤”、地面没有矸石山的花园式矿井，且先后通过了 ISO18000 职业健康安全管理体系认证和 ISO14001 环境管理体系认证。

二、2008 年主要技术经济指标

2008 年邢东矿生产原煤 115.9 万 t，综合单产 12.5 万 t/（个・月），实现利润3.7 亿元，全年原煤生产人员效率达到 12.2 t/工，人均年收入 7.4 万元。

三、安全高效矿井建设主要工作

（一）抓安全

多年来，邢东矿始终把安全工作放在首位，强化制度落实，严格现场管理，狠抓安全质量标准化建设等，有效地促进了安全生产。

建立了严格的考核制度，通过严格监督检查，加大对“三违”人员的处罚力度，坚持值班矿领导中晚班小分队查隐患制度，切实把“安全第一”的方针落到实处，促进了安全管理水平的稳步提高，杜绝了轻伤以上人身事故和重大非人身事故的发生，确保了安全高效矿井建设的健康发展，为安全高效矿井建设的开展创造了稳定的安全环境。

（二）抓环境

2007 年 10 月建立矿环境认证体系，以强化质量标准化管理工作为基础，提出了把矿井建成“环保型、节能节水型、生态绿化型”的花园式矿井目标，全方位地为全体员工营造安全舒适的生产工作环境。

矸石充填技术研究，通过了中国煤炭工业协会鉴定，经过与会专家的认真审议，认为该项技术达到了国际先进水平。通过此项技术的应用，将矿井所有矸石全部充填至村庄保护煤柱内，不仅减少了矿井矸石提升费用和矸石山占地费用，而且解放了呆滞煤量。既避免了矸石山污染环境，又增加了经济效益，值得煤炭企业大力推广。

（三）抓技术

始终把技术创新工作摆在突出位置，引进先进技术和装备，结合矿井实际，提出改革、改进、改造等技术建议，提高先进技术和装备在矿井的实用性和针对性。

（四）抓管理

健全管理机制，坚持发展战略，促进科技创新，加强现场管理，狠抓“评估”制度的落实，严格工程质量、工作质量的动态检查考核及奖惩，落实逐级岗位责任制，完善奖惩激励机制，建立一整套督促、检查、奖惩管理体系，为矿井生产和发展提供强有力的支撑。

（五）抓教育

采取送出去和请进来等方式为职工创造各种学习条件，有计划地对职工进行技术培训；对煤矿特殊工种采取定期集中培训，统一考核，使特殊工种持证上岗率达到 100%；鼓励职工自学成才，对参加函授、自学考试等成人教育并获得国家承认学历的职工予以报销学费；从经济分配上向工程技术人员倾斜，对获得技术职称的职工提高经济待遇，从而形成了人人学习的良好氛围。

冀中能源河北金牛能源股份有限公司 邢台矿

一、矿井概况

邢台矿位于河北省南部邢台市郊区，是冀中能源集团金牛能源股份有限公司的大型现代化矿井之一。该矿于 1968 年 10 月投产，设计能力 90 万 t/a，经过挖潜改造，1985 年实现产量翻番并一直维持这一水平，2007 年核定生产能力 195 万 t/a。矿井附属一座年入洗能力 200 万 t 的洗煤厂，年产精煤 100 万 t 以上，其煤种为 1/3 焦煤。

矿井目前的开拓方式为中央竖井阶段（集中）平巷采区石门方式，卧式井底车场，环型运输系统，深部煤层采用集中下山方式开拓。煤层开采一般采用自上而下顺序回采，采区前进式布置。采煤工作面一般采用后退式走向长壁下行垮落采煤法开采。综采厚煤层主要采用分层开采及综采高位放顶煤开采。

二、2008 年度达到的主要经济技术指标

2008 年矿井生产原煤 194.85 万 t，总进尺 12 350 m，精煤产量完成 142.4 万 t，销售收入实现 18 亿元，实现利润 63 300 万元。百万吨死亡率为 0。原煤工效达 7.004 t/工，采煤机械化程度为 100%，掘进装载机械化程度达 96%，综掘机械化程度达 86.73%。矿上主业从业人员人均年收入达到 5.54 万元，企业经济运行状态良好。

三、在生产组织和科学管理方面取得的经验及具体做法

（一）科学组织生产，水平得到提升

该矿延续 2007 年“先难后易，先小后大”的成功经验，严格正规循环，合理集中生产，有保有压，有收有放，做到了张弛有度，始终保持了矿井的均衡生产，走出了一条保持生产正规循环、积极主动的新路子。

（二）抢抓发展机遇，企业效益再创新高

该矿以建立合理成本结构为导向，完善绩效考核办法，加强现场材料

管理，最大限度地避免各种物料设备的浪费，提高了物料综合利用率。牢固树立“节支就是增收”理念，加大回收复用和修旧利废奖惩力度，在控制材料消耗的同时，职工收入得到提高。全年回收复用节约金额达到200多万元，职工奖励金额则高达100万元，真正实现了企业与职工的“双赢”。

（三）加大防控力度，安全管理水平再上新台阶

该矿始终坚持“安全第一，预防为主，综合治理”方针，强化管理，狠抓落实，超前防范，胜利实现安全年，安全管控能力有了提高。特别是在两会、奥运会、公司整合等特殊敏感期，采取一系列强有力的措施，确保了矿区安全和治安稳定。总结起来，主要得益于四个方面：两级防控两级点检制度的实施，精品工程覆盖面的不断扩大，班组长作用的充分发挥，联合小分队的活动不断线。

（四）节能减排工程全面完成

针对烟气脱硫、矿井水处理、生活污水处理等三项节能减排工程，该矿成立了节能减排工作领导小组，实行项目负责人制度，达到了设计要求和环保排放标准。与此同时，对主井电控系统进行改造，由过去的交流拖动系统改为直流拖动。改造后主井的提升安全性得到提高，平稳性得到改进，节能效果明显，节约电耗22%左右，年节电75万度。

技术部门和生产单位牢固树立资源意识、危机意识，把资源的充分回收列入日常工作，通过不断改进和优化工艺，加强水文地质探测，全年共回收各类边角煤柱85.3万t，占全年产量的44%。

2008年，冀中能源集团金牛能源股份有限公司邢台矿为建设安全高效矿井，全矿干部职工在公司、矿党政正确领导下，以建设质量标准化矿井为契机，优化生产组织和运行机制，深化企业内部机制改革，实行精细化管理，设立岗位评估制度，依靠科技进步，不断探索科技兴矿和减人提效的途径，深入挖掘内部潜力，全面贯彻安全长效机制，细化企业内部职业健康安全管理体系管理，取得了良好的成果，各项生产指标均达到了煤炭行业一级安全高效矿井的标准，各项工作取得了良好的成果。

冀中能源邯郸矿业集团有限公司
云驾岭煤矿

一、矿井概况

云驾岭煤矿位于河北省武安市西土山乡境内，介于西湖村与高村之间，井田南北约6 km，东西约1.6 km，有效面积9.517 1 km^2。2008 年末矿井保有储量：地质储量为9 567.9 万 t，工业储量为4 578.9 万 t，剩余可采储量为1 498.7 万 t。2006 年矿井核定生产能力为157 万 t/a，根据矿井地质及水文地质条件，确定矿井地损系数为1.2，按照生产能力150 万 t/a 计算，矿井剩余服务年限8.3 年。矿井开拓方式以一对立井（主、副井）和主石门开拓。工作面采煤方式为走向长壁后退式，采煤方法为轻型支架放顶煤一次采全高，均采用上行风的通风方式。

二、2008 年技术经济指标

2008 年矿井生产原煤157 万 t，商品煤147.8 万 t，精煤62 万 t；销售收入79 904.5 万元，实现利润28 834 万元；原煤生产人员效率7.203 t/工；2008 年在职职工人均年收入43 125 元，增幅为15.5%。

三、生产经营管理措施及经验

（一）细化管理降成本

研发应用五日快报精细化成本管理，以系统化、规范化、精细化成本管理为主线，整体提升了矿井生产经营的管理档次，实现了从部分到完全成本管理的转变，由事后控制到事中全过程控制的转变，由传统向精细化、信息化管理的根本性转变，实现低成本发展，建设节约型矿井。在增支因素多的情况下，成本持续保持了邯矿集团最低和行业先进水平。

（二）加强技术管理，不断优化设计

优化设计方案，合理采掘布局，在不断优化工作面设计的同时，逐步调整矿井生产格局，提高了煤炭资源回收率，实现了矿井高产、稳产、高效。通过优化煤巷支护参数，提高了支护强度，将巷道的变形量控制在允许的范围内，避免了过去前掘后修或前掘后加工字钢的被动，降低了维修费用，而且为回采、采掘衔接和安全生产创造有利条件。

（三）实施精煤战略，实现经济效益最大化

认真贯彻落实集团公司“精煤战略”的工作方针，提高出块率和精煤产量。从工作面设计、采煤工艺、运输等各环节入手，积极采取放震动炮、螺旋煤仓、更换博后筛、安装转载缓冲装置等多种措施，有效地提高了块煤产量。2008 年 8 月，出块率最高达到 35.5%，平均达到 27.8%，实现企业经济效益最大化。

（四）节能减排降消耗

2006 年 7 月，矿井水深化治理工程正式投入运行，处理后的矿井水全部供矿区装机容量 2×50 MW 坑口矸石电厂作为生产用水，将矿井水变废为宝，既实现了矿井污水的零排放，又解决了坑口矸石电厂生产用水。实施废弃巷道矸石回填技术，在报废的采区开拓巷道内充填矸石 2.2 万 t。武安矸石砖厂每年消耗煤矸石约 2.5 万 t，加工成为优质建筑材料。2008 年综合能耗计划 4 817.96 t 标煤，实际完成 4 631.8 t 标煤，节能量为 186.16 t 标煤。洗煤产出的劣质中煤用于矸石电厂，合理利用了资源。优化采掘设计，加强煤炭资源回收管理，采区回采率达到 91%，合理开发利用了煤炭资源，延长了矿井服务年限。矿区、生活区均采用电厂余热，取消了燃煤锅炉供热，解决了职工饮水、浴室、取暖用热，降低了能源消耗和环境污染。

冀中能源邯郸矿业集团
亨健矿业有限公司

一、矿井概况

邯郸矿业集团亨健矿业有限公司原名为姬庄煤矿，原为国有地方县办煤矿，始建于1969 年，设计生产能力 3 万 t/a，1970 年投产，经 1973 年、1982 年、1992 年三次技术改造，矿井生产能力达到了 30 万 t/a，1998 年实行股份制改革。2006 年 11 月 2 日，邯郸矿业集团与邯郸县政府签定煤矿资源整合协议，将亨健矿业股份合作公司整合到邯郸矿业集团，变更为邯郸矿业集团亨健矿业有限公司，依据整合煤炭资源，提高矿井安全程度的要求，2008 年邯郸矿业集团对矿井进行了技术改造，核定生产能力60 万 t/a。

二、2008 年主要技术经济指标

2008 年生产原煤 55. 3 万 t，实现利润 13 858 万元。2008 年全矿原煤生产人员效率达到 5. 168 t/工，人均年收入达到 34 000 元。达到了煤炭工业行业二级安全高效矿井条件。

三、创建安全高效矿井的经验及做法

（一）依靠科技进步，实现科技创新

一年来，亨健矿业公司在科技创新方面做了大量的工作：在 2313 工作面运输巷采用了高水材料巷旁充填沿空留巷新技术，成功留巷 160 m，留巷可作为下一个工作面的回风巷，实现无煤柱开采。该项技术的成功应用，可以多回收煤炭 1. 75 万 t，提高了资源回收率。在工作面辅助运输方面，采用了卡轨车运输；在采区下山采用了架空乘人装置，极大地方便了人员的上下，减轻了工人的劳动强度。在矿井瓦斯治理方面，采煤工作面采用了高位和本煤层瓦斯抽放技术，解决了工作面上隅角瓦斯管理难题。

（二）加强培训，强化素质，为安全质量标准化提供强有力保障

职工素质的高低是影响安全工作的重要因素，亨健公司坚持以人为本

的管理理念，通过多形式、多渠道开展培训教育活动，不断创新安全文化，培养和造就高素质的职工队伍。

（三）围绕安全高效矿井目标，实现信息化管理

进入21世纪，人类的发展已进入了信息化时代，同时企业的管理步伐也随之向现代化和信息化迈进，亨健矿业公司的信息化建设主要体现在以下几个方面：

（1）首先对集团公司组建的局域网进行了较好的应用，主要应用于：生产调度、运销系统、财务、物供、安全监测以及实时监控等方面。

（2）2008年，亨健矿业公司在磅上两端安装了红外线对投，并和称重系统连接起来，只有车位在红外线控制范围之内，也就是在磅中央的时候，称重系统才进行称重，真正体现“制度约束人，设备管理人”。自从上了红外线车位控制以后，磅房没有发生一次称重错误事件，做到领导放心，职工放心，提高了经济效益，促进了企业管理观念的变化。体现了“信息化是缩短企业差距的捷径”的管理理念。

（3）为了使工资管理、成本管理实现严、细、准，亨健矿业公司完成了井上下综合考勤系统项目。应用指纹考勤和射频考勤两种考勤形式，此系统使用方便，设置灵活，数据稳定可靠，在网络上可进行快速查询。体现了矿井信息化建设“以效益驱动为原则”的特点。

（4）亨健矿业公司安全生产监测联网实时信息系统，通过采用先进的技术，包括互联网技术、矢量图技术、语言及短信报警技术、分析及打印功能等，使各种不同时期的系统得到很好地整合利用，能将安全生产监测监控信息及时、准确地传送到各级相关人员，提高了安全生产监督、监察、管理的手段，并在安全生产过程中起到了重要作用，具有国内领先水平。今后该矿将进一步根据工作需要不断完善、提高，使其在安全、生产管理中发挥更好的作用。

冀中能源邯郸矿业集团有限公司
陶 二 煤 矿

一、矿井概况

陶二矿是河北冀中能源邯矿集团主力生产矿井之一，始建于1975年5月，1982年5月1日投产。在邯郸市西北方向，距离市区15 km，占地面积约24 km^2。陶二矿原设计生产能力为90万t/a，近几年，通过技术改造和升级，生产能力达到125万t/a。瓦斯等级为高突矿井。煤田总地质储量为40 835.5万t，已开采1 552.6万t，保有地质储量28 012.3万t。开拓方式为立井开拓，走向长壁式采煤方法。

二、2008年主要技术经济指标

2008年生产原煤90.609万t，其中回采产量84.195 5万t，掘进煤量6.413 5万t；总进尺8 845 m，其中综掘进尺2 219 m；实现销售收入43 397万元，利润实现2 334万元；人均年收入达到37 400元；原煤生产人员效率达到4.812 t/工；百万吨死亡率为0。

三、加强生产组织，实现安全高效

（一）实施技术创新，为生产提供保障

2008年以来，矿井注重技术管理创新，先后完成供电、增排水、通风、瓦斯抽放、监控等系统改造，保证了大系统的安全运行，为安全生产打下了基础。

（二）严抓现场管理，促进了生产正规循环

严格执行开工前设备联合试运转制度，落实包机、包架、包柱责任制，强化设备使用和检修；实行机电设备运行班组评价制度，减少了生产事故，促进了正规循环。狠抓现场基础工作。严格现场精细管理，文明生产，巷道挂牌管理，实施规范化操作，严格责任目标考核，保证了生产正常组织。

严格工序管理。生产现场执行正常交接班制度，抓好开工生产，合理人员安排，实行多工序平行作业，提高了工作效率。

(三) 强化安全监督管理，狠抓质量标准化，保证了安全生产

实行全员安全风险抵押金制度，加强质量标准化建设和隐患排查治理工作，夯实了管理基础，建立了覆盖井下各个头面的安全防控监督体系；高突地区采用“四位一体”管理，完善了瓦斯抽放系统；采取超前物探、地板水疏放等，保证了安全生产的可靠性；狠抓质量标准化，坚持“逢十”质量标准化检查和不定期检查相结合，确保了各采掘头面一次成巷和采煤工作面一次动态达标，保证了二级标准化矿井的实现。通过安全体系、设施的不断完善和安全管理的加强，实现了安全生产环境的不断改善，保证了经济效益的逐步提高。矿井安全生产形势有了根本好转。

(四) 创新经营管理模式

创新实施了“3331”安全工资考核管理制度，调动了全矿职工的积极性。以“进口”材料供应和“出口”煤炭销售，中间材料使用环节为主要内容，推行了把住两口控制中间的经营管理模式。实施了资金全面预算管理，严格制定资金、材料使用计划；建立了目标责任考核管理体系和成本五日清制度，控制了资金使用和不必要的投入。2008 年总成本和单位成本都控制在计划之内。

(五) 实施精煤战略，提高经济效益

大力实施了精煤一条线工程改造，从工作面采取松动爆破、控制割煤速度、耙子搂块等措施，提高毛块率；加强胶带运输线的缓冲改造，降低搭接高度，减轻块煤撞击；在洗煤厂安装了博后筛、伸缩桶等装备，提高了洗煤科技含量，2008 年全矿出块率实现 16.5% 的目标，精煤产量达到 30.3 万 t。

(六) 加强信息化管理，提高管理水平

建立了矿域网站信息管理平台，包括信息化自动办公系统、井上下综合考勤系统、物资供应管理系统、销售智能化管理系统、隐患排查治理信息系统、数字视频监视系统、安全生产监控系统和 LED 电子宣传系统八个信息化综合管理系统。

冀中能源邯郸矿业集团有限公司
陶　一　煤　矿

一、矿井概况

陶一煤矿位于邯郸市以西 19 km，武安市康二城镇东，西邻康二城矿，东临陶二矿，地理坐标为东经 114°18′19″，北纬 36°39′10″。井田范围南北长约 8 km，东西宽约 0.4 ~2.5 km，面积约 8.36 km^2。邯长铁路和邯长公路横越井田中部，交通十分方便。陶一矿始建于 1970 年 6 月，于 1976 年 9 月建成投产，设计生产能力 30 万 t/a，设计服务年限 46 年，目前开采深度已达 445 m。矿井采用主斜井—副立井—单一水平的开拓方式，走向长壁轻型支架放顶综合机械化采煤法，全部垮落式管理顶板。

二、2008 年主要技术经济指标

2008 年原煤产量达到 60.30 万 t，原煤工效达到 4.005 t/工，人均收入达到 37 783 元，比行业平均工资增加 7 783 元，提高了 25.94%，实现利润 5 433 万元。

三、2008 年安全高效矿井建设情况总结

加强和完善制度建设，制定了《陶一煤矿劳动工资管理办法》，从劳动组织编制、人员的配备、劳动力的管理、人员的录用和辞退、轮换工的管理等方面进行了具体规定和要求，从而使该矿在工作中有章可循。

积极引进计算机信息化技术，加强井下和井上职工考勤管理。该矿对井下职工实行了井下矿灯模块考勤；对地面职工实行了指纹考勤，月底实行计算机考勤和单位考勤双项考核，有效地杜绝了基层单位乱记工的现象，使劳动用工得到很好的控制。

结合该矿的实际，本着“多劳多得，少劳少得”的分配原则，制定了具体工资支付和考核办法。对采、掘、开、维修、运输、机电、通风、制修厂、洗选厂技术员以上管理人员实行定岗工资，并挂钩产量、进尺、材

料、安全质量等多项指标考核，增强了管理人员责任心，保证了各项指标较好地完成。

企业的管理步伐向现代化和信息化迈进，主要应用于生产调度、运销系统、财务、物供、安全监测以及实时监控等方面。2007 年该矿在地磅两端安装了红外线对投，并与称重系统连接起来，只有车位在红外线控制范围之内，也就是磅中央的时候，称重系统才进行称重，真正体现“制度约束人，设备管理人”。该矿把指纹考勤和射频考勤两种考勤形式，井下出勤和地面考勤两项考勤内容结合起来，能非常详细、准确地进行各种情况下的考勤。

陶一矿的数字监控系统逐步代替了传统的模拟监控，它能使远距离现场图象及时、清晰地传输到调度室和领导办公室，使整个现场情况一目了然地呈现在眼前，使工作人员感到非常直观，并在安全生产过程中起到了重要作用，具有国内领先水平。今后该矿将进一步根据工作需要不断完善、提高，使其在安全、生产管理中发挥更好的作用。

为了大力学习企业文化，进行企业宣传，提高企业形象，该矿在办公楼大厅内、外安装了 LED 电子屏，本屏采用多媒体同步控制技术，显示、播放内容与计算机屏幕内容完全一致，LED 电子显示屏上的图像色彩、缩放比例和显示尺寸，可通过鼠标在计算机上随意调整。能做到时间、文字、表格、图片、动化、视频播放和组合播放，使企业宣传和文化建设有了很好的现代化信息园地。

在 12703 工作面运输巷采用了高水材料巷旁充填沿空留巷新技术，成功留巷 700 m，留巷可作为下一个工作面的回风巷，实现无煤柱开采。该项技术的成功应用，可以多回收煤炭 3 万 t，提高了资源回收率。另外在工作面辅助运输方面，率先采用了卡轨车运输；在采区下山采用了架空乘人装置，极大地方便了人员的上下，减轻了工人的劳动强度。在矿井通风方面，采煤工作面采用了高位瓦斯抽放技术，解决了工作面上隅角瓦斯管理难题。

河北省磁县六合工业有限公司

一、矿井概况

河北省磁县六合工业有限公司井田位于河北、河南两省交界处的磁县境内，岳城水库南岸，西距磁县观台镇 2 km，西北为峰观公路，距峰峰矿区 30 km，南临磁观公路，距磁县县城 50 km。六合公司前身为磁县观台煤矿，1975 年由观台镇建井，1984 年划为地方国有企业。1998 年底，企业改制为有限责任公司。矿井采用斜井多水平开拓，走向长壁后退式采煤法，轻型综采放顶煤回采工艺。

二、2008 年主要技术经济指标

2008 年矿井生产原煤 817 112 t，计效工数 185 457 工，原煤工效为 4.41 t/工，采区回采率达到 81.5%。工作面平均个数 0.969 个，工作面产量 755 088 t，综合单产为 64 937 t/（个·月），开掘进尺 4 876 m。实现销售收入 8.88 亿元，完成利润 5.95 亿元，人均年工资 5.30 万元。

三、2008 年在安全高效矿井建设方面的主要工作

（1）矿井认真贯彻落实“通风可靠、抽采达标、监控有效、管理到位”的瓦斯治理十六字方针，严格标准化管理。2008 年矿井瓦斯等级鉴定结果为低瓦斯矿井，但该矿始终按高瓦斯矿井管理，坚持“以风定产”的原则。矿井采用中央并列抽出式通风方式，安装两台型号为 FBCDZ－8－№24 对旋轴流式主要通风机，通风机安装有在线监测系统，能实时反映其运行情况。目前矿井进风量为 4 437 m^3/min，需风量为 3 740 m^3/min，完全能满足安全生产的需要。

（2）公司现有地质人员 3 人，钻探人员 12 人；ZDY1900S 型液压钻机一台，TXU－150 钻机两台，探地雷达一台。在实际工作中，坚持“有疑必探、先探后掘”的原则，除采用探地雷达随时探测外，还请省煤研所做超前探测和坑透工作，有效地杜绝了水害事故。

（3）矿井主要采用煤体注水、净化水幕、喷雾和其他防尘措施，并按规

定对总粉尘、呼吸性粉尘等进行定时测定。

(4) 矿井地面建有消防水池、井下消防材料库和井下消防管路系统。井下主要进回风大巷消防供水管路每百米要设一个三通和阀门。胶带运输巷，每 50 m 设一个三通和阀门。

(5) 在锚杆支护的掘进巷道安装一个顶板离层指示仪，在采煤工作面安装了 KJ216 顶板动态检测系统，这样能时时监测工作面顶板动态，及时掌握顶板压力变化规律，预防了顶板事故。

(6) 矿井设有生产调度监控室，公司设有信息中心。调度室安设 KT-7009 型程控调度总机一台，30 余部内部电话，20 多对直拨外线，保证了矿内外通讯的畅通。

(7) 矿井装有一套 KJ75N 型监控系统，监控系统中心站设在矿井调度室，配备有 4 名经安全培训合格的专职人员 24 h 值班，设监测主机 2 台。井下安设 KJ75N-F (B) 型分站 3 台，监控站 3 台，多功能断电仪 8 台，安装各种传感器 92 台。采掘工作面及其他地点均安设了瓦斯传感器，应监应控率达到 100% 。

(8) 建立了劳动定员管理制度，由生产调度室每天对区队用工进行严格审查，凡是超出定员的出勤，经营部不计算其工资，由区队自己承担，同时对区队一把手和当班值班人员进行处罚。

(9) 2008 年，该矿投资 2 900 多万元用于矿井安全和机电设备更新。首先，加大了采掘装备，采煤机由 4MG200 型更换为 MWG160/375-W 型，掘进机由 EBZ-90 型更换为 EBZ-160 型，从而大大地加强了采掘能力。在准备巷道和工作面开切眼继续推行“三小”施工工艺，从而提高了支护强度，加快了掘进速度，提高了劳动生产效率。其次，在 6 月份进行了监控系统升级改造，将原 KJ75 型监控系统升级改造为 KJ75N 型监控系统；10 月份安装了移动瓦斯抽放泵站和 2 300 多米抽放管路，对采煤工作面采取了高顶抽放和上隅角埋管抽放。

沈阳煤业（集团）有限责任公司
红　阳　三　矿

一、矿井概况

沈阳煤业（集团）公司辽阳红阳三矿于 1991 年 12 月 26 日破土动工，1997 年 5 月开始试生产，2000 年 12 月 26 日正式移交生产，矿井设计能力 150 万 t/a。几年来，依靠科技进步，不断完善生产系统，不断提高综合生产能力，2006 年矿井生产能力达到 280 万 t/a。

红阳三矿井田位于辽宁省沈阳市南 25 km，行政区划隶属于沈阳市苏家屯区红菱镇及辽阳灯塔市柳条镇，井田面积 30 km^2。井田内地面平坦，地表标高 +26 ~ +20 m。井田内无铁路穿过，距井田东部 9 km 有沈大铁路，矿区内设专用铁路与国铁相接。沈大高速公路从东侧通过，距井田中心部位 5 km。2008 年期末地质储量 11 466.3 万 t，可采储量 7 018.6 万 t。采煤方法为倾斜长壁后退式综合机械化采煤法。

二、2008 年主要技术经济指标

原煤产量（万 t）	精煤产量（万 t）	掘进进尺（m）	开拓进尺（m）	吨煤成本（元/t）	原煤工效（t/工）	万吨掘进率（m/万 t）	实现利润（万元）
278	126	19 966	4 253	174.82	10.312	71.82	48 571

三、2008 年安全高效矿井建设的主要做法

（一）进行工艺改革，提高生产效率

2008 年，该矿对综采支架的抽出、起吊换车、就位等环节进行了大胆改革。研制了抽出支架平台、起吊换车平台装置及可旋转平板车，最后对就位支架工艺也进行了改革。通过一系列的工艺改革，大大提高了拆除安装速度，从根本上保证了正常的采煤接续。

为提高工作面单产，适应矿井发展水平，将采煤机滚筒由 600 mm 截深

改为800 mm截深，相应将支架推移系统进行了改造。针对回采新工艺的应用，该矿对输送机推移过渡段、支架操作及各工种的衔接配合都做了明确规定，使新工艺在安全的前提下得到良好应用。

（二）增加设备投入，努力改善工人作业环境

在采掘工作面，该矿应用制冷降温设备，有效地改善了工人的劳动作业环境，大大提高了劳动生产率。

（三）走产学研共同发展的道路，实现安全生产

在岩石开拓巷道中，该矿成功地应用了西安煤炭科学研究院YD－32（A）型高分辨电法仪，实现了奥灰岩含水情况的科学探测，保证了安全生产。

（四）完善灾害预防系统，提高矿井防灾能力

2008年，该矿进一步完善了瓦斯监测系统、抽放系统和防灭火系统，为安全生产提供了可靠保障。

（五）简化劳动组织管理

该矿实行“二级”管理，即矿级、区（队、科）级。由矿领导班子垂直领导区（队、科）。在分口管理上，分为采煤、掘进、机电（含运输）、通风及地面等五个专业部门。全年工作330天。采煤队实行“双九一六”制作业，其他单位为“三八”制作业方式。

（六）强化计算机网络化管理，实现信息资源共享

矿井信息化建设是实现煤炭工业产业升级的战略性步骤。2008年，该矿以内部局域网络建设为平台，全面开展了矿井信息化建设工作。

沈阳煤业（集团）有限责任公司 红　菱　煤　矿

一、矿井概况

红菱煤矿位于沈阳市苏家屯区红菱堡镇。北距沈阳 32 km，西距辽阳 30 km。沈大高速公路从井田东北部穿过，铁路专用线约 6.4 km，在林盛堡站与长大铁路接轨，交通四通八达，十分便利。

矿井始建于 1969 年，1976 年 3 月移交生产，设计能力 150 万 t/a，现生产能力核定为 150 万 t/a。至 2008 年底资源储量为 8 008.6 万 t，可采储量 5 269.2 万 t。井田走向长 11.2 km，倾斜宽 1.5 km，井田面积 18.662 km^2。矿井开拓方式为立井多水平阶段石门分区式，开采方式为倾向长壁后退式，顶板管理为自然垮落，煤巷掘进方式为综掘机掘进。

二、2008 年主要技术经济指标

2008 年原煤产量完成 145 万 t，掘进总进尺完成 17 811 m，其中开拓进尺完成 3 760 m，选煤厂入洗原煤 145 万 t，生产精煤 80.2 万 t，回收率 55.3% 。实际利润总额 7 211 万元，职工人均收入 31 085 元。

三、2008 年安全高效矿井建设的主要工作

红菱矿实行“二级”管理，根据生产需求保持采煤工人与井下辅助工人、生产工人与后勤工人之间的合理比例，以保证生产一线有足够的劳动力，红菱煤矿深化了三项制度改革。加强人事制度改革，由原来的 60 个基层单位缩编为 40 个单位，176 名科级干部缩编为 155 名。对劳动组织进行了及时整改，对不合理的区队建制进行了改制，建立了适应红菱煤矿发展的劳动组织机构，对全矿各工种进行重新核定，严细用工制度。加大分配制度的管理，建立了采掘日工资日工分上墙分配制度，分配向一线苦、脏、累、险、贡献大、技术含量高的岗位倾斜，调动了干部职工的积极性。

加强精细化管理，加强领导，构建长效节约机制并强化考核。对井下

现场材料管理进行检查，对采煤、掘进、运输及地面选煤的全过程进行监督和控制。推行经营目标化管理，加强成本控制。执行材料定额定量投入与废旧物资回收控制。加强定编、定岗、定员、优化人力资源，减少工资投入。突出源头，加大煤质管理力度，严格过程控制，优化巷道设计，合理搭配开采。从工作面、掘进头、运输、提升、分装、分运、洗选等各个环节加强煤质管理。强化内部控制，全面实施预算管理。建立了一种目标明确、量化到位、控制严格的管理模式，形成统一的预算控制网。

红菱矿不断加强机械化生产水平的发展，综采已走向成熟，并且培养出一支既能拆装又能组织生产的综采准备队伍。通过强化生产组织，优化生产布局，加强对工作面的科学化管理，提高综采工作面生产能力，并且成立综掘准备队，实现了综掘搬家倒面不停掘。同时加强机电设备管理，严格落实包机制，分片包干，分兵把守。提高检修质量，确保系统稳定，减少机电事故，提高开机率，杜绝机电中断生产事故。井下新区从集运巷到井底完全实现胶带运输，并全部甩掉150胶带，安装200、250及钢丝绳胶带，并且全部安设软启动，提高生产系统的外部运输能力。

红菱矿注重搭建良好的科技创新平台，健全完善科技创新体系，促进了全矿科技工作的蓬勃发展。成立了课题项目攻关小组，制定了年度科技评比制度、季度组织工程技术人员规程，组织考核评选活动。建立完善了技术管理体系、人才使用及保障体系、工程技术人员科技创新体系、全员参与小改小革推广应用体系和科技创新的人才激励机制。在加强技术队伍建设方面，矿井积极组织专业技术培训，激励员工立足岗位，自学成才。很多员工参加了函授、自考等继续教育的学习。通过认真选拔和考察，推荐优秀员工到辽宁工程技术大学、辽源煤校等进行大专、本科全日制脱产带薪学习。

沈阳煤业（集团）有限责任公司
西 马 煤 矿

一、矿井概况

沈阳煤业（集团）有限责任公司西马煤矿位于红阳煤田南部。井田范围北起后葛针泡，南止太子河北岸防洪堤，长 7.5 km，东自东马峰村，西至前葛针泡、乌大哈堡，宽 4 km，面积 30 km^2，其中含煤面积 25 km^2。形成东北部高、西南部低的平缓地势。该井田处于沈阳至鞍山间，沈大高速公路纵贯井田中心。以井田中心算起，北距沈阳 56 km，距灯塔 13 km，南到辽阳 10 km，到鞍山 40 km，交通极为便利。

该矿属高沼气煤与瓦斯突出矿井。煤尘具有爆炸性，煤具有自燃倾向。水文地质条件属于二类二型。本井田不属于高温矿井，无冲击地压。矿井建一对竖井和一个风井，开拓方式立井单水平，主、副、风井三个井筒。倾斜长壁后退式与走向长壁后退式综合机械化采煤、刨煤机采煤。

二、2008 年主要技术经济指标

原煤产量（万 t）	精煤产量（万 t）	掘进进尺（m）	开拓进尺（m）	吨煤成本（元/t）	原煤工效（t/工）	实现利润（万元）
148	40	15 913	4 325	300.12	5.16	15 106

三、2008 年建设安全高效矿井的主要工作

（一）安全质量管理严细，本质安全程度提高，进一步增强了矿井发展的基础优势

在现场管理上，该矿紧紧抓住“一通三防”这个重中之重。首先，开采保护层和密集钻孔释放工程，真正实现了“不采突出面、不掘突出头”；其次，瓦斯抽采利用取得重大突破，全年完成打钻进尺 72 828 m，完成瓦斯抽放 1 592 万 m^3，瓦斯发电实现 2 838 万 kW · h。在顶板管理上，该矿加强

了过断层、顶板破碎带、应力集中区、搬家倒面、巷道失修等特殊地点的管理，严格规程兑现，狠抓现场监控。

在安全基础工作上，安全精细化管理进一步规范，补充完善了走动式管理、“三违”质量限额罚款等制度，使安全管理水平进一步提升。在安全活动上，阶段性安全活动与优秀安全员和优秀班组长评比、精品工程和精品岗位创建等竞赛活动衔接紧密，实现了月月有活动、月月有主题。在安全培训方面，该矿以提高员工安全技能为重点，加强安全确认、手指口述、岗位操作标准及施工措施的培训，并通过工伤家属现身说教等灵活形式，切实提高了培训效果。

（二）企业管理全面加强，洗选改造效果突出，进一步增强了矿井发展的竞争优势

（1）注重体制建设，狠抓成本调控。一年来，该矿在经营管理体制改革上不断谋求创新发展。在成本管理上，通过优化采场设计、合理布置巷道、开展巷道支护改革、单项考核等手段，严格控制了单耗，直接降低了采掘成本。

（2）创新经营模式，效益增收明显。一年来，该矿将市场化运作、创收自主经营、目标承包巧妙融合，多措并举，管理手段更加完善。

（3）狠抓洗选改造，做实精煤战略。2008 年，该矿各采煤工作面煤层赋存极不稳定，对煤质影响十分严重。该矿利用公司洗选和装车线投入改造契机，投入2 000 多万元，新建2 个1 500 t 煤仓，增加装车线。为进一步适应市场需求，该矿由过去只洗精煤和标煤，增加了高灰煤，提高了市场竞争力，为矿井长远发展打下了基础。

（4）依靠科技创新，节能减排实现新突破。节能减排是当前我国经济社会发展的一项紧迫任务，是贯彻科学发展观和构建和谐社会的重大举措，也是建设资源节约型、环境友好型社会的必然选择。在节能减排上，矿党政超前思维，紧跟时代步伐，做了大量工作，创造价值和节能效果非常可观。

（三）企业形象不断提升，职工生活不断改善，进一步增强了矿井发展的根本优势

在企业文化建设方面，环境文化更加彰显了“和谐共建”，廉洁文化更加突出了“阳光工程”，精神文化更加突出了“深入民心”。

抚顺矿业集团有限责任公司
老　虎　台　矿

一、矿井概况

老虎台矿位于抚顺煤田中部，井田走向长 5 km，南北宽 2 km，面积约 10 km^2。属特厚煤层，煤层平均厚 58 m，最大埋藏深度 1 200 m。至 2008 年末，矿井地质储量 6 312.3 万 t，可采储量 4 323.6 万 t。矿井采用斜竖井混合开拓方式，采煤方法为倾斜分层下行走向长壁综合机械化放顶煤开采。矿井开采于 1907 年，现井型是 1942 年改造后建成的。后经过多次改扩建，矿井设计能力达到 300 万 t/a，2006 年矿井核定能力为 260 万 t/a。

二、2008 年主要技术经济指标

2008 年矿井实际产煤 171 万 t，合计工作面个数 1.61 个，综采工作面个数 1.61 个，采煤机械化程度达 100%，掘进装载机械化程度达 95.1%，综采程度达 100%，综掘程度达 58.9%，死亡人数为 0，百万吨死亡率为 0，原煤生产人员效率为 7.02 t/工，综合单产 8.37 万 t/（个・月），原煤生产实际工日 244 682，实现利润7 043万元，人均年收入 4.36 万元。

三、2008 年安全高效矿井建设的主要做法

在安全生产方面，建立健全了各级安全生产责任制，形成了比较完整的安全保障运行机制。加强了“一通三防”管理，认真落实了“通风可靠、抽采达标、监控有效、管理到位”十六字方针，有效控制了“一通三防”事故的发生。目前该矿已经解除突出危险，各项测试指标均符合 AQ 标准。在冲击地压管理上，聘请知名专家成立顾问委员会和专家工作团并与科研院校和知名专家一起研究，引进了新技术，有力地保证了安全生产。科学合理地组织了原煤生产，安全生产竞赛激励了全矿员工抓安全的积极性。截至 2008 年 12 月 31 日，实现安全生产 450 天。

该矿井在调度、生产、经营管理等方面实现了计算机网络化管理，打

印共享、网络、视频会议，实现了现代化办公，节约了资金、设备，通过网络实现了对“人、物、事”的管理与控制。在安全生产上实现了对气体（瓦斯、一氧化碳）、煤仓煤位、设备开停（胶带机运输、通风机、采煤机组、水泵）等监视与控制；实现了选煤厂的原煤洗煤筛选工艺流程控制；在企业管理上实现了工资考勤（工资科井口划卡考勤系统），井下人员实现了定位及跟踪管理；在财务管理上实现了车间、科室工资独立运作，集中上报方式；职工食堂实现了划卡就餐等。这些功能的实现，为企业管理提高了极大的工作效率。矿井形成了网络传输、通讯共享后，实现了地面与地面，地面与井下，井下与井下信息互联、信息互动，保证了各部门、各机构数据交流的纵横贯通。

在矿井劳动定员管理上，建立健全了劳动定员管理制度，严格依据《安全生产法》、《劳动法》和《煤矿安全规程》制定了劳动定员标准。在保证安全生产的情况下，减少了井下作业人员，控制了井下作业人数，完善了分配标准，提高了员工收入。做到按定员、科学合理的组织生产，重点抓正规循环作业，从而提高单产、单进水平。

在环境保护方面，老虎台矿各锅炉全部安设了脱硫除尘器（XSL－Ⅱ），做到了烟尘排放100%达标。老虎台矿井下生产用水、地面工业用水，全部循环利用矿井涌水。选煤厂实现了洗煤水一级闭路循环，达到废水零排放。老虎台矿园区种植了大量花草、树木等，降低了灰尘的污染，美化了矿区环境，绿化面积9.7公顷，绿化率达到了32.99%，实现了“一山、一场、四个园区、两条绿化带”，被辽宁省命名为花园式企业。沉陷区做到了回填造地，回填沉陷区500万m^3左右，回填率达85.3%。

大同煤矿集团朔州朔煤小峪煤矿

一、矿井概况

小峪井田位于大同煤田中部的东南边缘，地处怀仁县境内。其地理位置为东径 112°51′49″~112°54′42″，北纬 39°48′55″~39°51′17″。铁路专线向东 14 km 与北同蒲线的宋家庄相接，公路向东约 10 km 与大运二级路相通。小峪矿开采煤层为北西—南东走向，倾向北东，倾角 3°~5°，为近水平煤层，地质赋存较稳定。小峪矿采用井工开采方式，采煤方法为走向长壁后退式开采，全部垮落法管理顶板。

二、2008 年主要技术经济指标

2008 年，矿井产煤 208.6 万 t，掘进进尺 14 344 m，实现利润 949.9 万元，员工人均年收入 30 673 元，全年原煤生产人员效率达 8.5 t/工，采煤机械化程度达 100%、掘进装载机械化程度达 100%、综采程度达 100%、综掘机械化程度达 86%，2008 年无重伤以上事故。

三、建设安全高效矿井的经验及做法

（一）以质量标准化管理，促进安全高效矿井建设

小峪煤矿首先从“标准岗”做起，建立健全了严格、细致、规范的规章制度。小峪煤矿对矿井采掘工程的质量标准化加大了管理力度，从进入井口开始，每条巷道，每个工作面都实行标准化、精细化管理，从而实现了每个工作面都是标准化工作面，每项工程都达到精品工程。此外，该矿对采掘工程的作业规程、盘区工作面设计都进行了标准化管理，为保证矿井合理有序地生产提供了坚实的保障。

（二）以科技创新，促进安全高效矿井的建设

应用新技术、新工艺，依靠科技创新，是建设安全高效矿井的动力源泉。2008 年，该矿围绕优化矿井生产系统、通风系统方面，大搞科技创新，以低成本、高效率的模式完成了系统改造工程，为建设安全高效矿井提供了保障。该矿自主设计改制的 ZMC－20 型全液压侧卸式装煤机投入生产以

后，以装载速度快，插入力大，机动性好等优点，大大提高了装载效率与安全系数。

该矿大胆创新进行了南Ⅱ盘区暗斜井的优化设计，解决了区内地质条件复杂的问题，保障了第三套综采的顺利投产。二号井回风系统改造及架空乘人装置安装设计，合理有效地解决回风超风速问题。提高了矿井的机械化水平和质量标准化水平，改变了矿井投产以来职工徒步行走的历史，并改善了职工的工作环境与条件。同时采用马丽散注浆加强了对松软煤、岩体实施固化并达到超前辅助加固，解决了冒顶事故的发生。南Ⅱ盘区东翼优化设计，可充分发挥综合机械化采煤的优势。二号井南Ⅰ盘区通风系统技术改造解决了516大巷一段进风一段回风的局面，满足了做大做强以及现代化、机械化生产的需要，二号井19#煤层南Ⅱ盘区运料线路的改进，缓解了运料系统繁忙的局面，而在一定程度上缓减了采掘接替紧张局面。该矿还创造性地提出：在交岔点采用锚杆锚索加钢带的联合支护方式，成本低、施工快、效果好，解决了巷道交岔点断面大、支护难的技术难题。小峪煤矿还发动广大职工，集思广益，大胆创新，同时注重对创新行为和创新过程的奖励。激发员工的创新积极性，不断增加科技创新的动力。

山西汾河焦煤股份有限公司
三交河煤矿

一、矿井概况

山西汾河焦煤股份有限公司三交河煤矿位于洪洞县左木乡三交河村，行政区划分跨山西省洪洞县、蒲县交界处。三交河煤矿距离洪洞县城32 km，与大运高速公路、霍侯一级路、洪乔公路连通，交通运输方便。地理坐标北纬36°21′27″~36°25′39″，东经111°21′20″~111°24′49″，井田南北长7.75 km，东西宽4.70 km，井田面积2 850 km^2。

截至2008年12月底，矿井地质储量19 200万t，可采储量12 906万t。矿井开拓方式为竖井、斜井和平硐混合式开拓方式。开采方法为走向长壁式综合机械化采煤法，全部垮落法管理顶板，采用大功率综掘机掘进。

二、2008年主要技术经济指标

2008年矿井生产原煤3 001 688 t，回采产量883 689 t，综合单产168 047 t，原煤工效12.4 t/工，总进尺22 560 m，综合单进490 m/（个·月）。

三、建设安全高效矿井的一些做法

（一）全面实行计算机网络化管理

在矿井调度、安全监测监控、生产经营管理、计算机网络化管理等方面进一步优化，建立集控室对井下通风、安全、生产等所有监测设备进行集中管理。瓦斯监测方面对原来旧系统进行改善及优化，顶板支护方面全部安装了KJ216顶板在线监测系统，实现了对井下顶板的实时监测，准确掌握了该矿顶板的活动规律，为下一步优化支护设计提供了依据，同时也确保了生产过程中的安全。

（二）全面推进质量标准化建设

该矿对井下所有巷道开口及拐角处进行了抹角管理，起到了良好的支护作用。在井下水仓上平面铺设木板，施工起吊锚索对水泵进行悬挂，及时清理水仓沉淀物，改善了水泵工作环境，延长了水泵的使用寿命。

（三）通过科技创新、管理创新，提高经济效益

加强技术创新管理工作，调动广大科技人员进行小改小革，大搞技术创新活动，推动矿科技工作的健康发展。

（四）采取措施，提高资源回收率

矿井周边存在小煤窑破坏，该矿一方面同地方政府查处非法小煤窑，另一方面矿井施工截堵巷，对破坏区剩余资源进行研究规划，确保最大限度地提高现有资源回收率。积极与有关院校进行探讨，在该矿开展无煤柱开采研究工作，有效延伸矿井服务年限。

（五）优化巷道布置，合理集中生产

该矿通过优化巷道布置，实现了合理集中生产，极大地简化了生产系统和生产环节，为企业实现节能降耗奠定了基础。通过优化设计，加大采区和工作面长度，从而增加采区储量和服务年限，以解决提高单产带来的服务年限缩短和搬家次数增多的问题，同时也为简化管理创造了条件。

（六）加强技术培训，提高职工队伍素质

建立行之有效的培训制度和考核制度，实行全员培训，尤其是生产技术培训。逐步实现一专多能、一人多用的技能岗位制度，实行劳动技能与收入挂钩，激发广大职工自觉学习文化技术的积极性。采取与重点科技院校合作，攻克生产过程中遇到的难题，应对工作面各种地质条件。提高职工收入水平，吸引更多人才到煤矿工作，遏制煤炭专业技术人才流失现象。继续组织人员到先进矿井参观、培训，提高煤矿职工技术水平，广泛吸收先进技术和管理经验。

霍州煤电集团有限责任公司
辛　置　煤　矿

一、矿井概况

辛置煤矿位于临汾盆地北沿，霍州市南端，东依霍山，西临汾水，108 国道、霍侯一级公路、南同蒲铁路从矿区西部擦肩而过，东距大运高速公路 5 km，辛置火车站与矿洗煤厂紧紧相连，地理位置优越，交通十分便利。

辛置煤矿始建于 1952 年 5 月，1958 年 8 月 20 日成立山西省工业厅辛置煤矿筹备处，1958 年 11 月 7 日在辛置煤矿筹备处的基础上，经省人民政府批准成立了山西省霍县矿务局，辛置煤矿筹备处于 1962 年正式更名为霍县矿务局辛置煤矿。矿井采用走向长壁综合机械化一次采全高的采煤方法。

二、2008 年矿井主要技术经济指标

2008 年，矿井生产原煤 256.68 万 t，总进尺 32 265 m，综采单产完成 11.578 9 万 t/（个・月），掘进单进完成 314.17 m/（个・月），原煤全员工效完成 8.2 t/工，回采工效完成 41.85 t/工。

三、生产组织及科学管理方面的做法

（一）强化基础管理，加大安全投入，紧盯隐患排查，提高管理水平

2008 年，该矿认真贯彻两级安全工作会议精神，以安全发展为主线，强化基础管理，狠抓隐患排查，注重重点突破，提高了安全管理水平。在防治水治理上，310 水平水仓、450 水平水仓扩容改造按计划完工并投用，防治水治理取得了重大进展；在供电管理上，今年对 450 水平架空线进行了升压改造，保证了运输效能，形成了三回路供电系统，确保 310 水平首采区的供电质量；在小煤窑治理上，与辛置煤矿签定了互保协议，对辛置矿老井口进行了填埋，保证了矿井安全，改善了矿井安全生产环境。

（二）强化环节改造，推进重点工程，提升发展后劲

在环节改造方面，310 水平第一部强力皮带巷年底完成了 2 000 m，预

计到 2009 年 2 月完工，环节运输能力将得到彻底改善。

（三）强化装备升级，推广先进技术，提高单产单进

装备升级、技术进步是提高单产单进水平的重要途径，2008 年以来，该矿在 310 皮带巷推广使用了 200 型及 160 型大功率综掘机，综掘单进达到 350 m/（个·月）；在 310 轨道巷装备一台 CMJ17 型全液压钻车和 ZCY－60 型侧卸式装岩机，实现了岩巷破、装、运机械化；推广了中深孔爆破技术，岩巷单进水平提高 10% 以上；在左翼盘区巷道成功应用单轨无极车基础上率先在 2－103 副巷安设单轨无极绳绞车，为大采高工作面安装赢得了时间；在开掘工作面大面积推广应用了风煤钻及大功率锚杆钻机，缩短了支护时间，提高了单进水平；在采煤工作面全部使用了 1 m 的重型带式输送机，大巷运输采用了四套双机头驱动电机车，提高了大巷运输效率。

（四）强化成本管理，狠抓过程监管，确保经营成果

为提高经济运行质量，该矿坚持每月对各系统、部门经营管理工作进行考核，每季度召开经济运行质量分析会，坚持查缺补漏，推进了经营管理体系规范化运作。加强费用计划管理、过程管理，做到每笔费用必须有计划、有验收，同时加强过程管理，各项费用管理职能科室每月对经营管理过程检查通报不少于三次，坚持每月对费用管理责任科室联责考核，做到费用指标联责科室、责任人员考核，从严奖罚兑现，推进了成本管理持续健康发展。在委外修理费管理上坚持每笔费用有计划、有合同、有验收、有质量要求，在工程管理上做到每项工程有计划、有预算、有合同、有竣工验收，推进了费用管理规范运作。持续加大修旧利废和回收复用管理，对各类材料、配件制定并落实回收复用计划，联责队组工资考核，对机分厂下达修旧利废管理指标，并与工资挂钩，保证了矿井成本管理平稳发展。

霍州煤电集团有限责任公司 团 柏 煤 矿

一、矿井概况

团柏煤矿位于山西省霍州市城南 5 km 处的汾河西岸白龙镇陈村，地理坐标为东经 111°37′30″，北纬 36°30′00″，企业性质为省属国有企业，隶属于山西焦煤霍州煤电集团有限责任公司。团柏煤矿矿区内地形地貌属低山丘陵区，呈黄土梁峁地形，主要山梁、沟谷走向为南北向，地面最高标高为 910 m，最低为 520 m，相对高差 390 m。团柏煤矿有铁路专用线 4 km 与辛置站相接，矿区公路 0.5 km 与霍侯一级连接，南同蒲铁路、大运高速公路从团柏煤矿东侧通过，交通极为便利。

矿井井田面积 34 km^2，地质储量 3.9 亿 t，于 1980 年 12 月投产，生产能力为 210 万 t/a。矿井开拓方式为斜井开拓，通风方式为混合式通风，采煤方法为走向长壁式开采方法。

二、2008 年主要技术经济指标

名　称	单　位	全年完成
原煤	万 t	190.168 8
总进尺	m	17 096
开拓	m	1 766
准备	m	566
单产	万 t/（个·月）	8.676 9
单进	m/（个·月）	309.2
回采工效	t/工	39.8
掘进工效	m/工	0.295

三、创建安全高效矿井情况

2008 年，团柏煤矿继续坚持以科技为先导，以技术管理为支撑，加大了科技项目的投入力度，大力改造环节系统，积极推进采掘核心技术装备升级，全年共完成技术创新项目44项，为企业的发展注入了活力。

指标刷新方面，原煤产量完成190万t，中厚煤层月产突破12.6万t，总进尺完成17 096 m，综掘单头月进尺完成539 m。这四项指标均创矿历史最好水平。

安全管理方面始终坚持“安全第一，预防为主，综合治理，整体推进”的方针，坚持“管理、装备、培训”三并举原则，以安全生产责任制建设和落实为基础，以“双建双达”管理为手段，大力改造环节系统，消除安全生产瓶颈制约，积极推进核心技术装备升级，不断强化生产的硬环境，进一步提高现场动态安全管理水平。

为了促进企业的经济效益、提高职工的收入，采取的措施有：加大矿井技改工作，进一步优化生产系统，提高矿井的生产能力，减少了事故。加大安全资金投入和落实的力度，全年完成安全项目77项，共投入资金4 942.97万元，综合折旧18项3 054.12万元，大大增强了矿井安全生产的硬环境。进一步推进体制、机制的转变，进一步精减机构，优化管理队伍。经营管理实行“内部市场化管理”模式，保证良性的运行机制。严格实行全员考核制度，保持了正常的安全生产秩序管理。

创新工作思路，突出工作重点，狠抓工作落实，提升创建水平，为矿井安全生产创造了良好的环境，先后荣获“全国煤炭系统文明煤矿”、“山西省首批3A级劳动保障诚信企业”、中国煤矿康居建设“小康矿”等称号，并被推荐为2005~2007年度省属企业文明单位标兵和省绿色生态矿井。

山西焦煤集团有限责任公司官地矿

一、矿井概况

官地矿位于太原市西南 17 km 处，行政区划分属太原市万柏林区。矿区有专用铁路与同蒲铁路太白支线相连，公路直通太原市区，交通十分便利。官地矿于 1960 年建矿，设计生产能力 90 万 t/a，后经两次大的技术改造和扩建，矿井现核定生产能力为 500 万 t/a。井田面积 104.4 km^2，工业储量 11.28 亿 t，可采储量 7.5 亿 t，服务年限 132 年。官地矿矿井分南、北、中三大盘区，采用前进式盘区六层联合布置，从上到下顺序开采，工作面采用走向长壁后退式全部垮落的综合机械化采煤方法开采。

二、2008 年度主要技术经济指标

2008 年，实现原煤总产量 485 万 t，掘进进尺 29 958 m，矿井采掘机械化程度达 100%，全员工效 10.94 t/工，实现利润 27 492 万元。

三、安全高效矿井建设取得的经验

（一）依靠科技进步，积极采用新技术、新工艺、新装备，努力提高单产单进水平

2008 年度，矿党政结合矿井实际，在大的生产采区、水平衔接以及工作面编排上，通过认真科学分析、合理安排，为矿井全年生产做了充分的准备，保证了采掘正常生产；积极采用新装备，引进新工艺，增强了生产发展后劲；在生产过程中，针对矿井实际情况，在生产设计、生产工艺改造、新材料推广、技术装备等方面进行了认真细致的研究，获得自主创新项目 61 项，为矿井的可持续发展提供了强大的技术保证。

（二）强化管理，狠抓生产组织与准备工作，确保全年原煤产量的顺利完成

该矿严抓施工质量，狠抓安排落实，并积极采取针对性的管理办法和措施，实现了合理组织生产。在生产组织上，该矿重点抓生产衔接安排及准备工作。2008 年以来，综采队组 7 次、开掘队组 45 次都如期进行了搬家

倒面，并且做到了搬家倒面不停产，极大地提高了工效。在生产组织措施上，针对不同区、队的实际情况，对各队组的生产作业任务及重点工程月月进行认真研究编排，为该矿全面完成年初制定的各项生产任务起到了极大的推动作用。该矿积极依靠科技进步，大力推广新技术、新工艺、新材料的应用，使所有重点队组都较好地完成了年初制定的各项任务指标。

（三）狠抓现场基础管理，努力创造良好的作业环境，促进安全生产

2008 年，官地矿在贯彻执行上级一系列安全生产方针政策及文件精神的基础上，认真实践“三个代表”的重要思想，以人为本，把安全工作放在一切工作的首要位置。在工作中，该矿一方面围绕“一通三防”的工作重点，保证必要的资金投入，逐步完善了矿井安全监控系统；另一方面，在现场基础管理上，突出了顶板管理、运输管理以及质量标准化管理等基础管理工作。

（四）突出重点工程，确保矿井大的环节改造，奠定坚实基础

2008 年，在重点工程建设方面，南大巷运输暗斜井、中六区延伸、南五区准备、中四区 3#煤准备及开采工程如期顺利完成，为该矿全年产量的完成创造了良好的环境。

（五）以加强煤质管理和生产经营为重点，确保了矿井经济效益不断提高

该矿把强化煤质管理作为一项重点任务来抓，从工作面设计、原煤生产、煤炭运输、原煤落地、回煤装车等方面进一步加大了监测监控力度，特别是储装运系统的改造，提高了原煤质量，使矿井的储装运环节能力大大增强。选煤厂浮选压滤系统的改造，完善了煤泥水系统工艺，使选煤厂具备了 300 万 t 的入洗选能力，并为进一步解放中下组煤层实现产品多元化，增强市场竞争力奠定了扎实的基础。

山西西山煤电股份有限公司马兰矿

一、矿井概况

马兰矿是西山煤电股份公司所属的大型（专业化）生产矿井之一，始建于1983年，现核定生产能力400万t/a，矿井拥有与之相配套的现代化选煤厂。

马兰矿位于吕梁山东翼，古交市西南16 km处，井田面积108.7 km^2，工业储量12.6亿t，可采储量8.1亿t，煤田赋存受马兰向斜控制，大致南北走向，向东倾斜，倾斜角15°左右，走向长约15 000 m，煤层总厚14.6 m，可采煤层为10层（02#、03#、2#、3#、4#、6#、7#、8#、9#、10#煤），主要为肥煤，焦煤主要产品为经洗选加工的十级焦精煤及相关副产品，产品销往国内大型钢厂，并出口日本、印度、巴西、韩国等国。矿井服务年限为141年。走向长壁后退式一次采全高全部垮落法的综合机械化采煤法。

二、2008 年主要技术经济指标

2008年，矿井生产原煤385万t，完成掘进总进尺31 922 m，全员工效达到15.239 t/工。全年矿井原煤实现利润10 087万元，人均年收入44 895元。全年百万吨死亡率为0.26。

三、建设安全高效矿井的主要做法

（一）职工素质的提高是建设安全高效矿井的保证

马兰矿始终坚持“以人为本”的管理理念，重视对职工的教育培训，采取不同形式，利用一切可以利用的时间搞好全员安全培训，全年计划内部培训3 523人/次，实际培训3 590人/次，完成计划的101.9%；计划外培324人/次，实际外培382人/次，完成计划的117.9%。矿井采掘工人94.7%以上达到了高中以上文化程度，矿井管理人员100%达到中专以上文化程度，矿级管理人员100%达到大学学历。

（二）安全生产以及质量标准化是建设安全高效矿井的条件

实施精品工程建设，选树精品工作面、精品硐室、精品巷道，以点带面，稳步推进，将每旬的安全质量标准化讲评会引申为安全质量标准化民主生活会，形成了全过程、全方位、立体化的齐抓共管局面。坚持以人与自然和谐发展为保证，使井下生产环境得到极大的改善，改变了煤矿“脏、乱、差、黑”的落后面貌，重伤事故得到遏制，轻伤事故大为减少，把巩固标准化建设成果化作自觉的行动，推进了安全文化建设和安全管理水平的提高。质量标准化季度检查验收均达到“行业一级安全高效矿井”的标准。

（三）健全管理机构和各项安全规章制度的落实是建设安全高效矿井的保证

在安全管理机构上，健全和完善各项安全管理工作制度。2008 年初，该矿根据安全工作经验实际，制定和完善 28 个安全管理制度，结合这些“刚性制度”抓安全工作的特点，在“三节两会”期间，开展了“反隐患、反三违、反事故、保安全”等系列活动，保证了全矿安全稳定地生产。

（四）环保达标是建设安全高效矿井的关键

马兰矿一贯重视环保工作，遵守国家环保法律、法规，坚持开发与生产并重，坚持防治结合，总量控制，逐步消减污染物排放，保证主要污染物排放达标。促使矿区环境质量持续改进，创建绿色环境，建设花园式清洁煤矿。

每年投资 150 万元用于矿井废水及生活污水处理，工业污水经平流治淀工艺处理，达到生产用水标准，井下复用洗煤厂补充煤泥循环水，多余部分委托煤气化污水厂处理。煤泥水实行一级处理闭路循环，生活污水经矿污水管网排入煤气化污水厂处理，达标排放。

从 2001 年开始，煤矸石自沟底向上逐层堆放，分层碾压，黄土覆盖。在原矸石堆放平台开展植树造林，以保持矸石山生态平衡，并在胡头沟底建筑了渣坝，防止矸石山水土流失。矸石直接由选煤厂排矸胶带运输，全年可选矸石煤 5 万 t，成为矿环保型的经济增长点。

山西焦煤集团有限责任公司东曲矿

一、矿井概况

山西焦煤集团西山煤电公司东曲矿是列入国家“七五”重点建设的特大型现代化国有重点煤矿，矿井始建于1985年9月25日，1991年12月16日建成投产，位于山西省古交市汾河南岸，行政区划为古交市所辖，距省城太原56 km，太岚国有铁路、太佳二级公路穿过矿区，地理位置优越，交通十分便利。矿井设计生产能力400万t/a，剩余服务年限82年。2008年核定生产能力400万t/a。矿井改扩建工程正在建设中，改扩建完成后，矿井生产能力将达到500万t。

井田位于马兰向斜的东翼，受新华夏系泰山式断裂的控制。地层走向北西，倾向南西，倾角3°~8°，基本上为一伴有宽缓波状褶皱的单斜构造。开采方式为自上而下逐层逐面顺序开采。采区划分以主要断层为采区边界，条带式布置工作面，采煤方法为倾斜长壁后退式综合机械化一次采全高采煤方法，采空区管理方法为全部垮落法。煤巷掘进采用综合机械化掘进机施工工艺，岩巷开拓采用中深孔光面爆破技术施工工艺。

二、2008年技术经济指标

2008年生产原煤346万t，掘进进尺33 663 m，原煤生产人员效率达到10.50 t/工，百万吨死亡率为0，矿井年利润达到17 510.94万元，职工人均年收入4.8万元，同比增长41.2%，采区回采率达到82.84%，矿井综合单产为117 209 t/（个·月），采煤机械化程度达100%，掘进装载机械化程度达100%，综采程度100%，综掘程度90.07%。

三、建设安全高效矿井的经验

建矿以来，该矿努力构建既基于传统又符合时代要求的企业文化，提炼出“自强、勤俭、创新、高效”的企业精神，形成了“安全、健康、文明”的核心理念。2008年，该矿在安全高效矿井建设方面取得了优异成绩，各项主要经济技术指标均达到规定，科技发展取得了长足进步，多种经营后勤改革成果显著。

安全是最大的效益。该矿以建立安全长效机制为目标，积极开展安全规范和习惯养成活动，全面推行安全明细化管理，在全矿形成了安全理念识别系统、安全行为识别系统、安全视觉识别系统，运行了职业安全健康管理体系，做到了安全目标明确、责任明确、标准明确、考核明确、管理细化、奖罚细化，实现了安全生产。依靠科技进步，优化生产要素。2008年该矿不断加大投入，为打造“安全高效矿井”创造良好条件。在信息化建设方面，整合了井下信息资源，铺设了光缆，提高了信息传输效率，实现了井下变电所无人值守，瓦斯监控集控室的声光报警，安全管理人员通过手机可随时随地查询了解井下瓦斯情况，形成了非接触式人员考勤系统和人员定位系统。在采掘方面应用新型材料，采用深孔爆破、快速支护、速配喷浆技术，实现了大断面快速掘进，引进了液压锚杆钻机和乳化液钻机，加快了施工速度，提高了工效。在机电方面，引进了适合生产条件的KBZ－400隔爆综合保护真空馈电开关，改造了650/22轻型输送机等设备，购置了新型设备对长峪沟主通风机房进行了调压自动无功补偿改造，提高了功率因素和安全系数。在运输方面，对原有的“信集闭”系统进行了延伸改造，利用新技术，提升计算器的传感准确率，确保行车安全。在通风方面加大瓦斯抽放技术研究，在瓦斯抽放钻机、钻孔、管道减阻技术等方面都进行了研究应用。

该矿建立的安全长效机制有力地确保了安全生产，先后推广应用的新技术新设备使矿井生产效率大大提高，同时也改善了井下职工的劳动环境。如今，全矿上下一心一意谋发展，聚精会神搞建设，呈现出一派欣欣向荣的景象。井下煤车穿梭、机组轰鸣，地面各项工程紧锣密鼓，工地上彩旗招展、人头攒动，整个矿区绿树荫荫，秩序井然。

山西西山煤电股份有限公司镇城底矿

一、矿井概况

镇城底矿隶属于山西焦煤西山煤电股份公司，地处古交市西北。井田位于西山煤田的西北边缘，南北长约 5.6 km，东西宽约 5.9 km，井田面积 23.839 6 km^2。汾河沿井田北部穿过，交通便利。镇城底矿井与选煤厂于 1983 年 1 月同时开工建设，1986 年 11 月 20 日同步建成移交生产。矿井及选煤厂设计生产能力均为 150 万 t/a，2008 年矿井核定生产能力为 190 万 t/a。采煤方法为走向长壁后退式采煤法，两种采煤工艺：综采低位放顶煤回采、一次采全高综采回采，全部垮落法管理顶板。

二、2008 年矿井主要技术经济指标

2008 年生产原煤 189 万 t、精煤 134.2 万 t，掘进进尺 14 600 m，其中开拓进尺 1 514 m。原煤生产人员效率 8.006 t/工，利润 8 985.79 万元。采煤机械化程度、综采机械化程度、掘进装载机械化程度均达 100%，其中综掘机械化程度达 73.88%。职工人均年收入 40 269 元，同比增长 14.8%。矿井综合单产达 86 659 t/（个·月），采区采出率 83.8%。消灭了重伤以上人身事故和二级以上非伤亡事故，矿井百万吨死亡率为 0。

三、建设安全高效矿井的主要经验

（一）合理部署，确保矿井稳产高产

在 2.3#煤南六采区布置综采 22606 工作面和在 8#煤层东二下组布置综放 18306 工作面的基础上，南一 22117 和西一下组 18115 各布置一个小型轻型综放工作面作为备用面，为两个主采工作面搬家倒面时不停产备用。在抓好东二下组、南一、南六正常掘进的前提下，重点加快南一下组采区准备巷道的施工，保证了煤炭主业发展和经济运行的质量。

（二）引进先进装备，挖潜改造，提高矿井综合能力

在 22117 和 18306 工作面装备使用 MG160/380 – WD 型无链电牵引双滚筒采煤机及 22606 工作面使用的 MGTY250/600 – 1.1WD 型电牵引双滚筒采

煤机、SGZ－764/630型刮板输送机，装备EBJ－120型和EBJ－160型综掘机等先进设备。全矿完成了20多项科技创新项目。副斜井及760东轨道大巷换24 kg/m钢轨为43 kg/m重型钢轨等重点工程相继完工。

（三）推行明细化管理，保持持续稳定的安全生产局面

该矿坚持党政工团齐抓共管，认真推行安全质量明细化管理，强化各级干部安全责任，加强质量标准化建设，突出“一通三防”、顶板、机电、运输管理重点，广泛深入开展各项专题竞赛活动，不断夯实安全管理基础，做到了思想认识、安全责任、现场管理、技术创新、安全投入、安全培训、监督检查和安全奖罚“八到位”。

（四）加强劳动组织，深化劳动用工和工资分配制度

及时清理整顿劳动队伍，全面提高工时利用和全员效率，实现减员增效目标。同时大力推行以管理、技术、工资三个序列为运行基础的分配制度，进一步优化工资结构，理顺工资关系，加大对苦、脏、累一线职工和劳动模范及有技术创新的技术人员倾斜。严格执行增人不增资，减人不减资政策，充分调动了干部职工的积极性和创造性，确保了该矿经济运行质量和效益的提高。

（五）加快主辅分离，抓好辅业改制试点

按照企业化经营，社会化服务的原则，生活后勤服务系统实行有偿服务，逐步实现创收自养，最大限度减轻原煤主体负担。加快多经三产发展，尽快实现多经三产整体盈利。多经三产依托矿区、社区，盘活资产，实行租赁、承包、改组、股份合作等多种形式，搞活经营，构建各级生产、生活服务体系，吸纳矿井富余人员，培育新的经济增长点，逐步走出只生产原煤的路子，有力推动了矿井安全高效建设向高水平、高质量迈进。

（六）信息化管理

矿井建立了完善瓦斯监控系统，安设了井下人员定位监测系统，并有专门队伍进行管理。办公实现了计算机管理并100%联网。

山西国阳新能股份有限公司一矿北丈八井

一、矿井概况

一矿北丈八井于 1979 年投产，井田面积 83.5 km^2，经过多年的技术改造和挖潜，生产能力有了大幅度提高。2008 年，集团公司将生产能力核定为 750 万 t/a。开拓方式为主斜井和辅助立井开拓方式，井田主要可采煤层有 3 层，即：3#、12#、15#煤层，3#、12#煤层采用走向长壁采煤法，后退式开采，全部垮落法管理顶板，综合机械化采煤方式；15#煤层采用走向长壁采煤法，后退式开采，全部垮落法管理顶板，综合机械化放顶煤一次采全高采煤方式。

二、2008 年度主要技术经济指标

2008 年，矿井生产原煤 528.459 2 万 t，原煤工效 16.632 t/工，百万吨死亡率 0.378，机械化程度达 100%，采煤工作面平均单产 139 777 t/（个·月），实现利润 17 388 万元，人均年收入 60 567 元。

三、建设安全高效矿井的主要做法

（一）简化系统，优化布局，加快安全高效矿井建设

(1) 针对本矿生产实际，制定安全高效工作规划。根据生产结构和生产能力以及各方面综合因素，把全矿的安全高效目标定位在 750 万 t，生产格局确定为“1 + 2”战略发展模式。合理调整生产衔接布局，科学调度，超前准备，强化检修，狠刹事故，全年拆除安装 8 个工作面，双高队组水平稳定发挥，衔接紧张局面得到初步缓解。同时大力加强设备更新，主要工序实现了机械化、自动化，提高了生产力。

(2) 加强设备整合，推动机电运输系统上台阶。要实现高产高效，先进的设备就是生产力。为此，近年来该矿大搞技术革新，改进生产工艺，大胆淘汰落后设备。在集团公司的支持下，引进大功率、重型化、高自动化

的端头液压支架、德国艾柯夫750采煤机以及天津贝克开关等设备，保证重点综放工作面的正常生产。

(3) 针对生产实际进行科学论证，优化工作面设计，优化生产系统。生产过程中，生产系统点多、面广、线长，劳动环节多，强度大，该矿尽可能优化生产系统、延长工作面走向长度，改进运输系统，加大生产辅助环节的技术改进；在81203工作面试验德国“艾柯夫”采煤机，“硬过”地质构造效果显著；及时更换矸山绞车主轴滚筒和选煤厂重介系统3台变压器；完成了选煤厂1号强力皮带、丈八北翼强力皮带改造；头灯房实行“自助式”管理，降低了人工管理成本，保证了生产的正常接续。

(4) 加大员工队伍建设，有针对性地进行岗位技术培训。分配制度上，政策向采煤一线倾斜，实行计件工资，月月上墙公布。这些举措极大地激发了员工的工作积极性。在不断改进的生产环境中，干部员工掀起大干热潮。

(二) 依靠科技进步，创新管理方式，提升矿井本质安全能力

(1) 从源头和基础抓质量标准化的工作理念，坚持设计、装备、管理、培训、操作等整个工作过程一律严格按标准作业和施工。

(2) 利用科技手段控制和克服自然灾害的发生。投入使用了一整套先进监测系统，实现信息技术与安全生产紧密结合，对全矿光纤主干网和视频监控系统进行了扩容升级，信息化服务安全生产落到实处。

(3) 更新装备，简化系统。建立健全了《安全质量标准化管理实施细则》，加大了安全质量标准化水平与职工干部收入挂钩的份额，建立安全质量一体化管理体系。突出加强了过程和细节管理，实现了安全工作的系统性、有效性、预防性和全面性。

(4) 加大“三违”人员处罚力度，发生“三违”现象从严、从重处理绝不姑息迁就。一系列安全举措使作业环境和员工的安全意识有了明显好转。

山西国阳新能股份有限公司二矿

一、矿井概况

阳泉煤业集团国阳二矿，建于 1951 年 5 月。矿井座落于太行山西麓，阳泉市西南 6 km 处，石太铁路、307 国道和太旧高速公路横穿矿区工业广场而过，地理位置优越，交通和通讯便利，是一座现代化大型矿井。井田位于沁水煤田东北部，太行复背斜一翼，井田走向长 8 km，倾向长7. 5 km，面积 60. 06 km^2，截至 2008 年底保有储量 773 466 kt，可采储量446 607 kt，矿井服务年限 39. 4 年。矿井采用直线职能制管理，建立生产经营指挥系统，实行矿、井（区）、队三级管理体制。矿井采用主斜井、副立井与水平石门大巷混合开拓方式，3#、8#煤层采用走向长壁后退式采煤，全部垮落法管理顶板，综合机械化采煤方式；15#煤层采用走向长壁后退式采煤，全部垮落法管理顶板，综合机械化放顶煤一次采全高采煤方式。

二、2008 年主要技术经济指标

2008 年，矿井产煤 700. 17 万 t，掘进进尺 47 586 m，块炭产量为 131. 42 万 t，喷粉煤产量为 168. 74 万 t，员工人均年收入 49 465 元。

三、建设安全高效矿井的经验及做法

依靠技术进步，在新技术推广应用、瓦斯治理、顶板控制、地质预测预报、矿井技术改造等方面做了大量工作，科技贡献率进一步提高。2008 年，全矿表彰奖励了 200 项科技进步项目和 50 项科技理论成果，并先后荣获“全国模范职工之家”、“全国煤炭工业特级安全高效矿井”、全煤系统“文明煤矿”、全煤系统“科技创新型矿井”、“全国矿山资源合理开发利用先进企业”、“全国煤炭工业企业文化示范矿”等荣誉称号。全员培训和“学练比”活动扎实推进，成效明显，首席员工、技术能手脱颖而出。丈八区李国栋荣立“山西省劳动竞赛一等功”、维运区徐冬梅荣获山西省女职工技能大赛矿灯工比武第二名、综一队荣获阳泉市“工人先锋号”称号，为全矿赢得荣誉。

始终坚持面向市场求发展，以科学发展观为指导，大力实施科教兴矿战略，依靠技术进步和强化管理，推动了生产经营跨越发展。科技进步和科学管理，为二矿的跨越发展插上了腾飞的翅膀。

2008 年生产能力稳步提升，“双高”建设再创佳绩。矿井产量达到 700 万 t，煤炭生产实现了在高起点上的新跨越，连续第六年雄居集团公司第一大矿。2008 年，矿井杜绝了重伤及重伤以上事故，实现了安全生产，截至 2008 年 12 月 31 日，矿井安全生产周期创出 788 天的好成绩。

在开掘方面，改进巷道支护方式和施工工艺，提高掘进速度。依靠技术创新，科学大胆地改进开掘支护工艺，推广平行作业施工工艺，缩短支护时间，提高了掘进速度。现在全矿所有的普掘队均实现了带式运输，机械化程度得到了大幅提高。

在矿井提升系统和地面洗选系统方面，2008 年更换了东西两斜井的胶带，提高了输送机的带速，对选煤厂原煤筛分破碎系统、重介洗选系统、淘汰系统、污水处理系统和装车系统等六大系统进行技术改造，使洗选能力进一步提升，经改造后选煤厂洗选能力达到了 7.2 Mt/a。

在矿井运输系统方面，推广运用道岔信号闭锁装置，实现了道岔与信号的闭锁，减少了人为的失误；在 8#煤十三区轨道巷安装使用雷达常闭式跑车防护装置，大巷、小巷推广常闭式阻车器，并实现大巷信号与常闭式阻车器闭锁，安装了 6 套区间闭锁信号，2 套架停送电装置，确保了运输安全。

矿井通风系统和瓦斯抽放系统及瓦斯监控系统方面，全矿 5 台主要通风机联合运行，保证井下安全生产风量。2008 年新敷设抽放管路 9 360 m，瓦斯抽放量达到 1 869 m^3/min，并在井下建立了移动泵站；新增瓦斯监控电源、分站等 10 台。

在安全投入方面，2008 年该矿根据国阳股份发［2007］26 号文件规定，矿管安全费用按吨煤 5.4 元提取。全年安技措工程计划 151 项，实际完成 169 项；全年计划 4 556 万元，实际完成 5 162 万元，完成计划的 113.3%。

阳煤集团寿阳开元矿业有限责任公司

一、矿井概况

开元公司矿区位于山西省寿阳县城西北 14 km，行政区划属寿阳县平舒乡及南燕竹乡管辖，隶属阳泉煤业集团公司，属于国有煤炭企业。矿区地理坐标为东经 112°59′24″～112°58′00″，北纬 37°55′06″～37°58′35″。开元公司矿区交通便利，307 国道从矿区南部穿过，连接太旧高速公路出入口；全长 20.5 km 的煤炭铁路专用线与晋煤外运大动脉——石太线寿阳车站连通。

开元公司采用斜井开拓方式，共有主、副两个斜井，主井用于原煤的运输及行人，副井用于运输各种材料设备。开元公司井田形状近长方形，南北约 5.5 km，东西约 5 km，面积 27.88 km^2。2008 年开元公司井下各工作面为综采和综采放顶煤工作面，采用综合机械化（放顶煤）一次采全高的采煤方法。

二、2008 年主要技术经济指标

2008 年，公司实际完成产量 298 万 t，矿井百万吨死亡率为 0，实现利润 15 839 万元，职工人均年收入为 4.610 7 万元，高于本企业上年度的 15.6%，矿井原煤生产人员效率达 12.002 t/工，综合单产为 12.332 6 万 t/(个·月)，采区回采率中厚煤层为 86.1%，厚煤层为 77.5%，采煤机械化程度为 100%，掘进装载机械化程度为 100%，综掘机械化程度为 64%。

三、安全高效矿井主要工作

2008 年，开元公司组织实施并申报评审的科技项目共 30 项，科技创新科技进步项目的组织实施为企业的快速发展和 2008 年产量进尺任务的完成起到了积极的作用，同时也为企业创造了极大的经济效益和社会效益，根据项目效益概算，2008 年全年共创经济效益 214.8 万元。

开元公司按照集团公司基数增长和业绩考核的办法把各项指标分解到责任领导和部门，保证了六大业绩指标及其他生产经营指标的圆满完成。在节约型企业建设方面，该矿严格执行逐月资金计划会审和上月资金执行情况分析制度，严肃了资金管理；强化工程管理，控制专项资金使用，规范了各项工程的立项；大力开展回收修旧工作，全年共回收物资价值557.8万元，废旧物资变现60.8万元；从紧缩资金和降低成本两方面采取措施，积极应对经济形势变化。

在岗位价值精细管理和现场成本管理的基础上，结合实际推行“1+3”精益管理模式，优化管理流程和生产流程，达到了降低成本和提高效益的目的，提升了公司的核心竞争力。在集团公司精益管理现场会之后，又确定了24个项目，目前正在积极推进之中。

为实现企业文化不断向现场、向岗位的渗透延伸，公司重新调整了干部走动管理有关规定，对公司队级以上领导每月下井和地面走动巡查的次数、班次、时段、时间和质量标准都进一步进行了明确规定，并坚持严格执行走动管理“四个环节”，坚持每月进行考核通报兑现。积极依托公司信息化建设，在走动管理中运用了人员定位系统，有效提高了干部走动管理质量。继续将ABC三卡与队组生产班报整合在一起，形成了“一队一卡”操作性强的4E标准考核机制。按照阳煤集团有关要求，开元公司在员工中全面推行“手指口述”操作法，根据实际先后制定采掘机运通等30余个工种的“手指口述”操作要领，通过宣传、讲解、组织员工进行背诵、现场演练、严格督查，“手指口述”操作法很快得到员工的认可，提高了员工的正规操作水平。

阳泉煤业集团三矿煤业有限责任公司

一、矿井概况

阳煤集团三矿成立于 1950 年，位于山西省阳泉市的西部，距阳泉市中心 7.5 km，井田面积 27.37 km^2。西邻太（原）旧（关）高速公路西出入口，石（家庄）太（原）铁路和 307 国道横穿矿区，有着极为便利的交通条件。2008 年末有地质储量 20 060.9 万 t，可采储量 12 274.9 万 t，主要开采上石炭系太原组与下二迭系山西组两个煤系的煤层，可采煤层 3 层，主采 3#、15#两个煤层。全矿有裕公井、竖井两个自然矿井生产，共有采煤队 4 个（其中综采队 1 个，综放队 3 个），开拓掘进队 6 个。竖井于 1960 年 9 月投产，竖井开拓方式为斜井、立井综合开拓，采煤方法为走向长壁后退式综采放顶煤采煤法，顶板管理采用全部垮落法。

二、2008 年主要技术经济指标

2008 年，竖井积极进行安全高效矿井建设，优化采区设计，矿井全年生产原煤 347.493 5 万 t，职工人均年收入 58 882 元，实现利润 1 139.5 万元，百万吨死亡率为 0。

三、建设安全高效矿井主要做法

（一）深化改革改制

完善精干高效的管理机构和组织结构，全面推行岗位价值精细管理、精益生产管理和精益成本管理。完善经营绩效考核机制，实行完全成本价格结算。推行二级管理财务核算模式，进一步完善项目部内部管理，加强资金管理。全面推行物流体制改革，物资配送向队组延伸。积极推进干部人事制度改革，实行干部绩效管理考核。加强劳动用工管理，完善工资分配制度。建立井下现场跟班人员稽核系统。

（二）岗位实行价值精细管理

建章立制、完善制度，逐步建立起了岗位价值精细管理和会计核算的长效机制，出台了涵盖经营管理方面的 13 个管理办法；全矿范围内逐步建立起了岗位价值精细管理的长效机制，保证了各项经营管理工作和岗位价值会计核算的正常有序开展。起草全面预算管理试行办法，下发各单位进行运行。起草了《三矿全面预算管理试行办法》，制定了矿级的年度全面预算、原煤生产成本预算、设备采购预算、工程项目预算、资金项目预算。加强井下材料配送管理，进一步理顺材料配送的各个环节，减少材料运送过程的丢失浪费现象。建立健全岗位价值考核体系，严格检查、考核、兑现。

（三）积极开展科研及技术革新活动

技术创新、合理化建议活动方兴未艾，全年完成科技进步项目75项，撰写技术论文71篇，征集合理化建议159条，创造经济效益约4 200万元。

（四）精神文明建设和企业文化建设方面取得的成就

2008年，全矿紧紧围绕经济建设中心和安全生产大局，切实加强思想道德建设和科学文化建设，深入推进企业文化建塑，致力于建设安全高效井区，营造了积极、健康、向上的工作态势，取得了令人鼓舞的成绩：全年选拔出矿级首席员工5名、工区级首席员工54名，逐月分别给予300～800元的津贴，激发了员工学技术的积极性。群众性“学练比”活动如火如荼，有9名选手夺得集团公司单项第一名的好成绩。坚持以人为本，竭力改善民生，推进和谐建设，先后完成了沙坪老年活动室、矿山路整修、虎尾沟等家属区道路大修，为井下职工免费发放洗浴用品，职工班中餐、公管服务质量不断提升，综合防尘技术装备和防护效果进一步改进，年初为职工家属承诺办的实事基本兑现。积极开展扶危救困送温暖活动，累计发放困难救助金35.4万元，体现了党和企业的关怀与温暖。加强以“反盗公”为重点的治安综合治理，全年处理案件6起，保证了正常的生产秩序。特别是在奥运安保工作中，各级组织认真执行“日工作卡”制度和联席会议制度，认真接待群众来信来访，保障了企业安定、和谐发展的局面。青年团、女工、计划生育、环境保护、卫生防疫、矿山绿化、离退休管理等工作都取得了新进展。目前，全矿上下人人思上，人人思进，全方位、高标准、大手笔书写着建设安全高效矿井的宏伟篇章。

阳泉煤业（集团）有限责任公司新景矿

一、矿井概况

阳煤集团新景矿位于山西省阳泉市西部，毗邻石太铁路和太旧高速公路，交通便利，环境优美。新景矿是国家“八五”、“九五”重点能源建设项目之一，于1990 年开工建设，工程总投资18 亿元。1997 年8 月试生产，1998 年10 月1 日正式挂牌成立，按照建立现代企业制度的要求，全矿实行二级管理，目前在册员工6 664 人。阳煤集团新景矿井田位于阳泉市区西部，距阳泉市中心11 km。井田东西走向长9 km，南北宽7.5 km，井田面积64.7 km^2。至2008 年底矿井地质储量99 071.4 万t，可采储量64 640.1 万t，其中：开拓煤量4 682.5 万t，准备煤量4 682.5 万t，回采煤量572.5 万t。采用主斜井、副立井综合开拓方式，该矿采用采区前进式、工作面后退式、倾斜长壁采煤方法。其中，3#煤、8#煤为单一煤层，布置综采工作面进行开采；15#煤为中厚煤层，布置综采放顶煤工作面进行开采。

二、2008 年主要技术经济指标

2008 年，矿井生产原煤551.889 万t，总进尺43 536 m，综合电力消耗21.28 kW·h/t，去年同期综合电力消耗22.76 kW·h/t，2008 年回采效率45.98 t/工，掘进效率0.22 t/工，采煤工作面单产完成10.885 2 万t，掘进工作面单进完成163.86 m，回采率实际完成82.58%，原煤选块率实际完成3.85%。

三、2008 年安全高效矿井建设的经验及做法

（一）高产高效步伐稳健

加强生产组织，强化调度指挥，超前做好生产准备，保证了生产正常接替。在非常时期，采取非常措施，从矿领导到队干吃住在矿，跟班上岗。全年共安装拆除13 个工作面，采煤队基本上做到了搬家不停产。其中综采四队完成150 万t，超计划30 万t。全矿掘开进尺完成43 536 m。其中开拓一队完成2 088 m，再创公司岩巷年进最好水平。

（二）安全管理力度加大

从严落实安全生产责任，狠抓了安全质量标准化工作，完善了无人值守配电室和井下安全展厅等“亮点”工程。实施“日标”工程，加大质量标准化定级验收，矿井质量标准化评比多次名列公司前列。成立运输、通风、机电三个安监小分队，提高了安全管理水平。

（三）科技创新效果显著

完成了全矿供水计量自动监测监控系统，对人员定位系统进行改造，安装了主要通风机及压风机在线监控监测系统、巷道顶板离层自动监测系统，开通了井下小灵通，完成制图软件更新工作，开发了网上规程审批系统。完成了《矿井安全生产三维可视化系统》科技研究项目，组织进行了15#煤层奥灰水带压开采探测研究，申报了《巷道贯通预警系统》和《井下各类钻孔窥视技术的应用》科技项目。成功进行了大直径锚索、小麻花帮锚杆和异形锚具试验，在采煤工作面注马丽散、瑞米加固等化学加固材料试验，取得了良好效果。开拓队组在煤巷、半煤岩巷取消耙岩机出矸，用侧装机出矸，提高了生产效率。

（四）员工培训扎实开展

逐月开展员工安全技能考核，增强了员工的安全意识，提高了员工的安全技能。严格新工人入矿安全培训，保证人人持证上岗。加大对电钳工专业班的培训力度，提高了培训质量和效果。积极组织员工外委培训和员工 72 h 培训，认真落实“三日一题，两周一考”，严格电脑考试管理，丰富了考试题量。全年共完成培训计划的 117.36% 。

山西晋城无烟煤矿业集团有限责任公司 寺河矿

一、矿井概况

晋城煤业集团寺河矿是《国家煤炭工业“九五”计划和2010年远景目标》中重点建设的八大矿井之一，设计能力为400万t/a，1996年12月开工建设，2002年11月8日正式投产，经过技术改造，2006年矿井生产能力复核为1 080万t/a。寺河矿井位于沁水煤田东南边缘，地理坐标北纬35°30′51″~35°36′11″，东经112°27′07″~112°40′54″，井田面积76.469 km^2，工业场地位于沁水县嘉峰镇殷庄村，距沁水县城53 km，距晋城市约70 km。矿区西侧紧邻侯月铁路，距侯月铁路最大的编组站嘉峰车站仅有1 km。全国最大的坑口无烟煤火力发电厂——阳城电厂距矿区仅有20余千米，有铁路专用线直接相连。井田煤系地层共含煤15层，其中3#、15#为主要可采煤层，9#为局部可采煤层，其余为不可采煤层。矿井的开采方式为大采高走向长壁综合机械化开采。

二、2008年主要技术经济指标

2008年寺河矿生产原煤1 073万t，实现商品煤销售1 007万t，销售收入445 531万元，商品煤综合售价达到444.06元/t，较同期增加61.66元/t，实现经营利润132 912万元，总成本费用320 498.45万元，该矿2008年总单位成本费用为285.26元/t。原煤工效16.93 t/工，矿井综合单产449 205 t/（个·月）。

三、建设安全高效矿井的经验和具体做法

创新管理、节约成本，向安全要效益，向管理要效益。按照现代企业制度的要求，逐步改进该矿的管理模式，提高管理水平，切实保证各项规章和制度落实到位。

（1）建立安全管理机构和安全管理队伍，成立了寺河矿安全生产委员

会，设立了矿级、科级和队级三级安全管理机构。

(2) 不断健全完善以安全生产责任制为中心的各项管理制度，并编印成册，下发各单位认真执行，严格落实。

(3) 制定了全年安全管理方针，明确了奋斗目标和对策措施；实行了安全目标责任制度。抓好了能源计量工作，真实反映工作情况，从而增强管理对生产实际的指导作用。加强节能降耗的计划性，搞好资金的统筹管理，既要认真执行计划，严格财务审批制度，又要简化管理手续，提高办事效率。在严格管理的同时，为基层生产单位做好服务。加强能源计量分析，节能降耗是单位的一项重要任务。

(4) 做好组织管理，合理安排人员设备，一方面要充分发挥人力物力资源，提高效率；另一方面要保证能源计量的准确性，降低成本消耗。另外，安全生产始终是一项不容忽视的重要工作，相关部门要做好经常性的监督检查，消除不安全隐患，杜绝事故发生，保证员工和企业的生命财产安全。

(5) 节能降耗工作要常抓不懈，强化管理责任，做到制度化、规范化管理，责任到岗，落实到位。在管理上要与实际生产更紧密地结合起来。

(6) 严格办事程序，狠抓制度落实。职能科室根据该矿各项制度要求，制定配套的实施细则，使管理工作进一步纳入规范化、标准化的轨道，一方面可减少工作随意性，另一方面有利于分工协作，明确职责，提高办事效率，同时也便于监督考核，推动工作。

(7) 坚持科技兴矿方针，加快技术创新步伐，积极探索和改革管理模式，逐步建立和完善该矿的节能降耗体系，鼓励技术人员大胆创新，跟踪行业技术发展的新趋势，引进新工艺，及时更新技术。

(8) 加强队伍建设，提高员工素质，实现安全生产、节约发展、清洁发展。

(9) 加强宣传和引导，激发员工主动参与节能降耗工作的主动性，调动员工的积极性，激发员工的集体荣誉感，增强团队凝聚力。

山西晋城无烟煤矿业集团有限责任公司 成 庄 矿

一、矿井概况

成庄矿位于山西省晋城市泽州县境内，井田内地质构造较复杂，煤质优良，其中可采煤层三层，3#煤为主要开采煤层，平均厚6.44 m，可采储量3.76 亿 t。具有热稳定性好、发热量高、机械强度大、低灰、低硫、低挥发分等特性，矿井瓦斯绝对涌出量 272.87 m^3/min，相对瓦斯涌出量 17.03 m^3/t。2005 年底已实现瓦斯民用，2008 年已经应用于发电、供暖等系统。矿井主要采煤方法为走向长壁综采放顶煤，巷道掘进主要采用 EDZ150 型和 S150J 型综掘机，支护方式以锚杆锚索支护为主，辅以其他支护方式。

二、2008 年主要技术经济指标

2008 年矿井生产原煤 839.892 万 t，掘进进尺 43 625 m，瓦斯抽放量 8 370 万 m^3，瓦斯抽放进尺 90 万 m，销售收入 324 011.82 万元，实现利润 118 018.36 万元，人均年收入 62 686 元，原煤工效 16.565 t/工，百万吨死亡率为 0。

三、安全高效矿井建设的具体做法

（一）以打造本质安全型矿井为着力点，优化系统，强化管理

安全工作平稳有序，系统能力稳步提升。制定了《矿井千万吨安全保障能力建设实施方案》，加快十大系统升级改造。各生产系统通过持续升级改造，使矿井安全保障能力稳步提升，为打造本质安全型矿井奠定了坚实基础。生产组织高效有序。围绕全年原煤生产和外运计划这条主线，突出抓了八个方面的工作。抓抽掘采衔接，并不断持续优化调整，实现原煤产量 839.892 万 t；抓进尺，充分发挥队伍作用，完成进尺 43 625 m；抓抽放，形成了区域抽放、模块抽放、迈步抽放和采空区抽放相结合的抽放模式；抓工序管理，大力推行正规循环作业；抓地质研究，切实发挥地质预测预

报的“眼睛”作用；抓生产服务，安装、监测、运输、运行、排矸等系统，围绕生产大局，扎实开展工作；抓队伍建设，充分激发基层区队的能动性、主动性；抓煤质管理，按照“两提高、两降低”的思路，优化品种结构，实现了可控范围内品种最优、效益最大。

（二）以实施精细化管理为着力点，强基固本，持续改进，强化经营

全面预算管理持续深化。通过完善制度体系、细化定额指标、构建信息系统，不断夯实管理基础，逐步实现了预算管理的制度化、定额化和信息化。信息化建设快速推进。对矿井网络系统进行升级改造，积极开展“新技术、新工艺、新机具”命名活动。全年有 2 项管理课题获中国煤炭工业协会三等奖，5 项 QC 成果通过省级认定，1 项获国优，1 项科技成果被鉴定为国际先进水平。队伍建设不断加强，提升团队意识和执行理念。坚持推行专业技术人员考核评聘和竞争上岗机制，加快五级培训基础建设，职教培训硬件设施极大改善。积极开展技能鉴定和技术比武，通过采取各种措施，队伍整体素质有了进一步的提升。

（三）以创建国家环境友好企业为着力点，优化环境，绿色发展，强化矿区建设

围绕创建国家环境友好企业的总体目标，制定了《成庄矿创建国家环境友好企业实施意见》，并精心组织实施，推动了矿井绿色发展。遵循“循环经济”理念，充分利用该矿煤泥和洗矸热值较高的特点，将煤泥和洗矸用于煤泥煤矸石资源综合利用电厂，实现了变废为宝，化害为利。对塌陷土地进行局部剥离充填式人工复垦，并采取水土保持措施。对工业污水进行了处理，并复用于日常生活中。通过对噪声源采取综合降噪措施，大大降低了噪声对职工身心健康的不良影响，历年经上级环保部门监测，厂界噪声昼夜全部达标。大力开展矿区绿化、美化、亮化改造，优化矿区环境。矿区总面积为 1 839. 26 亩，已绿化覆盖 664. 5 亩，绿化覆盖率达 36. 13% 。2008 年，该矿社区获得了“山西省文明和谐社区”称号。

山西潞安集团司马煤业有限公司

一、矿井概况

司马煤业有限公司是潞安矿业集团有限责任公司“十一五”期间重点建设的一座现代化煤炭企业，企业设计生产能力 150 万 t/a，核定生产能力 300 万 t/a，于 2003 年 9 月正式开工建设，2006 年 6 月投产。与矿井相配套建有一座年处理能力 300 万 t，入选能力 300 万 t 的选煤厂。司马井田位于山西省长治市西南部，沁水煤田陡治勘探区的东部边缘地段，其地理位置为北纬 36°04′07″~36°10′23″，东经 113°00′33″~113°05′30″。

采煤工作面采用倾斜或走向长壁布置，综合机械化低位放顶煤一次采全高全部垮落法采煤方式。巷道掘进采用综掘加普掘，全锚网、锚网喷等支护技术。

二、2008 年主要技术经济指标

2008 年，司马煤业有限公司生产原煤 235 万 t，综合单产 19.58 万 t/(个·月)，原煤生产期末人数 566 人，原煤生产人员效率达到 22.026 t/工，职工人均年收入 63 131 元。主营业务利润 15.57 亿元，利润总额 7.44 亿元。综采机械化程度达到 100%，综掘机械化程度达到 88%。全年实现了安全生产无事故，百万吨死亡率为 0。

三、安全高效矿井建设的经验和做法

（一）加强回收率管理，提高资源利用率

司马煤业有限公司切实加强工作面回收率管理，严格执行探放煤管理制度，制定了《工作面回收率管理规定》，明确工作面探、放煤管理责任，在综采工作面实行 3 人多轮放煤管理方法，同时制定了严格的奖罚制度，施行班组—队组—管理科室三级查放煤考核制度，责任明确到人，罚劣赏优，量化考核。有效地增加了综放工作面的煤炭资源回收量，极大地提高了矿井资源回收率。

（二）矿井实现计算机经营管理

在生产经营信息化管理方面，该矿与中国矿业大学联合开发了 CERP 煤炭信息管理系统。该系统全面覆盖企业经营、管理模式、管理手段、激励机制、企业文化、企业品牌和经营发展模式等各个层面，涉及到 23 个业务模块。在 CERP 系统的基础上，自主开发了 OA（办公自动化）系统。目前，该系统已经在公司广泛使用，两者相辅相成，有效地提高公司办公效率。

（三）采取节能降耗措施，降低生产成本

通过强化基础管理，完善机构和制度，保证节能工作顺利开展。进行技术改造，提高效率，达到节能的目的。大力开展节能的宣传工作，增强员工意识。

（四）依靠科技创新、管理创新和机制创新，促进采掘技术完善与发展

在集团公司的正确领导和大力支持下，该矿坚持以“三个代表”重要思想为指导，认真贯彻落实科学发展观，积极组织实施科教兴企战略，通过健全和完善企业科技管理和开发体系，建立和完善竞争机制与激励机制，加强科技人才队伍建设，加大技术开发投入力度，使公司科技发展实力进一步增强，核心竞争力全面提升，为“三精五高”特色矿井战略目标的实现提供了强有力的技术支撑。

（五）加强企业文化建设，努力构建和谐矿井

司马煤业公司认真学习贯彻两会精神，建塑特色企业文化作为建设“三精五高”特色现代化企业的强大精神动力，按集团企业新文化建塑的要求，结合企业特点，以制度文化为核心，积极推行公司制运营模式下的特色企业文化，在集团公司“以文化管企业、以文化兴企业”理念的指引及矿党政的正确领导下，积极探索，努力进取，坚持以“6S”管理的推广为重点，理念文化、物质文化、形象文化三大体系全面推进，都取得了突出的成效。

山西潞安环保能源开发股份有限公司
常 村 煤 矿

一、矿井概况

山西潞安环保能源开发股份有限公司常村煤矿是我国首次利用世界银行贷款建设的一座现代化矿井，矿井设计生产能力 400 万 t/a，核定能力 700 万 t/a，于 1985 年 7 月 3 日开工，1995 年 9 月 26 日投产。与矿井相配套建有一座年处理能力 400 万 t，入选能力 200 万 t 的选煤厂。矿区位于山西省长治市屯留县境内，距潞矿集团约 9 km，地理坐标东经 113°00′，北纬 36°20′。公路交通十分便利，井田中部有东西向 309 国道穿过，南北向 208 国道从井田东部通过，另外矿井还建有铁路专用线。北距太原市 200 km，南距长治市 23 km，东距长治北火车站 15 km。

常村煤矿井田范围南北走向长 17 km，东西倾斜宽 7.4 km，面积约 107.381 8 km^2。可采煤层有 3#、15－3#煤层。综采、综掘机械化程度分别达到 100%、98.75%。采煤采用单一长壁式开采方法。

二、2008 年主要技术经济指标

原煤产量（万 t）	百万吨死亡率（%）	原煤生产人员效率（t/工）	实现利润（万元）	人均收入（元）	安全质量标准化得分	综采机械化程度（%）	掘进机械化程度（%）
678.696	0	16.441	90 374	68 228	95.3	100	98.75

三、安全高效矿井建设的经验及具体做法

（一）依靠科技创新、管理创新和机制创新，促进采掘技术完善与发展

在综采工作面实现胶带机尾与转载机集中自移系统可以深化、提高和完善矿井安全、高效运转系统。胶带机实现液压软制动，在顺槽下运过程中实现平稳、可靠制动。对两个工作面进行了大采高工作面配套并签署技术协议，已全部投入生产。对该矿部分老化陈旧的综采设备进行了大修改

造工作，对综采工作面安装了智能型乳化液自动配比系统，对液压支架操作阀的阀芯更换为烤蓝阀芯，完成了 EBZ－150 掘锚一体机的组装，瓦斯抽放泵站已于2008 年 12 月 15 日安装完毕。

（二）多方位采取有效措施，确保供电系统安全可靠

于2008 年 1 月、2 月、3 月、6 月在矿和公司机电处邀请多家井下高压隔爆开关厂方、高开保护装置生产厂方进行了“矿井数字化供电系统建设与解决供电系统越级跳闸”的研讨会，初步确定了解决方案，并于年底在地面对研发的新技术、新产品进行了试验。每月安排井下队组周期性对高压供电系统进行两次绝缘阻值摇测。加强了对下井前高压电气设备及电缆的试验工作，制定了井下高压母联开关反送电改造方案，在每周一的检修时间内将主要通风机切换至副通风机运行 3 h。

（三）开展精神文明建设和企业文化建设，构建和谐煤矿、和谐矿区

以提高员工素质、整体管理水平和持续发展能力为目标，统一思想，提高认识，注重创新特色，突出运行质效。通过扎实运作、稳步推进“6S”管理企业文化建设，有利促进了全矿各方面工作的发展。狠抓 6S 管理，持之以恒，不断扩大了试点单位范围，修订出台了《常村煤矿企业文化建设责任书》、《常村煤矿企业文化建设检查细则》和《常村煤矿 6S 检查验收标准》，确定了“示范点”以上 8 家试点单位创建 6S 行业模式，以点带面，积极推动全矿企业文化工作。2008 年全面推行了《潞安集团企业形象手册》，基本上实现了企业形象系统。实现了以 6S 管理考评细则为主体，其他制度作为支撑体系，减少重复考核，提高管理质效。

山西潞安集团余吾煤业有限责任公司

一、矿井概况

山西潞安集团余吾煤业有限责任公司位于山西省屯留县境内，潞矿集团的西部。井田内主采的3#煤层为全井田稳定可采煤层，平均厚5.99 m，煤质为中灰、特低硫、低磷、高发热量、高熔点、低灰分贫煤，在矿井西部边界部分为无烟煤，是国内外市场紧缺的优质动力用煤。2002 年 8 月，经国家发改委批准，余吾煤业正式开工建设，规模为600 万 t/a，分两期建设，一期达到 270 万 t/a，二期达到 600 万 t/a。一期工程批准井田面积 22.55 km^2，开采区域瓦斯相对涌出量为 9.28 m^3/t，瓦斯绝对涌出量为 132.27 m^3/min。

矿井采用立井开拓，一期工程采用主立井、副立井和西回风立井三个井筒中央并列式通风，二期工程采用分区式通风，矿井采用综采放顶煤采煤法，井下主运输采用钢绳芯强力带式输送机运输，井下辅助运输大巷采用蓄电池电机车，上、下山及顺槽采用卡轨车与单轨吊相结合的方式。

二、2008 年技术经济指标

2008 年，矿井生产原煤 282.866 8 万 t，完成掘进总进尺 28 800 m，综采队单机单面生产原煤 222.866 4 万 t，综采工作面平均单产 18.572 2 万 t/（个·月），完成销售收入 16.8 亿元，实现利润 1.3 亿元，职工人均年收入62 500元，同比增加 13 500 元。

三、安全高效矿井建设的主要做法

（一）优化布置大、长工作面，进一步提高生产效率

（1）推行了大采高放顶煤工艺，采高由原来的 2.8 ~ 3.0 m 提高到3.4 ~ 3.6 m，采放比由原来的 0.95 优化为 1.4，工作面采高加大后过风能力明显增大，割煤和放煤速度得到提高，正规循环时间缩短了 25 ~ 30 min。

（2）加大工作面的长度，将工作面的长度由 180 ~ 200 m，加长到 280 ~ 300 m。工作面加长后，日生产能力由 6 000 ~ 8 000 t 提高到 10 000 ~ 12 000 t；

工作面圈定储量增大，减少了综采工作面搬家次数，矿井掘进总量和掘进工作面个数也相应减少，在综合效益得到明显提高的同时，有效降低了矿井安全管理的难度。

(二) 加强成本控制，创新内部管理，努力提高经营质效

2008 年，该矿改制成为环能子公司，围绕全年经营指标，该矿以健全制度、规范操作为切入点，对各项经营承包指标进行了详细、科学的分解，形成了公司—科—队逐级控制的成本管理体系；完善了审批登记制度，加强了计划外工程的管理；进一步完善了施工单位的工程结算程序，堵塞了管理漏洞；进一步加强了废旧物资的回收管理，节约了大量资金；取得了出口煤质加工企业资质证书，为进一步拓宽销售渠道奠定了基础；完善了 ERP 信息管理系统，进行了软件扩展，实现了材料从审核、发放、稽核的一体化。通过以上措施，各项成本指标均控制在预算之内，满足各项生产需要，经营成果良好。同时，为适应矿井现代化管理，该矿积极引进“三标”体系认证，制定了质量、环境、职业健康安全三位一体认证的规划，通过了国家相关机构的审核，取得了认证证书。

(三) 深入推动精细化管理，提升安全管理水平

按照层次化管理要求，该矿相继出台了《生产业务科室精细化管理实施细则》、《本安型队组考核细则》、《本安型班组考核细则》，将科室、队组、班组全部纳入管理范畴，涉及到安全工作各个方面，并与每名员工的收入挂钩考核，深入推动了安全管理向精细化迈进。

(四) 从源头治理，大力推行掘抽探一体化工作

在瓦斯抽采工作方面，该矿进一步完善了管理制度，充实了抽采力量，从瓦斯抽采设计、管路安装、打钻管理等方面入手，积极开展瓦斯抽采工作，通过地面抽放井、掘进预抽孔、巷道平行孔、裂隙抽放孔，实现掘前预抽、边掘边抽、采前预抽、边采边抽、采空区抽放五位一体化立体抽放方式。目前，矿井瓦斯抽采量已从年初的每天 15 000 m^3 提高到 30 000 m^3 以上，瓦斯抽采浓度已由年初的 5.5% 大幅提升到 15%，有效解决了高瓦斯制约采掘生产的问题。

山西兰花科技创业股份有限公司伯方煤矿分公司

一、矿井概况

山西兰花科技创业股份有限公司伯方煤矿分公司始建于 1980 年 6 月，1982 年 3 月正式投产。1997 年改制并入兰花集团，成为兰花集团旗下核心企业。现核定生产能力 180 万 t/a，洗选能力 87 万 t/a。井田面积 27.5 km^2，开采标高 480～810 m，井田内主要含煤地层为二迭系下统山西组，石炭系上统太原组，可采煤层 3 层，包括 3#、9#、15#煤层。矿井采用斜井开拓，采煤方法采用综合机械化放顶煤采煤法，采高 2.5 m，放顶煤 3～3.5 m。

二、2008 年技术经济指标

2008 年，生产原煤 187.7 万 t，掘进进尺 1.06 万 m，采区回收率 78.1%，单面最高日产 8 173 t，单面最高月产 134 682 t，原煤工效 11.53 t/工，实现利润 5.9 亿元，人均年收入 6.03 万元，企业全年无重大伤亡事故发生，百万吨死亡率为 0。

三、安全高效矿井建设的主要做法

（一）明确目标、措施到位

（1）加强两个建设（制度建设、安全监管体制建设），突出三个重点（一通三防、辅助运输、顶板治理），抓好四项基础工作（抓生产秩序、抓职工培训、抓基层管理、抓体系运行），扎实做好五个方面的现场管理（机电管理、隐患管理、三员管理、安检队管理、特殊工程和爆破材料管理）。

（2）编制了《安全生产应急救援预案》和《矿井灾害预防与处理计划》，详细地对该矿重大危险源进行了具体分析和评价，制定预防措施和事故现场处置方案。

（二）体制健全、制度完善、责任分明

矿长、科（队）长、班组长作为三级安全第一责任者，对本单位的安全全面负责，为该矿的安全发展提供了组织保障。实行矿领导 24 h 值班制度，矿负责人和生产经营管理人员入井带班制度，矿、科室干部包队制度，强化了业务保安责任。实行安全风险抵押制度。进一步完善隐患排查制度和责任追究制度。明确责任，建立健全安全指标控制体系。

（三）突出重点，狠抓现场管理

以“一通三防”为重点，认真落实瓦斯治理“先抽后采、以风定产、监测监控”十二字方针，重点放在综采工作面上隅角和局部通风管理上，认真进行分析、评价，针对性地采取措施，先后出台了《综采工作面瓦斯管理措施》和《综采工作面隅角安全措施》并严格执行，确保了综采工作面安全生产。围绕“三不工程”（不失爆、不停电、不失控）建设，抓好机电基础管理。大型设备和特种设备做到五个到位，即管理制度到位、技术资料到位、操作规程到位、人员培训到位、检修维护到位。建立和完善了机电设备检修技术标准和安装验收管理办法，严格验收程序，提高了安装、检修质量。严把设备入井关，杜绝淘汰设备、失爆设备、“四证”不全设备投入使用。驾驶机电动态检查，积极开展培训和机电设备大会战工作，严格机电“四率”考核，确保了机电设备正常运行。加强特殊工程和爆破材料管理。严格执行特殊工程零星工程、开口审签制度和火工品运输、领退、使用制度。加强三大管理，大力实施精细化管理，深化以内部市场化、全面预算和信息化为核心的三大管理以及 6S 管理，取得了显著成果。

（四）加大安全投入，促进科技进步

2008 年，投入技术资金 600 多万元，先后完成了钢绳芯电磁在线 X 光综合检测系统、带式输送机远程控制系统、盘区方案优化设计等技术攻关项目；推广应用了单路或双路馈电断电器，替换感应式馈电传感器，准确无误地实现了监测—控制—反馈，使该矿馈电监测技术处于晋城市煤炭行业领先水平；自主研发升级监控软件、分站模块及 CPU 等监控设施，安装井下风量传感器、语音声光报警风门传感器等，使该矿的监控系统升级改造技术走在晋城市前列。

山西三元煤业股份有限公司

一、矿井概况

山西三元煤业股份有限公司是由山西省煤炭运销集团有限公司控股的股份制大型煤炭企业。矿井井田面积 22.951 5 km^2，截至 2008 年底，矿井保有地质储量 29 228.44 万 t，可采储量 9 765.22 万 t，可采煤层分别为 3#、9#、15#三层。现开采 3#煤层为优质瘦煤，属中等灰分、特低硫、低磷、高发热量的优质动力煤和配焦煤。从矿井地质资料分析和已开采情况看，井田未发现大的构造，地质构造简单，周围无小煤窑，水文地质简单，无水体危害。2008 年鉴定矿井瓦斯相对涌出量 4.9 m^3/t，绝对涌出量 11 m^3/min，属低瓦斯矿井。矿井采用一对立井开拓，采煤方法为综采低位放顶煤，掘进方法为综掘，主运输采用胶带运输，通风方式为中央并列式。

二、2008 年主要技术经济指标

2008 年，矿井累计生产原煤 179.894 8 万 t，原煤生产人员效率为 18.38 t/工，综合单产 15.766 7 万 t/（个・月），采煤机械化程度达 100%，矿井精煤产量达 100.793 4 万 t，全年销售煤炭 179.682 5 万 t，实现销售收入 16.623 4 亿元，实现利润总额 11.421 6 亿元，职工人均年收入 6.79 万元。

三、安全高效矿井建设的经验及主要做法

（一）坚持安全发展理念，逐步建立公司安全管理的长效机制

在认真贯彻落实集团公司的重要指示和工作部署的基础上，紧紧围绕年初制定的“0120”安全控制目标，坚持“管理、装备、培训”三并重原则，以提高矿井安全装备水平为根本，以创建本质安全型矿井为目标，不断引深“112345”安全管理模式，从推动安全“五要素”建设入手，以加强安全培训与安全教育为根本，建设了高标准的职工培训中心，编制了适合公司实际的培训制度和培训教材，着力提升了员工的安全意识和安全素质；以完善安全管理制度为基础，出台并完善了安全生产管理制度和标准

化细则等，创新了安全管理的思路和方法；以突出隐患治理为重点，强化“一通三防”等方面的管理；以开展安全活动为载体，积极营造大的安全氛围；同时，不断加大安全投入，提升装备水平，提高设备的本质安全度，从而使安全生产保持了比较稳定的发展态势。

（二）突出生产经营管理，为公司可持续发展奠定基础

科学管理是发展的基础。2008 年，公司始终依照三个管理体系的标准要求，认真执行“一线工作法”——以生产管理为核心，进一步引深管理精细化；以成本管理为重点，进一步加强成本管理规范化；以销售管理为突破，进一步促进销售策略灵活化；以后勤管理为保障，进一步完善后勤管理多样化；以班组建设为根本，进一步落实安全管理基层化，从而在安全管理方面取得了突出的成绩。

（三）积极依靠科技进步，为公司可持续发展提供动力

科技是第一生产力。为了保证公司的市场竞争力，公司在不断加大利用新技术、新工艺的基础上，建立了入井人员监测监控与定位系统；购置了钢丝绳损伤定量检测设备；井下胶带运输系统安装了可编程控制软启动系统，实现了数字化一体控制；工作面安装了通讯、控制、保护一体化系统；主要通风机电机及洗煤厂原煤合介泵电机进行了变频改造，并投资1 000余万元对综合自动化监控平台进行了改造，全力打造数字化矿山。目前，主要设备的运行均实现了监控自动化。

山西省长治县西山煤业有限责任公司

一、矿井概况

长治县西山煤业有限责任公司是由原西山煤矿改制组建而成的，于2003 年 9 月 6 日开始改制，2004 年 2 月 20 日正式成立。公司注册资本为3 050万元。公司位于长治县荫城镇王庆村，占地面积 12.4 万 m^2，井田面积 3.095 7 km^2，地质储量 3 755.6 万 t，可采储量 2 340 万 t，现采 3#煤，属低硫、低磷、中灰煤、热量 6 000 大卡以上，为优质的动力用煤和化工用煤。现有固定资产 2 亿余元，职工 635 人。

3#煤层位于二迭系山西组下部，由陆相湖泊沉积而成，层位稳定。煤层厚 3.22 ~6.07 m，平均 5.48 m，煤层倾角 5°~30°。煤层含 1 ~2 层炭质泥岩夹矸，上层夹矸厚 5 ~10 cm，下层夹矸厚 8 ~15 cm。

该矿采用倾斜长壁放顶煤综合机械化采煤方法，矿井主要采用斜、立井混合开拓方式。主斜井担负运输、提升任务，兼作进风井，副井为回风井。

二、2008 年主要经济技术指标

2008 年生产煤炭 81.6 万 t，其中，生产炭块 9.8 万 t，约占总产量的12%，完成工业总产值 35 634.7 万元。全年销售原煤 83.3 万 t，实现销售收入 35 156.9 万元，吨均售价 422.28 元。其中：销售商品煤 73.4 万 t，实现销售收入 29 695.8 万元，吨均售价 404.35 元；销售炭块 9.8 万 t，实现销售收入 5 461.1 万元，占总销量的 11.8%，吨均售价 556.5 元。实现税金8 931.3万元，其中：国税 3 951.3 万元，地税 4 980 万元（含所得税4 496.3万元）。2008 年度共计收回资金 33 148 万元，资金回笼率达 94.2%。全年生产成本总额为 10 658.3 万元，费用总支出为 15 595.4 万元，实现利润为 12 139.8 万元，吨均 145.7 元，员工人均年收入 36 432 元。

三、建设安全高效矿井的主要做法

2008 年 12 月，该矿根据长治市人民政府《关于全市地方煤矿设立安全指挥中心的通知》的要求，结合县煤炭局精神，切实加强煤矿安全管理工作，坚持预防为主、防治结合，落实安全责任，建立该矿安全生产长效机制，坚持“独立机构、全面负责、直接处置”的原则，确保了该矿的安全生产。

经矿委会研究决定成立安全指挥中心，并作为长治市的试点运行。赋予安全指挥中心对安全工作管理的绝对权利，凡涉及安全管理工作的任何单位和个人必须服从安全指挥中心管理，凡阻挠者按严重“三违”论处。

经过近一年时间的运行证明建立安全指挥中心对该矿的安全工作和产能提高都有显著的效果，通过安全指挥中心的运行，推动了该矿各单位和广大员工的安全生产意识的进一步增强。使每位干部员工牢固树立了安全发展理念，确立“安全高于一切、安全先于一切”的安全观，进一步增强做好安全生产工作的自觉性、坚定性和责任心。在各个环节都能安全作业、标准化作业的前提下，隐患率明显下降，人均功效明显增长。该矿通过安全指挥中心不仅保证了安全，更有效保障了功效的稳步增长。

该矿按照科学发展观的要求，依靠科技进步，大力发展机械化，加快安全高效矿井的建设，推动企业生产力水平的提高，有力地促进企业经济发展方式的转变。严格执行各级政府及领导部门的政策精神，把该矿建设成安全高效的、一流的煤炭生产企业。

淄博矿业集团有限责任公司许厂煤矿

一、煤矿概况

许厂煤矿位于济宁煤田的东北部，属济宁市高新区所辖，是淄矿集团公司在济北矿区建设的第一座大型现代化矿井。矿井于 1998 年 10 月投产，设计生产能力 150 万 t/a，2006 年山东省煤炭工业局核定矿井生产能力为 320 万 t/a，2008 年原煤产量 316 万 t。

矿井现所采煤层为下二迭统山西组 3 下煤，结构简单，倾角 0°～8°，平均 3°。矿井采用走向长壁后退式一次采全高采煤法，建下压煤采用条带开采法。

二、2008 年主要技术经济指标

全年实现销售收入 181 631 万元，实现营业利润 49 211 万元。职工平均年收入达到 6.4 万元。全年回采产量达到 286 万 t，全部实现了采煤机械化。掘进装载机械化程度达到 96%。工作面回采率平均达到 95.7%，采区回采率中厚煤层为 83.8%，厚煤层为 82.2%，全矿井综合采区回采率为 83.6%。矿井平均工作面个数 1.67 个，矿井综合单产达到 14.29 万 t/（个·月）。年末原煤生产人数 785 人，全年投入人工 198 696 个，原煤生产人员效率达到 15.9 t/工。

三、创建安全高效矿井的主要做法

（1）建立健全科技项目及专项资金管理机制，通过不断引进吸收新技术、新工艺、新材料及新设备，建立健全科技创新体系，全矿整体科技创新工作稳步推进。

（2）努力营造了浓厚的革新创意氛围，通过对小改革、小发明、小创造等群众性创新活动给予精神与物质奖励，先后组织对申报的 125 项技术革新项目进行了评审，共评出“革新创意奖”38 项，创新管理工作得以稳步推进。

（3）在该矿 -400 m 水平整个水仓治理中进行了现场试验和应用，采用全断面的钢筋混凝土砌碹结构形成有效的整体支护结构，在此期间取得合理混凝土配比，整体达到了国际先进水平。进行下组煤首采面承压水的治理技术研究，解放受水威胁的下组煤，实现下组煤层安全开采，延长矿井的服务年限；进行了超长距、大运量、转弯强力皮带研发与应用，整体水平达到了国内领先水平；进行了新型操车电控闭锁系统的研制，整体达到了国内领先水平；进行了矿井瓦斯巡检管理系统的研究，项目整体达到了国内先进水平。研究开发出新型 PLC 故障诊断测试与培训系统，整体水平达到了国内领先水平。

（4）推行积分管理体系，提高安全保障水平，安全管理积分体系就是每名职工的安全档案，根据积分情况就能对每名职工的安全状况进行评估，并能对其不安全行为进行有效控制。通过积分情况，能对“薄弱人物”、“薄弱班组”、“薄弱区队”进行点、线、面全方位有效监控，提高了职工的安全意识。实施“手指口述”工作法，促进岗位标准化作业。该矿从培养本质安全人入手，推行了“手指口述”工作法。规范职工操作行为、提高相互保安能力、减少违章现象等方面成效显著。由于职工现场操作一丝不苟，进一步规范了职工的操作行为，“三违”大幅度下降，据统计，2008 年“三违”发生量比去年同期减少 298 人次。深化精品片区创建，推动质量标准化上台阶。开展精品片区创建工作，在搞好片区中心建设的同时，加大了外围创建力度，达到了全面覆盖，不留死角，共同提高的目的，增强了基层区队抓精品创建的责任心，实现质量标准化上台阶。加强技能培训，提高职工整体素质。以开展创建学习型组织活动为切入点，今年以来累计举办培训班 47 期，共有 1 380 人参加了培训，通过开展共同学习、感恩教育、拓展训练等，使职工的操作技能和安全素质得到了不断提高。开发了职工培训通用学习考试系统，实现了全员网络模拟考试，自动出题、阅卷和打分，进一步提高了学习培训的效果。

淄博矿业集团山东唐口煤业有限公司

一、矿井概况

唐口矿井是淄博矿业集团在济（宁）北矿区建设的第四对现代化大型矿井，位于山东省济宁市西侧，距济宁市 10 km，南接兖新铁路，西临京杭大运河，327、105 国道从矿区穿过，公路、铁路交通极为方便。

矿井于2001 年10 月正式开工建设，2006 年1 月正式投入生产，设计生产能力300 万 t/a，核定生产能力340 万 t/a，采用立井开拓方式，井田南北长 12 ~13 km，东西宽4.5 ~8 km，面积约76.9 km^2。截至2008 年底，全矿井保有资源储量72 716 万 t，可采储量12 633.9 万 t。全区属构造中等井田。

二、2008 年主要技术经济指标

2008 年生产原煤 338 万 t，原煤工效为 15.66 t/工；矿井掘进总进尺18 190 m，其中开拓进尺5 236 m。全年实现销售收入178 788 万元，人均年收入5.48 万元。

三、建设安全高效矿井的经验和具体做法

（一）突出安全重点，严把安全关口

全年累计抽放瓦斯96 874 m^3，安全实现贯通 20 处。探明了 2304 工作面陷落柱和4305 工作面大断层的赋存情况，为安全采掘提供了可靠的技术资料。完成了中央采区变电所、西部和北部采区变电所搬家，井下多处采区和配电点的供电系统调整，进一步优化了供电网络，提高了供电可靠性。建立健全应急管理机构，编制了各项应急预案，组织了防火应急演练，提高了预防和处置突发事件的能力。

（二）狠抓生产接续，矿井实现均衡高效生产

全矿以提高单产单进水平为突破口，开展“上纲要，创水平”活动，全年共对上纲的70 个头（次）奖励61.5 万元，掘进总进尺和开拓进尺两项指标均提前一个多月超额完成全年任务。采煤区队创出全矿综采工作面单产单进新纪录，长度为200 m 的综采工作面最高单产水平达到281 037 t，

长度为110 m的综采工作面最高单产水平达到186 365 t。

（三）加快技术创新，实施“科技兴矿”战略

在引进先进技术装备的同时，该矿结合现场实际，积极探索实践安全高效开采技术，开展了快速掘进技术和深井条件下沿空掘进技术的研究，进行新型支护材料试验，在全岩巷道中推行全断面一次爆破技术，改革支护方式，采取喷锚掘平行作业，提高了掘进效率。在综放工作面放顶煤、大倾角俯采、过大断层、快速搬家撤面等方面克服了诸多技术难题，形成了自己的特色，有些已经达到国内先进水平。

（四）突出关键环节，突出管理创新，强化经营管理

2008年，全矿原煤生产综合耗23.19 kW·h/t，比计划指标下降1.81 kW·h/t。制定了《工程造价管理补充规定》，对工程合同管理、隐蔽工程签证、额外工程量安排和签证进行了规范；严格审核工程决算，目前，共审结外委工程款2 109万元，审减369.8万元，审定1 739.2万元，审减率17.5%。

（五）大力实施素质提升工程，提高全员安全技术素质

全公司共有大中专学历以上职工350人，其中，大专以上专业技术人员194人；各类技术工人502人，其中，高级工以上154人。公司提高奖励标准，鼓励职工自学成才，坚持不懈地推进素质提升工程，采取多种形式，不断加强专业技术培训，开发了多媒体模拟教学系统，提高了培训质量，增加了培训的成效。

（六）加强节能减排，加大环保投入，建设绿色矿井

依靠科技进步，降低矿井能源消耗，加强新技术在系统中的应用。应用无功补偿新技术和新产品，将TCR高压静止型动态无功补偿装置成功地应用在110 kV变电站，平均每月节约电量30余万度；在主、副井提升机房冷却风机使用了变频调速设施，根据电机温度自动调节运行速度，平均每月节约电量6万多度，采煤工作面250 kW乳化液泵也全部采用了变频调速技术。同时加强技术创新改造，对主井底的280 kW防尘供水泵进行了技术改造，在压风机房安装应用了智能控制系统，实现了空压机工况的自动切换、远程操作与智能管理，实现了无人值守。与中国矿业大学联合研制了ZQ－IIB型煤矿井下水仓清挖处理机，实现了井下水仓煤泥清挖、过滤、脱水、装车的全过程自动化。

淄博矿业集团陕西长武亭南煤业有限责任公司

一、矿井概况

公司井田位于陕西省彬长矿区中部，长武县亭口乡西南部。312 国道西兰段、G70 福银高速公路西长段都从井田东部通过。以亭口乡为起点，经西兰公路东至彬县县城 20 km，距西安市 170 km，西至长武县城 20 km。该公路与宝庆公路相交，可与宝鸡及甘肃陇东各县沟通。此外，还有亭口至路家的县乡公路贯穿井田，公路交通比较方便。公司井田面积 35.5 km^2，主采侏罗系 4#煤层。煤层平均厚 9.35 m，煤层倾角 2°～7°。公司采用放顶煤采煤法。

二、2008 年主要经济指标

2008 年主营业务收入 103 327.5 万元，主营业务利润 42 361.3 万元，其他业务收入 455.4 万元，其他业务利润 387.3 万元，营业利润 42 748.6 万元，利润总额 42 706 万元，原煤工效达到 12.71 t/工。

三、2008 年科学管理方面采取的措施及成果

（一）优化配置，建立精干高效的管理机构

公司严格按照“精干高效、结构合理、流动有序”的原则，对管理机构、人员进行优化配置，实行小机构、大服务，一人多职、一职多能。截至 2008 年底，公司在册人员 1 575 人，其中，管理人员 147 名。机关管理机构设“一部一处三室九科”，公司副总工程师、副总会计师分别对口兼任相关部门负责人，形成了科学、精干、高效的生产管理运作体制。

（二）积极探索，全面实行后勤服务社会化

公司建设以来，因地制宜，积极探索，遵循市场经济规律，对后勤服务工作管理机制大胆改革，实行了社会化管理，主要是：员工食堂实行个人承包制；治安保卫、矿区绿化分别委托当地保安服务公司和园艺公司进

行管理；卫生保洁、浴室、洗衣机房、自行车房看护等工作，与附近村庄签订劳务输出协议，由他们安排人员进行管理，从而大大减轻了企业负担，提高了企业经营管理效率。

（三）立足实际，积极推行企业用工本土化

跨省办企业，推行用工本土化，充分利用本土人力资源，是解决东西部差异、降低企业人力资源成本的有效途径。为此，公司运用灵活多样的方式方法，着力在本土人力资源的开发使用方面下功夫：一是广泛招用本地员工；二是校企联合，定向培养；三是积极从各类高校引进人才。目前，一支结构合理、素质过硬的人才队伍正在加快形成，为公司今后的持续健康发展奠定了良好的基础。

（四）科学组织，严格定员管理

公司在淄博矿业集团公司的统一领导下，按要求设置组织管理机构，分高管层和中管层。高管层管理人员 7 名，由集团公司负责管理；中管层管理人员由公司负责管理，下设职能部门和生产区队。

为严格落实国家安全生产能力核定要求，杜绝矿井超定员、超能力生产，公司认真落实“以人为本”管理理念，结合现场实际，建立了矿井劳动定员制度，每月及时排定劳动组织，对采掘单位按设备运行定员。经现场核定，综采工作面直接工班出勤 19 人，综掘工作面直接工班出勤 18 人（两个掘进迎头），普掘工作面直接工班出勤 16 人（两个掘进迎头）。对辅助单位本着一职多能、满负荷工作的要求，按岗位定员。

淄博矿业集团有限责任公司岱庄煤矿

一、矿井概况

岱庄煤矿是淄博矿业集团有限责任公司在济（宁）北矿区建设的第二对现代化矿井，井田位于济宁煤田的北部，南距济宁市约 6 km，西邻唐口井田，东邻许厂井田，东西走向长约 9 km，南北倾斜宽约 7.2 km，面积约 65 km^2；井田内地势平坦，地面村庄稠密，共有 78 个自然村，村庄下压煤可采储量约占矿井可采储量的 80%，主要可采煤层为 3 上、16 和 17 煤层，平均总厚 4.99 m，3 下煤层局部可采。

矿井采用竖井分水平开拓，1998 年 1 月 26 日开工建设，2000 年 1 月 26 日移交生产管理，采用长短壁、上下山结合的综合开采体系，即非压煤区采用长壁综采一次采全高采煤方法，村庄下压煤采用宽条带法综采一次采全高采煤方法。

二、2008 年技术经济指标

2008 年，矿井生产原煤 235.345 万 t，掘进总进尺 34 990 m，开拓进尺 4 549 m，销售收入 135 806 万元，利润 25 637 万元，原煤生产人员效率 12.69 t/工，全矿职工人均年收入 68 213 元，百万吨死亡率为 0，采掘机械化程度达 100%。

三、2008 年安全高效矿井建设的主要做法

（一）科学组织合理生产，优化生产布局

针对矿井煤层赋存地质条件复杂，断层发育，煤层厚度变化大，煤质差的特点，本着“厚薄煤层、长壁工作面、优劣煤质合理配采”的原则，按照“以质定面、以面定头”的要求，由生产技术部门及时对采场情况进行逐一分析，确定各头面的采掘顺序及采掘进度，科学组织合理生产，优化生产布局，确保了生产接续和煤质的稳定，实现了矿井健康发展。

（二）优化地质构造复杂区域工作面设计，提高煤炭资源回收率

根据采区三维地震勘探资料，结合井下巷道实际揭露地质情况，优化

了地质构造复杂区域工作面设计，将工作面布置成“楔形”、“刀把形”、“扇形”等不规则形状，利用工作面对接开采、旋转开采及调斜开采等技术实现工作面安全回采，极大地提高了煤炭资源回收率。

（三）精细管理，不断深化质量标准化建设

按照高于行业标准的工作思路，以深化定置管理、编码管理和扎实开展各类专项整治活动为突破口，制定了《岱庄煤矿工程质量精细化管理标准》，全面建设安全质量标准化矿井。对井下所有管道、设备、巷道等进行了统一编码命名，实施“点”控制管理；参考国标安全标识，在井下设计安装了提示、命令、禁止等各类醒目的标识和语音提示；按照“大件上架、小件进箱”的基本标准，对各种工具实行定点、定位存放，使动态的现场生产系统更加有序化，由“动中求序”逐步获求“序中求安”。

（四）创新管理，构建本质安全管理体系

建立了由风险管理、人员不安全行为管理、保障管理、生产系统安全要素管理和辅助管理等五部分构成的本质安全管理体系。围绕“人、机、环、管”四个管理环节，采取工作任务分析法和事故致因机理分析法进行辨识，健全完善了干部走动式管理制度，开展了岗位危险源学习，整个体系运行正常，实现了对安全管理的预想、预知、预防和预控。

（五）大力推进科技创新，为安全高效生产提供技术保障

完善了科技创新管理体系，为科技创新工作奠定了制度基础。积极与科研院校联合科技攻关，与中国矿业大学联合开展了“建筑物下矸石膏体充填开采技术研究”课题研究，建立一套以煤矸石、电厂粉煤灰为主要集料的膏体充填系统，使地表变形始终保持在建（构）筑物安全的允许范围内。同时，与山东科技大学联合开展了《采掘工作区域人—机闭锁保护技术研究》、《掘进生产可移式装载转运技术研究》、《煤矿设备动态管理与安全预警方法研究》、《HS 型软岩特大泵房硐室联合支护及施工技术研究》和《胶带机转载点煤尘自动监测与喷雾降尘技术研究》等课题研究。通过联合科技攻关，解决了很多生产难题，为安全高效生产提供了有效的技术保障。

淄博矿业集团有限责任公司葛亭煤矿

一、矿井概况

葛亭煤矿是淄博矿业集团有限责任公司在济北矿区开发建设的第三对现代化矿井。矿井位于山东省济宁市任城区境内，距济宁市区 14 km。铁路、公路和水路四通八达，交通运输十分便利。

葛亭煤矿位于济宁煤田西北部，行政区划属济宁市任城区二十里铺镇及长沟镇管辖。矿井范围南北宽 4 ~5 km，东西长 5 ~6 km，面积 20.886 3 km^2。矿井于 1999 年 2 月 26 日开工建设，2001 年 1 月 10 日正式投入生产，设计生产能力 60 万 t/a，2006 年核定生产能力 120 万 t/a。

葛亭矿井主要开采 3#、16#和 17#煤层，截至 2008 年底矿井地质储量 9 718 万 t，其中可采储量 1 117 万 t。葛亭矿井采用立井分两个水平开拓，采煤工作面采用走向长壁综合机械化后退式放顶煤采煤法。

二、2008 年主要经济指标

2008 年矿井生产原煤 120 万 t，矿井综合单产47 340 t/（个·月），原煤生产人员效率达到 5.39 t/工，实现利润 13 616 万元，人均年收入 5.16 万元。

三、安全高效矿井建设期间取得的经验

（一）以人为本，强化人员素质和提高管理水平

进一步加强对职工的培训教育，坚持外委、矿、队三级培训相结合，对重点工种和关键岗位实行长期培训。在生产区队建立学习园地，配备学习资料，坚持每日一题，每周一课，每旬一考核制度。认真落实人才进步激励政策，鼓励职工参加大学函授学习，取得合格毕业证书后进行奖励。每年举行一次各工种技能大练兵比武活动，对成绩优良的职工进行奖励。

（二）以科技创新带动矿井安全高效生产

自矿井移交生产管理以来，该矿始终坚持以“科学技术是第一生产力”为方针，大力实施科教兴煤战略。2008 年，葛亭煤矿按照销售收入 2% 足额

提取科技资金，保证科技投入；积极在掘进工作面推广应用半煤岩综掘机、侧卸式装煤机、双向运输带式输送机等装备，提高了矿井掘进机机械化水平和有效降低职工劳动强度。积极开展氮气置换法治理采空区有害气体技术研究，对采空区进行气体置换和瓦斯抽放治理，有效降低了采空区瓦斯浓度，确保了采煤工作面的安全开采。积极探索采煤新工艺、新方法，通过与高校合作，成功回采最大倾角达38°的煤层，为该矿今后的大倾角煤层开采提供了宝贵的经验；调研引进薄煤层综采技术，在济北矿区率先采用综合机械化采煤方法回采下组煤薄煤层，使工作面的安全保障能力得到大大的提高，实现了合理配采，延长了矿井服务年限，保证了矿井稳产高产和可持续发展。

（三）加强企业文化建设，提升企业形象

以落实“三个代表”重要思想为指导，牢固树立和落实科学发展观，按照集团公司创建文明单位工作精神，始终不渝地坚持“两手抓，两手都要硬”的方针，把精神文明建设贯穿于矿井建设、生产经营、企业管理等各个方面，以企业文化理念渗透为引领，以提高职工行为素养、环境刷新、强化民主管理为突破口，不断创新管理制度，有力地推动了企业的持续、稳定、健康发展。以“安全生产落实年”活动为主线，扎实开展“三无”班组创建、“三无”竞赛等系列活动，安全基础得到进一步巩固。选送优秀职工继续脱产学习，对取得技术职称和从事井下工作的大中专生实行特殊补贴，表彰奖励有突出贡献的技术人才，激发了广大干部职工学技术、钻业务的积极性。

（四）节能减排，创造和谐矿区

葛亭煤矿始终坚持资源开发与节能减排工作并重方针，以科学发展观为指导，以创建“三型”企业为主线，以提高能源利用效率为根本，积极采取有效措施，狠抓落实，保证了节能减排各项工作落到实处。健全完善环保节能管理体系，提供有力机制保障。建立环保节能管理机制，成立了环保节能工作领导小组，并由专职环保管理员具体负责各项环保节能工作的开展。

兖州煤业股份有限公司济宁三号煤矿

一、矿井概况

济三煤矿为设计年产 500 万 t 的特大型现代化煤矿，矿井于 2000 年 12 月 28 日实现正式投产。济三煤矿座落在济宁市郊区、微山湖畔，南有微山岛，北依济宁市，西邻微山湖，东望历史名城、旅游圣地曲阜、泰安。东连京沪铁路，西通京九、京广两条铁路大动脉，南经大运河直达江南苏杭，北靠 327 国道。矿区地势平坦，地理位置优越，交通畅通，运输便利。

济三煤矿地质储量 8.8 亿 t，工业储量 8 亿 t，可采储量 5.3 亿 t。其中 3 层煤4 亿 t，占可采储量的 74.7%。矿井为立井开拓，主、副、风井均布置在同一工广区内。井田分为两个水平开采，第一水平在 -518 m 水平，集中开采东部煤田；第二水平 -880 m 设在西区，主要开采西部煤田，集中在同一水平 -518 m 生产出煤。大巷沿煤层倾斜方向布置，贯穿整个井田的倾斜巷道，在大巷南北两侧直接布置条带式采煤工作面，采区前进式，工作面后退式开采。

二、2008 年主要技术经济指标

2008 年实现安全生产，矿井百万吨死亡率为 0，在保证安全生产各项投入的前提下实现利润 184 830 万元，职工人均年收入 51 976 元，综采机械化程度达 100%，掘进装载机械化程度达 100%，综掘机械化程度达 80.67%，采区厚煤层回收率为 80.20%，中厚煤层回收率为 91.36%，矿井综合单产为 18.17 万 t/（个·月），生产原煤 619.02 万 t，原煤生产人员效率 28.87 t/工。

三、2008 年安全高效矿井建设采取的做法

（一）推广应用先进科学技术，全面提高矿井科技含量

2008 年，累计投入科技资金 399.4 万元，完成科技成果 21 项，其中获国家专利 3 项，省部级科技成果 4 项，公司推先项目 7 项。完成小改小革成果 185 项，为矿井创效价值达 2 000 万元。进一步完善了管理创新、技术创

新、小改小革激励机制，命名创新示范岗 10 个，公开表彰技术创新小改小革优秀成果 90 项，兑现奖励 20 万元。

（二）强化管理创新，矿井发展活力明显增强

丰富分配形式，推行采掘单位岗技工资全浮动，活工资比例占到了 60%，实行下井费总额管理、自主分配，推行导师带徒津贴。创新推行星级区队竞赛，量化制定了涵盖安全、质量、成本、综合管理等 9 项内容 100 余项标准，分类考核，全年评选五星级区队 32 个，奖励 90 万元，营造了争先创优的进取氛围。

（三）严把过程，精细考核，成本控制效果明显

将材料费、修理费、租赁费等 5 大项、36 小项成本费用全部预算分解，落实了分管领导、专业副总、职能部门、区队、班组“五级责任”。细化制定了 67 项成本内控管理办法，强化了单项成本费用管理。建立了矿、区队、班组三级经济活动分析制度，实行旬总结、月分析、季考核，严格奖惩兑现。

（四）稳步推进辅业改制，非煤经营管理进一步规范

按照公司改制要求，完善改制方案，依法有序推进改制工作，完成了济三经济开发公司的清理注销，三源、宏辉两家公司整体收购，实行区队化管理。在坚持一手抓改制、一手抓发展的基础上，全年实现非煤销售收入 1.17 亿元，利润 1 463 万元，全面完成了年度经营考核目标。

（五）完善制度，落实责任，环保节能工作扎实有效

重教育引导，深入推进节能减排全民行动，全员环保节能意识进一步增强。重奖惩考核，分解落实了 13 项环保节能指标，与 19 家单位签订了环保节能目标责任书，创新实施环保节能目标责任抵押考核，形成了指标分解、过程监督、考核兑现闭环体系。建立了“三控一强化”水资源管理体系。

兖州煤业股份有限公司东滩煤矿

一、矿井概况

兖州煤业股份有限公司东滩煤矿位于山东省济宁市境内，跨邹城、兖州、曲阜三县市，井田面积为57.668 km^2，可采煤层有2#、3#、6#、15上、16上、17#、18上2共7层，采用立井开拓、中央对角式布置，设计 -660 m、-745 m两个生产水平。矿井设计生产能力400万t/a，2009年核定生产能力750万t/a，现有职工6 757人，矿井以综放开采为主。

二、2008年主要经济技术指标

2008年，矿井生产原煤700.64万t，其中综采队单产605.98万t，矿井综合单产达到31.97万t/（个·月），百万吨死亡率为0，安全质量标准化达到一级标准。综采机械化程度达100%，综掘机械化程度达74.43%，掘进装载机械化程度达100%，原煤生产人员效率19 t/工。矿井生产安全费用实际完成5 829万元，吨煤投入8.32元，实现利润18.209 1亿元。职工人均年收入5.98万元。工作面开采程序符合规定，中厚煤层采区回收率达到86.7%、厚煤层采区回收率达到80.5%，矿井综合采区回收率达到85%。

三、2008年安全高效矿井建设的主要做法

（一）强化“四个到位”，层层落实工作责任

成立了以矿长、党委书记任组长的安全高效矿井建设领导小组，形成了一级抓一级、一级保一级、级级抓落实的组织领导体系。按照专业对口、分工负责、倒排工期、分步实施的原则，抓好各项工作。采取安全论坛、安全讲座、知识竞赛、文艺汇演等多种形式，营造了富有矿井特色的安全文化。

（二）实施三个创新，推动矿井科学发展

立足高标准、高境界、高要求，修订完善安全管理、生产管理、经营管理、全面精细化管理机制性文件，形成矿井科学发展长效机制。创新安全管理模式、创新生产管理、创新开采方式、创新劳动定员管理。围绕科

技增效、科技保安的目标，大搞技术创新，一大批科技成果脱颖而出。2008年，共获得省级及以上科技成果13项，获国家实用新型专利3项，获得发明专利1项。积极推广应用无极绳绞车转弯装置，与75 kW绞车配套使用，实现了无极绳绞车连续、直达运输，减少多部绞车，简化运输环节，提高运输效率，确保了运输安全。

（三）强化安全基础管理，推动矿井安全发展

深化教育培训年活动，提升素质保安全，拍摄事故案例警示教育片，逐级算好安全“五笔账”，增强安全意识。投资100多万元配备现代化教学设施，建设培训实习基地，增强培训的实效性。深化“规程措施落实年”活动，技术管理保安全，按照分级管理的原则，严格安全技术论证，强化措施编制、审批、学习等10个环节的监督，对违背措施施工行为，一律挂牌整改，层层反向追究责任。深化“隐患治理年”活动，消除隐患保安全，共组织专项检查312次，查处隐患1 815条。全面抓好防灭火、防冲击地压、防治水等重大隐患治理。深化全面精细化管理年活动，精细管理保安全。制定《安全质量标准化精细化管理实施意见》、《地面安全监察办法》等规定，理顺业务关系，明确管理责任，定期考核评比，各单位抓质量、保安全的意识全面增强。

（四）精细管理，推进矿井有效发展

扎实开展以大清理、大回收、大提高、大改观为内容的“四大活动”。设立井口物料集供中心，减少物料占压和区队后勤服务人员，提高了物料供应的快速反应能力。探索循环模式，积极履行企业社会职责，始终将环保节能工作作为可持续发展的重要举措，加强“三废”治理，加快“四新”推广步伐，建造了全国首家井下水处理和水复用系统，取暖锅炉全部淘汰，煤矸石充填塌陷区。不断实施“清、亮、美”工程，建成了三季有花、四季常青、环境优美和谐的现代化矿井，被授予“中华环境友好煤炭企业”称号，入选“山东省最具幸福感企业”。

兖州煤业股份有限公司兴隆庄煤矿

一、矿井概况

兴隆庄煤矿是国家“六五”期间自行设计和建造的第一座年产 300 万 t 的大型现代化矿井，与其相配套的有中美联合设计的年入洗量 300 万 t 的现代化洗煤厂和全国第一家煤泥热电厂。矿井于 1981 年 12 月 21 日正式投产，2006 年矿井核定能力 660 万 t/a。

矿井坐落在山东省兖州市境内，横跨兖州、曲阜两市。井田位于兖州向斜的北翼，东部与东滩煤矿相邻，西部以铺子断层与杨村、杨庄煤矿相接，西北以兖州安全煤柱接上组煤层露头为界，北界为滋阳断层，南邻鲍店煤矿。井田走向长 10.6 km，倾斜长 4.7 km，面积 54 km^2。矿井采用竖井开拓，煤层分组，采区上、下山联合布置的开拓方式。矿井采用走向长壁或倾斜长壁采煤法，小煤柱护巷技术开采。

二、2008 年矿井主要经济技术指标

2008 年，矿井生产原煤 644.895 3 万 t，掘进进尺 23 086 m，原煤生产人员效率 18.670 t/工，安全生产 2 679 天，职工人均年收入 60 328 元，矿区绿化覆盖率 43.17%，环保设备完好率、运转率均达到 100% 以上，污水处理、外排均达到国家标准，矿井采煤机械化程度达 100%，掘进装载机械化程度达 100%，综掘机械化程度达 78.53%，采区回采率达 81.69%。

三、2008 年安全高效矿井建设的主要做法

(一) 加强基础管理，落实主体责任，安全形势持续稳定

始终坚持把安全置于“四个一切”的重要位置，以质量保安全，以安全促生产的思路，健全机制，推进文化，严抓细管，构筑了坚实的安全防线。持续加大安全宣传力度，制作“安全生产”专题报道，强化教育提技能，健全机制严考核，重抓现场保安全。

(二) 坚持正规循环，科学组织生产，煤炭生产均衡高效

在生产组织上，坚持正规循环作业，通过缜密设计、科学管理和精细

化的生产组织，实现了矿井的有序、均衡、高效生产。优化布局稳产量，超前规划保接续，严格洗运提质量，灵活应对市场变化，积极动态调整产品结构。

（三）坚持科技兴矿，实施创新增效，持续发展能力不断提高

紧紧围绕矿井安全和效益提升目标，大力推进科技创新增效，提高了矿井装备水平。致力于信息化建设，提升了矿井运行效率与安全保障能力，被山东省信息产业厅命名为“数字化矿山建设示范矿井”。着力提高装备水平，获得省部级以上科技进步奖 9 项，启动了四采中部边角复杂区域开采关键技术等一批新项目研究。完成了“东风井通风系统技术改造”项目，对东风井主要通风机进行安全切换，提高了矿井通风安全保障能力。

（四）升华“四大”活动，深挖内部潜力，经营管理成效显著

推进节能减排，完成了管网铺设等改造计划，通过避峰填谷、无功补偿、安设计量器具、设备更新与节能技术改造，全年吨煤电耗为 23.53 kW·h，比计划节电 2 278 万 kW·h、节支 1 102 万元，全面完成了节能减排指标。严控生产成本，进一步加强指标控制，不断加大废旧物资回收再利用和修旧利废力度，全年修旧利废产值完成 2 191.53 万元。

（五）深化企业改革，重视推进辅业，发展活力明显增强

坚持以改革创新为动力，深入推进矿井辅业发展、人力资源改革和职工队伍建设。强化辅业管理，实现了物业一体化经营。优化人力资源，理顺了劳动关系。打造卓越团队，全矿累计 3 175 名职工取得初、中、高级及技师资格，占职工总数的 34%，为矿井的又好又快发展奠定了人才基础。

（六）集中群体智慧，凝聚发展合力，三个文明和谐发展

着力改善矿区民生，关注弱势群体，走访救助各类人员 3 968 人次、发放资金 179.8 万元，向四川地震灾区捐款 114.43 万元。建设文明和谐矿区；着力打造以“兴隆鼎”为形象标识和核心特质的“四位一体”企业文化体系，提升了矿井文明形象。

兖州煤业股份有限公司鲍店煤矿

一、矿井概况

兖矿集团鲍店煤矿地处孔孟之乡山东邹城市，北依东岳泰山和历史名城曲阜，西临京杭大运河，南接微山四湖，东连青岛、日照、连云港等中国主要港口，地理位置优越，交通十分便利。鲍店煤矿是兖矿集团煤业公司 8 对支柱矿井之一，于 1986 年 6 月正式建成投产，是我国第一对自行设计施工、核定年产能力 640 万 t/a 的大型现代化矿井，配有同等产能的现代化洗煤厂一座。

矿井目前一矿一井一面组织生产。主要是开采 3（3 上、3 下）煤，主要采用综放和普通综采两种采煤方法。采用走向长壁布置工作面或倾斜长壁布置工作面。

二、2008 年主要经济技术指标

矿井实现安全生产，百万吨死亡率为 0。截至 2008 年 12 月 31 日，矿井累计安全生产 3 063 天，安全产煤 5 137.56 万 t。全年生产原煤 600.001 7 万 t、商品煤 619.72 万 t、精煤 300 万 t，创造效益 11.8 亿元。矿井综合单产 369 391 t/（个·月），全员效率实际完成 17.17 t/工。综采机械化程度达 100%，综掘机械化程度达 100%，掘进装载机械化程度达 100%。2008 年掘进进尺 26 736 m，其中开拓巷道 3 076 m，准备巷道和回采巷道 23 660 m，掘进率计划 42 m/万 t，实际达到 44.56 m/万 t。

三、2008 年建设安全高效矿井重点开展的工作

（一）牢固树立以人为本科学发展观，创新完善安全管理长效机制，本质安全型矿井建设扎实推进

认真落实国家法律法规及公司安全工作指示精神，围绕公司“将高危行业建成安全行业”目标要求，突出安全预控管理，扎实推进本质安全型矿井建设，胜利实现安全年。创新教育方法，积极培育“方圆”安全文化，定期开展特色安全活动，筑牢了安全思想防线。强化安全基础管理，创新

开展“三自三创”活动，组织实施了重点采掘头面的质量达标会战，矿井安全基础不断夯实。着力提升全员素质，探索形成“三三联动”培训机制，探索形成并完善以脱产、自主和全封闭式培训为主的“三三联动”教育培训新机制，举办各类培训班58期，培训5 638人次。严抓隐患排查整治，创新实施岗位危险源辨识，明确了6大专业，71个重要工种，825个工种危险源辨识要点及处理办法。大力实施科技创新和成果转化，增强矿井抵御防范事故能力，注重发挥科技在安全生产中的基础性作用。

（二）重抓关键环节，精细现场组织，煤炭生产保持安全均衡稳产高效

2008年，面对年初单翼单面生产、现场条件复杂困难，以及采煤专业人员抽调、调整等诸多困难因素影响，全力应对，精细组织，在极为困难的情况下实现了稳产高产。采区资源回收率达到79.3%，比行业标准提高了4.3%，多回收煤炭资源24.9万t，创造直接效益1.37亿元。超前思维，全力推进生产接续。精心编排接续方案，组织了6212、73上05、103上06工作面等重点接续工程，编制完成《2008～2009年生产接续方案》和《2008～2012年生产接续中期发展规划》，保证了矿井接续大局。

（三）创新经营管理，严格成本控制，经济运行质量显著提高

牢固树立艰苦奋斗、勤俭节约思想，积极克服各种增支因素影响，强化管理，严控非生产性支出，最大限度降成本、增效益。完善4大类38项经营管理制度，实行总额承包、联挂考核，提高工作效率，降低费用支出。积极推进节能减排全民行动，认真做好污染源普查和清洁生产审核工作。COD、氨氮、二氧化硫排放圆满完成公司考核指标，生活污水外排达标率100%。积极推进并完成电厂余热替换锅炉供暖系统改造。投入580.56万元，更换高耗能淘汰设备178台。加强供用电管理，用电总量同期减少1 563.15万kW·h，节约资金600多万元。精煤万吨含杂始终保持1 kg以下的领先水平，6种内部产品在“2008中国矿山机电产品博览会”上参展，共签订销售意向书15份，金额达100多万元。煤矸石烧结空心砖项目被评为全省煤炭工业优质工程，全年销售煤矸石砖1 694万块，销售收入430万元，组织了产品推广会，签订200万块产品供销合同。

兖州煤业股份有限公司济宁二号煤矿

一、矿井概况

济宁二号煤矿隶属于兖矿集团兖州煤业股份有限公司，位于山东省济宁市境内。井田面积 87.117 1 km^2，井田南北走向 6 ~ 11 km，倾斜宽10 km。工业广场紧接济宁市东南外环公路，离市区不到 10 km。整个矿区东临京沪铁路和 104 国道，西靠京杭大运河和京九铁路，北临兖石、兖新铁路和 327 国道，交通运输极为便利。现有原煤生产人员 1 344 人。矿区附近人口密集，工、农、商、贸发达，发展条件十分优越。

济宁二号煤矿是国家“八五”重点建设项目，矿井地质储量 7.31 亿 t，可采储量 3.74 亿 t，设计产量 400 万 t/a，服务年限 67.5 年。矿井 1989 年 12 月开工建设，1997 年 11 月建成投产，矿建工程荣获了国家建筑行业质量最高奖——鲁班奖。配套建设了一座年入洗能力 400 万 t 的选煤厂，是一个特大型的现代化矿井。矿井煤炭品种为气煤和气肥煤，具有低灰、低硫、低磷、高发热量的特点，是优质的炼焦、动力、化工、造气、水煤浆用煤，矿井为立井开拓，开采方式采用采区前进式，工作面后退式开采。

二、2008 年主要技术经济指标

2008 年，完成原煤产量 391.294 9 万 t，原煤工效为 16.153 t/工，百万吨死亡率为 0，实现利润 31 695.82 万元，全矿职工人均年收入 51 922 元，采煤机械化程度为 100%，掘进装载机械化程度为 100%，综掘机械化程度为 79.38%，2008 年矿井中厚煤层采区回收率为 82.38%，厚煤层采区回收率为 75.65%，矿井综合单产为 12.465 1 万 t/（个·月）。

三、创建安全高效矿井的主要做法

（一）加强组织领导，营造实施安全高效矿井建设的氛围

继续加强对安全高效矿井建设的组织领导，明确责任，多点启动，出台了顶板管理、辅助运输、锚网支护等对安全高效矿井建设密切相关的各项管理规定，突出重点，综合布置，成立了以矿长为组长的安全高效矿井

建设实施领导小组，定期召开平衡协调会，分两条线开展工作，一条线抓安全生产，一条线抓后勤服务。坚持质量效益型方针，提高经济效益，改变经济局面，保证矿井可持续发展的重要途径，提高职工物质生活水平。

（二）依靠科技进步，改造完善系统装备

该矿注重依靠科技进步，突出强化系统装备完善与改造，以提高系统的稳定性和可靠性为重点，强化对供电、提升、胶带运输系统的技术改造、装备配套和更新，狠抓了煤流、提升运输系统设备检修与维护。开展了机电设备、综机设备无故障运行活动。通过建立设备检修实名签字台帐，保证了胶带安全运行。突出重点，狠抓关键，加大主井系统设备检修维护力度，及时处理设备运行过程中的突发问题，把对原煤生产的影响降到最低限度。同时运行了人行车、胶轮车，安装了机车运输“信集闭”系统，进一步提高了辅助运输的装备水平。

（三）突出集成创新，建设创新型矿井

积极落实“自主创新、重点跨越、支撑发展、引领开采”十六字方针，大力推进适合矿井复杂地质条件的采掘装备及技术的创新和引进工作，为采煤单产、掘进单进水平的提高创造条件。逐步形成了综采、综放、小高采、不稳定煤层、条带等多种开采工艺并存的矿井特色原煤生产技术及装备体系。同时形成了集架空乘人装置、胶轮车、平巷人车、顺槽架空乘人装置、行人助力器为一体的辅助运输载人系统。

（四）深入实施“三零”工程，强化煤质管理

严格按照“四个优化”要求，严控细管，深入推进“三零”工程建设。狠抓了工作面设计优化，强化了主运输系统煤质管理，严抓相关制度的落实。严格商品煤品种结构分析及质量区间控制，产品合格率保持100%，连续第三年实现“零投诉”，精煤万吨含杂率保持在1 kg/万 t以下。

（五）突出安全重点，严把安全关口

2008年，该矿认真贯彻落实上级一系列安全工作指示、指令，牢记“十个坚持”，抓好“十个必须”，积极开展安全宣传教育活动，进一步强化职工安全意识，大力开展质量标准化建设，构建本安矿井为远景的“3D5F”安全文化和“福”群安文化体系，为安全高效矿井建设的开展创造了稳定的安全环境。

兖州煤业股份有限公司南屯煤矿

一、矿井概况

南屯井田位于山东省邹城市西部北宿镇境内，现井田以国土资源部核发的采矿许可证所确定的坐标点连线为界，西部与里彦井田相邻，西北部与鲍店井田相邻，东北部与东滩井田相邻，南部与北宿井田相邻，井田东西长 10. 5 km，南北宽 6. 2 km，面积 51. 690 6 km^2。南屯井田核定生产能力 400 万 t/a。截至 2008 年底，矿井累计探明储量 33 660. 8 万 t，资源储量 23 204. 4 万 t，基础储量 14 282. 5 万 t，资源量 8 921. 9 万 t，储量 7 383. 3 万 t，实际产煤 354. 38 万 t。

矿井煤层倾角 3° ~15°，平均 7°，可采煤层总厚 12. 27 m，现开采煤层为上组煤 3 上、3 下和下组煤 16、17。井田构造复杂程度属于中等类型。南屯煤矿现有生产采区为三采区、七采区、九采区和十一采区。采煤方法为伪倾斜长壁采煤法，主要采煤工艺有综采、综放和炮采三种采煤工艺。其中 3 上煤使用综放开采工艺，3 下煤使用综采工艺，16、17 煤使用炮采和综采两种采煤工艺。

二、建设安全高效矿井主要工作

（一）安全形势健康平稳

矿井坚持“一切工作看安全”，先后实现跨年度安全生产两周年、连续安全生产 1 000 天、2008 年安全年三大阶段目标。全年杜绝轻伤及以上人身事故和重大非人身事故。

（二）经济指标全面完成

煤业公司下达 12 项经济指标，除精煤产量、商品煤灰分按照公司要求相应调整外，其他 10 项指标该矿全部完成考核目标。两项基本指标，商品煤产量 349. 8 万 t，超考核计划 14. 8 万 t；商品煤成本 233. 66 元/t，比计划降低 0. 34 元/t。

（三）优化增效创出佳绩、标准化两厂（场）建设取得良好回报

优化品种结构，突破只能洗 1 号动力煤的工艺瓶颈，生产 2 号精煤

115 万 t，同比为公司多创效益 9 亿多元。加强煤质区间管理，灰分区间同比上升 0.09%，精煤生产率提高 0.53%，增加效益 900 余万元。毛煤、精煤万吨含杂分别控制在 80 kg、1 kg 以下。优化商品煤增加 6.5 万 t。

(四) 节能减排效果突出

矿井 17 项节能减排指标全部超额完成。其中，同比节能 752 t 标准煤，SO_2 同比减排 6.4 t，氨氮排放量同比减排 0.5 t，COD 同比减排 1.6 t，同比节电 377 万度，节水 8 万 t。376 台高耗能设备全部淘汰。该矿建成全国首批“中华环境友好煤炭单位”和山东省首批“环境友好型企业”，生活污水处理厂及回用工程被省环保局、省环保产业协会评为“省环境保护示范工程”。

(五) 科技创新亮点纷呈

该矿取得各类科技成果 110 项，3 项获国家实用新型专利，2 项获国家、3 项获行业、3 项获省级科技进步奖，15 项获公司级荣誉。其中“串联十二脉动全数字提升机电气控制系统”获中国煤炭工业协会科学技术奖、省煤炭行业协会科技成果一等奖。

(六) 和谐共建取得突破

在公司的大力支持下，经过艰苦协调和不懈努力，霍村搬迁圆满结束，解放九采区煤炭资源 850 万 t，白马河三期治理预加固工程顺利完工。中小学稳妥移交，原家属服务队资产处置平稳推进，4 项集体历史遗留问题得到较好解决，10 个重点个案全部结案、5 个结服。矿井杜绝了越级上访、集体上访和各类群体性事件，2007 年、2008 年信访人次连续两年同比下降 32% 以上。

(七) 矿井形象持续提升

时隔 12 年，南屯矿再获“省级文明单位”称号，也是 2008 年唯一获此殊荣的山东省省管企业。同时获得全煤与奥运同行全民健身优秀组织单位、省管理创新优秀企业、省学习型组织示范企业、省卓越绩效管理先进单位、省职业道德建设先进单位、省煤炭工业科技创新优秀矿井、省煤炭系统劳动关系和谐企业、济宁市“五一”劳动奖状、济宁市思想政治工作优秀企业等 10 余项省市级荣誉。

兖矿集团有限公司杨村煤矿

一、矿井概况

兖矿集团有限公司杨村煤矿是省属国有煤炭企业，位于山东省济宁市高新区王因镇境内，兖州市的西南方。矿井主、副井距济宁市区约 20 km，距兖州市约 10 km。矿井采用立井单水平开拓，煤层分组采区上下山联合布置的开拓方式，在工业广场布置一对主、副井，南北翼各设一个风井。薄煤层采用走向长壁后退式采煤方法，全部垮落法管理顶板，厚煤层采用倾向（走向）长壁全部垮落法综采放顶煤一次采全高采煤法。

二、2008 年技术经济指标

2008 年，矿井生产原煤 103.160 8 万 t，掘进进尺 10 403 m，原煤生产人员效率 7.08 t/工，销售收入 7.22 亿元，实现利润总额 2.06 亿元，职工人均年收入 43 615 元。

三、2008 年安全高效矿井建设的主要做法

（一）依靠科技创新，改进生产工艺，提高装备水平

(1) 新型煤层注水封孔器推广应用。通过在杨村煤矿 303 与 312 综放工作面初采期间进行高压注水试验，使综放工作面初采期间煤炭回收率提高 10% 以上，注水扩散半径最大达到 15 m，平均扩散半径为 11.7 m；通过在薄煤层 2706 工作面进行试验，煤层含水量平均增加 4.74%，各工序平均降尘率达到 35.97%，注水扩散半径 7.5 m。

(2) 采煤工作面单体支柱防倒装置与铰接顶梁接顶材料研究与应用。研制出小巧轻便、使用方便、防倒性能强、具有二次防倒预防措施的单体支柱防倒装置。同时，利用矿废旧胶带，加工成铰接顶梁塑性接顶材料。两项技术创新，增强了现场铰接顶梁接顶效果，彻底杜绝了单体支柱卸液倒地伤人现象的发生。

(3) 采区轨道上车场气动调车机研制与应用。采区轨道斜巷上车场调车机的应用，解决了绞车余绳现象，实现了推车的机械化，极大地提高了把

钩人员远程操作的安全程度，每年节约人工费约 9 万元，把钩人员的劳动强度大幅度降低，该装置投资少，结构简单，故障少，便于维护和检修，易于推广使用。

(4) 积极推进薄煤层机械化安全高效开采。杨村煤矿薄煤层机械化开采项目总体设计可以适应 1 m 以下含硫化铁结核（硬度 $f \leqslant 8.4$）的薄煤层工作面，工作面生产能力达到月产量 3 万 t，对于实现资源平衡开采、缓解生产接续矛盾、充分回收煤炭资源、延长矿井生产寿命、实现企业可持续发展均具有十分重要的意义，对我国煤炭工业发展具有重大影响，而且产出的硫化铁可以发展煤化工产业。

（二）努力建设环境友好型、资源节约型矿井

(1) 安全基础管理得到强化。矿井安全质量标准化巩固提高，“无尘化矿井”创建成效初显，综合防尘管理获公司第一名，“双基”建设获公司第二名，群众安全工作再获全省群监会竞赛第一名，被评为山东煤矿安全程度评估 A 级矿井。

(2) 职工安全培训不断加强。“136346”职工安全培训模式取得新成果，“每月一考”抽考职工 3 654 人次，52 个工种的 740 名职工参加岗位练兵活动，137 名职工参加两年制机电专业中专培训班，全年外培职工 957 人次，矿培训 5 559 人次。

(3) 职工安全行为有效规范。“手指口述”安全确认、“三位一体”签字开工、“四位一体”签字检修等制度严格落实，井下准军事化管理规定认真执行，职工列队行走、上下人车进一步规范，一般“三违”明显减少，严重“三违”基本杜绝。

兖矿集团有限公司北宿煤矿

一、矿井概况

北宿煤矿隶属于兖矿集团有限公司，1976 年 12 月 26 日建成投产。设计生产能力 75 万 t/a，改扩建后核定生产能力 100 万 t/a。采用走向长壁后退式采煤方法，三班生产方式。采煤工作面支护采用支撑掩护式液压支架支护顶板，巷道支护采用锚网喷联合支护、喷射砂浆支护、锚网支护，特殊地点采用架木棚或工字钢梯形支架支护、锚网喷联合支护。

二、2008 年矿井主要技术经济指标

2008 年，原煤产量考核计划 95 万 t，实际完成 95. 67 万 t，平均单产 4. 204 8 万 t/（个・月），掘进进尺 18 666 m，掘进率 195. 12 m/万 t，原煤生产人员效率 3. 012 t/工。实现利润 10 544. 9 万元，职工人均年收入 4. 35 万元。采煤机械化程度达 87. 5%，掘进装载机械化程度达 100%。薄煤层采区回收率达 86. 88%，工作面回收率月月保持在 97% 以上。2008 年杜绝了重伤及以上人身事故，百万吨死亡率为 0，实现了安全生产年。

三、2008 年建设安全高效矿井主要工作

认真贯彻“安全第一，预防为主，综合治理”安全生产方针，牢固树立“以人为本、安全发展”和“不安全不生产、不达标不生产”的安全理念。以全面建设安全高效矿井为主线，狠抓现场，强化措施，巩固持续稳定的安全发展形势。合理组织，稳抓接续，确保顺利完成生产任务。巩固成果，挤水升标，深化安全质量标准化建设。统筹兼顾，科学发展，努力提升矿井综合竞争力，实现薄煤层安全高效矿井健康和谐发展。

加强组织领导，为安全高效矿井建设奠定基础，切实加强对薄煤层安全高效矿井建设活动的领导，明确责任与分工，建立健全各项管理制度，确保各项工作做到有章可循、有制可依。

加强隐患排查治理，为安全高效矿井建设提供有力保证，由矿长组织各级管理人员每周五进行井上下安全质量大检查，由总工程师组织安全生

产科室、基层区队工程技术人员每月进行隐患排查，由分管矿长组织各专业负责人实行不定期专业安全检查，由党群部门负责人组织每旬进行一次群众性安全检查，由安监处长组织专职安监员，实行对现场24 h不间断专盯检查。同时，严格落实隐患排查“红黄牌”制度，对排查出的隐患采取针对性措施加以整改治理。

坚持科技进步，不断提升科技水平，在采煤工作面推广应用了自行研制的切顶支架、SGB－630/115型刮板输送机、湿式打眼技术，试验了乳化液自动配比装置，有效调动了全矿职工技术创新的积极主动性，为推动矿井科技进步、建设薄煤层安全高效现代化矿井奠定了基础。

狠抓“双基”建设，稳固安全生产基础，健全完善了工种、岗位的操作精细标准和考核标准。2008年全矿共举办思想政治培训、安全培训、技术培训、管理培训四大类28个班次，为职工专业技能的普遍提升打下了基础，也进一步提高了职工队伍的综合素质。

加强生产后勤服务系统管理，为安全高效生产提供保障，投入使用了KJ95N型煤矿综合监控系统，投入运行了人员定位系统，并立足薄煤层安全管理特点积极开展井下无线通讯系统的调研落实工作。提高生产后勤服务质量，要求后勤服务各单位及时保质保量地完成各项生产所需物品的供应和加工及其他后勤服务事项。狠抓营销“三大工程”建设，及时把握市场动向，主动采取应对措施，巩固扩大煤炭市场，全面强化车运和地销管理，以销售保产量。

实施“文化强企”战略，促进矿井健康和谐发展，大力实施“文化强企”战略，确定了“建设高标准一流企业，培育高素质一流员工，创造高质量一流生活”的愿景目标；确立了“科技兴矿，和谐发展，服务社会，创新无限”的企业核心理念。

淮北矿业集团煤业有限责任公司
朱庄煤矿

一、矿井概况

朱庄煤矿为淮北矿业骨干矿井之一，坐落于安徽省淮北市境内，西距市区 9 km，北至徐州 50 km。矿区东临合徐高速与京浦铁路，西有阜夹铁路，北靠连霍高速和陇海铁路，京九动脉从西南穿过，地理位置优越，交通十分便利。

朱庄煤矿于 1958 年建矿，1961 年投产，设计生产能力 75 万 t/a，现核定生产能力 220 万 t/a。井田面积约 25 km^2，煤种为瘦煤、贫瘦煤，煤质较好，属低硫、低磷的优质环保型煤炭。矿井采用立井多水平分区式开拓方式，采煤方法为走向长壁顶板垮落机械化开采，采煤工艺为综采，可采煤层为四、五、六三个煤层。

二、2008 年主要技术经济指标

2008 年生产原煤 217.98 万 t，实现利润 9 488.98 万元（按市场价格计算为 3.87 亿元），销售收入 6.28 亿元（按市场价格计算为 9 亿元），原煤工效 9.116 t/工，在岗人员人均年收入 4.59 万元，安全生产 2 100 多天。

三、安全高效矿井建设的主要做法

（一）坚持安全第一，实现安全发展

坚持科技兴安，加大安全投入，突出抓好“一通三防”和防治水工作。大力推进质量标准化建设，健全完善安全隐患排查整改制度，加强安全制度建设和安全文化建设，加大事故责任追究和反“三违”、反事故力度，积极培育“安全每天都是第一天”的安全理念。加大全员安全培训力度，增强职工的安全自主管理能力和安全技能。

（二）加大创新力度，实现科学发展

加大技术创新力度，大力开展过程研修、创新创效、合理化建议征集

等科技攻关活动，以百万吨综采队建设为主线，不断提升单产水平，创新资源回收手段，合理设备选型，强化技术管理和现场管理，做好后勤保障工作，保证了设备安全运转。加快市场化推进步伐，增加市场化考核要素和考核权重，强化成本管理，严格经济责任考核。以效益最大化为原则，坚持科学配采，加强电力管理，加大避峰调荷和稽查督查力度，加强工程与合同管理，严格计划与预算审批，杜绝计划外工程，管理效率明显提升。

（三）打造精英团队，增强发展动力

全面实施素质提升工程，拓宽人才培养途径，深入推进人力资源规划落实，加大岗位整合力度，深化劳动用工制度、收入分配制度、干部人事制度改革。加大干部轮岗交流力度，加强团队建设，持续推进精细化管理不动摇，细化岗位责任，增强了精细化考核的实效性，实现了“事事有人管，人人都管事”的管理格局。加强职业道德建设，注重正面引导和宣传激励。

（四）构建和谐矿区，共享发展成果

大力推进安居工程、文明创建工程、困难救助工程、生活改善工程等民生工程建设，加大绿化力度，积极应用节能环保技术，加强党的建设，深入贯彻中国特色社会主义理论，开展了捐献特殊党费等活动，党员宗旨意识进一步增强。加强基层组织建设和干部队伍建设，加强民主管理，积极完善矿务公开等管理制度，保证职工群众的知情权、监督权，增强了监督的实效性。加强宣传工作，坚持正确的舆论导向，强化形势政策任务宣传，消除信访隐患，保证矿区大局和谐稳定。

淮北矿业（集团）有限责任公司
许疃煤矿

一、矿井概况

许疃煤矿位于安徽省蒙城县许疃镇境内，矿井于 1997 年 10 月 20 日破土动工，一期工程于 2004 年 7 月 8 日实现联合试运转，11 月 8 日正式投产。二期改扩建工程（33 采区）于 2007 年 12 月 10 日正式生产，现生产能力为 300 万 t/a。

矿井采用立井、集中运输石门、分组运输大巷开拓。有主、副井和两个风井四个井筒，混合式通风。大巷运输主要采取带式输送机和架线机车牵引矿车混合运输方式。采煤工作面采用综采工艺，采煤方法采用走向长壁后退式，全部陷落法管理顶板。

二、2008 年主要经济技术指标

2008 年实现原煤产量 277.97 万 t，原煤工效 8.23 t/工，采煤机械化产量 270.65 万 t，平均生产工作面 2.59 个，工作面综合单产 87 083 t/（个·月）。采煤机械化程度达 100%，掘进装载机械化程度达 100%，综掘机械化程度达 25%。全年实现销售收入 10.94 亿元，利润 15 376.51 万元，职工平均年收入 4.95 万元。矿井采掘关系正常，三量符合规定要求，采区采出率达到 83%。矿井安全监控、生产经营管理、生产信息等实现了计算机管理。环境保护达到国家要求（排放许可证：皖环许可亳字 03010029 号）。

三、建设安全高效矿井的主要经验和做法

（一）升级改造矿井生产系统，确保矿井生产能力

2008 年，对地面35 kV变电所内的原有设备进行了升级改造，积极开展了近距离采空区松软煤层巷道综合治理研究以及工作面矿压显现规律观测技术研究，在工广地面建立了固定瓦斯抽排站，为矿井高产稳产打下了坚实的基础。

（二）超前谋划、合理布局，保障矿井生产接替

该矿多次组织多个部门共同讨论，制定了2008年全年生产接替计划，在三个生产采区优化设计三个综采工作面，并确定一个采煤队为主力采煤队，确保了生产的稳步推进。

（三）大力推行巷道支护新工艺，强化快速掘进队伍建设

在积极发展掘进机械化的同时，大力推广应用煤巷锚杆支护和后运胶带技术，建成了快速支护锚杆化矿井。同时，煤巷掘进后运全部使用胶带机出煤，提高了单进，降低了劳动强度，实现了安全生产。锚杆支护的应用使该矿成功走出了一条低成本、高效益之路。

（四）大力发展机械化，不断提高单产单进水平

大型综掘机在复杂地质条件下煤巷掘进中的成功推广，极大提高了掘进进尺速度与工程质量，不仅缩短了工作面的成面周期，缓解了因综采快速推进对掘进系统的压力，而且成巷质量的提高也为后期工作面生产创造了有利条件。

（五）完善体系，全力推进安全质量标准化建设，促进了安全生产

按照国家法律法规及相关安全文件要求，该矿及时建立健全了包括安全管理十八项制度在内的一系列安全管理制度。通过一系列行之有效的措施，2008年，采煤、掘进、机运、通风、地测、防治水专业均达到了专业一级水平，建成了安全质量标准化矿井。

（六）突出重点，切实抓好“一通三防”和防治水管理工作

始终把“一通三防”作为安全工作的重中之重，同时，严格按照防治水工作“预测预报，有疑必探，先探后掘，先治后采”十六字方针要求，积极开展矿井防治水工作，顺利地探明了82下采区18#、16#疑似陷落柱含导水性，对所有威胁采掘生产的采空区水进行了探放，杜绝了水患威胁和重大事故。

（七）夯实基础、加大安全投入，不断提高矿井安全装备水平

该矿实现了井下移动抽采系统与地面永久抽采系统的并网运行，提高了矿井的瓦斯抽采能力，杜绝了瓦斯超限。防治水专业组配备有探放水钻机、水位自记仪、磁电流量仪及超前物探仪，能够全面开展地质预测预报工作。

淮北矿业集团煤业有限责任公司
朔　里　煤　矿

一、矿井基本情况

朔里煤矿隶属于淮北矿业集团有限责任公司，位于安徽省淮北市杜集区境内，井田面积19.5 km^2。矿井南距淮北市15 km，北距徐州市40 km，312国道从矿井西部穿过，矿区专用铁路线经符夹线与京沪线和陇海线连接，合徐高速公路和连霍高速公路分别从矿区东面和北面穿过，交通十分便利。

朔里煤矿于1965年破土动工，1971年7月试生产，1972年正式投产，设计生产能力60万t/a，当年达到设计能力。1974年引进英国综采机组，是新中国第一批试行综合机械化采煤的矿井，实现了采煤工艺质的飞跃。1977年实现产量翻番。1994年建成淮北矿区第一个百万吨综采队。1995年至2001年，矿井产量一直稳定在180万t左右，2002年至2005年连续四年突破200万t，在集团公司各生产矿井中一直保持着产量高、成本低、效益好、效率高、安全生产稳定的领先水平。

矿井采用一对立井开拓，单一水平上下山开采，大巷水平－200 m，采区内3、4、5层联合开采，6层单独开采，采煤方法采用走向长壁和倾斜长壁采煤方法，全部垮落法管理顶板。

二、2008年主要技术经济指标

2008年，矿井生产原煤137.168 8万t，其中综采产量达122.391 8万t，掘进进尺12 888 m，其中综掘进尺3 847 m，企业利润6 112.57万元，原煤工效7.327 t/工，原煤成本307.26元/t，百万吨死亡率为0。

三、安全高效矿井建设情况

（一）健全制度，严细管理，确保安全生产

朔里煤矿把2008年确定为“严管理年”，严格落实国家“安全第一，

预防为主，综合治理”的安全生产方针，完善安全管理制度，创新安全管理办法，狠抓质量标准化建设和职工安全素质两项基础工作，努力构建安全隐患排查长效机制，实现了安全管理水平的新跃升。

2008 年，在总结、提炼、充实好的经验、做法，反思、分析、查找存在不足的基础上，朔里煤矿从体制机制、管理环节、技术措施的高度着眼，进一步建立健全完善了 20 多项安全生产相关规章制度。

围绕规范干部职工行为，实施了一系列安全管理新办法。本着“质量有标准、管理有标准、操作有标准”的原则，严抓基层现场管理质量，严抓机关职能部门服务质量，严抓工程质量，严抓工作质量；严格规范工人操作行为，严格规范干部管理行为；加强安全投入，加强经济论证，努力把质量标准化贯穿于安全生产经营活动的全过程，融入到安全生产经营活动的各个环节。

（二）提质降耗，深挖内潜，向经营管理要效益

加强煤质管理。把提高煤质看成是最大的节能降耗和最有效的增收节支，明确职能部门和生产单位职责，抓好源头控制、现场管理、洗选筛选和配仓配售三大环节管理，强化煤质动态考核。

推进安全生产技术经济一体化工作。确立内部成本控制技术是源头的意识，从技术方案、设计开始，坚持体现“先进、适用、集成、经济”，重点抓住采掘工作面生产工艺选择和支护形式设计等关键环节，优化设计，优选工艺，简化系统，努力提高投入产出率。凡涉及采掘工程项目设计和预算金额超过 10 万元的单项工程，规定必须由安全、生产技术、经营等部门共同参与，既要进行安全技术论证，又要进行经济论证，切实做到了技术上可行、安全上可靠、经济上合理。

加强材料管理。单位材料费与工资捆绑考核，与经营科区长、单位正职挂钩考核。重点加强工字钢、锚杆、坑木、塘材、笆片等支护材料管理，实施支护材料与技术部门挂钩考核。进一步规范归口材料管理，明确管理单位的责权利，在使用和管理单位间形成制约机制，杜绝推诿扯皮。加强备用件和库存管理控制，统一规范，明确库存物资种类、数量、时间，加快四大辅助单位集中场地管理和库存物资收、发、存网络化管理步伐。同时，改革材料审批制度，借助精细化经营监控平台实施材料消耗动态监控，增强了基层单位材料消耗事前控制能力。

淮北矿业集团煤业有限责任公司
朱仙庄煤矿

一、矿井概述

朱仙庄煤矿隶属淮北矿业集团有限责任公司，位于安徽省宿州市东13 km处，井田面积26.3 km^2。矿井核定生产能力为220万t/a。矿井主采煤层为八煤，平均厚度9.71 m，为稳定的特厚煤层，采用综放工艺开采，占矿井可采储量的88%。矿井为煤与瓦斯突出矿井，煤尘具有爆炸危险性，煤层自然发火倾向严重，八煤层属极易自然发火的煤层，平均自然发火期为2.5个月。

矿井开拓方式是立井多水平石门开拓，井田划分一、二两个水平，一水平标高-435 m，回风水平标高为-275 m，二水平标高-680 m。目前有2个生产采区（87采区、Ⅱ86采区），2个准备采区（Ⅱ3采区、Ⅱ5采区）。

二、2008年矿井主要技术经济指标

2008年，矿井共生产原煤215.876 6万t，原煤工效达到7.327 t/工，工作面平均单产89 357 t/（个·月），采煤机械化程度及掘进装载机械化程度均达100%，全年共完成掘进进尺9 348 m。全年实现利润总额22 847.94万元，在岗职工人均年收入42 400元。

三、安全高效矿井建设情况

（一）突出重点、规范管理，矿井安全管理水平有了新提升

坚持以“一通三防”和防治水为重点，严控重特大事故发生。着力建立“通风可靠、抽采达标、监控有效、管理到位”的瓦斯综合治理十六字工作体系，突出对通风系统、监测系统、现场管理等关键环节应达到的效果进行重点检查，全面提升瓦斯超前防范能力。在防治水管理中坚持“有疑必探，先探后掘，有水必治，不治不采”的原则。坚持以安全质量标准

化为主线，夯实安全基础。制定年度安全质量标准化达标规划，分季度、月度下达计划，由系统主抓、基层创建，以头面为依托，积极创建精装头、精装面、精装硐室、精装线，以点带面，典型引路，整体推进，全面提升矿井安全质量标准化水平。

（二）明确职责，自我约束，职工安全素质有了新提高

坚持强基固本，加强职工培训，增强了职工安全自主意识，使职工由"要我安全"向"我要安全"转变，职工的操作行为进一步规范，提高了安全技能，促进了企业安全文化建设的发展。深入推进安全精细化管理。严细流程、严控过程。根据4E体系和作业流程要求，反复修订完善各岗位作业标准，使职工作业有章可循、有据可依。

（三）完善工艺，理顺系统，矿井集约化生产水平有了新发展

完善综放工艺。不断探索综采放顶煤生产工艺，逐步解决了综采放顶煤支架在极其复杂地质条件下应用的一系列技术难题，保证了矿井稳产高产。理顺生产系统，彻底解决了制约运输能力的瓶颈问题。同时对矿井供电系统也进行了技术改造升级、实现了综放面回采巷道掘进装煤、运煤机械化，为矿井安全高效发展提供了可靠保障。

（四）科学组织，合理定员，安全生产管理基础有了新巩固

按照集团公司《2007～2010年煤炭主业人力资源规划纲要》的要求，进一步简化机构和层次，尽可能减少非生产人员，充实生产第一线，最大限度地提高劳动生产率。结合矿井特点，合理安排和部署生产计划，科学安排区队、班组编制，减少工作环节，提高安全生产管理基础水平。

（五）内部控制，市场运作，积极构建内部市场化运作体系

按照集团公司内部市场化运作的要求，先后完善了物资供应市场、加工修理市场、电力市场、租赁市场、运输市场及内部市场价格体系。加强煤质管理，2008年，全矿商品煤灰完成27.68%，商品煤综合回收率达92.4%，实现煤质增收366万元。加强成本管理，大力压缩各项非生产性支出，进一步降低管理费用。加强节支降耗，大力开展修旧利废和回收复用工作，通过调整修理单价，实施激励政策，提高了基层单位修旧利废的积极性。

淮北矿业（集团）有限责任公司
涡 北 煤 矿

一、矿井概况

涡北煤矿隶属淮北矿业（集团）有限责任公司，井田位于淮北平原西部，行政区划属安徽省涡阳县管辖。井田中心南距涡阳县城 4 km，井田东西宽 3. 2 km，南北长 6 km，面积约 19 km^2。

井田地形平坦，新生界松散层较厚，一般为 379 ~ 444 m，总体构造为遭受断层（块）切割了的向西倾斜的单斜构造，煤层倾角一般为 11° ~ 27°，地质构造复杂程度属中等类型，局部中等偏复杂。含煤地层为石炭系、二迭系。全井田开采和局部可采的有 32、62、63、81、82、112 等六个煤层，主采煤层为 81、82，煤层总厚度为 10. 10 m，除 32、63 煤层伴有肥煤外，其余均为我国稀缺的优质焦煤，所产煤炭全部入洗。可采储量 4 280. 6 万 t，矿井设计能力 120 万 t/a，服务年限 25. 8 年。矿井采用立井分区式开拓方式，采煤方法为走向长壁综采放顶煤工艺。

二、2008 年主要技术经济指标

2008 年，生产原煤 112. 257 8 万 t，原煤工效平均 7. 239 t/工，采煤机械化程度达 100%，综掘进尺率达到 43. 5%，掘进装载机械化率达到 100%，全年销售收入 5. 540 6 亿元，利润 4 016 万元，全员人均年收入达到 44 904元。

三、安全高效矿井建设情况

（一）提高集约化生产经营水平，努力实现稳产高效

狠抓生产管理，稳定矿井产量。合理劳动组织，对采煤、机电、运输等队伍进行优化组合，劳动工效不断提高，产量稳步攀升。优化生产布局，简化生产系统，着力打造百万吨采煤队，强化主采 8101 综采工作面生产组织，不断提高单产水平，工作面年产原煤 108. 518 万 t。认真贯彻“采掘并

举、掘进先行”的方针，成立 1 个综掘队，2 个岩巷队，1 个煤巷队。全年完成进尺 8 260 m，确保了采掘关系平稳发展。

（二）强力推进精细化管理，促进经营管理上台阶

强化经营管理，不断提高经营运行质量。积极推进成本精细化管理，2008 年综合成本完成 397.73 元/t。加大修旧利废和自制加工力度，全年完成修旧利废和自制加工产值 317 万元。切实做好煤炭营销工作，牢固树立“以质量求生存”的理念，全年销售煤炭 115.47 万 t，实现了产销两旺。通过各项经营管理措施的实施，全年经营状况良好，完成利润总额 4 016.2 万元。

（三）加大科技创新力度，不断增强企业科技贡献率

积极推进采掘工艺改革，注重发挥综采效能，采煤综采机械化水平保持 100%，大力发展掘进机械化，综掘进尺完成 3 593 m，综掘进尺率达到 43.5%，掘进后路全部实现胶带运输化，掘进装载机械化率达到 100%，加大装备投入，综采工作面全部采用新型重型支架，保证了生产效率。

（四）加强安全质量标准化建设，打造本质安全矿井

（1）加大安全质量标准化创建力度。以工程质量标准化向工作质量标准化、行为规范化延伸，着力开展精装采掘工作面、精装硐室三条线创建，安全质量标准化建设取得新突破。

（2）突出抓好“一通三防”和防治水工作。加强通风系统管理，确保系统稳定可靠，积极推进瓦斯治理工作，全年抽放瓦斯 138.58 万 m^3。积极推广深孔静压注水、煤壁浅孔动压注水等技术，粉尘治理工作取得明显成效。对过断层的掘进头，做到了有疑必探、先探后掘，全年共进行瞬变电磁法探断层 3 次，确保了防治水安全。

（3）积极应用新的安全管理办法。推行安全确认法、周安全循环法、安全示范科区创建等安全做法，做到了安全工作重心下移区队、前移班组、自移个人。

（4）加大隐患排查力度。每周定期召开隐患排查、技术分析、“一通三防”、防治水、安全调度等工作例会，分析排查安全隐患。

淮北矿业（集团）有限责任公司 孙疃煤矿

一、矿井概况

孙疃矿于 2004 年 12 月 26 日破土动工，于 2007 年 12 月 27 日试生产，于 2008 年 6 月 26 日正式竣工投产。孙疃井田位于安徽省淮北市濉溪县境内，其南与任楼矿井接壤，北与杨柳井田毗邻，东北方向距宿州市约 23 km。井田内有多条公路可至淮北市、宿州市和蒙城县，交通十分方便。矿井采用立井、集中大巷、分区石门开拓方式。工作面采用走向长壁或倾斜长壁采煤方法。顶板管理采用全部冒落法。首采块段采用倾斜长壁综合机械化一次采全高采煤方法。

二、创建安全高效矿井的主要做法

（一）严格管理，安全形势持续稳定

加强教育培训，推进齐抓共管。积极组织开展采掘顶板管理会战、运输安全专项整治，强化监督检查，严肃追究问责。紧紧抓住重点区域、重要时段的薄弱环节，严格隐患排查整治。对查出的安全隐患，实行分级管理，及时下发联系单，责令限期整改。遏制了井下各类事故的发生，不断加大安全监督检查力度。提高思想认识，落实保障措施。通过一系列措施的落实，稳定了安全生产形势，保持了良好的发展态势。

（二）激励创新，积极创建科学技术型企业

从提高员工思想认识入手，采取各种手段，加强对“知识改变命运、技能成就未来”学习理念的渗透。优化调整施工层位，破解软岩支护难题，改造地面选矸系统。围绕生产布局、支护设计、新工艺应用，积极推进技术创新，不仅解决了制约矿井发展的“瓶颈”问题，而且创造了可观的经济效益。

（三）提高集约化，努力实现高产高效

（1）明确创建目标，强化组织领导。为推动安全高效矿井建设，全矿上下形成了层层抓落实的管理体系。建立了安全高效矿井激励机制，开展了安全效果、经营效果、单产单进创纪录等劳动竞赛，增强了广大职工参与创建安全高效矿井的积极性和创造性。

(2) 任务分割，统筹安排生产任务。根据集团公司年初下达的生产任务，矿上及时进行了产量分解。根据队伍情况和工作面的地质条件，确定了综采一区创建百万吨综采队为主线，综采预备区辅助生产，确保全矿产量的完成，调动职工在任何条件下的生产积极性。

(3) 奖惩分明，大力开展专项竞赛活动。为鼓舞职工生产热情和士气，2008 年安排开展各种劳动竞赛。劳动竞赛的开展，保证了各阶段生产目标的实现，责任更为明确，做到了有的放矢。

(四) 强化管理，稳步提升经济效益

企业经营实现了集约化，经济效益逐步提高，全年销售收入 78 219.92 万元，实现利润 4 800 万元，安全投入达到 920 万元，职工年人均收入达到 39 600 元，建立并完善了适应市场经济规律的新井管理体制和模式。深化内部市场化建设，规范运作流程，全面推行了三级市场化运作，对服务经营型和费用承包型主体进行内部市场化运作。强化成本控制，采取“谁分管谁审批、谁审批谁负责”和“谁节约谁受益、谁超支谁受罚”的原则；合理组织储备，加强清仓利库，加强材料的跟踪管理；狠抓回收复用、修旧利废、增收节支工作，实行废旧物资回收专人管理。加强市场调控，严格挂钩考核。加强组织领导，建立内部市场决策和调控机制，分解内部市场指标，审定内部市场价格，协调内部经济纠纷，调控内部市场运作。建立考核体系，制定奖罚办法，按月、分块、分级考核，鼓励先进，鞭策落后，促进内部市场的健康有效运行。

淮北矿业集团煤业有限责任公司 祁南煤矿

一、矿井概况

祁南煤矿座落在安徽省宿州市祁县镇浍河南岸，北距宿州市 23 km，南距蚌埠市 70 km。铁路、公路、水路通达，交通十分便利。矿井属于煤与瓦斯突出矿井，煤层具有自燃性。截至 2007 年底，矿井可采储量 26 435 万 t，其中主采煤层可采储量 13 597. 8 万 t，主采煤层可靠储量 7 630 万 t。

矿井采用立井、集中运输大巷、分区石门分水平开拓方式，采区为双翼上山布置方式，中央分列与中央并列的混合式抽出通风，物料轨道式运输，井下运煤为胶带化运输，回采工艺以综采为主，辅以炮采，掘进工艺有综掘和炮掘两种。

二、2008 年主要技术经济指标

2008 年，矿井生产原煤 238. 2 万 t，其中综采产量 192. 5 万 t，综采程度为 86. 3% 。掘进进尺 17 237 m，其中开拓进尺 1 137 m，综掘进尺 11 200 m，综掘程度 65% ，原煤生产人员效率 6. 6 t/工，实现利润 4 061. 16 万元，人均年收入 4. 23 万元。

三、安全高效矿井建设情况

（一）抓重点，夯实基础，稳定安全形势

通过抓“一通三防”和防治水工作重点，杜绝矿井存在较大事故隐患。通过抓安全质量标准化建设，巩固了安全生产基础。通过深入推进安全自主化管理，建立职工“三违”档案制和积分考核制，职工自主安全生产意识得到强化。通过抓围岩综合治理，开展了“围岩攻坚年”活动，初步形成了适应矿情的围岩治理体系，减轻了高地压软岩巷道支护困难对安全生产的困扰。通过抓安全生产系统改善，通风系统更加可靠，运煤系统实现了胶带化。

（二）依靠科技进步，发展采掘机械化，提高矿井生产能力和劳动效率

扩大综采工艺的适用范围。该矿在继续加强条件复杂的中厚及厚煤层综采工作面的生产技术研究、实践的同时，进一步将综采工艺推广到特厚和较薄中厚煤层。该矿的机械化设备升级，支架的支护能力逐步提高，采高向两极发展，机械功率、运输能力稳步增大。加强设备维修和使用管理，通过教育培训和管理，规范了职工的操作行为，提升了维修人员的技能水平，并通过强化生产技术管理，保证了设备的安全正常运转。

（三）科学组织，合理集中生产，通过定岗、定员、定编，落实限员挂牌制度

合理集中生产。矿井严格按“一综一炮”、“三个掘进区、七个掘进队”的生产规模，科学制定计划，合理安排采场接续，做到了一个采区只能有一个采煤工作面，最多两个掘进队伍同时施工。既保证了安全回采煤量，又保证了采场连续接替，全年无脱节、断线现象。

严格定岗、定员、定编。根据集团公司《2007～2010年煤炭主业人力资源规划纲要》的要求，该矿从岗位、班组到区队，层层定岗、定员、定编，尽可能地减少非生产人员数量，充实到一线，最大程度地提高劳动效率。

落实“限员挂牌”制度。通过实行井下现场限员挂牌管理，杜绝了盲目安排人员入井，控制了工作量不足时人员下井，做到上、下井人数清楚，工作地点清楚，工作内容明确，安全责任落实，确保了安全生产。

（四）加强经营管理，严格成本控制，矿井经济效益快速增长

全面推进内部市场化经营管理，努力节支降耗。加强用电管理，严格执行避峰就谷政策，加强大型设备管理，提高了用电的有效负荷率。加强煤质管理，优化设计，严格采区现场管理，认真落实分装分运措施，加快选煤厂洗选能力和适应性技术改造，保证了煤质指标的完成。加大回收复用、修旧利废工作力度，严格井下现场考核，提高了材料回收率，严格控制外部维修，鼓励自制加工，促进了节支降耗。

淮北矿业集团临涣煤电有限责任公司

一、矿井概况

淮北临涣煤电有限责任公司座落在淮北市濉溪县韩村镇境内，矿井于1985 年 12 月建成投产，设计生产能力 180 万 t/a，后对生产环节进行改造，2006 年核定生产能力 185 万 t/a。矿井开拓方式为立井分区石门式，分两个水平开采。主采煤层为七、八、九、十共4 层，倾角 10° ~45°。井田东西走向长 11. 5 km，南北倾斜宽 2. 6 ~4 km，面积 43. 2 km^2。矿井蕴藏的煤炭主要为焦肥煤，发热量为 5 500 kcal/kg。临涣煤电公司属高瓦斯矿井。矿井采用对角式通风方式，抽出式通风方法，井田两翼各有一座风井排风，通风系统正规合理，采掘工作面及硐室风量充足。矿井采用走向长壁式采煤方法，符合《煤矿安全规程》规定，矿井所采煤层为中厚煤层，采区采出率达 81. 8% 。

二、2008 年主要技术经济指标

2008 年，矿井产煤 183. 998 8 万 t，综采工作面年产量 145. 960 7 万 t，综掘队年进尺 5 516 m。死亡 1 人，百万吨死亡率 0. 54。2008 年企业利润达3 858. 88万元，职工人均年收入 3. 908 4 万元，同比增长 11. 6% 。采煤机械化程度达 81. 52% ，掘进装载机械化程度达 100% ，综掘机械化程度达 28. 79% 。

三、安全高效矿井建设情况

(一) 坚持集约化生产，原煤产量稳中有升

公司领导班子解放思想，调整布局，提出了“坚持发展采掘机械化，确保稳产高产”的基本发展思路，在生产、调度等方面实现了计算机网络化管理，对矿井的提升系统、运输系统、供电系统、巷道设计、采场准备、接替延续等方面进行连续不断地技术改造，逐个攻克制约矿井发展机械化的瓶颈。通过优化设计、合理布局、减头减面的管理方法，坚持“以综掘保综采、以综采促综掘”的指导思想，大力发展综掘机械化、掘进后运连

续化，掘进队缩减为6个，保证了生产接替，提高了矿井安全技术水平。加强机电设备管理，严格落实设备维修责任制，实行设备承包制。

（二）坚持精细化管理，安全形势保持稳定健康发展

坚持安全精细化管理，强化制度建设。坚持以安全质量标准化为主线，全方位推进安全质量标准化工作。强化基础性管理，提高安全整治效果。坚持安全自主管理，夯实安全管理基础。

（三）坚持市场化运作，经营管理水平不断提高

创新机制，全面推行内部市场化。围绕“管理效益年”活动，加快市场化运作步伐，经营管理实现了“市场化运作、计算机网络化管理”，严格材料管理。严把材料投入关，各类安全生产投入，要求做到安全可靠、技术可行，杜绝不计成本、盲目投入。加强回收复用、修旧利废工作。大力实施人力资源规划纲要，建立劳动定员管理制度。积极实施减人提效、减员分流的举措，大力进行优化劳动组织，实行一人多责、一人多岗，实行“限员挂牌”制度。

（四）坚持和谐发展，企业三个文明建设同步进行

该公司坚持以企业文化打造高标准文明矿井，以创建学习型企业、安全文化和实施精细化管理为主要内容，建设具有临涣煤电特色的企业文化。大力实施民生工程，创建文明和谐社区。加强环境保护工作，严格遵守国家法律法规（排污证明合法有效，排污许可证号为0015）。让职工共享企业发展成果，保持了矿区社会稳定，公司相继获得了“行业级质量标准化矿井”、“全国煤炭系统文明煤矿”、“淮北市平安社区”和安徽省委、省政府第八届文明单位称号。

淮南矿业（集团）有限责任公司
张 集 煤 矿

一、矿井概况

淮南矿业集团张集煤矿位于凤台县城西 20 km 处，是国家“九五”重点建设项目、全国煤炭基建管理体制改革试点矿井。张集煤矿由中央区、北区两对矿井组成，中央区一井两面，北区一井一面。中央区矿井设计生产能力为 400 万 t/a，北区矿井设计生产能力为 300 万 t/a，张集煤矿核定生产能力为 1 260 万 t/a，是安徽省首个千万吨级现代化特大型矿井。

矿井采用立井、集中大巷和主要石门、分区开拓、分区通风、前进式开采开拓方式。采煤方法全部采用后退式走向（倾斜）长壁一次采全高综合机械化采煤方法回采，全部垮落法管理顶板。

二、2008 年主要技术经济指标

2008 年，矿井生产原煤 1 211. 888 8 万 t，比上年增产 205. 6 万 t。掘进进尺 55 591 m，比上年同期增尺 4 565 m。销售收入 341 229 万元。原煤工效 18. 07 t/工，比上年同期增加 2. 38 t/工。人均年收入 6. 97 万元，比上年同期增加 1. 16 万元。

三、安全高效矿井建设情况

（一）开拓进取，勇于创新，矿井自主创新能力得到新提升

2008 年以来，全矿上下紧紧围绕矿井安全高效目标，持续深入开展自主创新，通过实施“科技兴矿”战略，不断加强人才的培养，加大科技投入，逐步建立健全以广大工程技术人员为创新主体、以煤矿安全技术为主要内容的技术创新体系。技术创新工作坚持“重点突破、全面推进”的思路，围绕制约矿井发展建设的技术瓶颈积极组织开展技术攻关和研究开发，并积极推广应用新技术、新工艺、新设备。

（二）真抓实干，固本强基，本质安全型矿井建设取得新突破

2008 年全矿认真落实“十个坚持”安全保障体系，实现了安全年目标。

认真抓好工程规格质量、系统设备质量、作业环境质量、工作行为质量。不断优化“一通三防”各大系统，全年调整通风系统145次，确保了系统安全、稳定、可靠。始终把瓦斯治理、防突、防火、顶板和机电运输管理等工作摆在突出位置，杜绝了重大瓦斯事故、突出事故、自然发火事故和顶板事故。认真落实“班检班清、日检日清、周检周清、月检月清”隐患排查整改制度，全年开展各类安全检查456次，查出隐患5 815条，整改率100%。全年共查处轻微伤事故23起、瓦斯超限事故10起、“三违”人员755人次，撤职15人，行政处理131人次，离岗培训26人。

（三）自主培训，专兼互补，全面提升职工综合素质

坚持安全生产技术与培训一体化，实行培训工作垂直管理，积极发挥各类专业技术人员在培训工作中的作用，形成全矿统一协调、专兼互补、内外结合的多元化培训工作体制。以职工培训中心和基层五级安培教室为阵地，按照“干什么学什么、缺什么补什么、什么急用先培训什么”的原则，坚持安全培训与技能培训相结合，积极开展自主培训。充分利用各类培训教育资源，积极聘请基层单位首席工程师、专业技术人员、技术大拿担任兼职教师，把煤矿企业最前沿、最实用的安全知识技能传授给职工。把矿井经营管理知识、班队安全管理知识传授给班队管理人员。建立培训约束机制，严格学员考核，以考促学，并充分利用考核结果，对不合格的，予以经济处罚、转岗、待岗处理，提高培训效果。

（四）精细管理，严格控制，积极推进技术经济一体化

2008年，通过不断完善经营管理体系，实行目标管理、过程控制和动态考核，积极推进全面物资管理及信息化建设试点，全面实施物资定置量化管理。通过合理优化供电系统，实行避峰调荷，提高了设备有效开机率，完成了节电目标。加强煤质管理，做到提质提级增效。

（五）抓住关键，稳步实施，四支人才队伍建设取得新成效

始终坚持以人为本的发展观，积极建设复合型的科区长人才队伍、创新型的专业技术队伍、高素质的班队长队伍和高技能的技师队伍，加强复合型科区长队伍建设，推进科区长队伍年轻化，加强创新型专业技术队伍建设，加强高素质班队长队伍建设，加强高技能技师队伍建设，为企业劳动效率的提高打下了坚实的基础。

淮南矿业集团顾北煤矿分公司

一、矿井概况

顾北煤矿位于安徽省淮南市凤台县西北约 23 km 处，淮阜铁路从井田南部经过，井田所在地交通便利。目前，集团公司和浙能集团达成了建设淮南煤电基地的合作协议，其中顾北煤矿为集团公司与浙能集团合资建设的凤台 4 ×60 万 kW 发电厂的配套矿井，其生产的煤炭全部供给该电厂，该电厂2007 年建成并投产。矿井初步设计生产能力为600 万 t/a，2004 年开工建设，于 2007 年 12 月 28 日首采面顺利实现联合试运转。

采用立井、主要石门和分组集中大巷的开拓方式。井田划分 2 个生产水平，其中一水平标高为 －648 m，采用上山开采；二水平标高暂定为 －760 m。回采方式为走向长壁区内后退式一次采全高综合机械化采煤法。

二、2008 年主要技术经济指标

2008 年，实现生产原煤 431. 67 万 t（其中回采产量为 396. 27 万 t），原煤工效为 17. 590 t/工，全部成本 259. 57 元/t。销售收入 16 444. 44 万元，利润为 56 092. 81 万元，职工人均年收入 8. 55 万元。全年百万吨死亡率为 0，完成掘进进尺 20 808 m。

三、2008 年度安全高效矿井建设的主要做法

建立健全各项针对性管理制度，并对照制度严格执行。建立了局域网，实现信息资源共享、生产过程自动化、知识管理网络化，改善了企业经营管理，实现企业管理科学化、规范化、信息化。

坚持“可保尽保、应抽尽抽”，全面推进瓦斯综合治理。加大了瓦斯综合治理技术创新力度，提高了瓦斯治理效果。在瓦斯综合治理上，超前谋划。加强瓦斯地质研究，完善了瓦斯地质图，推广使用防突预测图。实行了瓦斯超限分级追查制度和采掘工作面回风瓦斯浓度 0. 8% 断电管理制度。

狠抓质量标准化，创造安全生产的作业环境。2008 年，矿井八大专业实行进一步细化管理，要求材料定置化、管理模式化、信息系统化、管理

精细化，并建立完善的监督、检查、考核机制和质量目标责任制，坚持开展以“一通三防”为龙头、以采掘为重点、以机电运输为主线的系统达标会战，开展创建品牌采掘面、硐室、车间、运输大巷活动，以点带面，促进矿井质量标准化工作向纵深方向发展。

加强成本管理，提高职工节资降耗意识。实行“强化现场管理，从严控制成本，深挖潜力，节资降耗”的经营工作方针，依靠科技管理，大力开展降成本、降灰分、增效益、长工资的方案。对经营目标实行责任考核制，并与职工工效挂钩，提高节支降耗意识，充分调动了广大职工的积极性，并合理精简机构、优化资源配置。同时加强机电设备的管理，提高开机率，切实做到运行经济化。

合理优化工作面设计，在设计前对工作面进行充分考察论证，并用“三维地震”、地质坑透等先进的勘探技术，对工作面进行地质分析，减少地质风险。

实现装备精良，引进高阻力大采高支架，大功率电牵引采煤机，大功率双速刮板输送机，高速带式输送机以及高强度煤、岩综掘机，提高工作面单产及掘进工作面进尺，确保采掘协调、稳定。积极推进锚索网支护改革。加强与科研机构及院校的合作，解决“三软”煤层、复合顶板条件下沿空送巷、沿空留巷、锚索网支护帮顶位移量大等难题，为工作面实现安全高效生产创造有利条件。

加强生产过程中的煤质管理，严格超灰、超水扣产制度；工作面过断层或异常区期间，严格执行分装分运措施；合理配采，提高煤质；同时加大选煤厂的洗选能力。

走新型煤电工业化道路，促进矿井的可持续发展。按照新型工业化的发展要求，立足于矿井实际，努力发展煤炭工业信息化，大力推进产业结构优化升级，实施可持续发展战略。2008 年积极开展与科研院校的合作，坚持产、学、研相结合，走技术经济一体化的发展道路，在科技创新领域中取得了长足进步。

淮南矿业（集团）有限责任公司
谢 桥 煤 矿

一、矿井概况

谢桥煤矿位于安徽省淮北平原西南部，淮南煤田潘谢矿区西部，东起 F209 断层与张集矿井接壤，西至 F5 断层与刘庄矿井毗邻，南以谢桥向斜轴或 17－1 煤层－1 000 m 底板等高线的地面投影线为界，北至 1 煤层露头线。东西走向长 11.5 km，南北倾斜宽 4.3 km，面积约 38.2 km^2。矿井于 1997 年 5 月 14 日建成投产，设计生产能力 400 万 t/a，经过技术改造后，核定生产能力 800 万 t/a。

根据井田煤层赋存特点，采用立井、集中运输大巷、分区石门和上下山开拓方式。在工广内设主井、副井、矸石井三个井筒，在 1 煤层露头附近设东风井和西风井两个井筒，副井、矸石井进风，东风井、西风井回风。矿井采、掘工艺分别为综采、综掘和炮掘。采煤为综采，掘进为综掘和炮掘，其中，煤巷掘进全部为综掘，岩巷掘进以炮掘为主、综掘为辅。采煤方法为走向长壁采煤法，一次采全高，区内后退式综合机械化采煤，全部垮落法处理采空区。

二、2008 年度主要技术经济指标

2008 年矿井产煤 800.17 万 t（其中回采产量为 755.38 万 t）；掘进进尺 27 260 m。职工人均年收入 6.04 万元。原煤生产全部成本 197.07 元/t，销售原煤 800.17 万 t，实现利润 29 958.16 万元。

三、创建安全高效矿井的经验及具体做法

（一）大力推行管理创新、机制创新

（1）健全管理机制，推进管理转型。确立了“安全、经济、文明、和谐”矿井发展的目标，明确了“目标管理、责任追究”的管理方略，转变思想观念，转变工作作风，转变工作方式方法，用“目标意识、规范意识、

执行意识、创新意识、和谐意识”开展各项工作。不断完善矿井各项制度，用制度约束行为，建立了分口负责、责任追究制，逐步形成一级抓一级的授权问责机制。建立了班队长专业化运行机制，使大多数大中专毕业生走上班队长的岗位，增强了现场安全生产技术的管理能力，提高了矿井安全生产的能力。

（2）健全了以总工程师为首的技术管理体系，解决生产中的重大技术问题，为矿井稳定发展提供有力的技术支撑。对生产布局进行调整，并在此基础上制定了采场接替规划以及瓦斯治理发展规划，对各煤层的开采顺序、煤层合理配采、规避地质风险及采场应力集中、采区和新水平的开拓延深等进行了统一部署，杜绝了开采的盲目性和无序性。

（二）积极开展技术创新

（1）优化设计、创新采场布局，从技术源头为安全高效生产奠定基础。将工作面的面长由原来的 150 m 提高到 240 m，工作面走向长由原来的 1 000 m增加到 2 000 ~ 3 000 m，尽可能布置大储量工作面，充分发挥综合机械化开采的优势。

（2）加大采掘工艺改革和设备升级换代力度。2008 年，对矿井主采煤层 13 – 1 煤层用大采高开采技术取代综放开采，采煤机由国产 MG700 型升级为进口 SL – 300 型，工作面单产得到大幅提高，矿井产量迈上了历史新高。在岩巷快速掘进方面，使用新型 MK3 岩巷综掘机和大功率的锚杆钻机，同时积极开展中深孔爆破技术，大断面巷道增加复式掏槽眼和锥形复式掏槽眼，循环进尺由原来的 1.4 ~ 1.6 m 增加到 1.9 ~ 2.1 m，岩巷单进水平得到大幅提高。

（3）加强瓦斯综合治理技术创新，编制了矿井开拓布局优化调整与 Y 型通风系统相结合的瓦斯综合治理规划，煤与瓦斯综合治理采取区域性防治和局部防治相结合，大力开采解放层，实现区域性防治突出。2008 年，开采了 1212（1）保护层工作面和 12418 沿空留巷 Y 型通风工作面。

淮南矿业（集团）有限责任公司 潘集第三煤矿

一、矿井概况

潘三矿隶属于淮南矿业（集团）有限责任公司，是该公司主力矿井之一。矿井于 1992 年 11 月 1 日建成投产，设计生产能力 300 万 t/a，核定生产能力 510 万 t/a。

矿井东西走向长约 9.3 km，南北倾斜宽约 5.8 km，面积约 54 km^2。井田位于潘集背斜南翼，总体形态为一单斜构造，地层走向 NW - SE，倾向 SW，倾角一般为 5°～10°。2008 年底，矿井剩余工业储量 66 135.2 万 t，可采储量 37 245.7 万 t。

矿井采用立井—集中运输大巷—分区石门的开拓方式，分两个水平，一水平大巷标高 -650 m、回采下限标高为 -730 m，二水平设计标高为 -890 m，东西翼回风水平分别为 -420 m 和 -480 m。矿井采用长壁采煤法，区内后退式回采，全部垮落法处理采空区。

二、2008 年矿井主要技术经济指标

2008 年，矿井生产原煤 505.6 万 t，掘进进尺 20 897 m，原煤生产人员效率 13.89 t/工，职工人均年收入 6.25 万元，比 2007 年人均年收入增加 0.85 万元，同比增长 15.75%。安全投入费用为 19 294.88 万元。原煤生产全部成本 257.08 元/t，盈利 21 700 万元。

三、安全高效矿井建设采取的主要措施

（一）坚持“可保尽保、应抽尽抽”，全面推进瓦斯综合治理

加大了瓦斯综合治理技术创新力度，提高了瓦斯治理效果。创新了工作面顶板高抽巷、浅孔埋管抽采上隅角等瓦斯综合治理技术，形成了“大流量、多抽泵、大管径、多回路”的抽采格局，保证了高瓦斯工作面的瓦斯治理效果，基本消除了瓦斯制约生产的瓶颈。强制性开采保护层，强化

防突工作，实施煤巷深孔松动爆破技术，运用“两综一炮”等掘进工艺，确保了掘进面防突管理的安全。加强瓦斯地质研究，完善了瓦斯地质图，推广使用防突预测图。实行了瓦斯超限分级追查制度和采掘工作面回风瓦斯浓度0.8%断电管理制度，提升了瓦斯管理等级，大大减少了瓦斯对生产的影响。

（二）狠抓质量标准化，创造安全生产的作业环境

2008年，矿井采、掘、机、运、通、地测、调度、选煤八大专业在上年度的基础上进一步细化管理，要求各专业制定出明确的目标和具体的实施方案，建立完善的监督、检查、考核机制和质量目标责任制，坚持开展以“一通三防”为龙头，以采、掘、开为重点，以机电运输为主线的系统达标会战，开展创建品牌采掘面、硐室、车间、运输大巷活动，以点带面，促进矿井质量标准化工作向纵深方向发展，使矿井在质量标准化方面继续保持了煤炭行业一级标准。

（三）依靠科学技术的进步，提高矿井科技含量，革新采掘工艺

科学技术的进步是企业发展的不竭动力。2008年，该矿通过采取技术创新激励机制，充分激发了广大工程技术人员和职工的创新意识，并积极开展与科研院校的合作，坚持产、学、研相结合，走技术经济一体化的发展道路，在科技创新领域中取得了长足进步。

（四）狠抓精细化管理，提高矿井综合效益

2008年，根据“强化管理，从严控制，深挖潜力，消缺补差”的经营工作方针，依靠技术、管理和制度，大力开展降成本、降灰分，实现了增效益、增工资。全面推行经营目标责任制，考核安全、产量、进尺、变动成本和煤质等指标，经济运行质量进一步提高。改革工资分配制度，推行岗位绩效工资制，调动了广大职工的积极性。优化人力资源配置，精减富余人员充实一线，解决了生产单位人员不足问题。加强对机电设备的管理，严格做到运行经济化，杜绝无功消耗，提高运转效率。检修工作责任化，减少设备事故率，延长使用寿命。加强内部维修管理，提高维修水平和质量，严格控制外修费用。规范财务管理，严格控制非生产性消耗。定期召开经营分析总结会，对承包指标的落实情况进行仲裁，严格兑现奖惩，促进经济良性循环。

淮南矿业（集团）有限责任公司 潘北煤矿

一、矿井概况

淮南矿业集团潘北煤矿是国家“十一五”规划重点能源建设项目之一，纳入国家建设淮南亿吨级煤炭基地和全国六大煤电基地的总体规划。矿井位于淮南市（洞山）西北约 30 km 处，潘一矿、潘三矿北部，东部与潘二矿毗邻。隶属淮南矿业集团有限责任公司，行政区划隶属安徽省淮南市潘集区管辖。该井田淮南—阜阳铁路及潘谢矿区铁路贯穿区内，矿井铁路专用线可经潘谢矿区铁路转接入阜—淮铁路，南部有潘谢公路通过，公路四通八达，南距淮河 20 km，对外交通便利。

矿井采用立井、集中大巷、多水平、分区石门开拓方式，东、西翼双翼开采。工业场地内设主井、副井及中央风井共三个井筒。井田划分两个生产水平，其中，一水平标高为 -650 m，采用上山开采；二水平标高暂定 -780 m，上下山开采，下山采至 -900 m。矿井初期在 -490 m 设辅助水平。安全生产和辅助生产系统按初期 240 万 t/a 建成，留有 160 万 t/a 生产条件，服务年限为 50.1 年。采用走向长壁一次采全高综合机械化采煤法，区内后退式回采，全部垮落法充填采空区。

二、2008 年技术经济指标

（1）安全、质量标准化情况：2008 年百万吨死亡率为 0，实现了矿井安全年。质量标准化达行业一级标准。

（2）原煤产量完成情况：全年产煤 186.67 万 t，平均工作面个数 1 个，矿井综合单产 12.74 万 t/（个・月）；矿井平均月产量达到 155 560 t，最高月产量达到 205 999 t，平均日产量达 4 355 t，最高日产量达 9 210 t。

（3）掘进进尺完成情况：全年掘进进尺 16 588.7 m。其中：岩巷进尺 3 922.6 m，综合单进 108.96 m/（个・月）；煤巷进尺 12 666.1 m，综合单进 351.83 m/（个・月）。

(4) 2008 年期末原煤生产人数 813 人。原煤生产实际工日 195 100 工日，原煤生产人员效率 9. 57 t/工。职工人均年收入 6. 55 万元。

(5) 矿井共有一个采煤队，采煤机械化程度 100% 。矿井共有 6 个掘进队（煤巷掘进队 3 个、岩巷开拓队 3 个），其中煤巷全部实现机械化掘进。

(6) 矿井“三量”以及可采期符合国家规定，能够保证正常接替。

(7) 煤矿经济效益显著。2008 年，原煤生产全部成本 336. 79 元/t，商品煤灰分实际完成 35. 47% ，实现经济利润 8 588. 2 万元。

(8) 矿井安全资金投入，2008 年矿井按吨煤 33 元提取安全资金，共提取 6 283. 20 万元，其中在安全矿建工程投入 1 610. 28 万元，在安全设备及安装投入 1 956. 69 万元，在安全其他方面投入 2 716. 23 万元。

(9) 1111 (3) 工作面煤层平均厚度为 4. 2 m，平均倾角 40°，直接顶为泥岩及 13 -2 煤，厚 3. 5 m 左右。工作面内共发育有 5 条落差大于 5 m 的断层。工作面采用走向长壁一次采全高综合机械化采煤法，区内后退式回采，全部垮落法充填采空区。2008 年该工作面回采产量 152. 85 万 t，平均日产 4 246 t，最高日产 6 785 t，创造了淮南矿业集团公司大倾角煤层“三软”复杂条件下采煤工作面日产最高纪录；最高月产 177 206 t，平均月产 127 382 t，年产 152. 85 万 t，创造了全国大倾角煤层“三软”复杂地质条件下采煤工作面月产最高纪录和年产纪录。

国投新集能源股份有限公司
刘 庄 煤 矿

一、矿井概况

刘庄煤矿位于安徽省阜阳市颍上县北部，南距县城约 20 km，西至阜阳市 40 km 左右。全井田东西走向长 16 km，南北倾斜宽 3.5 ~ 8.0 km，面积约 90 km^2。全井田共有地质储量 1 560.56 Mt，可利用的工业储量 1 254.71 Mt，可采储量 679.406 Mt。矿井设计能力为 800 万 t/a，于 2003 年初开工建设，2006 年 10 月建成试生产，2007 年全年实际生产原煤 291.16 万 t，2008 年全年实际生产原煤 456.96 万 t。

井田主要可采煤层的顶板均以泥岩、砂质泥岩为主，少量为砂岩，底板多为泥岩和砂质泥岩。矿井绝对瓦斯涌出量为 36.51 m^3/min，相对瓦斯涌出量为 4.22 m^3/t，矿井瓦斯等级鉴定结果为煤与瓦斯突出矿井，矿井抽采率 60% 。该矿田各可采煤层的煤尘均具有爆炸性。煤易自燃，煤层的自然发火期为 3 ~6 个月。该矿田地温有随深度的增加而增高的趋势。其中井田南部属地温正常区，北部为地温异常区。

二、2008 年主要技术经济指标

2008 年矿井生产原煤 456.96 万 t，其中，综采工作面生产原煤 415.18 万 t，掘进煤 41.78 万 t，原煤生产人员效率 15.2 t/工，掘进总进尺 24 036 m，2008 年矿井实现了安全年，矿井采煤机械化程度为 100% ，综掘机械化程度为 66% ，掘进装载机械化程度为 100% ，矿井全年实现利润 107 872 万元，人均年收入为 6.41 万元。

三、2008 年创建安全高效矿井的做法和经验

(1) 认真落实精细化管理，筑牢安全基石，确保矿井健康发展。2008 年，刘庄煤矿认真贯彻落实各级安全生产的文件精神，严反“三违”；全员推广“手指口述”安全确认操作模式，规范职工安全行为。在强化开展的

安全质量标准化创建活动中，通过制定和落实《刘庄煤矿安全质量标准化精细化管理办法》，强力推进质量标准化精细化管理，全面实施工程质量责任追究制度。加强基层自主管理，全面推进标准化安全班组建设，推动区队班组建立起自我约束和持续稳定的安全生产长效管理机制，夯实安全管理基础。

（2）完善矿井信息化、自动化系统，提升矿井机械化、自动化水平。煤矿已建成计算机内部局域网，覆盖整个矿区，实现了计算机网络化管理，并大力推行新设备使用。

（3）开展创新工作，发挥科技先导作用，推动矿井发展建设。在工作面自动化操作、突出危险性区域鉴定以及地质探测新技术应用等方面都取得了创新成果。

（4）抓住生产主线，合理组织生产，努力提高单产单进水平。在生产组织上，刘庄煤矿每月召开生产计划会，把工作任务层层分解到区队。

（5）强化综合瓦斯治理，优化通风系统，保障矿井安全生产。认真贯彻“通风可靠、抽采达标、监控有效、管理到位”的瓦斯治理“十六字方针”；始终抓住安全管理不放松，进一步强化“一通三防”质量标准化工作，加强职工专业技能培训和思想政治教育工作，奠定了矿井“一通三防”安全工作的坚实基础。

（6）深化机构改革，规范劳动合同管理，促进人力资源管理上新的台阶。不断优化人力资源配置，深化管理流程再造。

（7）合理配置劳动力资源，实现劳动力和生产资料的最佳结合。根据公司核定效率指标和定员指标，严格控制职工总量。合理调整人员结构，提高职工队伍整体素质。加强职工调配，进行余缺调剂，合理使用劳动力。建立企业内部劳动力市场，使之成为调节企业劳动力的重要手段。2008 年完成了对全矿干部职工的考核工作和劳动合同签定工作，对系统中的职工基本信息进行更新，将所有职工人事档案重新整理并电子化，进一步规范了人力资源管理模式。

国投新集能源股份有限公司
新　集　一　矿

一、矿井基本情况

新集一矿是国投新集公司开发建设的第一对大型矿井，井田位于淮南煤田颍凤勘探区中部，行政区划属凤台县新集镇。矿井东边与新集二矿相邻，西与待开发的罗园矿井相接，南起煤田边界，北与张集煤矿相邻。井田东西走向长约 6.9 km，南北宽约 3.7 km，面积为 25.2 km^2，煤炭地质储量为 5.3 亿 t，2008 年底圈定的可采储量为 1.6 亿 t。2008 年实际生产原煤 398.3 万 t，矿井于 1993 年 7 月 1 日投产，累计生产原煤 5 323.76 万 t。

采煤方法为走向长壁后退式，全部冒落法管理采空区。矿井主采煤层为 13 煤，11 煤、8 煤和 6 煤层，煤层厚度为 3.3 ~ 4.5 m，均采用综合机械化采煤，一次采全高，中厚煤层工作面回收率平均为 95.4% ，厚煤层工作面回收率平均为 93.8% ，全矿采区回收率为 81.2% 。

二、2008 年主要技术经济指标

2008 年生产原煤 398.3 万 t，原煤工效为 15.02 t/工。实现利润 31 198 万元，年人均工资 5.2 万元，比上年度增长 15.3% 。全年掘进总进尺 22 453 m，采煤机械化程度为 100% ，掘进装载机械化程度为 100% ，综掘机械化程度为 59% ，百万吨死亡率为 0。

三、创建安全高效矿井的主要措施

（一）建立安全生产长效机制，保障矿井安全生产

在抓好“三基”建设的同时，完善了 75 项安全生产管理制度，规范了工作标准、员工行为，让制度去管理人、约束人，抓好安全生产的各个环节，杜绝漏洞，建立了安全生产长效机制，促进了矿井安全形势稳步发展。

（二）高标准创建安全质量标准化，促进安全生产

建立了以矿长负责，生产副矿长主抓，技术办主管，驻矿安监处监督，

各基层单位具体落实的矿井安全质量标准化管理体系。为使安全质量标准化上档次、上台阶，2008年扎实地开展安全质量标准化达标工作；为了实现矿井安全质量标准化动态达标，新集一矿加大了动态检查力度、由原来的三旬静态检查改为两次静态和一次动态检查。

（三）积极推广应用新工艺、新技术，提高单产、单进水平

积极推广新工艺、新技术，本着安全、高效的原则，在综采设备选型上，尽量选用高安全、高产量、高效率的综采配套设备。综合单产15.72万t/（个·月），生产效率大大提高，确保了矿井稳产和安全高效。

（四）创建信息化管理平台，提高管理效能

新集一矿实现了计算机信息化管理。目前已建成了财务管理系统、物资供应管理系统、办公自动化系统、生产调度综合管理系统、安全生产信息管理系统、人力资源管理系统、经营管理系统、机电设备管理系统等实现了计算机网络化管理，提高了管理效能，促进了矿井安全生产。

（五）规范劳动定员，提高劳动效率

矿井建立了劳动定员管理制度，做到科学组织生产，优化劳动组织，提高劳动效率。合理采掘布局，避免集中生产，采区内采掘队伍符合安徽省采区劳动定员管理规定。

（六）加大安全投入，创建本质安全型矿井

建立和完善了地面永久瓦斯抽采系统，多种抽采方法并举，构建立体瓦斯抽采格局，建立综合抽采格局，保障抽采达标；对混合井主提、副提提升电控系统进行了技术升级改造；掘进工作面全部实行了“双风机、双电源”自动切换装置，提高局部通风机操作和管理水平，杜绝了因停风而造成的瓦斯超限现象；该矿实现了主运系统集中控制，对掘进出煤系统进行自动化操作改造，提高了掘进出煤系统的效率和安全性。

国投新集能源股份有限公司
新 集 二 矿

一、矿井概况

新集二矿设计生产能力 300 万 t/a，1993 年开工建设，1997 年投产并达产，2008 年核定矿井生产能力为 290 万 t/a，截至 2008 年底累计生产原煤 3 620 万 t。井田范围内主要含煤地层为第 1 ~4 含煤段，含煤 25 层，煤层总厚度 43.67 m，含煤系数 5.82%。可采煤层 13 层，其中全区可采 5 层。大部可采 3 层，局部可采 6 层，总厚度 32.3 m，含煤段含煤系数 7.68%。采煤方法均为走向长壁式综合机械化采煤，顶板管理方法为全部垮落法。

二、2008 年主要技术经济指标

2008 年生产原煤 259.84 万 t，最高月产 26.18 万 t，综合单产为 9.82 万 t/（个·月），掘进进尺累计完成 19 037 m，矿井百万吨死亡率为 0，原煤生产人员效率 8.2 t/工，采煤机械化程度为 100%，掘进装载机械化程度为 100%，综掘机械化程度为 30%。实现利润 23 184 万元，人均年收入 5.64 万元。

三、创建安全高效矿井的主要措施

（一）强化创新意识，开展掘进会战

制定“双向选择，竞聘上岗”的灵活用人制度，使组建的队伍具有空前的凝聚力、向心力和战斗力。与市场接轨激活了基层内部管理创新，大大提高了工时利用效率。采用科学合理的激励政策及阶梯递增的方式，对完成总体目标的会战队伍，按照一定的比例进行一次性奖励，并采取层层递增的方式分阶段奖励。

（二）围绕市场接轨，全面推行市场化改革

为适应市场、挑战市场、战胜市场，实施了以“精干一线，精强辅助，精英机关”为主要内容的机构改革。同时引入市场机制，推行项目工程承包，煤矿重点工程全部实行项目承包，不仅把基层单位生产经营活动引入市场，重要的是在思想上促进了基层干部、职工对市场的认识，工作效率创造了历史新高。

(三) 落实安全责任制，加强安全文化建设，夯实安全管理基础

以安全精细化管理为突破口，通过全面建立精细化安全流程控制制度，规范了职工行为，上标准岗，干标准活。落实了职工安全责任，提高了职工的安全意识和素质。通过建立较为完善的精细化管理制度，实现了安全管理的点、线、面有效促进与结合。对“三违”的整治坚决从人的不安全行为入手，重在通过系统化的安全宣教，加强对职工的安全意识教育，达到由“要我安全”为“我要安全”的思想转变。

(四) 创新质量标准管理模式，强化精品工程建设，提升矿井的安全质量标准化水平

2008 年，通过进一步完善安全质量标准工作的支撑体系，使各项质量标准化工作成为了日常的、规范化的行为，按照“难点就是重点，重点变亮点，亮点成景点”的创建思想，实施典型引路，创建了二水平 11、13 煤共用轨道下山、1304 工作面等精品亮点工程，极大地调动了基层单位抓好质量标准化工作的积极性，使全矿质量标准化创建工作呈现了“你追我赶、齐头并进”的可喜局面。

(五) 推广新工艺、新技术，提高单产单进水平

2008 年，新集二矿综采设备向大功率、高电压、大运量、强力型、高可靠性发展，选用 MG500/1130 - WD 电牵引采煤机，ZZ7600/18/38 型支撑掩护式液压支架，SGZ800/800 双速高强度输送机；同时对综采工作面采用远距离供电和供液技术，采用 3 300 V 中高电压等级远距离供电和 ZC32 高压双管路远距离供液，使高压供电、供液距离达到 1 200 m。该项技术的成功运用，大大减少了综采工作面移动配电点和泵站个数，减少了劳动强度、节省了工作时间。

平顶山天安煤业股份有限公司六矿

一、矿井概况

平顶山天安煤业股份有限公司六矿地处平顶山煤田向斜南翼中部，矿井井田面积 29.68 km^2，矿井主要开采煤层为丁 5 - 6 煤层、戊 8 煤层、戊 9 - 10煤层，主要煤种为 1/3 焦煤。于 1958 年兴建，1970 年简易投产，经过三次技术改造，成为一座技术先进的大型现代化矿井。

矿井开拓方式为中央并列混合式多水平开拓，目前开采水平为二水平，其标高为 - 440 m，二水平下山部分工作面开采深度在 800 m 以下。采煤工作面均采用后退式走向长壁采煤法，全部垮落法管理顶板，综采机械化采煤工艺，综采机械化程度及装载机械化程度均达 100% 。

二、2008 年主要技术经济指标

2008 年生产原煤 324 万 t，开掘总进尺 18 100 m，原煤生产人员效率 12.111 t/工，销售收入 122 675 万元，利润 33 814.01 万元，职工人均年收入 35 493.96 元，矿井百万吨死亡率为 0。

三、创建安全高效矿井的具体做法

(一) 强化创新理念，引领企业又好又快发展

科学谋划，优化生产布局。先后高标准移交了戊 8 - 22100、戊 8 - 22110、丁 6 - 21160 等工程，丁 6 - 22220、三水平等重点工程不断加快，确保了生产建设的连续性和均衡性。在大力倡导“讲大局、讲协调、讲奉献”团队精神的基础上，融入“相互支援、互创条件、荣辱与共”的共赢理念。创出了综采工作面跨采区安装搬家、煤与瓦斯突出工作面月产、开拓大断面月单进等建矿历史新纪录，实现了生产建设高效、均衡、有序、可控化发展。对制约矿井安全生产的瓶颈问题进行科研攻关，为建设安全高效矿井提供了有力的技术、装备保障。加大乳化液轻型钻机研制力度，解放突出煤层生产能力。实施工艺创新，提高劳动效率。坚持科技创新、装备投入与管理创新并重的原则，安装了河南省首家使用国产自动化设备的采煤

工作面，使采煤、运输系统更加合理，综采单产能力得到大幅度增长。

（二）规范安全管理确保矿井安全生产持续稳定健康发展

突出重点、强化治理、杜绝重大事故发生。积极探索新工艺，优化抽采工艺，大力发挥乳化液防突钻机作用，突破瓦斯制约生产的瓶颈，使得ϕ89 mm防突措施钻孔在软煤层深度不断加深，由最初的10 m，逐步加深到15 m、20 m，最终突破25 m，瓦斯应力得以有效释放，为安全生产奠定了坚实基础。常抓不懈、夯实质量达标工作。围绕创建省级“五优”矿井奋斗目标，在科学分析、高标准定位的前提下，全面编制年度达标规划，每月根据生产实际，及时调整、完善实施细则和考核验收办法，每月进行综合考评，将质量达标考核结果纳入工资考核范畴，奖惩兑现。完善监测系统、实现安全可控。安装了KJ69人员安全监测系统和KJ2000N安全监控系统，可实现对井下人员、各环境参数、通风设施、安全设施及井上下运输设备的连续监控，准确、全面地了解井下安全情况和生产情况，实现对灾害的早期预测和预报，并能及时地自动处理，生产调度人员可以掌握井下设备运行情况，准确地指挥生产。组织成立了安全监测监控专业队伍，建立并完善了各项管理规章制度，制定了矿井监控系统使用管理细则及监测监控系统应急预案，使得监测监控工作有章可循、有法可依。

（三）强化成本控制，完善经营管理机制

坚持以管理提效益、以创新促发展，围绕成本控制，健全管理制度，严格材料审批，加强节约回收，实施资源共享，努力降低生产经营成本。加强物资集中管理和计划管理，降低材料库存，减少重复投入。实现统一管理、统一调剂、资源共享，有效减少新品投入，全年累计节约材料费用1 500多万元。

（四）提高环境质量、搞好节能减排、发展循环经济

制定了《六矿“十一五”节能减排实施方案》、《六矿节能降耗目标考核办法》等管理办法，按规定执行高耗能产品能耗标准，实施了主要耗能设备能耗定额管理制度。把节能目标分解和落实，加大专项资金投入，2008年安排节能改造资金169万元，投资154万元对相关地面场所照明灯进行更换，每年节约267 150元。

平顶山天安煤业股份有限公司十一矿

一、矿井概况

平顶山天安煤业股份有限公司十一矿位于中原名刹香山寺下，距平顶山新城区 3 km。矿井始建于 1972 年，1979 年简易投产，设计年产量 120 万 t。1995 年至今，先后进行两次改扩建。

矿井为立井开拓，四个立井，两个水平开拓全井田，属高瓦斯矿井。开采的煤层均有自然发火倾向。通风方式为中央混合抽出式，两个副井及新主井进风，南风井和中央风井两个风井回风。矿井有效风量 17 150 m^3/min。矿井采用走向长壁后退式采煤法，综合机械化采煤工艺。

二、2008 年主要技术经济指标

2008 年完成原煤产量 313 万 t，完成开掘总进尺 20 290 m，采煤机械化程度达到 100%，掘进装载机械化程度达到 100%，销售商品煤 313 万 t，产销率 100%，原煤生产人员效率 11.168 t/工，全年实现了安全生产，百万吨死亡率为 0。

三、建设安全高效矿井的具体做法

（一）构建特色安全文化，打造本质安全型矿井

将构建特色安全文化，塑造本质安全人，实现本质安全管理作为安全工作的重点工程，结合矿井实际，摸索出了安全理念形象化、安全教育经常化、亲情教育人性化、安全管理网络化、安全考核精细化等具有本矿特色的安全管理路子，使矿井连续五年实现了安全为零。

（二）加快矿井改扩建步伐和系统升级，提升矿井装备水平

（1）中央风井配备了 2 台 ANN－2884/1400N 型可调矿用轴流式通风机，1 台工作，1 台备用。中央风井的投入使用，改善了通风系统，使矿井通风方式由原来的中央分列抽出式通风变为分区抽出式通风。

（2）新主井配备了 J kmD－4×4（Ⅲ）E 型低速直联落地式多绳摩擦轮提升机 2 套，配用 2 300 kW，53 r/min 直流电动机，选用两对 16 t 箕斗，设

备的配备使矿井的提升能力可达到4 Mt/a，同时可满足井下同时开采丁戊组、己组两个品种煤的分采分运的要求。

（3）在铁路北侧新建三座丁戊组煤圆筒仓和三座己组煤圆筒仓，总容量为6×5 500 t，可满足分采、分运、分储，加上原有煤仓，储装能力达36 000 t。铁路调坡和装车站等工程竣工使矿井一次装车由12节增加到30节车箱，最大外运能力达到3.60 Mt/a。

（4）110/6 kV变电所的两回110 kV电源线路分别来自滍阳220 kV变电站和肖营110 kV变电站，正常情况下主变2台工作，1台备用。110/6 kV变电所的建成100%保证供电范围内全部供电负荷，完善了供电系统，保证了矿井对供电安全、供电可靠、供电质量、供电经济的要求。

（5）2008年，安装了KJ221轨道运输信集闭系统等设施；自行设计并安装了新副井天轮轴承在线监测装置；主提升电控数字远程测控系统；完善KJ127电力监测系统；与中国矿业大学合作为矿井4台主提升机安装了KJT2型液压站在线监测系统。2008年，在办公系统自动化方面还相继完成数字化建设论坛开发与测试，安装了电子图书馆系统和RS图书管理系统，同时，对20余台网络设备升级改造，以上工作的开展提高了工作效率和安全保障水平。

（三）科学组织生产，推进矿井高效发展

矿井建成了矿井瓦斯、地面瓦斯抽放系统，并完善了己二采区瓦斯抽放系统，重点对己组防突采煤工作面进行了瓦斯抽放，强力推行“四位一体”防突措施。在戊组工作面采高设计3.3 m，依靠配套的综采设备优势，创出了最高月产150 000 t的建矿纪录。年初又投入使用最新型的EBZ-220TY型硬岩掘进机。使矿井综掘程度达到了51%以上，在减轻职工劳动强度的同时，提高了单进水平，创出了最高单进679 m的新水平。

平顶山煤业（集团）二矿

一、矿井概况

平顶山煤业（集团）二矿位于平顶山矿区中部，毗邻市区，1955 年开工建设，1957 年投产，原设计生产能力 21 万 t/a。几经技术改造，设计生产能力达到 120 万 t/a。2008 年核定生产能力 170 万 t/a。

井田走向长平均 4 km，倾向长平均 3.6 km，面积约 14.4 km^2。截至 2007 年末，矿井剩余工业储量 3 751.9 万 t，可采储量 2 319 万 t。主采煤层为己 15、己 16、己 17 和庚 20 煤，均采用综合机械化采煤，一次采全高，采煤方法为走向长壁后退式采煤法，全部垮落法管理顶板。

矿井为低瓦斯矿井，无煤与瓦斯突出倾向，矿井瓦斯相对涌出量为 4.95 m^3/t，绝对涌出量为 21.21 m^3/min，矿井自燃危险等级属不易自燃，自然发火期为 6 ~9 个月。矿井通风方式为中央边界式，通风方法为抽出式，由主井、副井、胶带斜井、南斜井、西斜井进风，己二风井回风。

二、2008 年主要技术经济指标

2008 年生产原煤 170 万 t，开掘进尺 14 172 m，原煤生产人员效率 10.10 t/工，年销售收入 86 552.5 万元，年利润 24 965.42 万元，在岗职工人均年收入 43 611.0 元，百万吨死亡率为 0。

三、安全高效矿井建设的主要经验

（一）依靠科技创新，积极建设安全高效矿井

强力推进综采设备的更新换代，加大设备检修保养，强化设备使用，创新发展使用新材料、新设备、新工艺，推进采掘机械化水平，实现安全高效矿井建设。大力发展掘进机械化，开展综掘设备升级改造，保证采掘正常接替。优化设计，集中生产，加快己组煤层的合理开发与开采，优化布置己组难采煤层工作面。2008 年强力开采己组煤层，取得了低采高月产 7.6 万 t 的综采生产新纪录。大力开展庚组低采高复杂条件下百万吨技术研究。自 2006 年安装第一套综采设备以来，发展到 2008 年的采高 1.8 m 庚组

单面年产百万吨的综采新水平。改造矿井的主、副井提升系统、运输系统、通风系统、排水系统、压风系统、供电系统、乘人运输系统，实现了机电系统管理“五化”，提高了矿井生产能力。推进自动化、信息化建设。井下定位考勤系统后台挂接矿内局域网，与煤矿精细化管理和安全管理相结合，实现对人、车、物在不同状态（移动或静止）下的自动识别，从而实现目标的自动化管理。

（二）抓重点、强基础，实现矿井本质安全

把瓦斯防治作为安全工作的重中之重，更新瓦斯管理理念，完善通风系统。防治水方面与河南理工大学联合，专题研究底板承压水开采技术，逐步建成利用泄水巷、水平水仓等重点防治水工程，改进庚三 ϕ500 双管路排水系统，采用了先进的防治水技术设备和疏、堵、排等综合治水措施，防止了水害事故的发生。深化工程质量标准化建设，加大投入资金，按期完成安全基础设施治理整顿重点项目，基本实现了采掘质量精品化、机电管理标准化、管线吊挂规范化、安全装备系列化。强化生产责任制落实，实行了安全隐患处理业务科室负责制、“安办会战线汇报制”和安全隐患排查表制度，加大重复隐患整改力度。深入开展以人为本、遵章守纪、珍惜生命、注重安全的安全文化建设。使安全文化融入安全制度建设、付诸现场安全管理行动中，深入职工心灵深处，形成自觉的安全行为。抓好教育培训，强化人才培养，加大安全教育与培训力度。

（三）实施精细化管理，打造二矿特色的管理文化

建立健全矿井程序化管理体系和激励机制，形成以制度规范人、以文化塑造人、以远景激励人的良好氛围。大力推进班组建设，提高基层区队的管理水平。重点创建二矿特色的“四位一体”职工考核体系，以机关管理人员和基层单位的“四位一体”考核为核心，开展矿井科队和管理人员的全方位绩效考核，完善职工日清卡考核，突出“六规范”标准、考核标准、奖惩激励三大体系建设，提高矿井综合管理水平。实施成本的“三全”（全员、全方位、全过程）精细化管理，设备设施实行编码管理，科学测算指标，严细控制，严格考核，使吨煤成本在薄煤层开采条件下得到有效控制，成本管理水平进入集团公司先进行列。

平顶山天安煤业股份有限公司一矿

一、矿井概况

平顶山天安煤业股份有限公司一矿位于平顶山煤田中部，距市中心以北 3 km，是新中国成立后我国自行设计兴建的第一座大型煤矿。1957 年动工兴建，1959 年简易投产，2005 年被国家煤科总院抚顺分院认定为煤与瓦斯突出矿井。矿井东临十矿，西与四矿、六矿相邻，南接二矿，北部为人为边界。井田东西走向长 5 km，南北倾斜宽 5.86 km，面积 29.3 km^2。井田含煤地层为石炭系太原组、二叠系山西组和上、下石盒子组，自上而下划分为七个煤组。含煤地层总厚 780 m，含煤 7 组 43 层，其中可采煤层 5 组 10 层，总厚 15 m，煤层间距基本稳定。矿井分三个水平开采，采用联合开拓方式，采煤方法均为走向长壁后退式，全部垮落法管理顶板。

二、2008 年矿井主要技术经济指标

2008 年生产商品煤 449.6 万 t，开掘总进尺 30 588 m，杜绝了煤与瓦斯突出等重大事故，完成销售收入 18.3 亿元，其中煤炭主业销售收入 16.3 亿元，在岗职工人均年收入 4.1 万元，较上年增长 12.02%。

三、2008 年度建设安全高效矿井的具体做法

（一）坚持科学发展观，创新安全管理，保障安全生产

坚持以“一通三防”和防突为重点，提高矿井防灾抗灾能力，大力推广综采综掘新设备，狠抓安全质量标准化，提高单产单进水平，创新安全管理，深化安全文化建设，矿井实行劳动定员“限员挂牌”制度，制定了对生产区队劳动定额定员考核办法。在井口、采区及采、掘工作面现场设立了牌板，防止超定员生产。

（二）坚持“科技兴矿”和人才强企战略

扎实开展科技攻关和技术创新活动，全矿完成各类成果 131 项。其中，获省部级成果 3 项，地、市级成果 2 项。为矿井创造经济效益 1 600 万元。有 19 篇论文获集团公司优秀论文奖，有 7 篇论文获平顶山市自然科学论文

奖。成立人才建设领导小组，建立了人才引进、分类管理、评价聘用、考核激励等管理制度，推行了以贡献大小为依据的奖励制、专业技术管理津贴制、首席员工特聘制、技术工人等级制、高层次急需紧缺人才最低收入保障线五种激励办法。

（三）经营管理日益精细化

2008 年，一矿健全全面预算管理体系，实施成本核算前移，加大节奖超罚力度，提高全员经营意识。针对全球金融危机的严峻形势，为保职工收入不降低，积极压减费用指标，严控成本。规范仓储管理，推行网上批料，大搞“双增双节”、修旧利废，全年回收复用物资总价值 1.3 亿元，修旧利废 904 万元。

（四）企业文化建设纵深推进，使企业保持了良好的发展态势

加强安全层次化管理，开展准军事化训练，全面推广“手指口述”和“岗位描述”操作法，规范员工行为。突出企业文化工作重点，把质量标准化、职工行为养成和准军事化训练作为日常工作重点，稳步推进、扎实开展。同时，为全面提升综合能力和品牌影响力，成立了五精管理课题领导小组，各班组认真学习，反复讨论，结合一矿实际，提出了“建成首批五精管理示范矿”的工作目标。为减少煤矿安全事故的发生频率，宣传科搜集全矿各工种岗位操作要领，仔细整理、认真梳纳，印发了《手指口述操作要领手册》（上、下册），内容涉及全矿井上、井下 232 管理岗位和 350 工人岗位的手指口述操作要领。

平顶山天安煤业股份有限公司十矿

一、矿井概况

平顶山天安煤业股份有限公司十矿位于平顶山煤田东部，平顶山市东北部，距市区中心约 6 km。矿井于 1958 年开工兴建，1964 年 2 月移交生产。井田范围东西走向长 5 km，南北倾斜宽 6.5 km，井田含煤面积 32.5 km^2。2008 年矿井核定生产能力为 290 万 t/a。矿井为立井、斜井联合开拓，现有两个主生产采区：戊组中区和己四采区。

二、2008 年主要经济技术指标

2008 年生产原煤 280 万 t，全年销售收入 8.642 2 亿元，实现利润 1.233 亿元，商品煤灰分 25.83%，全员工效 8.293 t/工，实现了安全生产，百万吨死亡率为 0，完成瓦斯抽放钻孔 71 万 m，瓦斯抽放量 2 459 万 m^3，实施瓦斯治理工程 3 300 m。

三、2008 安全高效矿井建设的主要做法

（一）以建设瓦斯综合治理示范矿井为主线，狠抓“一通三防”和防突、防冲管理

2008 年，完成瓦斯治理巷道工程 3 300 m，整个治理工程投入资金 825 万元。在掘进工作面主要采取了四项措施：① 深探浅排钻孔相结合的措施；② 排放瓦斯钻孔和迎头浅孔抽放防突技术措施；③ 边掘边抽、高位预抽巷等抽放措施；④ 深孔控制爆破。

（二）实施运输、供电系统改造，优化了生产系统

改造运输系统，简化运输环节，提升运输能力，采区系统进行了改造，新做了总输送机巷 1 150 m，仅安设 2 部带式输送机，取代了原来的 5 部带式输送机，有效提高了运输能力。改造供电系统，改善了供电质量，2008 年，共更换地面高压电缆 2 740 m，更换井下高压电缆 3 490 m，更换井筒电缆 1 650 m。北翼地面变电所更换 500 kVA 变压器一台，井下丁轨变电所增加 500 kVA 变压器一台，二、三水平集中轨车房配电点更换 500 kVA 变压

器一台。为满足东区丁组开采的需要，新增了东区下部变电所。

通过以上改造，有效地提高了供电安全可靠性，改善了供电质量，减少了供电线路上的电能损耗。

（三）强化现场管理，狠抓质量达标

2008 年，该矿坚持把质量标准化作为现场管理的重点，积极开展“抓重点、查隐患、反三违、保安全”活动，以创建“精品示范化工程”为中心，在全矿推行安全网络化管理，对检查线路上的施工地点编制了相应的巡回检查周期，由专职的安全检查小分队实行 24 h 动态检查，把事故隐患消灭在源头。开展创建精品示范化工作面活动，以己四采区为示范，树立典型，以点带面，全面提高。全年有 4 个综采工作面、7 个开掘头、5 条分机巷、2 条轨道、6 个机电硐室达到了精品工程的标准，己四采区建成了精品示范化采区。

（四）创新管理，严格考核，强力推行内控体系

运用现代企业管理的理论和方法，以构建十矿大经营管理格局为目标，逐步建立了十矿内控体系，完善了内控体系的环境，建立了有效的内控制度，构建了畅通的信息系统。在经营管理上，通过运用信息快速通道，实施预警体系，突出经营活动全过程监督、全方位考核、经营管理网络全方位监控，使经营管理起到了控制作用，减少了管理中的漏洞。

（五）坚持科技兴矿，依靠科技进步，推动安全高效矿井建设

推行信息化管理，使全矿管理浑然一体，实现网上办公，上网计算机 400 余台，网上运行有 OA 办公系统、内控经营管理系统、人力资源管理系统、财务管理系统、生产调度系统、视频会议系统等 10 多种管理应用系统，极大地促进了十矿经营管理水平。在推广管理方面应用软件的同时，2008 年着力向井下工业自动化方面的安全生产投入，使井上下系统形成统一的整体。为在煤与瓦斯突出条件下建设成为安全高效矿井提供了保障。

平顶山天安煤业股份有限公司八矿

一、矿井概况

平顶山天安煤业股份有限责任公司八矿位于平顶山矿区东部，井田东西走向长 12.5 km，倾斜宽 3.36 km，矿区面积 41.42 km^2，距市区 12 km。1981 年 2 月投产，核定生产能力 360 万 t/a。

矿井采用立井、石门、大巷两个水平开拓全井田。矿井现有主井、副井、新副井、西一风井、西二风井、东风井、丁一风井、北风井共 8 个立井井筒，其中 4 个为进风井，4 个为回风井，主、副井均布置在井田中央。一水平标高 -430 m，二水平标高 -693 m，大巷为集中岩巷布置，分区石门，上山开采。采区布置方式为分组联合布置。采用单一走向长壁后退式采煤法，全部陷落法管理顶板，综合机械化采煤工艺。

二、2008 年矿井主要技术经济指标

2008 年生产原煤 356.666 3 万 t，开掘进尺 19 883 m，全员工效 8.11 t/工，销售收入 15.8 亿元，实现利润 3.700 9 亿元，在岗职工人均年收入 34 560 元，杜绝了煤与瓦斯突出等重大事故，百万吨死亡率为 0。

三、建设安全高效矿井的具体做法

（1）坚持安全第一，强化质量达标，实现安全发展，安全管理关口前移，强力推行战线和矿两级隐患责任追究制度。积极推进区域瓦斯治理战略，增加引进深孔钻机 6 台，开展打钻劳动竞赛，提高打钻效率，在戊 9.10 -21010 机巷创出了煤层单孔打钻 169.6 m 的较好纪录。全年打钻进尺 54.5 万 m，抽放瓦斯 1 826.5 万 m^3。

（2）加强生产管理，实现稳产，围绕安全高效矿井建设目标，强化生产调度，坚持正规循环作业，发挥机械化优势，强化现场管理，实施精采细收。引进岩巷钻车及侧装机，大力提高掘进机械化程度。机电运输保障有力，保证设备安全运行，满足了生产需要。

（3）狠抓成本控制，强化经营管理，坚持以成本控制为中心，细化指标

分解，量化成本控制，严格监督考核。积极开展成本管理合理化建议和成本理念实践活动，职工成本意识不断增强，成本管理进一步规范。

(4) 大力实施科技兴矿和人才强企战略，围绕制约矿井安全生产的瓶颈问题，加大科技开发投入，全年投入科研资金1 800多万元，推动了矿井科技进步。

(5) 搞好环境保护，非煤产业稳步发展，在环境保护方面严格遵守国家环境保护法律、法规，持有河南省平顶山市环境保护局颁发的污染物排放许可证。清洁生产审核通过验收。

非煤发展质量明显提高，坚持围绕资源综合利用上项目，扎实开展“管理效益年”活动。动力煤选煤厂已正式开始运行，原煤入洗率达到100%；矸石砖厂建成投产，全年消耗煤矸石15万t；瓦斯发电厂综合利用瓦斯33万m^3，发电100万度。循环经济效益日益显著，非煤销售收入计划3 600万元，完成6 000万元，同比增加1 508万元。

(6) 信息化建设步伐加快，矿井实现了计算机网络化管理，推广了新版办公自动化系统，提高了办公效率，矿属各单位利用OA系统进行收发文件、资源共享、材料交换，大大节约了办公耗材，提高了办公效率，基本上实现了无纸化办公。

建成井上下工业以太环网，将井上下运输监控系统、煤楼监控系统、皮带集控系统、采煤工作面工况监控系统、矿井大型机电设备监控系统、出煤计量系统、安全监测系统、井下人员定位系统、工业电视系统等子系统接入，与矿办公自动化平台联网，实现网络覆盖全矿。

(7) 企业文化建设迈出新步伐，扎实开展“新解放、新跨越、新崛起”大讨论活动和“深入学习实践科学发展观活动”，统一发展思想，理清发展思路，明确了发展目标。党建质量管理体系和职业安全健康管理体系再次通过国家认证中心认证。

中平能化集团瑞平公司张村矿

一、矿井概况

中平能化集团瑞平公司张村矿位于平顶山市下辖汝州市小屯镇境内，井田东西走向长4.5 km，南北倾斜宽2.7 km，井田面积9.87 km^2。地质构造中等，煤层赋存较稳定，可采煤层分别为$五_3$、$五_2$、$四_3$、$四_2$、$二_1$、$一_8$煤，主要可采煤层为$二_1$、$四_3$、$五_2$煤，其中，$二_1$煤厚0.49～13.02 m，平均煤厚4.5 m，$四_3$煤厚0.42～5.37 m，平均煤厚2.9 m。张村矿属低瓦斯矿井，煤尘具有爆炸性，煤层有自然发火现象。矿井开拓方式为斜井片盘式。主、副井为斜井，作为提升、运输、进风用。立井风井专用回风。现生产水平为－250 m，一个水平上下山开采。开采方法采用走向长壁后退式，顶板管理为全部垮落法。

二、2008 年主要技术经济指标

2008 年生产商品煤95.62 万 t，完成开掘总进尺 7 776 m，全矿销售收入4.035 亿元，全矿实现利润1.2 亿元，在岗职工人均年收入31 700 元，同比增长12%。

三、狠抓安全管理，实现矿井本质安全

始终坚持“安全第一，预防为主，综合治理”方针，狠抓“一通三防”、质量标准化建设等工作重点，强化各项安全管理措施和各级责任制的落实，杜绝了重大事故，最大限度减少了零星事故，提高了矿井安全防范和保障能力，努力打造本质安全型矿井。

抓住“一通三防”等安全管理重点。树立“低瓦斯矿井高瓦斯管理”的理念，把安全管理的重心、安全宣传教育的中心向加强瓦斯治理转移，提高全矿对瓦斯危害重要性的认识，构筑防治瓦斯的坚强防线。严格落实“一通三防”各项管理制度，健全完善通风设施，确保通风系统稳定可靠，同时扎实抓好矿井综合防尘、水患防治、顶板管理及供电和大型设备管理等安全重点，杜绝各类事故发生。

深化安全质量标准化建设。以建设本质安全型矿井和河南省“五优”矿井为目标，进一步巩固达标成果，深挖内部潜力，细化工作标准，提升达标层次，保持并不断提高一级安全质量标准化矿井水平。进一步规范安全技术管理，严格工程设计，做到了各种作业规程和措施始终服务于现场，实现了新开工头面全部达标，各系统点、线、面全方位达标、动态达标，着力打造精品工程、示范工程，推进了矿井质量标准化工作再上新台阶。

强化各级安全生产责任制的落实。进一步细化、量化安全责任，把安全管理的责任向职能科室、基层管理干部、班组长、职工转移，一级抓一级，层层抓落实，使安全管理的压力传递到每一个职工，实现关口前移、重心下移。认真落实干部值班跟班制度和管理人员走动巡查程序化管理办法，严格执行隐患排查和责任追究制度，加大安全监督检查，营造安全生产良好环境。同时利用经济杠杆提高基层单位对安全工作的重视，促进安全管理。

着力打造安全文化。为更好地规范管理，更进一步提高员工素质，张村矿安排全体员工分批到部队进行军事强化训练，井上下严格按准军事化进行管理，并推行了全员手指口述、岗位描述操作法，要求全体员工熟知会背，并运用到现场实际工作中。严格安全制度管理，在安全管理上不打折扣、不讲情面、不找借口，以一流的执行力打造一流的安全管理文化，形成了人人重安全、人人讲安全的良好氛围。

中平能化集团平顶山七星煤业有限责任公司

一、矿井概况

中平能化集团平顶山七星煤业有限责任公司位于平顶山矿区西南侧。该矿井田范围，北部以锅底山正断层为自然边界与三矿、六矿相连，南部和东部至庚组煤层露头，西部以 43 勘探线东 200 m 的平行线为界与五矿相连。东西走向长 6.25 km，南北倾向宽 1.72 km，面积约 8.175 3 km^2。1957 年批准兴建，1959 年 8 月投产。矿井设计生产能力 90 万 t/a，后经 1987 年改扩建，矿井生产能力增至 120 万 t/a。

七星公司为低瓦斯矿井，矿井分两个水平开采，采用联合开拓方式。开采方法为走向长壁后退式采煤法，全部陷落法管理顶板。

二、2008 年矿井主要技术经济指标

2008 年生产原煤 101.775 万 t，开掘进尺 12 000 m，在岗职工人均年收入 36 988 元，利润实现 12 900 万元，百万吨死亡率为 0。

三、建设安全高效矿井的主要做法

（一）坚持安全第一，强化安全质量管理

始终把安全工作放在各项工作的首位，以打造本质安全型企业为目标，认真落实“五个到位”，不断加大安全投入，严格落实各级安全责任制。坚持“按需投入”原则，全年投入安全费用资金 2 961.99 万元，用于矿井生产系统的升级改造及矿井水害治理工程。投入质量标准化资金 1 025 万元，用于矿井质量达标建设。通过安全和质量达标的投入，矿井主要系统进一步优化，装备水平不断升级，安全生产保障能力显著增强，矿井安全基础更加牢靠，扎实推进安全文化建设。强力推进岗位描述、手指口述操作法和准军事化管理，加强安全技术培训，全年共培训职工 976 人次，落实安全责任，严格现场管理。坚持每旬开展一次以“一通三防”、机电运输、防治水、顶板管理、质量标准化为主要内容的专项检查，实行旬检月评制度，对存在的隐患限期整改，对工程质量达不到规划标准的头面扣除当月总工

资的20%。严格落实干部带班、值班、跟班制度，明确跟班干部是现场安全第一责任者，强化现场隐患排查、措施和责任落实。

(二) 优化生产布局，实现集约高效生产

通过优化生产布局，在庚二采区布置一个综采工作面，装备了国产成套综采设备，为集约高效生产提供了强有力的装备保障。该工作面全年生产原煤88万t，最高月产8.9万t，有力地支持了安全高效矿井建设。另外成立一个准备队，负责安装回收、文明生产及其他临时工作，全公司形成一综一准的生产布局。开掘战线装备了开掘机械设备，配备了综掘机，煤巷掘进采用带式输送机和刮板输送机运输，装载机械化程度达到100%。推广中、深孔爆破技术，提高单进水平，实现采掘正常接替。

(三) 加强经营管理，控制成本，提高效益

适应企业快速发展要求，积极创新管理体制和运营机制，根据生产经营形势，制定完善了生产经营监督管理方面的17个文件，推进企业精细化管理，确保经营目标的实现。加强物资管理和供应工作，供管结合的管理体制得到落实。积极稳妥地进行劳动人事制度改革，建立了劳动定员管理制度，加强劳动组织整顿和编制工作，提高劳动效率，实行“限员挂牌”制度。加大效益工资分配比例，发挥效益工资在企业生产过程中的杠杆作用，调动广大职工的生产积极性。

(四) 大力实施人才强企和科技兴矿战略

坚持人才强企和科技兴矿战略，成立人才建设领导小组，建立了人才引进、分类管理、评价聘用、考核激励等管理制度，推行了以贡献大小为依据的奖励制、专业技术管理津贴制、首席员工特聘制、技术工人等级制、高层次急需紧缺人才最低收入保障线五种激励办法。2008年全矿特聘首席人员26名，接收大中专毕业生22名，并认真落实了待遇，对特聘人员施行每月300~1 000元工资补贴，对职工也根据技术高低给予不同等级的技术补贴，充分调动了广大科技人员科研攻关、技术创新的主动性和积极性。

郑州煤炭工业（集团）有限责任公司 裴沟煤矿

一、矿井概况

裴沟煤矿是郑煤集团公司主力矿井之一，为省属国有企业，矿井原设计生产能力为60 万 t/a，1966 年 3 月投产，1979 年 12 月改扩建后生产能力为 120 万 t/a，从 1999 年 10 月至 2001 年 9 月，历经两年时间进行的矿井通风系统改造、-200 m 辅助水平建立及主井增能技术改造等三大技术改造，使矿井生产能力提高到 200 万 t/a 以上水平。2006 年经河南省煤炭工业局豫煤行［2007］193 号文核定，裴沟矿井生产能力为 205 万 t/a。

裴沟煤矿现开采的杨河井田，位于荥密背斜南翼，为一般平缓的单斜构造，地层产状走向近东西向，倾向南，倾角 10°～25°，一般为 15°左右。截至 2008 年底，裴沟矿井田范围内剩余保有资源储量 21 070. 8 万 t，可采储量 11 691. 8 万 t。裴沟矿井是立井多水平上下山开拓，矿井采用走向长壁一次采全高采煤方法，现开采的 32 采区采用综采放顶煤回采工艺，34 采区采用整体悬移液压支架放顶煤回采工艺。全部垮落法管理顶板，矿井采掘接替正常。

二、2008 年度主要技术经济指标

2008 年，矿井产煤 194. 978 6 万 t，其中综采产量为 159. 517 6 万 t，炮采产量为 24. 343 3 万 t。开拓掘进总进尺计划 6 640 m，实际完成 7 154 m，完成计划的 108%，原煤工效达到 10. 78 t/工。实现利润 14 706. 87 万元。

三、2008 年安全高效矿井建设情况

（一）发挥机械化优势，实现矿井高产高效

2008 年，裴沟煤矿充分发挥了机械化优势，使矿井产量实现了稳产高产，为全年安全生产奠定了良好基础。为提高炮采工作面的支护强度，裴沟煤矿积极探索使用先进的支护工艺，整体悬移液压支架在炮采工作面的

成功投用，彻底改变了工作面工作环境，不但减轻了工人的劳动强度，提高了劳动效率，同时也减少了支护材料的投入。

（二）积极实施环节技术改造，为矿井提供安全保障

副井井筒装备的改造解决了原四角钢性罐道因局部磨损严重，多棚罐道梁锈蚀、变形，造成罐笼运行不稳，噪声大和阻力大的问题。深部副井多绳摩擦绞车钢丝绳更换技术应用，利用老绳带新绳的方法换绳，操作简单，施工方便，工期短，设备少，保证了安全施工。深部副井泵房配水井高低水位报警系统的研制应用解决了主排水泵房需要目测水位的问题，提高了主排水泵房的安全系数。斜巷联合自动挡车器的研制与应用实现了斜巷防跑车装置自动化控制。钢丝绳芯胶带无损探伤系统的更新与应用对胶带钢丝绳芯的使用状况可以直观影像显现，对其安全运行起到了超前防范作用。

（三）进一步优化通风网络，服务矿井安全生产

通过采取煤壁浅孔动压注水、煤壁浅孔释放瓦斯和岩石高位钻孔抽采、抽采巷抽采技术，解决了三软不稳定煤层放顶煤开采瓦斯治理问题。通过采取煤壁深孔抽采、巷旁挂耳抽采、煤壁浅孔释放瓦斯和四位一体综合防突措施，解决了掘进工作面的瓦斯治理和防突问题。瓦斯地质图修编，为矿井突出危险性区域预测和瓦斯防治提供了科学依据。在瓦斯防治上坚持使用掘进安全系列化装备，推广应用瓦斯抽采和监控技术，建成了地面瓦斯发电站，实现了瓦斯的清洁和综合利用。

（四）加强班组安全网络建设，做好职工培训工作

在全矿开展班组安全网络建设，由6~8人组成一个安全网络小组，选一名责任心比较强的职工任组长，定期组织成员开展安全学习讨论活动，通过小组成员的传、帮、带和责任联保，实现人人抓安全，使“三违”人数减少了60%。有力地调动了职工的学习积极性，使职工整体素质有了明显提高。

郑州煤炭工业（集团）有限责任公司 超 化 煤 矿

一、矿井概况

超化煤矿位于河南省郑州市区西南45 km的新密市超化镇境内，隶属于郑州煤炭工业（集团）有限责任公司，区域地形属丘陵地区，矿区专用铁路与京广铁路接轨，107 国道从矿区东部通过，公路四通八达，交通十分便利。

超化井田煤层厚度为0.39～37.90 m，一般为7～10 m，煤层倾角为7°～30°。煤田走向长约4.5 km，倾向宽约2.6 km，井田面积11.29 km^2，地质储量4 900万t，可采储量2 200万t。采用立、斜井单水平上、下山开拓，采煤工作面采用走向长壁后退式开采，全部垮落法管理顶板。其中包括：综合机械化放顶煤开采和Π型钢梁配合单体柱炮采放顶煤开采。

二、2008 年矿井主要技术经济指标

2008年矿井产煤202.97 万 t，开拓掘进总进尺 11 398 m，实现利润9 497.210 6万元，职工人均年收入37 320 元，比上年提高12.3%，全员工效8.21 t/工，比计划提高0.15 t/工，采区回收率82.4%，矿井综合单产85 786 t/（个·月），矿井百万吨死亡率为0。

三、2008 年安全高效矿井建设经验

（一）狠抓质量达标创建，安全质量稳步发展

扎实开展质量标准化大会战，全面实施高、严、精管理。加强瓦斯综合治理，促进瓦斯抽采利用。落实水害综防措施，实现采区安全回采。坚持开展水害防治周分析、月评价制度，做到了超前预测，主动预防。创新安全管理机制，推行隐患闭环管理。实行中层以上干部包队责任制，切实落实领导干部安全责任。加强班组安全网络建设，提高职工自保互保能力。加大安全教育培训，使“以人为本，安全第一”理念深深根植于每位职工

的心中。

（二）大力创新生产工艺，提高资源回收率

扎实开展技术创新活动，发挥综采机械化效能。加大炮采装备投入，首次使用炮采自移式端头支架，自行改造采煤工作面刮板输送机推溜器，降低职工劳动强度，采煤工作面安全系数明显增强，职工劳动工效进一步提高。炮采队全年安全生产煤炭25.7万t，为全矿安全生产做出了贡献。加强机电设备管理。对现有设备进行改造升级，为主、副井提升机各安装一套KTZ－Ⅱ型提升机闸瓦间隙综合保护系统，在主井井架安装了HZSN型钢带式缓冲装置，把矸石山绞车配套电控系统更换为西门子变频控制系统，推行采掘运输胶带化和胶带机过风门装置，推广采掘区多部输送机联锁集中控制，提高了机电设备安全可靠性，提升了设备运行效率。推广应用深部采区支护新工艺、新技术，全年全矿完成开拓掘进总进尺11 398 m，超计划398 m，保证了矿井的正常接替。

（三）规范企业经营管理，经济效益明显提高

细化成本管理，对成本进行全过程控制。把影响全年效益的各要素定额包干，责权明确，责任到人，形成纵到底、横到边的目标成本管理网络。加强材料回收复用，节约材料成本。加强闲置资产管理，建成材料存放大棚，实现了设备管理定位、定量、精细。

抓好劳动定额管理。按照“效率优先、兼顾公平”的原则，工资向一线倾斜，向苦、脏、累、险和关键技术岗位倾斜，充分发挥工资、奖金杠杆作用，激发职工干劲。严格执行“双定”制度，对科室空缺岗位，面向全矿公开、公平竞聘。通过定岗定员、竞聘上岗，科室管理人员整体素质明显提高。

华亭煤业集团新窑煤矿有限责任公司

一、矿井概况

新窑煤矿公司是甘肃华亭煤业集团下属的一个全资子公司，原为地方国有煤矿，2003 年 3 月加入华煤集团。矿井位于甘肃省崇信县新窑镇，地处华亭矿区安新煤田中东部。矿井始建于 1969 年，先后经过三次改扩建，现设计生产能力 120 万 t/a，2008 年核定生产能力 150 万 t/a。矿井为反斜井单水平上下山开拓，通风方式为中央分列抽出式。矿井瓦斯绝对涌出量 2.217 m^3/min，相对涌出量 0.837 m^3/t，属低瓦斯矿井。煤层具有自燃性，自然发火期 3～6 个月。煤尘具有爆炸性，爆炸性指数 26.42%。现有综采工作面 1 个，综掘工作面 2 个，开拓掘进工作面 2 个。采掘机械化程度达到 98%。防灭火手段主要以采空区注氮和采后封闭灌浆为主，压注罗克休、凝胶等堵漏为辅。采煤方法为缓倾斜特厚煤层走向长壁式综合机械化低位放顶煤采煤法。

二、2008 年主要技术经济指标

2008 年生产原煤 140.25 万 t，实现利润总额 3 875 万元，职工人均年收入 4.92 万元，采煤机械化程度达 100%，掘进装载机械化程度达 98%，综掘机械化程度达 71%，矿井综合单产 14.429 万 t/（个·月），原煤工效 10.72 t/工，百万吨死亡率为 0。

三、2008 年创建安全高效矿井的主要做法和经验

（一）强化责任，狠抓落实，矿井安全生产水平进一步提升

严格贯彻落实安全生产方针、政策和各项管理制度，以创建“两型三化”矿井为契机，将精细化管理纳入矿井安全质量标准化工作的全过程，强化现场管理、基层管理和基础管理，狠抓制度措施落实。认真开展安全质量标准化活动，加大安全隐患整改力度，深入开展安全隐患排查治理工作。加大安全投入，改善安全生产环境，突出机电运输、“一通三防”、顶板管理等安全管理重点，提高了矿井抗灾能力，为构建本质安全型矿井打

下了坚实的基础。加强了职工安全培训工作，提高了职工整体安全素质。充分发挥党、政、工、团和青工、女工组织在安全管理中的领导和监管作用，进一步巩固了党政工团齐抓共管和群防群治的安全管理格局。

（二）依靠科技进步，强化现场管理，实现安全高效

依靠科技创新、管理创新，加快企业发展步伐，在生产过程中坚持优化系统，强化生产调度及现场管理，集中开展系统整治，促进了生产效率的提高。抓好重点环节，实现了安全快速。通过优化设计，合理安排生产布局，有效发挥采掘机械的效能，全面提高矿井生产集约化水平，促进了矿井的稳产、高效。

（三）深入推进规范化管理，企业管理水平显著提高

深入推进规范化管理，促进了企业由粗放型管理向集约型管理的转变。开展全方位工作质量考核。把规范化管理与岗位绩效工资挂钩，对每一个岗位、每一个职工进行全方位考核兑现。努力培育具有特色的企业文化，着力构建了“三个一”企业文化格局（升华一个管理理念，规范一套运行机制，塑造一个良好形象），建立了职工正规操作、文明生产、质量达标、行为规范的管理制度，深化矿务公开，营造了广泛内涵的载体文化环境，做到了安全文化建设与安全管理相结合，企业文化建设与“管理效益年”活动相结合。靠文化力激活了生产力，增强了战斗力和凝聚力，实现了文化力向生产力的转变。

（四）加强经营管理，努力节支降耗

始终把经营管理的重点放在成本控制上，大力培养职工的节约意识，最大限度地降低生产成本。实施差异化管理考核体系，查找管理中存在的差距与不足，制定改进措施，优化规范管理流程，挖掘降本增效潜力，确保了整体效益的提升，推进了节约型企业建设。

华亭煤业集团新柏煤矿有限责任公司

一、矿井概况

华煤集团新柏煤矿有限责任公司设计生产能力为 120 万 t/a，2008 年核定生产能力为 150 万 t/a。该矿位于甘肃省安口—新窑煤田中部，地处崇信县新窑镇柏家沟村。矿井井田面积为 6.45 km^2。截至 2008 年 12 月 31 日，矿井保有地质储量 13 366.87 万 t，可采储量 6 969.66 万 t，其中采矿权范围内地质储量 4 581.33 万 t，可采储量 1 259.06 万 t，深部规划区地质储量 8 785.54 万 t，可采储量 5 710.6 万 t，矿井剩余服务年限 35.7 年。

二、2008 年度主要技术经济指标

2008 年生产原煤 140.07 万 t，销售收入总额 31 380.9 万元，原煤成本 175.51 元/t，职工福利 1.15 元/t，职工人均年收入 4.99 万元。

三、生产组织和科学管理方面取得的经验及做法

（一）强化安全管理，进一步提高安全生产管理水平

建立了全面预算管理机制，进一步加强了资金、资产、成本、工程投资等方面的控制管理。把安全生产责任制贯彻到具体工作中，杜绝了二级及其以上非伤亡事故，确保矿井一级安全质量标准化水平，提升了安全生产。进一步完善了安全基础硬件，积极推广应用科技含量高的新技术、新工艺、新产品、新设备，努力实现以科技保安全。

（二）强化现场管理，生产组织紧凑有序

认真抓好全年的生产调度组织管理工作，为全年生产任务顺利完成奠定了坚实的基础。抓好日常生产组织协调工作，强化了调度指令执行力度，建立了生产影响理赔制度，有效化解了基层各单位在生产过程中出现的矛盾和问题，提高了工作效率。强化了现场管理，极大地降低了生产影响，赢得了有效时间。加强了机电设备的日常管理工作，做到了勤检查、勤保养、勤维护，为全年任务的顺利完成提供了根本保证。

（三）加强精细化管理，企业经营效益大幅提升

突出以成本管理为重点，进一步强化生产经营管理，企业经济效益得到大幅度提高。加强了生产源头成本控制管理，认真开展“双增双节”活动，加强了绩效工资考核管理、计划管理，严格推行了全面预算管理制度，加强了统计工作管理、各项责任书考核、销售管理和财务管理。

（四）加强源头管理，产品质量有了明显好转

重新修订煤质管理办法，不断改进放顶煤工艺，加强了掘进煤分装分运管理和选运系统选矸、分筛管理，加强了煤质管理动态抽查奖罚考核，为煤炭销售赢得市场，在四季度煤炭市场销售困难的情况下，顺利完成了销售任务。

（五）强化人本管理，人力资源得到合理开发利用

加强了劳动用工管理，加大了职工教育培训力度。

（六）其他各项工作顺利开展

治安保卫工作以煤场秩序整治和矿区治安管理为重点，煤场销售秩序良好，档案及合同管理工作进一步规范。

（七）齐抓共管，精神文明建设得到同步发展

狠抓干部职工学习，努力打造学习型企业，积极开展各种文化娱乐活动，增强了职工的文化活力和干事创业热情，文明机关、文明区队等8个文明主体的创建工作已经完成，创建工作得到了进一步巩固和发展。矿区绿化、美化、亮化工作进一步加强，矿区环境得到进一步改善。企地关系建设进一步巩固，继续保持了健康、和谐的发展方向。

新疆乌苏四棵树煤炭有限责任公司八号井

一、矿井概况

乌苏四棵树煤炭有限责任公司八号井，位于乌苏市西南 50 km 处的白杨沟镇，有公路与乌苏市区和 312 国道线相连，交通较为便利。八号井 2004 年开工建设，2007 年竣工投产，设计生产能力为 60 万 t/a，2008 年核定生产能力为 120 万 t/a。采用片盘斜井开拓方式，采煤方法为走向长壁后退式一次采全高综采放顶煤采煤方法。

二、2008 年主要技术经济指标一览表

序号	名　称	单位	数量
1	原煤生产人员效率	t/工	11.08
2	原煤生产期末人数	人	327
3	采区回采率	%	89
4	煤层平均厚度	m	10
5	煤层平均倾角	(°)	20
6	工作面割煤高度	m	2.5
7	工作面放顶煤高度	m	7.5
8	采放比	-	1:3
9	矿井年产量	万 t	83.12
10	工作面平均月产量	万 t	8.104
11	工作面最高日产量	t	5 000
12	平均月进尺	m	133
13	最高日进尺	m	18
14	百万吨死亡率	%	0

三、建设安全高效矿井的主要做法

(一)统一思想，提高认识，加强对建设安全高效矿井的领导和管理

乌苏四棵树煤炭有限责任公司八号井结合自身实际采用多种宣传形式，大力宣传建设安全高效矿井的意义，统一思想，提高广大职工对建设安全高效矿井的认识。深入重点区域和关键环节，解决新工艺中出现的问题，及时发现和消除隐患，确保安全生产。不断修改补充和完善了涵盖安全责任、教育培训、监督检查、考核奖惩、技术管理等多项安全生产管理制度以及安全目标考核办法，狠抓落实。在原煤生产期间，出台奖励政策，调动广大职工建设安全高效矿井的积极性。

(二)坚持科技强企，加大资金投入，保障高效产出

乌苏四棵树煤炭有限责任公司装备一个全套设备国产的综合机械化放顶煤采煤工作面，两个全套设备国产的综合机械化掘进工作面，采掘比1:2，采掘装备机械化程度达到100%，2008年矿井在高效产出的同时未发生重伤以上人身事故，矿井百万吨死亡率为0，已形成“一井一面、综采综掘、高产高效”的安全生产格局。

(三)以岗定员，强化劳动组织管理

八号井坚持结合各工种、各工艺流程的不同实际情况，优化劳动力配置，提高工时利用率，以岗定员，建立了稳定的劳动组织关系。矿井在生产过程中，实行定额定员管理，通过以岗定员，以岗定资，强化劳动组织管理，为安全高效矿井的建设奠定了良好的基础。

(四)注重人才培养，打造高素质员工队伍

一方面不断吸收煤炭院校大中专毕业生，通过“事业留人”、“感情留人”、“待遇留人”等做法，让一批有志青年安于岗位，乐于奉献；另一方面，该公司十分重视员工的外出培训学习。

每月由矿井安全质量标准化领导小组组织进行一次各专业的严格的安全质量标准化验收考评工作，对达不到要求的区队给予严厉的经济处罚。

黑龙江龙煤矿业集团双鸭山矿业集团有限公司 东 荣 二 矿

一、矿井概况

东荣二矿隶属于黑龙江省龙煤矿业股份有限公司双鸭山分公司，位于黑龙江省集贤县境内。2007 年核定生产能力为 260 万 t/a，核定服务年限为 34.4 年，井田面积 45 km^2。东荣二矿煤层具有自然发火危险，煤层自然发火期 3 ~6 个月。2008 年末可采储量 1.211 亿 t。

二、2008 年主要技术经济指标

2008 年生产原煤 240.68 万 t，掘进进尺 24 747 m，矿井综合单产 10.1 万 t/（个・月），与 2007 年比产量增加 7.49%，进尺增加 0.98%，单产与上年持平。采、掘机械化程度均为 100%，百万吨死亡率为 0，轻重伤率同比分别下降 2% 和 23%。

三、建设安全高效矿井的主要经验

（一）坚持科技创新促进安全高效矿井建设

东荣二矿坚持科技兴煤的方针，着力推进企业的技术进步，具有较强的技术推广应用和消化吸收能力。近几年在采煤方法、井巷掘进与支护等方面取得了明显成效，较好地适应了东荣二矿的开采条件，为进一步实现安全高效开采与可持续发展奠定了基础。同时建立以企业技术中心为主导，各部门广大技术人员为依托的科技创新体系，完善激励机制，落实相关待遇。继续实施走出去战略，推进产、学、研相结合，与科研院所联合，围绕硬煤开采、大采高综采过断层、薄煤层机械化等生产技术难题，开展科技攻关、技术开发、技术引进、技术革新和技术改造，提高煤炭生产的科技贡献率。

（二）坚持管理创新促进安全高效矿井建设

坚持科学发展观，严密组织，攻坚克难，在生产发展上不断创新业绩。

建矿 13 年来该矿清楚地认识到，只有统筹规划，科学发展，努力克服前进道路上的一切困难，才能实现生产效率的大幅度提升。在管理创新方面强化生产管理，提高单产单进，积攒生产后劲，抓好生产准备工作，强化机电系统管理，提高设备开机率，推进重点工程建设和数字化矿山建设进程。

（三）坚持科学论证、优化巷道布置保证了安全高效矿井建设

在安全高效矿井建设中，该矿注重了优化采区设计，健全各类系统。采区设计向大采长、大走向发展，综采工作面倾斜长度由原来的 150 m 增加到 230 m，从而扩充了块段储量，减少了采煤工作面搬家次数。同时，为了增加巷道的支护强度，该矿在破碎地段全力推广了“预应锚杆 + 网 + W 型钢带 + 锚索”联合支护工艺，有效地控制了围岩变形，提高了巷道支护强度和支护速度。综采安装工作面通过采取联合支护方式，取消了木棚支护，有效地控制了顶板，缩短了工期，极大地减少了回采时的生产准备量，为工作面创高产打下了坚实的基础。

（四）积极投入新设备，为安全高效矿井建设提供了可靠保证

该矿在建设双高工作面过程中，在设备选型上，高点起步、高位定标，将目光瞄准国内同等生产条件的先进设备，提高了设备的可靠性。2008 年新引进一套 ZY4200 支架，保证了该矿在地质条件复杂情况下的安全回采。近年来该矿采煤机更新为 MG1140 型，工作面刮板输送机选 SGB－800/800 型，选用带宽 1.2 m 运输巷带式输送机，电压等级升到 3 300 V，真正实现了大吨位、大截深、大功率高产高效综采工作面的装备要求，达到了日产万吨的能力。

黑龙江龙煤矿业集团双鸭山矿业集团有限公司 新 安 煤 矿

一、矿井概况

新安煤矿隶属龙煤矿业集团，属大型国有企业。该矿井是一座设计能力为 150 万 t/a 的大型矿井，于 1976 年 12 月 26 日开工兴建，1984 年 10 月 20 日投产。新安煤矿位于黑龙江省双鸭山市友谊县境内，东、西、北三面以各煤层露头为可采边界，南面以南部大断裂为边界，矿井一期设计能力为 90 万 t/a，于 1987 年达产，1988 年矿井二期改扩建后生产能力为 150 万 t/a，于 1989 年 9 月达产。截至 2006 年末，矿井剩余工业储量 19 774.7 万 t，可采储量 11 071 万 t，核定服务年限 37.65 年。新安井田走向长 6.722 km，倾斜宽4 km，井田面积约 26.888 km^2。

二、2008 年主要经济技术指标

2008 年生产原煤 220.779 9 万 t，采煤工作面年产 211.018 6 t，最高月产 221 524 t，最高日产 9 415 t。原煤生产人员效率 6.862 t/工，完成掘进总进尺 32 000 m，实现利润 2 569 万元，员工人均年收入达到 37 600 万元，同比增长 12.8%，百万吨死亡率为 0。

三、创建安全高效矿井的主要做法

新安矿不断加大采掘装备更新。根据自己的实际，通过引进新装备，不断提高装机容量和单产、单进水平，发挥机械的最大效能。近年来在采煤机更新方面，该矿先后由 MG－200 型更新为 MG－375 型、MG－320 型、MG－591 型、MG－700 型，液压支架主要以 ZZ－4200 型、ZZ－6000 型、ZY－4200 型为主，2008 年公司又为该矿新进 ZY－5400 型液压支架及配套设备。运输胶带也已更新为 150 型、400 型。

建立了防灭火系统和各项防灭火措施。以喷洒和灌注阻化剂防灭火为主，地面黄泥灌浆及粉灰系统在 2005 年形成，通过注浆管路向采空区其他地点出现自然发火隐患时实施注 CO_2。

二水平 -500 m 排水系统共布置三个水仓，水仓总容积为 9 632 m^3，其中甲仓为 3 559 m^3，乙仓为 2 584 m^3，丙仓为 3 489 m^3。-500 m 二段水泵房的设备配备情况为：MD450 - 60x7 型水泵 4 台，每台配套电机功率为 680 kW，排水管路为 ϕ273 mm 三趟，单程管路长为 1 357 m。

矿井安全监测系统与公司及省联网。其监测信号由模拟信号和开关信号两部分组成，模拟监测可以在地面中心站连续监测井下指定地点的瓦斯、一氧化碳浓度和风速、负压、温度等环境因素，具有超限报警、连续监测显示、打印报表等功能；开关信号可以连续显示井下风门的开、关，局部通风机的开、停等情况，安设瓦斯传感器 26 个，均与安全生产监测系统联网，都具备超限断电功能。一氧化碳探头 10 个，风速探头 1 个，局部通风机开停传感器 90 个，可通过地面中心站连续监测。

进入 2008 年以来，该矿深入贯彻上级各项安全工作指示、指令，认真执行“安全第一，预防为主，综合治理，总体推进”的方针，推动人本安全管理，实施科技兴矿、创建本质安全矿井，时时刻刻把安全工作记在心上，抓在手上，落实在行动上。不断强化区队建设、专职安监队伍建设、质量标准化建设、安全管理制度建设，从思想上、管理上、制度上、措施上找差距，堵漏洞，反“三违”，积极组织了有针对性的安全大检查和隐患排查活动。不断加强现场安全管理，彻底扭转安全生产被动局面，全年实现安全生产。

黑龙江龙煤矿业集团七台河矿业精煤集团 新立煤矿

一、矿井概况

新立煤矿隶属于七台河分公司，1980 年建矿，1981 年建成投产。设计能力为 21 万 t/a，几经改扩建后，2005 年矿井核定生产能力为 100 万 t/a。新立煤矿位于七台河矿区西部，行政区属七台河市新兴区，距市中心 20 km，井田面积 9.88 km^2，地理坐标为东经 130°45′，北纬 45°48′，属高沼气矿井。煤种以 1/3 焦煤为主，属低磷、低硫的国家稀有煤种。根据煤层的赋存条件及多年的经验，开采方法为走向长壁后退式，全部垮落法管理顶板。

二、2008 年主要技术经济指标

2008 年产煤 100.571 8 万 t，煤炭外运完成 100.571 8 万 t，原煤成本 184.8 元/t，实现利润 4 680 万元，掘进进尺 16 781 m，员工人均年收入达到 33 024 元，同比增长 16.2%。

三、建设安全高效矿井的主要做法

（一）推进装备升级，在逐步提高科技含量中实现稳产高效

针对开采深度的下延，新立煤矿面临着地质条件复杂、煤层薄、瓦斯涌出量大、生产制约因素增多等情况。把积极推进技术革新和设备更新作为突破口，引进了 MG150/375 - BW 型、MG80/200 - BW 型、MG80/188 - BWD 型采煤机，机组刮板输送机配套使用推溜器、铲煤板、挡煤板。全矿机械化生产方面走在了全公司的前列。

（二）推进技术改革，加快调整改造

把原来的离心式主要通风机改造更新为轴流式主要通风机，并且对副井进行开帮降阻，增大了风量和安全系数，全矿所有掘进工作面和两个采煤工作面的采后全部使用预应力锚杆和锚索支护新工艺，深入推广了“三

小”爆破技术，使用小钎头、小钎杆、小药卷，节约了大量材料费，缩短打眼时间而且爆破效果好。全矿职工大力开展技术革新、技术改造，争当技术能手活动。一年来，共开展了10项技术革新项目，创造经济效益达20多万元。

（三）强化生产组织，着力提升单产单进

采煤、掘进的备用面都超前准备，为抽放、安装留有足够的时间。规划严谨，准备充分，同时注重加强现场技术管理，合理安排生产，减少无效进尺。

（四）加大投入，夯实筑牢安全基础

为夯实矿井本质安全基础，加大了安全投入力度，投入1 366万元对制约矿井发展的各个环节进行连续化技术改造，实施了综合监测监控系统、工业电视监控系统、通风系统、供电系统、斜井防跑车装置研制等一系列安全改造项目，坚持使用锚索钻机、预应力锚杆、大型螺杆式压风机等新技术、新设备，增强了矿井安全监测监控和抗灾防灾能力。新立矿已连续6年安全无事故，百万吨死亡率为0。

（五）强化管理，全面提升质量标准

坚持把安全质量标准化作为立矿之本，常抓不懈。确定了“三个转变，两个延伸”的工作思路，三个转变即“由静态达标向动态达标转变，由点面达标向全面达标转变，由检查型达标向制度型达标转变”。两个延伸即“由井下达标向井上达标延伸，由硬件达标向软件达标延伸”。

（六）实施精细化管理经济效益稳步提高

制定节电措施，全面开展躲峰压负工程，在电价上调情况下，全年电力费用下降98万元。加大煤质煤量管理力度，全年灰分指标完成24.48%，比计划降低1.37%，吨煤售价完成262.08元/t，比计划增收5.48元/t。加强支护材料管理。支柱厂每月对全矿各单位使用的锚锁、W钢带、锚杆进行井下现场核实，杜绝了损失、浪费现象，全年节约资金60余万元。

陕西陕煤黄陵矿业有限公司
一 号 煤 矿

一、矿井概况

黄陵矿业集团有限责任公司一号煤矿设计生产能力为 420 万 t/a，现矿井核定生产能力 500 万 t/a。井田开拓方式为平硐开拓，通风方式为混合抽出式通风。2008 年鉴定瓦斯等级为高瓦斯矿井，2008 年底测定矿井风量为 14 725 m^3/min。现矿井有 5 套移动瓦斯抽放系统进行抽放，地面瓦斯抽放系统正在筹建。截至 2008 年末，矿井地质储量 49 377 万 t，可采储量 38 899.2 万 t，开拓煤量 4 688.8 万 t,准备煤量 1 898.7 万 t，回采煤量 468.7 万 t，采掘接续正常。

二、2008 年主要技术经济指标

2008 年完成商品煤 510.18 万 t，掘进进尺 26 242 m，完全成本 197.97 元/t，利润 2.41 亿元，百万吨死亡率为 0。

三、安全高效矿井建设主要内容

（一）坚持安全为先，实现安全零目标

为了实现安全零目标，该矿始终坚持“安全第一，预防为主，综合治理”安全生产方针，在继续完善安全管理体系的基础上，着力通过“四个一”活动、班前礼仪等多种形式，加强宣传教育。以抓好安全专项整治活动为途径，强化隐患排查，做到超前防范。

（二）坚持超前谋划，实现矿井安全高效

(1) 突出重点管理，完善生产系统。2008 年，该矿组织施工队伍先后改造了矿井供排水系统、辅助运输系统和四号煤仓等附属工程的施工，使得生产系统更加完善可靠。

(2) 超前谋划发展，创造有利条件。按照“以风定产”的原则，该矿重点加强了三号风井的施工和二号风井的改造。特别是在采、掘工作面应用了高位仰角裂隙钻孔抽放瓦斯新技术，进一步加大了瓦斯治理力度，确保了安全生产。

(3) 全力克服困难，再创产量新高。在完成生产任务的过程中，该矿结合矿井生产实际，积极组织施工队伍，分解任务指标，落实施工任务，在组织好“两安两拆”的基础上，简化环节，保证了接续工作面的顺利完成。在日常的生产中，该矿积极组织，合理安排，均衡生产，促使单产水平不断提高，原煤生产实现了新突破。

(三) 坚持标准细化，管理再上新台阶

在2008年工作中，该矿围绕五精管理的最基础工作，积极稳妥地推行了以人为本的精细化管理，确定了洗煤厂等三个基础管理扎实的单位作为试点，通过班前礼仪规范、三工转换管理制度的试行，促使了职工行为规范的形成，调动了职工的生产积极性。在典型的引导下，全面推行了精细化管理工作，由于方向明确，措施得力，使井上、下面貌发生巨大变化。

(四) 坚持科技兴矿，提升矿井综合实力

重点抓科技创新制度的健全和完善，着力通过资金投入保障体系、科技改造攻关体系、科技水平提升体系的建立，充分调动广大技术人员工作、学习的积极性。在积极培养科技人才的基础上，进一步加强了与煤科院、西安科技大学等有关科研单位及院校的合作，顺利完成了通风项目研究、煤层自然发火隐患识别适应性控制技术等科研攻关项目。

(五) 坚持严抓细管，矿井利润创新高

2008年，该矿按照集团公司下达的各项经营指标，结合生产实际，及时将指标细化分解下达部室、区队，月终严格考核，并定期召开经营分析会，查找问题，采取措施，促使经营管理走上了制度化、精细化的道路。在物资管理方面，该矿从严把“三关”，即入库验收关、出库审批关、现场检查关，形成了物资供应的闭路控制管理体系，有力控制了各区队当月材料消耗。在执行“避峰填谷”供电管理的前提下，加快了节能降耗技术改造。

四川省华蓥山煤业股份有限公司 李子垭煤矿

一、矿井概况

李子垭煤矿地处华蓥山山脉中段，2008 年矿井核定生产能力为 120 万 t/a，矿区交通较为方便。矿井井田南北走向长 7.8 km，东西宽约 3.3 km，面积约为 16.164 8 km^2。开采面积 16.164 8 km^2，开采标高 +950 ~ ±0 m。矿井分 4 个水平开采，即：+817 m、+680 m、+572 m、±0 m 水平。矿井现有 2 个生产水平，即：+572 m 水平和 +680 m 水平，主采 +572 m 水平。矿井采用走向长壁综合机械化采煤，全部垮落法管理顶板。

二、2008 年技术经济指标

2008 年矿井总产量为 816 800 t，总进尺 15 718.1 m，实现销售收入 230 044 391元，盈利 318 万元，全矿人均年收入 4.23 万元，采煤机械化程度为 100%，掘进装载机械化程度为 100%，百万吨死亡率为 0。

三、安全高效矿井建设情况

近几年，该矿通过与煤炭科学总院北京开采所、北京科技大学合作，完成了“李子垭复杂条件下薄煤层综采技术研究”、“顺层瓦斯抽放中的深孔控制爆破技术研究”、“李子垭近水平岩层半煤巷道锚网支护系统优化与稳定性分析”项目，并获得了四川省科技进步一等奖和三等奖；项目完成后彻底解决了采掘工作面支护、瓦斯抽放的问题，为综采设备的生产能力发挥创造了条件，有效解决了瓦斯制约生产的难题，使矿井产量有大幅度的提高，为 2008 年完成产量 81.68 万 t 创造了条件，并且改善了该矿的瓦斯状况。

2008 年，该矿引进了先进的 ZJ3600 - 13/31 型急倾斜支架，支架适应倾角 60°，并在李子垭煤矿 16032 工作面试采成功。该矿建成的低浓度瓦斯发电机组利用 5% ~25% 的煤矿瓦斯发电，填补了国内外 5% ~25% 的低浓度瓦斯应用的空白，2008 年瓦斯发电 420. 9 万度。

通过采掘工作面设备和生产系统的优化，加大了采煤工作面的长度，工作面长度由原来的 80 m 增加到现在的 170 m，走向长度由 400 m 增加到 1 700 m，采煤工作面煤仓由 200 m^3 增加到 1 000 m^3，大大地缩短了工作面搬家和运输环节对生产的制约，提高了工作面的生产有效利用时间。采煤队个数由原来的 5 个减少到现在的 2 个，从而减少了人员，提高了企业的整体经济效益。通过科技创新和对生产系统的优化，大大提高了安全的可靠程度和工人的劳动强度，提高了单产单进水平，员工收入也得到了很大提高。

神华准格尔能源有限责任公司
黑岱沟露天煤矿

一、矿井概况

黑岱沟露天煤矿位于准格尔煤田中部，地属内蒙古自治区伊克昭盟准格尔旗。该区为鄂尔多斯高原的一部分，整个煤田被广厚的黄土所掩盖，厚度大，部分为风积沙覆盖。全区地形西北高东南低，一般高程在海拔 1 100 ~ 1 300 m。黑岱沟露天煤矿南部毗邻哈尔乌素露天煤矿，哈尔乌素露天煤矿初步设计北部采矿边界位于黑岱沟露天煤矿采矿许可证范围之内，占用黑岱沟露天煤矿南部面积 1.6 km^2，可采储量 6 591 万 t。

上部黄土（约 40 m）采用轮斗连续开采工艺，中部岩石采用单斗—卡车开采工艺，下部岩石（45 m）采用吊斗铲倒堆开采工艺，煤层采用单斗—卡车—带式输送机（地面半固定破碎站）的半连续开采工艺。

二、2008 年主要技术经济指标

2008 年，黑岱沟露天煤矿产煤 2 283.883 万 t，原煤生产人员效率 150.28 t/工，人均年收入 6.48 万元，利润 16.62 亿元。

三、2008 年优化方案介绍

（一）预裂爆破方案的改进

从炸药性能方面入手，采用低密度炸药进行预裂爆破实验，炸药单耗由初始的铵油炸药 0.6 kg/m^2（孔距 × 孔深）调整为超低密度炸药 1.1 kg/m^2，超低密度炸药经过实验确定分三段装药，第一段最多，第二段次之，第三段最少，段装药量向上 60% 递减。改进后爆破效果十分理想，下一步逐步试验不耦合装药。

（二）起爆方法的改变

抛掷爆破最后排抛掷孔距预裂面为 4 m，后排采用分段装药，实体台阶抛掷爆破后部大约 2 m 宽岩石不能与预裂面分离塌落，拉斗铲无法挖掘此部位岩石，而且推土机也无法处理，给生产带来很大困难。抛掷爆破采用逐孔斜线起爆的方法，孔间延时间隔一般为 9～17 ms，理论效果最佳为 9～13 ms；排间延时间隔一般为 100～200 ms，其中第一排至第二排为 100 ms，第二排至第三排为150 ms，第三排至第八排为 200 ms，第八排至第九排为 150 ms，第九排至第十排为 100 ms，预裂孔先于主爆孔 500～600 ms 起爆。经过实验和分析，决定改变抛掷爆破最后几排排间微差，把第八排至第九排的 150 ms 和第九排至第十排的 100 ms 都调整为 200 ms，改变后同排抛掷孔起爆时间等值线十分理想，基本保证后部岩石塌落，剩余量用 wk－10B 电铲刷帮十分容易施工，以后将采用液压反铲处理，既提高效率，又可以保证爆堆形状。

（三）扩展平台推土方案的改进

抛掷爆破完成后，爆堆需要推土机整平，拉斗铲才能作业，而且对坡度及工作面要求十分严格，大约 30% 的量需要推土机从后部推至前方做扩展平台，推土运程 100 m 左右，效率十分低。抛掷爆破完成后，需要推土机等辅助设备为拉斗铲作业做扩展平台，原先设计拉斗铲作业水平全部用推土机处理到一个水平，推土量很大，尤其后部推土运程太远，既减小了推土效率，又做了很多不必要的工作。经过研究拉斗铲作业站立位置及作业方式，拉斗铲作业工作面可以采取后部不动，留工程车道路，前面推平，这样既减少了推土运距，又降低了推土时间，也保证了拉斗铲作业平台宽度。改进后推土机出动台数比开始时少 1 台。

神东天隆集团有限责任公司
武家塔露天煤矿

一、矿井概况

武家塔露天煤矿位于内蒙古鄂尔多斯市伊金霍洛旗乌兰木伦镇境内。采煤工艺为单斗—汽车，2008 年实际产量达到了 309.8 万 t。该矿区大地构造处于鄂尔多斯向斜隆起区的东南边缘地带，该区内基本构造形态为一单斜构造，岩层走向 NW 25°，倾向 SW 65°，倾角 1°~3°，具宽缓的波状起伏，区内断裂，褶曲不发育，露天区位于补连区的南部边缘，其构造特征和补连区相一致，为一向 SW 倾斜的单斜构造，产状与补连区相同，褶曲和断层不发育，为一简单构造区。采用单斗—汽车开采方法，半固定移动坑线开拓运输系统。

二、2008 年主要技术经济指标

2008 年产煤 309.8 万 t，产值经营总额 108 429.9 万元，采剥总量 2 146.9 万 m^3，原煤工效 50.1 t/工，2008 年资源回采率达到 97.3%，生产剥采比为 6.93 m^3/t，利润 71 913.8 万元，上缴税金及附加 15 509.7 万元。

三、安全高效矿井建设主要经验

(一) 施工组织严密，目标任务明确

根据季节气候条件，利用当年的作业条件对平盘进行超前剥离，通过超前剥离，为第二年年初的生产组织赢得了时间，从而降低全年的生产成本。各段之间按照职责分工各施其职，各尽其责，互相之间紧密配合，协同运作，紧紧围绕提高剥离量、提高原煤产量开展工作。穿爆段和采剥段根据矿上下达的逐月生产任务，逐日进行考核，根据班组建设考核细则扣发相关人员当日工资。

(二) 成本管理突出核心要素

降低装运成本，提高单车方量，生产组织有序、采坑内布置合理、不存在塞车和安全隐患，保证了矿上逐年生产任务的顺利完成。由燃油方式向用电方式的转变，引进了大立方电铲，降低燃油机械的使用率，从而提高了采装效率，降低了装运成本，并严格规定车数统计量与地测队的实测量之比不得超过±5%。核定消耗指标，力行节约，每台电铲、钻机的月消耗都有核定指标，节约与超支数额按适当比例对承包人进行奖罚，并与机组每一个成员的工资直接挂钩。

（三）加强机电设备管理，保障生产正常运行，大力开展修旧利废活动创造良好经济效益

2008年，该矿机电设备管理，突出现场检修，全面落实机电设备管理制度，设备的良好运转，是生产任务完成的保障，全面落实设备点检制度、重点抓好机电段管理人员和现场工作的原则，针对该矿设备多，大部分处于老化的状态，机电管理部门能按照分公司和该矿对机电设备的工作要求，想尽一切办法，加班加点，确保了生产设备的正常运行。

（四）狠抓班组建设，加强了精细化考核工作

2008年初，该矿将班组建设工作作为质量标准化工作的重点来抓，班组建设内容涉及到个人思想，工作积极性，工作执行力度，班组的安全状态，对作业环境的安全评估，个人的安全情况等。逐步完善了班组建设的考核内容，考核时将每个班组的成员工资与工作质量挂钩，每天进行自查，每周进行考核评比，月总结兑现工资，年终评出先进班组进行奖励。

（五）全面实施了调度监控系统工作

系统采用红外夜视摄像机监视整个矿采区内的生产状况，同时，对于统计情况采用自动计量运输车辆的方式，采取智能化的电子系统取代原有的人工记录方式，提高统计系统的工作效率。统计用摄像机均采用枪型彩色高清晰红外夜视摄像机，可以实时监视运输车辆通过检测口的实际情况，并在每次通过的时候进行实时拍照，保留记录备查。统计记录通过监控中心的计算机自动保存，并可以对每台车的工作量进行统计并打印相关数据。

中煤平朔煤业有限责任公司 安太堡露天矿

一、矿井概况

安太堡露天煤矿地处朔州市平鲁区境内，矿区内煤田面积大，储量丰富，地质结构简单，交通便利，外运条件好，设计年产原煤1 533 万 t，设计服务年限 90 年。剥离工艺是单斗—卡车开采工艺，采煤工艺为单斗—卡车—破碎站—胶带联合运输（半连续）工艺。

二、主要生产经营指标完成情况

内　　容	单　　位	完成情况
矿坑剥采总量	万 m^3	14 818
其中：自营采剥总量	万 m^3	9 908
外包剥离量	万 m^3	4 551
扩帮基建量	万 m^3	3 065
矿坑原煤量	万 t	2 258
矿坑剥采比（不含扩帮量）	m^3/t	4. 38
矿坑综合平均运距	km	2. 53
矿坑综合平均高差	m	29
电力单耗	kW · h/m^3	0. 504
柴油单耗	kg/m^3 · km	0. 218
领用轮胎单耗	条/百万 m^3	4. 592
炸药单耗	g/m^3	400
使用大牙单耗	个/百万 m^3	5. 53
使用大绳单耗	对/百万 m^3	0. 831
原煤成本	元/t	123. 37
可控自营剥采成本	元/m^3	7. 93
可控原煤成本	元/t	44. 09

三、2008 年安全高效矿井建设主要工作

(1) 集思广义，开展了以“节能降耗”为主要内容的劳动竞赛活动和“我为矿山献计献策”的活动，向职工要办法，让职工投身到企业的管理中来，让职工的聪明才智投入到矿山的发展上来，全年共提出合理化建议上百条，矿山采纳了 40 条，取得了明显的效果。

(2) 认真推动技术进步和技术革新工作，向科技要效率，向速度要效益。科学设计，合理安排生产布局，达到提产增效的目的。积极协调提前使用扩界区以西阳圈村外排土场，实现近距离排弃。

(3) 认真贯彻“一工程一措施”，强渡井阳矿采空区自燃区域，改进了采掘工艺，采用小型采运设备替换大型采运设备进行采运作业。运行 9 个月来基本没有出现大的安全问题，工程进展顺利。

(4) 切实贯彻平朔公司的部署，进一步坚持和完善了各项工作制度，坚持“三重一大”集体决策，形成了上下沟通，及时解决问题的良好体系。主动提出并牵头同燃动、电动等单位分别建立了联席会议制度和工作协调机制，很好地促进了设备管理工作，及时解决了许多生产中的实际问题，深化了市场链运行。

(5) 进一步细化完善内部市场链体系，建立并严格实行了以绩效考核为主的各类责任制，落实一岗双责，坚持两个文明指标一起下达，一起兑现，互为补充，互为促进。2008 年特别加强了以单耗控制为核心，以绩效考核为手段，以降低成本为目标的全方位加强控制材料单耗和控制成本的工作，重点落实环节成本的管控工作，倡导和激励员工自主节支，取得良好效果。

(6) 以组建 930 生产班为契机，通过竞岗的方式，充实调整了基层干部队伍，优化组合了班组队伍，进一步加大了设备包机力度，提高了劳动生产率。

中煤平朔煤业有限责任公司
安家岭露天矿

一、矿井概况

平朔安家岭露天煤矿矿田位于平朔矿区中南部，矿田地质储量 7.64 亿 t，可采原煤储量 4.78 亿 t，核定生产能力为 2 000 万 t/a。矿田含煤地层为石炭二叠系，煤种以气煤为主，主要开采煤层为 4#、9#、11#煤层，总厚度 29.5 m，是良好的动力用煤。露天矿剥离采用单斗—卡车工艺，采煤采用半连续工艺，即电铲采掘—卡车运输—半固定破碎站—胶带运输至选煤厂。露天矿采掘机械化程度达 100%。

二、2008 年主要技术经济指标

2008 年采剥总量完成 11 933 万 m^3，PH2800XPB 电铲平均效率达 755 万 m^3/（台・年），卡车效率达 104 万 m^3/（台・年），原煤产量完成 1 451 万 t，原煤生产剥采比为 7.6 m^3/t，原煤回采率达 97% 以上，原煤人效达 33 922 t/（人・年），工效达 119.86 t/工。

三、安全高效矿井建设的主要工作与经验

（一）强化管理、完善法规

建设安全高效矿山并把此项工作引向深入，建立了每月一次的矿长安全办公会制度，每月初召开，总结上月矿山生产安全状况，安排当月安全工作重点，针对日常生产活动中暴露出的安全工作的不足进行剖析，制定有效的预防措施。多年来，此制度从无间断，形成了党政工团齐抓共管的良好作风。建立和完善了一系列安全管理规章制度。认真贯彻执行“安全第一，预防为主”方针，坚持“管理、装备、培训”并重和“三不放过”原则，坚决实行“安全一票否决制”，认真夯实安全防线，在管理干部中树立“安全就是效益”的观念，在职工中树立“想挣钱，重安全”的新概念。加强了安全监察力量，完善了一系列安全监察和事故处理办法，制定了纪

律处分实施细则。结合矿山实际，定期、不定期地开展针对性强的安全检查活动和安全竞赛活动，认真开展重要岗位、重要时间的安全监察工作，狠抓安全教育和安全培训，把反“三违”、查隐患、整顿劳动纪律作为重中之重，重奖重罚。

（二）科技当先、技术创新

不断完善科技创新体系和建立科技激励机制，推动矿山的科技进步，提高矿山核心竞争能力和可持续发展能力。安家岭露天煤矿的科技工作以优化采矿工艺、提高设备作业效率、降低设备单耗和节能减排为中心，从而达到不断降低生产成本，提高经济效益的目的。

(1) 加强领导，提高职工认识。根据公司技术中心的安排，安家岭矿成立了相应的科技工作领导机构，同时针对许多职工重生产、轻科技的实际，矿方通过宣传栏、报刊、会议等形式进行了说明，宣传起到一定效果，各级管理人员已逐渐把科技工作的宣传、实施当作一项岗位职责，逐步展开。

(2) 自主钻研，培养高水平科研人员。在矿山自身能够解决的问题，绝不外委，是安家岭矿进行科技创新的原则，这样既减少费用、锻炼人员，而且能充分调动全体职工，特别是管理干部及工程技术人员的积极性，积极开展设计、施工优化工作。2008 年，该矿开展并基本完成的科技项目有安家岭露天矿过渡陷落柱期间 9#、11#煤运煤方案研究、安家岭矿北帮滑坡后运输系统恢复及改造、露天煤矿大型炮区的施工与安全管理技术研究、露天矿煤层爆破参数与煤炭粒度关系研究应用、安家岭露天矿北帮滑坡区治理方案研究、过白家辛窑地堑期间道路优化设计、9#端帮煤开采优化设计等。

(3) 深入持久地开展群众性的技术比武活动。2008 年，安家岭矿组织的主要技术比武有工程机械、电铲操作、卡车操作、电焊工、电工、机修工、计算机等项目。活动采用理论考试与现场考试相结合的方式进行，重点是考察现场操作的能力。活动注重实效，不走过场，做到了公平、公正。通过每次的技术比武活动，调动了全体职工立足本职工作、钻研技术的积极性，技术比武结果建立数据库，存入个人档案，作为职工晋级、奖励、竞聘上岗、评定技术等级的依据之一。

抚顺矿业集团有限责任公司
西 露 天 矿

一、矿井概况

抚顺西露天矿矿区坐落于辽宁省抚顺市西部，矿坑东西长 6.6 km，南北宽 2.2 km，矿坑面积 10.87 km^2。矿坑最高点 +90 m，最低点 -336 m，采深 426 m，最终采深将达到 489 m。截至到 2008 年末，尚有煤炭可采储量 1 517.5 万 t，油母页岩可采储量 2 954.5 万 t。

二、2008 年主要经济技术指标

项 目	单 位	2008 年
煤炭	万 t	228.49
剥离	万 m^3	928
露煤	万 m^3	496
富矿	万 t	745
经营总收入	万元	92 277
利润	万元	9 872
上缴税金	万元	10 674

三、安全高效矿井建设的工作与经验

(一) 深凹露天矿急倾斜煤层到界前高段采掘的经验

针对边坡稳定采取的措施：在高段掌子上部，即 -186 平盘（29 段站）建立岩移观测点，随时检查和掌握掌子动态，电铲采掘过程中，每隔 24 m 段高保留一个 5 m 宽的安全平台，加大边坡稳定系统。电铲高段下采掘，必须采用侧工作面作业方式，尽可能两爆一采，“大面采，小面装”，并且在作业和非作业时间都要做好有力于倒车的准备。钻机钻孔深度不大于 8.5 m，除扭车、对孔等需要在高段下作业外，其他作业均在 10 m 以外的安全地点操作完成。

（二）煤炭回收残采积累了工作经验

采区内南帮沿底板存在的倒三角煤，采用推土机送货方式，把三角煤推到下一平盘，用铲车装车。电铲受最小工作平盘影响，不能降深采掘的煤炭。因为高段掌子下作业，要求采装时间短，该矿采用“水平钻”或人工“螺旋钻”方式对北帮保安煤壁拉根拉底，集中时间内用电铲采装。西区到界工程残采煤炭4万余吨。

（三）采掘后高段掌子回填的工作经验

由于掌子太高，利用推土机推出受货坑，不易操作，危险性大，因此，采用钻机、放炮、挖沟机挖掘的作业方式。为防止“扣斗”，自翻车翻车时，挂安全钢丝绳两根，线路沿线设栅栏墙，禁止行人和设备进入，下盘距离坡脚10 m外设至少2 m高挡土墙。

（四）对电铲车间实行“一组双机”制度的工作经验

根据该矿生产实际，减少设备非生产消耗，提高人力资源的利用率，满足生产的需要，特提出并实行了“一组双机”的包机办法，即一个包机组负责不同区域的两台电铲作业。通过近几年的情况来看，“一组双机”制度在提高生产效率方面有着积极的作用，同时缓解了因大批员工退休而导致的人员短缺，并减少了坑下出现安全事故的可能性。

（五）深凹露天矿急倾斜煤层到界前高段降深的工作经验

降深过程中，钻机钻孔爆破时，采用分段装药方式，单孔装药量48 kg，其中，上段16 kg，下段32 kg，电铲降深掌子布孔参数3 m×3 m，孔深3～4 m，单孔装药量8 kg，集中装药方式。

云南先锋煤业开发有限公司
先锋露天矿

一、矿井概况

云南先锋露天煤矿位于云南省昆明市寻甸县先锋镇境内，矿区交通方便，先锋露天煤矿是云南省五大煤炭基地之一。2008 年核定生产能力为 2 Mt/a，2012 年将形成 3 Mt/a 生产规模。云南先锋露天煤矿开采的松树地矿田面积约 7 km^2，地质储量为 2.23 亿 t，其中可露天开采的储量为 1.92 亿 t。开采工艺为单斗—汽车间断工艺，采用水平分层台阶开采法。开采设备主要采用 4 m^3 液压挖掘机和 35 t 的运输汽车。

二、2008 年主要技术经济指标

2008 年生产原煤 200.2 万 t，原煤工效 25.02 t/工，剥采比为 3 m^3/t，人均年收入 4.62 万元，工业总产值 23 987.06 万元，利润 3 518.58 万元，百万吨死亡率为 0。

三、2008 年安全高效矿井建设的主要做法

经过 10 余年的发展，云南先锋露天煤矿已建设成为年产 200 万 t 的中型现代化露天煤矿。2004 ~ 2008 年连续五年，该公司被中国煤炭工业协会评为“全国煤炭工业行业级高产高效矿井”、“全国煤炭工业双十佳煤矿”、“全国煤炭环境保护优秀单位”、“全国煤炭工业行业一级安全高效露天矿”等荣誉称号；2006 年被云南省劳动和社会保障厅评为“诚信示范企业”；2006 年、2007 年被评为昆明地区工业企业“100 强企业”和“税收贡献 100 户企业”荣誉称号。该矿在安全生产经营管理方面取得了下列主要经验。

（一）创新管理模式，保障高产高效

先锋露天煤矿采用“以生产为主线、辅助为保障、机关为导线”的三位一体管理模式，各环节分工明确，配合紧密，相辅相成。同时，先锋露

天煤矿还坚持“精减员工、提质不提量”的管理理念，坚持精细化管理，以管理促效率。凭借这种高效管理模式，在先锋煤售价非常低廉（2008 年平均售价约 130 元/t）的情况下，先锋露天煤矿仍然走出了一条投资少、效率高、效益好的路子，可以说，在全国煤炭生产领域都是难得和罕见的。

（二）以安全生产为主弦，常抓安全不松懈

先锋露天煤矿始终秉承“安全就是效益”的理念，在安全方面主要做法有：建立健全《安全生产管理办法》和《安全生产责任制》等安全制度，实行安全生产风险抵押金和安全生产目标化管理，逐级签订安全指标责任状，明确安全生产职责，使安全生产管理落到实处；加强现场安全管理力度。通过定期或不定期的安全检查，及时发现和消除安全隐患，解决现场安全问题，确保安全生产；通过强化日常安全管理，使安全管理不放松；积极开展形式多样、内容丰富的安全活动和安全教育培训，促进安全管理。以标准促安全，以质量保安全，注重安全质量标准化管理。通过长期不懈地抓安全管理，创造了建矿 10 余年来未发生工亡、重伤、重大机电运输事故的良好局面。

（三）加强信息化管理，提升生产效率

云南先锋露天煤矿现已建成并投入使用的信息化管理软件近 10 余套，包括办公自动化软件、生产远程监控软件、生产调度管理软件、设备管理软件、露天矿采剥设计软件等，凭借这些现代化的办公软件和信息化系统，使先锋露天矿的信息化程度大大提高，已达到国内露天矿的先进水平。

（四）重点抓设备管理，提升“硬件”实力

云南先锋露天煤矿选取适宜企业自身条件的设备，配备经验丰富的设备管理人员，通过一系列的设备巡查、维护、检修制度，借助计算机软件辅助管理，使设备管理工作井然有序、科学规范。云南先锋露天煤矿的剥离运输距离在 5 km 以上，克服高程达 260 m，主要采用 35 t 的中国重汽豪威汽车运输，设备出勤率达 80%。采装设备主要采用小松和凯斯 4 m^3 挖掘机。

近年来，云南先锋露天煤矿认真贯彻落实科学发展观，坚持走新型工业化道路，注重和谐发展。2008 年，产量及各项经济指标均创历史新高，职工收入及福利待遇为历年最好，上缴利税总额 8 144 万元，为当地经济发展做出了巨大贡献。

附录一　中国煤炭工业协会关于命名 2008 年度煤炭工业安全高效矿井（露天）的决定

中煤协会行调［2009］132 号

各有关单位：

加快安全高效矿井建设是煤炭行业贯彻落实科学发展观，推动科技进步和自主创新，提高生产力水平的重要途径。进入 21 世纪以来，随着大型煤炭基地和大型煤炭企业集团建设的不断推进，全国煤矿安全高效矿井建设不断加快，产量比重不断增加，有力地促进了我国煤炭生产力水平提高和煤矿安全形势总体稳定好转。

开展安全高效矿井评审工作，是推动全国煤炭工业安全高效矿井建设的重要手段，得到了全行业的广泛认同和热烈响应。特别是近几年来，煤炭企业更加重视，并积极主动地推动安全高效矿井建设；有关省（市、自治区）煤炭管理部门和煤炭协会切实加强了对安全高效矿井建设工作领导、指导和协调，严格按标准组织推荐，主动配合协会做好验收工作，确保了评审工作质量，有力地推动全国安全高效矿井建设工作。

根据《煤炭工业安全高效矿井（露天）评审办法》，中国煤炭工业协会在组织专家评审、实地验收和公示的基础上，决定命名神华神东煤炭集团上湾煤矿等 292 处煤矿为 2008 年度煤炭工业安全高效矿井（露天）。其中，特级安全高效矿井（露天）100 处，行业一级矿井（露天）123 处，行业二级矿井（露天）69 处。

这些煤矿始终坚持科学发展理念，不断推动科技进步和自主创新，努力提高技术装备水平，优化生产工艺，高度重视安全管理、强化安全教育培训，严格按照国家有关部门核定的能力组织生产，着力构建安全、高效的管理体系。各项经济技术指标在全国处于领先水平。2008 年生产原煤

8.62 亿 t。其中，283 处井工煤矿产量 7.69 亿 t，平均生产规模 271.7 万 t，绝大部分矿井实现了一井一面（两面）集中生产，综合单产 14.7 万 t/（个·月)，原煤工效 14.8 t/工，单井盈利 2.67 亿元，人均收入 4.9 万元，百万吨死亡率 0.039；9 处露天煤矿产量 0.93 亿 t，平均生产规模 1 032.6 万 t，综合单产 18.6 万 t，原煤工效 73.6 t/工，剥采比 1∶4.6，单矿盈利 5.14 亿元，人均收入 6.1 万元，百万吨死亡率为 0。

这些煤矿创造出一批中国煤炭工业新的生产纪录。其中，神华神东煤炭集团补连塔矿综采队、上湾矿综采队和中煤能源集团平朔公司井工一矿综放队分别刷新了矿井采煤工作面年产和月产、日产三项世界纪录，为中国煤炭工业增添了新的光彩。

希望被命名的安全高效矿井再接再厉，不断创新发展理念、转变发展方式，提高发展质量，努力为推进煤炭工业规模化现代化做出新的更大的贡献。

希望全国煤炭企业以 2008 年度安全高效煤矿为榜样，认真贯彻落实科学发展观，更加关注节约资源、保护环境、煤矿安全和从业人员的全面发展，进一步掀起创建安全高效煤矿的热潮，努力促进我国煤炭工业健康发展。

建议有关煤炭企业对在安全高效矿井建设中做出突出贡献的单位和职工，给予精神和物质的奖励。

附件：2008 年度煤炭工业安全高效矿井（露天）名单

二〇〇九年八月二十四日

附件　2008 年度煤炭工业安全高效矿井（露天）名单

井工煤矿：

序号	煤矿名称	级别
1	神华神东煤炭集团上湾煤矿	特级
2	神华神东煤炭集团哈拉沟煤矿	特级
3	神华神东煤炭集团补连塔煤矿	特级
4	神华神东煤炭集团榆家梁煤矿	特级

续表

序号	煤矿名称	级别
5	神华神东煤炭集团大柳塔矿大柳塔井	特级
6	神华神东煤炭集团大柳塔矿活鸡兔井	特级
7	神华神东煤炭集团石圪台煤矿	特级
8	神华神东煤炭集团锦界煤矿	特级
9	神华神东煤炭集团万利一矿	特级
10	神华神东煤炭集团寸草塔矿	特级
11	神华宁夏煤业集团有限责任公司羊场湾煤矿	特级
12	神华宁夏煤业集团有限责任公司枣泉煤矿	特级
13	神华宁夏煤业集团有限责任公司灵新煤矿	特级
14	神华新疆能源有限责任公司小红沟煤矿	特级
15	神华新疆能源有限责任公司大洪沟煤矿	特级
16	神华新疆能源有限责任公司碱沟煤矿	特级
17	神华新疆能源有限责任公司铁厂沟煤矿	特级
18	神华新疆能源有限责任公司六道湾煤矿	特级
19	神华乌海能源公司黄白茨矿业有限责任公司	一级
20	神华乌海能源公司五虎山矿业有限责任公司	一级
21	神华集团包头矿业有限公司阿刀亥矿	特级
22	神华集团陕西集华柴家沟矿业有限公司	一级
23	中煤能源集团平朔煤业有限责任公司安家岭二号井工矿	特级
24	中煤能源集团平朔煤业有限责任公司安家岭一号井工矿	特级
25	中煤能源集团上海大屯能源股份有限公司姚桥煤矿	特级
26	中煤能源集团上海大屯能源股份有限公司龙东煤矿	二级
27	中煤能源集团上海大屯能源股份有限公司徐庄煤矿	一级
28	中煤能源集团上海大屯能源股份有限公司孔庄煤矿	一级
29	中煤能源集团华晋焦煤有限责任公司沙曲矿	特级
30	开滦（集团）有限责任公司钱家营矿业分公司	特级
31	开滦能源化工股份有限公司范各庄矿业分公司	特级
32	开滦（集团）有限责任公司唐山矿业分公司	一级
33	开滦（集团）蔚州矿业有限责任公司崔家寨矿	一级
34	开滦（集团）有限责任公司荆各庄矿业分公司	一级

续表

序号	煤矿名称	级别
35	开滦能源化工股份有限公司吕家坨矿业分公司	二级
36	冀中能源河北金牛能源股份有限公司东庞矿	特级
37	冀中能源河北金牛能源股份有限公司邢东矿	特级
38	冀中能源河北金牛能源股份有限公司邢台矿	一级
39	冀中能源邯郸矿业集团郭二庄矿业有限公司	一级
40	冀中能源邯郸矿业集团有限公司云驾岭煤矿	一级
41	冀中能源邯郸矿业集团亨健矿业有限公司	二级
42	冀中能源邯郸矿业集团有限公司陶二煤矿	一级
43	冀中能源邯郸矿业集团有限公司陶一煤矿	二级
44	冀中能源张家口矿业集团有限公司宣东二号煤矿	一级
45	冀中能源张家口矿业集团有限公司长城矿业公司	二级
46	冀中能源张家口矿业集团康保矿业有限公司张纪井	二级
47	冀中能源峰峰集团有限公司梧桐庄矿	一级
48	冀中能源峰峰集团有限公司大淑村矿	二级
49	冀中能源峰峰集团有限公司羊渠河矿	二级
50	冀中能源峰峰集团有限公司黄沙矿	二级
51	冀中能源峰峰集团有限公司新三矿	二级
52	河北省磁县申家庄煤矿	二级
53	河北省磁县六合工业有限公司	二级
54	扎赉诺尔煤业有限责任公司铁北煤矿	特级
55	内蒙古平庄能源股份有限公司古山煤矿三井	二级
56	内蒙古平庄煤业（集团）有限责任公司红庙煤矿	二级
57	内蒙古大雁矿业集团有限责任公司第二煤矿	一级
58	内蒙古大雁矿业集团有限责任公司雁南煤矿	一级
59	内蒙古大雁矿业集团有限责任公司第一煤矿	一级
60	内蒙古伊泰煤炭股份有限公司纳林庙煤矿二号井	特级
61	内蒙古伊泰煤炭股份有限公司宏景塔一矿	特级
62	内蒙古伊泰集团有限公司大地精煤矿	一级
63	铁法煤业（集团）有限责任公司大平矿	特级
64	铁法煤业（集团）有限责任公司大兴矿	特级

续表

序号	煤矿名称	级别
65	铁法煤业（集团）有限责任公司小青矿	特级
66	铁法煤业（集团）有限责任公司大隆矿	特级
67	铁法煤业（集团）有限责任公司晓南矿	特级
68	铁法煤业（集团）有限责任公司小康矿	特级
69	铁法煤业（集团）有限责任公司晓明矿	一级
70	铁法煤业（集团）有限责任公司大明矿斜井	二级
71	沈阳煤业（集团）有限责任公司红阳三矿	特级
72	沈阳煤业（集团）有限责任公司红菱煤矿	一级
73	沈阳煤业（集团）有限责任公司西马煤矿	一级
74	抚顺矿业集团有限责任公司老虎台矿	一级
75	阜新矿业（集团）有限责任公司兴阜煤矿	二级
76	同煤大唐塔山煤矿有限公司	特级
77	大同煤矿集团有限责任公司四台矿	特级
78	大同煤矿集团有限责任公司马脊梁矿	特级
79	大同煤矿集团有限责任公司云冈矿	特级
80	大同煤矿集团有限责任公司晋华宫矿	一级
81	大同煤矿集团有限责任公司燕子山矿	一级
82	大同煤业股份有限公司同家梁矿	一级
83	大同煤矿集团有限责任公司四老沟矿	一级
84	大同煤矿集团朔州朔煤小峪煤矿	一级
85	大同煤矿集团有限责任公司忻州窑矿	一级
86	大同煤矿集团大斗沟煤业有限责任公司	一级
87	大同煤矿集团雁崖煤业有限责任公司	一级
88	大同煤矿集团白洞煤业有限责任公司	一级
89	大同煤矿集团永定庄煤业有限责任公司	一级
90	大同煤矿集团大同地煤东周窑煤矿	二级
91	大同煤矿集团大同市杏儿沟煤业有限责任公司	二级
92	大同煤矿集团大同地煤马口煤矿	二级
93	山西汾河焦煤股份有限公司三交河煤矿	一级
94	霍州煤电集团有限责任公司辛置煤矿	一级

续表

序号	煤矿名称	级别
95	霍州煤电集团有限责任公司团柏煤矿	二级
96	山西西山煤电股份有限公司马兰矿	一级
97	山西焦煤集团有限责任公司官地矿	一级
98	山西焦煤集团有限责任公司杜儿坪矿	一级
99	山西焦煤集团有限责任公司东曲矿	一级
100	山西西山煤电股份有限公司镇城底矿	一级
101	山西汾西矿业（集团）有限责任公司双柳煤矿	特级
102	山西汾西矿业（集团）有限责任公司新柳煤矿	一级
103	山西汾西矿业（集团）有限责任公司新阳煤矿	一级
104	山西汾西矿业（集团）有限责任公司贺西煤矿	一级
105	山西国阳新能股份有限公司一矿北丈八井	一级
106	山西国阳新能股份有限公司二矿	特级
107	阳煤集团寿阳开元矿业有限责任公司	特级
108	阳泉煤业集团三矿煤业有限责任公司	一级
109	阳泉煤业（集团）有限责任公司新景矿	一级
110	山西晋城无烟煤矿业集团有限责任公司寺河矿	特级
111	山西晋城无烟煤矿业集团有限责任公司成庄矿	特级
112	山西潞安环保能源开发股份有限公司漳村煤矿	特级
113	山西潞安集团司马煤业有限公司	特级
114	山西潞安环保能源开发股份有限公司常村煤矿	特级
115	山西潞安集团余吾煤业有限责任公司	特级
116	山西潞安集团潞宁煤业有限责任公司	特级
117	山西潞安环保能源开发股份有限公司五阳煤矿	一级
118	山西大同鹊山精煤有限责任公司	二级
119	山西鲁能河曲电煤开发有限责任公司上榆泉煤矿	特级
120	山西亚美大宁能源有限公司	特级
121	山西兰花科技创业股份有限公司伯方煤矿分公司	特级
122	山西兰花科技创业股份有限公司望云煤矿分公司	一级
123	山西兰花科技创业股份有限公司唐安煤矿分公司	一级
124	山西兰花科技创业股份有限公司大阳煤矿分公司	二级

续表

序号	煤矿名称	级别
125	山西高平申家庄矿业有限公司	二级
126	山西省高平市赵庄煤矿	一级
127	山西省高平市南阳煤矿	二级
128	山西三元煤业股份有限公司	特级
129	山西省长治经坊煤业有限公司	特级
130	山西省襄垣县花宝沟煤矿	二级
131	山西省长治县西山煤业有限责任公司	二级
132	山西省襄垣县地方国营襄垣煤矿	一级
133	山西沁新煤焦股份有限公司新源煤矿	一级
134	山西沁新煤焦股份有限公司沁新煤矿	二级
135	山西襄垣县七一煤矿	一级
136	山西临汾四通焦化有限公司四通二矿	一级
137	山西乡宁县沙坪（吉县）煤炭有限责任公司沙坪煤矿	一级
138	山西乡宁县地方国营台头煤矿前湾子坑口	一级
139	山西玉和泰煤业有限公司	二级
140	山西乡宁县申南凹焦煤有限公司	二级
141	山西省盂县东坪煤矿	一级
142	山西柳林兴无煤矿有限责任公司	一级
143	山西柳林大庄煤矿有限责任公司	二级
144	山西省柳林同德焦煤有限公司	二级
145	山西柳林金家庄煤业有限公司	一级
146	山西柳林寨崖底煤业有限公司	一级
147	山西义棠煤业有限责任公司	一级
148	山西国投昔阳能源有限责任公司黄岩汇煤矿	二级
149	山西省阳泉固庄煤矿	二级
150	山西省太原西峪煤矿	二级
151	淄博矿业集团有限责任公司许厂煤矿	特级
152	淄博矿业集团山东唐口煤业有限公司	特级
153	淄博矿业集团陕西长武亭南煤业有限责任公司	特级
154	淄博矿业集团有限责任公司岱庄煤矿	特级

续表

序号	煤矿名称	级别
155	淄博矿业集团有限责任公司葛亭煤矿	一级
156	淄博矿业集团有限责任公司埠村煤矿	二级
157	临沂矿业集团山东东山古城煤矿有限公司	二级
158	临沂矿业集团山东东山王楼煤矿有限公司	二级
159	临沂矿业集团有限责任公司田庄煤矿	一级
160	兖州煤业股份有限公司济宁三号煤矿	特级
161	兖州煤业股份有限公司东滩煤矿	特级
162	兖州煤业股份有限公司兴隆庄煤矿	特级
163	兖州煤业股份有限公司鲍店煤矿	特级
164	兖州煤业股份有限公司济宁二号煤矿	特级
165	兖州煤业股份有限公司南屯煤矿	特级
166	兖矿集团山西和顺天池能源有限责任公司	一级
167	兖矿集团有限公司杨村煤矿	一级
168	兖矿集团有限公司北宿煤矿	一级
169	枣庄矿业（集团）有限责任公司高庄矿	特级
170	枣庄矿业（集团）有限责任公司新安矿	特级
171	枣庄矿业集团付村煤业有限公司	特级
172	枣庄矿业（集团）有限责任公司柴里煤矿	一级
173	枣庄矿业（集团）有限责任公司蒋庄煤矿	一级
174	枣庄矿业（集团）有限责任公司田陈煤矿	一级
175	龙口煤电有限公司梁家矿	特级
176	龙口煤电有限公司北皂矿	特级
177	新汶矿业集团有限责任公司协庄煤矿	一级
178	新汶矿业集团山东泰山能源有限责任公司翟镇煤矿	一级
179	肥城矿业集团梁宝寺能源有限责任公司	特级
180	肥城矿业集团山东新查庄矿业有限责任公司	二级
181	肥城矿业集团曹庄煤矿有限公司	二级
182	山东里能鲁西矿业有限公司	二级
183	山东省岱庄生建煤矿	二级
184	淮北矿业集团煤业有限责任公司朱庄煤矿	一级

续表

序号	煤矿名称	级别
185	淮北矿业（集团）有限责任公司许疃煤矿	一级
186	淮北矿业集团煤业有限责任公司朔里煤矿	一级
187	淮北矿业集团煤业有限责任公司朱仙庄煤矿	一级
188	淮北矿业（集团）有限责任公司涡北煤矿	一级
189	淮北矿业（集团）有限责任公司孙疃煤矿	二级
190	淮北矿业集团煤业有限责任公司祁南煤矿	一级
191	淮北矿业集团临涣煤电有限责任公司	二级
192	淮南矿业（集团）有限责任公司顾桥煤矿	特级
193	淮南矿业（集团）有限责任公司张集煤矿	特级
194	淮南矿业集团淮浙煤电有限责任公司顾北煤矿分公司	特级
195	淮南矿业（集团）有限责任公司谢桥煤矿	一级
196	淮南矿业集团淮沪煤电有限公司丁集煤矿	特级
197	淮南矿业（集团）有限责任公司潘集第三煤矿	特级
198	淮南矿业（集团）有限责任公司潘集第一煤矿	一级
199	淮南矿业（集团）有限责任公司潘北煤矿	特级
200	皖北煤电集团有限责任公司祁东煤矿	一级
201	皖北煤电集团安徽五沟煤矿有限责任公司	一级
202	皖北煤电集团安徽恒源煤电股份有限公司	二级
203	皖北煤电集团有限责任公司任楼煤矿	一级
204	皖北煤电集团有限责任公司百善煤矿	二级
205	皖北煤电集团安徽恒源煤电股份有限公司刘桥第一煤矿	二级
206	国投新集能源股份有限公司刘庄煤矿	特级
207	国投新集能源股份有限公司新集一矿	特级
208	国投新集能源股份有限公司新集二矿	一级
209	平顶山天安煤业股份有限公司四矿	特级
210	平顶山天安煤业股份有限公司六矿	特级
211	平顶山天安煤业股份有限公司十一矿	一级
212	平顶山天安煤业股份有限公司十二矿	特级
213	平顶山煤业（集团）二矿	一级
214	平顶山天安煤业股份有限公司一矿	一级

续表

序号	煤矿名称	级别
215	平顶山天安煤业股份有限公司十矿	一级
216	平顶山天安煤业股份有限公司八矿	一级
217	平顶山天安煤业股份有限公司五矿	一级
218	中平能化集团瑞平公司张村矿	一级
219	中平能化集团平顶山七星煤业有限责任公司	二级
220	河南煤业化工集团正龙煤业有限公司城郊煤矿	特级
221	河南煤业化工集团龙宇能源股份有限公司陈四楼煤矿	特级
222	河南煤业化工集团龙宇能源股份有限公司车集煤矿	特级
223	河南煤业化工集团永煤集团股份有限公司新桥煤矿	一级
224	河南煤业化工集团永锦能源有限公司云盖山煤矿二矿	二级
225	河南煤业化工集团焦作煤业（集团）有限责任公司演马庄矿	二级
226	河南煤业化工集团焦作煤业（集团）有限责任公司古汉山矿	二级
227	河南煤业化工集团焦作煤业（集团）有限责任公司中马村矿	二级
228	河南煤业化工集团焦作煤业（集团）有限责任公司九里山矿	二级
229	河南煤业化工集团鹤壁中泰矿业有限公司	一级
230	河南煤业化工集团鹤壁煤电股份有限公司第三煤矿	一级
231	河南煤业化工集团鹤壁煤业（集团）有限责任公司第二煤矿	二级
232	义马煤业集团股份有限公司耿村煤矿	特级
233	义马煤业集团股份有限公司千秋煤矿	特级
234	义马煤业集团股份有限公司杨村煤矿	一级
235	义马煤业集团股份有限公司常村煤矿	一级
236	义马煤业集团股份有限公司新安煤矿	二级
237	义马煤业集团股份有限公司跃进煤矿	一级
238	郑州煤炭工业（集团）有限责任公司裴沟煤矿	一级
239	郑州煤炭工业（集团）有限责任公司超化煤矿	一级
240	河南神火煤业有限公司新庄煤矿	特级
241	河南神火集团许昌新龙矿业有限责任公司	一级
242	河南省济源煤业有限责任公司一矿	二级
243	河南省禹州中锋枣园煤矿	二级
244	甘肃华亭煤电股份有限公司砚北煤矿	一级

续表

序号	煤矿名称	级别
245	甘肃华亭煤电股份有限公司东峡矿	特级
246	华亭煤业集团有限责任公司山寨煤矿	二级
247	华亭煤业集团新窑煤矿有限责任公司	特级
248	华亭煤业集团新柏煤矿有限责任公司	特级
249	窑街煤电集团天祝煤业有限责任公司	一级
250	窑街煤电集团有限公司三矿	二级
251	窑街煤电集团有限公司海石湾煤矿	二级
252	窑街煤电集团有限公司金河煤矿	二级
253	潞安新疆煤化工（集团）有限公司一矿	特级
254	徐州矿务（集团）新疆天山矿业有限责任公司俄霍布拉克煤矿	一级
255	新疆乌苏四棵树煤炭有限责任公司八号井	二级
256	黑龙江龙煤矿业集团双鸭山矿业集团有限公司东荣二矿	一级
257	黑龙江龙煤矿业集团双鸭山矿业集团有限公司东荣三矿	一级
258	黑龙江龙煤矿业集团双鸭山矿业集团有限公司新安煤矿	二级
259	黑龙江龙煤矿业集团双鸭山矿业集团有限公司东保卫煤矿	二级
260	黑龙江龙煤矿业集团有限责任公司鸡西分公司东山煤矿	二级
261	黑龙江龙煤矿业集团有限责任公司鸡西分公司杏花煤矿	一级
262	黑龙江龙煤矿业集团有限责任公司鹤岗分公司南山煤矿	一级
263	黑龙江龙煤矿业集团有限责任公司鹤岗分公司峻德煤矿	一级
264	黑龙江龙煤矿业集团七台河矿业精煤（集团）有限责任公司新立煤矿	一级
265	辽源矿业（集团）有限责任公司金宝屯煤矿	一级
266	辽源矿业（集团）有限责任公司梅河煤矿三井	一级
267	辽源矿业（集团）有限责任公司梅河煤矿二井	二级
268	辽源矿业（集团）有限责任公司梅河煤矿四井	二级
269	珲春矿业（集团）板石煤业有限公司	一级
270	珲春矿业（集团）八连城煤业有限公司	一级
271	珲春矿业（集团）有限责任公司英安煤矿	一级
272	舒兰矿业（集团）有限责任公司四矿	二级
273	徐州矿务集团有限公司张双楼煤矿	一级
274	徐州矿务集团有限公司三河尖煤矿	一级

续表

序号	煤矿名称	级别
275	徐州矿务集团有限公司权台煤矿	一级
276	徐州矿务集团有限公司旗山煤矿	一级
277	徐州矿务集团有限公司庞庄煤矿张小楼井	一级
278	徐州矿务集团有限公司夹河煤矿	一级
279	陕西陕煤黄陵矿业有限公司一号煤矿	特级
280	四川省华蓥山煤业股份有限公司绿水洞煤矿	一级
281	四川省华蓥山煤业股份有限公司李子垭煤矿	一级
282	重庆松藻煤电有限责任公司打通一煤矿	二级
283	重庆松藻煤电有限责任公司松藻煤矿	二级

露天煤矿：

序号	煤矿名称	级别
1	神华准格尔能源有限责任公司黑岱沟露天煤矿	特级
2	神华宝日希勒能源有限公司露天煤矿	特级
3	神东天隆集团有限责任公司武家塔露天煤矿	特级
4	中煤平朔煤业有限责任公司安太堡露天矿	特级
5	中煤平朔煤业有限责任公司安家岭露天矿	特级
6	华能伊敏煤电有限责任公司露天矿	特级
7	抚顺矿业集团有限责任公司西露天矿	一级
8	潞安新疆煤化工（集团）有限公司露天煤矿	一级
9	云南先锋煤业开发有限公司先锋露天矿	一级

附录二　2008 年度煤炭工业安全高效矿井(露天)技术经济指标汇总

序号	隶属企业	矿井名称	矿井产量(万 t)	综合单产(t/个・月)	原煤工效(t/工)	采煤、掘进装载、综掘机械化程度(%)	人均收入(万元)/增幅(%)	盈利(万元)	安全	级别
1	神华神东煤炭集团	上湾煤矿	1 329.75	626 059	157.86	100/100/100	9.59/	103 537.5	0	特级
2	神华神东煤炭集团	哈拉沟煤矿	1 205	905 442	156.82	100/100/100	13/44	150 000	0	特级
3	神华神东煤炭集团	补连塔煤矿	2 148.7	839 528	150.1	100/100/100	11.3/	101 367.6	0	特级
4	神华神东煤炭集团	榆家梁煤矿	1 690	1 351 489	126.63	100/100/100	13/11.5	51 480.5	0	特级
5	神华神东煤炭集团	大柳塔矿大柳塔井	1 099.7	335 745	125.2	100/100/100	8.6/6.2	65 994	0	特级
6	神华神东煤炭集团	大柳塔矿活鸡兔井	1 020.7	312 714	124.8	100/100/100	8.6/6.2	61 242	0	特级
7	神华神东煤炭集团	石圪台煤矿	1 034.4	473 626.4	112.8	100/100/100	11.01/5.3	23 240.7	0	特级
8	神华神东煤炭集团	锦界煤矿	782	671 821	85.8	100/100/100	8.54/11	11 500	0	特级
9	神华神东煤炭集团	万利一矿	1 015.5	846 250	58.68	100/100/100	6.29/	11 947	0	特级
10	神华神东煤炭集团	寸草塔矿	237.6	198 000	16.34	100/100/100	6.6/	18 900	0	特级
11	神华宁煤集团公司	羊场湾煤矿	1 202.75	421 131	19.81	100/100/80.94	6.6/	31 445.5	0	特级
12	神华宁煤集团公司	枣泉煤矿	501.1	262 052	18.99	100/100/93.3	6.4/	13 282	0	特级
13	神华宁煤集团公司	灵新煤矿	306.6	167 667	18.56	100/100/87.6	6.38/	12 542.7	0	特级
14	神华新疆能源公司	小红沟煤矿	137.8	114 864(急倾斜)	17.4	100/95/95	5.52/17.4	4 058.5	0	特级
15	神华新疆能源公司	大洪沟煤矿	123.7	103 080(急倾斜)	15.06	100/100/86	4.86/15	385.3	0	特级

续表

序号	隶属企业	矿井名称	矿井产量(万 t)	综合单产(t/个·月)	原煤工效(t/工)	采煤、掘进装载、综掘机械化程度(%)	人均收入(万元)/增幅(%)	盈利(万元)	安全	级别
16	神华新疆能源公司	碱沟煤矿	143.17	68 672(急倾斜)	13.54	100/100/82.19	4.85/16.3	1 210	0	特级
17	神华新疆能源公司	铁厂沟煤矿	119.83	99 858(大倾角)	10.25	100/100/100	4.39/18.3	7 280.1	0	特级
18	神华新疆能源公司	六道湾煤矿	175	143 300(急倾斜)	8.9	100/100/100	6.25/15	1 100	0	特级
19	神华乌海能源公司	黄白茨矿业公司	196.6	164 538	8.3	100/95.8/85.7	5.24/25	11 413.5	0	一级
20	神华乌海能源公司	五虎山矿业公司	186.53	88 851.5	7.6	100/100/80	5.6/42	9 582.7	0	一级
21	神华包头矿业公司	阿刀亥煤矿	90	74 998.5(急倾斜)	7.99	100/100/85	5.94/24	9 899.8	0	特级
22	神华陕西集华	柴家沟矿业公司	95.59	86 896	7.65	100/95/95	4.4/8.9	11 172	0	一级
23	中煤平朔公司	安家岭二号井工矿	1 038.26	906 885	136.23	100/100/100	9.98/11.5	40 008.2	0	特级
24	中煤平朔公司	安家岭一号井工矿	1 037	858 889	102	100/100/100	8.5/14.8	41 796.7	0	特级
25	中煤大屯公司	姚桥煤矿	380	139 500	15.32	100/100/60.2	4.33/25	72 734.8	0	特级
26	中煤大屯公司	龙东煤矿	120	100 000	7.42	100/100/48.6	4.17/18	4 513.4	1	二级
27	中煤大屯公司	徐庄煤矿	150	86 108	7.26	100/100/35.6	4.38/23.8	4 641.8	0	一级
28	中煤大屯公司	孔庄煤矿	130	78 327(大倾角)	7.02	100/100/25.38	4.23/23.8	7 844.8	0	一级
29	中煤华晋焦煤	沙曲矿	245.16	107 759(双突)	9.65	100/100/100	6.29/30	10 394.8	0	特级
30	河北开滦集团	钱家营矿业分公司	549	147 372	15.4	100/100/89	6.15/	69 606	0	特级
31	河北开滦集团	范各庄矿业分公司	450	120 775	15.08	100/100/86.64	6.12/	47 706	0	特级
32	河北开滦集团	唐山矿业分公司	392.63	122 286	14.76	100/100/100	4.6/15	11 269.5	1	一级
33	河北开滦集团	蔚州公司崔家寨矿	255.08	96 451	9.61	100/100/100	4.2/13	21 145	0	一级

续表

序号	隶属企业	矿井名称	矿井产量（万 t）	综合单产（t/个·月）	原煤工效（t/工）	采煤、掘进装载、综掘机械化程度（%）	人均收入（万元）/增幅（%）	盈利（万元）	安全	级别
34	河北开滦集团	荆各庄矿业分公司	185	81 219	7. 93	100/100/100	3. 71/23	2 298	0	一级
35	河北开滦集团	吕家坨矿业分公司	300	78 476	7. 88	100/96. 3/77. 29	4. 62/31	31 804	0	二级
36	河北冀中能源集团	金牛股份东庞矿	280	134 100	12. 32	100/100/98	6. 24/11. 5	200 079	0	特级
37	河北冀中能源集团	金牛股份邢东矿	115. 9	125 000	12. 2	100/100/95	7. 4/32. 4	37 451	0	特级
38	河北冀中能源集团	金牛股份邢台矿	194. 85	87 934	7	100/96/86. 7	5. 54/24. 5	63 300	0	一级
39	河北冀中能源集团	邯矿集团郭二庄公司	149. 9	82 212	7. 3	100/97. 3/42. 6	3. 44/30. 3	10 550	0	一级
40	河北冀中能源集团	邯矿集团云驾岭矿	157	81 555. 6	7. 2	100/100/42	4. 31/15	28 834	0	一级
41	河北冀中能源集团	邯矿集团亨健公司	55. 3	62 000	5. 17	100/100/50	3. 4/10. 8	13 858	0	二级
42	河北冀中能源集团	邯矿集团陶二煤矿	90. 61	64 370（双突）	4. 81	100/100/25. 1	3. 74/24. 5	2 334	0	一级
43	河北冀中能源集团	邯矿集团陶一煤矿	60. 3	60 580	4. 01	100/100/20	3. 78/7	5 433	0	二级
44	河北冀中能源集团	张矿集团宣东二号矿	148	112 019	7. 21	100/100/49. 36	4. 18/30	18 988	0	一级
45	河北冀中能源集团	张矿集团长城矿业公司	84. 16	63 520	4. 11	100/100/20	3. 8/22	3 800	0	二级
46	河北冀中能源集团	张矿集团康保张纪井	51	43 055. 6（大倾角）	4. 05	100/100/28	3. 2/	2 844	0	二级
47	河北冀中能源集团	峰峰集团梧桐庄矿	210	109 721	8. 3	100/100/57. 8	4. 6/12	35 550	0	一级
48	河北冀中能源集团	峰峰集团大淑村矿	111	49 620（双突）	5. 62	100/98/20	4. 1/14	4 566	1	二级
49	河北冀中能源集团	峰峰集团羊渠河矿	127	49 941（双突）	5. 23	100/100/29. 25	3. 95/12. 9	149	1	二级
50	河北冀中能源集团	峰峰集团黄沙矿	79. 02	63 613	4. 18	100/100/30	3. 96/14. 3	8 390	0	二级
51	河北冀中能源集团	峰峰集团新三矿	71	60 357	4. 01	100/95/33	4. 1/14. 5	368	0	二级

续表

序号	隶属企业	矿井名称	矿井产量（万 t）	综合单产（t/个·月）	原煤工效（t/工）	采煤、掘进装载、综掘机械化程度(%)	人均收入（万元）/增幅(%)	盈利（万元）	安全	级别
52	河北磁县	申家庄煤矿	74.48	61 292.5	5.08	100/100/100	6.47/	63 766.8	0	二级
53	河北磁县	六合工业公司	81.7	64 937	4.41	100/100/100	5.3/10.5	59 493	0	二级
54	内蒙古扎赉诺尔	铁北煤矿	220.86	184 048	12.02	100/96/70	3.01/21	6 351.87	0	特级
55	内蒙古平庄煤业	古山煤矿三井	70.5	61 996	5.83	100/96.85/42.16	3.6/18	3 232.5	0	二级
56	内蒙古平庄煤业	红庙煤矿	150.36	118 400	5.27	100/95.65/46.18	3.33/13.5	2 237	1	二级
57	内蒙古大雁矿业	第二煤矿	230	225 490	9.37	100/97.59/42.03	4.86/11.47	338.25	0	一级
58	内蒙古大雁矿业	雁南煤矿	160.6	158 435	8.38	100/100/78.69	4.2/31.2	360.88	0	一级
59	内蒙古大雁矿业	第一煤矿	171	167 647	8	100/95/67.6	4.38/13	298.05	0	一级
60	内蒙古伊泰集团	纳林庙煤矿二号井	316.39	287 624.6	47	100/100/50	8/19	65 324	0	特级
61	内蒙古伊泰集团	宏景塔一矿	312.82	260 683.3	46.55	100/100/50	8/30	62 700	0	特级
62	内蒙古伊泰集团	大地精煤矿	114.69	112 461	34.19	100/100/50	6.1/30	35 120	0	一级
63	辽宁铁法煤业	大平矿	405	409 301	17.98	100/97.9/43.6	5.07/15.2	56 712	0	特级
64	辽宁铁法煤业	大兴矿	380	177 146	15.01	100/100/87	4.68/15.3	31 619	0	特级
65	辽宁铁法煤业	小青矿	249	196 181	13.577	100/99.42/85.26	5.28/15.2	6 582	0	特级
66	辽宁铁法煤业	大隆矿	295	259 726	13.18	100/100/61.3	4.4/15	13 398	0	特级
67	辽宁铁法煤业	晓南矿	210	158 917	12.25	100/100/82.39	5.41/15.1	5 746	0	特级
68	辽宁铁法煤业	小康矿	260	198 333	12.14	100/100/42.1	4.03/21	6 768	0	特级
69	辽宁铁法煤业	晓明矿	190	194 627	9.11	100/100/75	3.56/12.6	10 215	0	一级

续表

序号	隶属企业	矿井名称	矿井产量（万 t）	综合单产（t/个·月）	原煤工效（t/工）	采煤、掘进装载、综掘机械化程度（%）	人均收入（万元）/增幅（%）	盈利（万元）	安全	级别
70	辽宁铁法煤业	大明矿斜井	108	60 468	5.15	100/99.5/60	3.61/10	106	0	二级
71	辽宁沈阳煤业	红阳三矿	278	129 419（双突）	10.31	100/100/91.2	4.79/16	48 571	0	特级
72	辽宁沈阳煤业	红菱矿	145	87 211.5	5.76	97/96.32/78.6	3.11/12.3	7 211	0	一级
73	辽宁沈阳煤业	西马矿	148	60 658（双突、部分薄）	5.16	100/100/84	3.2/12.1	15 106	0	一级
74	辽宁抚顺矿业	老虎台矿	171	83 746	7.02	100/95.1/58.9	4.36/35.7	7 043	0	一级
75	辽宁阜新矿业	兴阜矿	105.99	79 937	5.19	100/100/25.5	3.64/8	9 700.7	0	二级
76	山西同煤集团	塔山煤矿	1 025.5	885 564	81.75	100/100/76	9/	125 976.3	0	特级
77	山西同煤集团	四台矿	503	156 463	24.98	100/100/69	7.24/66.2	35 170	0	特级
78	山西同煤集团	马脊梁矿	369.28	123 182	15.23	100/100/72.7	6.26/15.69	12 211.4	0	特级
79	山西同煤集团	云冈矿	520.27	126 286	15.03	100/100/47	4.03/25	693	0	特级
80	山西同煤集团	晋华宫矿	388.47	95 990.7	10.09	100/100/62.96	3.37/12.2	1 068.5	0	一级
81	山西同煤集团	燕子山矿	384.46	94 920	10.05	100/100/42	4.26/3.9	2 392.4	1	一级
82	山西同煤集团	同家梁矿	282	89 094	9.67	100/100/54.54	4.23/18.1	3 900	0	一级
83	山西同煤集团	四老沟矿	272.4	104 167	9.33	100/100/43.8	4.27/8.3	7 135.2	0	一级
84	山西同煤集团	小峪矿	208.6	88 428	8.5	100/100/86	3.07/12.5	949.9	0	一级
85	山西同煤集团	忻州窑矿	230	101 790	8.15	100/100/79.5	4.54/12	3 842	0	一级
86	山西同煤集团	大斗沟煤业公司	179.87	81 728	7.94	100/100/60.58	4.1/12.9	133.9	0	一级
87	山西同煤集团	雁崖煤业公司	159.8	104 158	7.59	100/100/73.77	4.88/20.9	1 597.1	0	一级

续表

序号	隶属企业	矿井名称	矿井产量(万 t)	综合单产(t/个·月)	原煤工效(t/工)	采煤、掘进装载、综掘机械化程度(%)	人均收入(万元)/增幅(%)	盈利(万元)	安全	级别
88	山西同煤集团	白洞煤业公司	119	98 183	7. 56	100/100/75	4. 6/12	159	0	一级
89	山西同煤集团	永定庄煤业公司	124. 04	92 975	7. 03	100/100/64	4. 24/4. 4	5 840	0	一级
90	山西同煤集团	东周窑矿	65	60 194	6. 43	100/100/53	3. 75/11	1 104	0	二级
91	山西同煤集团	杏儿沟煤业公司	90	76 316	4. 93	100/99. 8/37	2. 19/15	2 932	0	二级
92	山西同煤集团	马口矿	63	61 150	4. 33	100/100/25	2. 88/19. 5	1 180. 5	0	二级
93	山西焦煤霍州	三交河煤矿	300. 17	168 047	12. 4	100/100/72	4. 52/26	11 520	0	一级
94	山西焦煤霍州	辛置煤矿	256. 68	115 789	8. 2	100/100/75. 8	4. 07/24. 2	138 991	1	一级
95	山西焦煤霍州	团柏煤矿	190. 17	86 769	5. 1	100/100/78. 4	4. 92/	1 121. 7	0	二级
96	山西焦煤西山	马兰矿	385	129 892	15. 24	100/100/100	4. 49/12. 5	10 087	1	一级
97	山西焦煤西山	官地矿	485	121 917	10. 94	100/100/83. 3	5. 24/	27 492	1	一级
98	山西焦煤西山	杜儿坪矿	481	102 489	10. 54	100/100/91. 66	4. 86/23	21 883. 8	1	一级
99	山西焦煤西山	东曲矿	346	117 209	10. 5	100/100/90. 07	4. 8/41. 2	17 510. 94	0	一级
100	山西焦煤西山	镇城底矿	189	86 659	8. 01	100/100/74	4. 03/14. 7	8 985. 79	0	一级
101	山西焦煤汾西	双柳煤矿	244. 2	155 717	12. 65	100/97. 43/82. 3	6. 4/19. 8	15 617. 24	0	特级
102	山西焦煤汾西	新柳煤矿	360. 2	152 942	12. 15	100/95. 9/88. 7	4. 33/32. 6	5 057	1	一级
103	山西焦煤汾西	新阳煤矿	400. 2	114 040	10. 37	100/100/43	4. 36/31	1 444. 83	1	一级
104	山西焦煤汾西	贺西煤矿	250. 5	125 752	8. 3	100/100/75	5. 4/20	8 873. 85	1	一级
105	山西阳煤集团	国阳一矿	528. 46	139 777	16. 63	100/100/100	6. 06/	17 388	2	一级

续表

序号	隶属企业	矿井名称	矿井产量（万 t）	综合单产（t/个・月）	原煤工效（t/工）	采煤、掘进装载、综掘机械化程度（%）	人均收入（万元）/增幅（%）	盈利（万元）	安全	级别
106	山西阳煤集团	国阳二矿	700. 17	121 029	15. 05	100/99. 34/67	4. 95/19. 5	8 329	0	特级
107	山西阳煤集团	寿阳开元公司	298	123 326	12	100/100/64	4. 61/15. 6	15 839	0	特级
108	山西阳煤集团	三矿竖井	347. 49	103 745	10. 44	100/98. 68/98. 68	5. 89/13	1 139. 5	0	一级
109	山西阳煤集团	新景矿	551. 89	108 852	10. 03	100/100/62. 07	4. 8/14	74 729	0	一级
110	山西晋城无烟煤	寺河矿	1 073	449 205	16. 93	100/100/100	6. 2/	132 912	0	特级
111	山西晋城无烟煤	成庄煤矿	839. 9	219 122	16. 57	100/99. 95/90	6. 27/12. 2	118 018. 4	0	特级
112	山西潞安集团	漳村煤矿	370. 67	313 650	22. 55	100/100/82. 3	6. 33/11. 2	96 800	0	特级
113	山西潞安集团	司马煤矿	235	195 833	22. 03	100/100/88	6. 31/	74 428	0	特级
114	山西潞安集团	常村煤矿	678. 7	549 106	16. 44	100/100/98. 75	6. 82/	90 374. 1	0	特级
115	山西潞安集团	余吾煤矿	282. 87	185 722	12. 68	100/100/85. 6	6. 25/21. 6	13 254. 6	0	特级
116	山西潞安集团	潞宁煤矿	140	137 520	10. 91	100/95/95	7. 22/38	22 400	0	特级
117	山西潞安集团	五阳煤矿	243	183 333	8. 44	100/95. 68/69. 63	6. 16/	50 551	0	一级
118	山西大同市	鹊山精煤公司	110	91 667	5. 2	100/100/100	3. 63/1. 8	1 380	0	二级
119	山西忻州市	上榆泉煤矿	300	275 006	26. 27	100/100/100	6. 2/5	6 543	0	特级
120	山西晋城市	亚美大宁能源	346. 21	303 873. 3	16. 96	100/100/100	7. 01/16. 6	74 867. 3	0	特级
121	山西晋城市	兰花公司伯方煤矿	187. 7	121 562	11. 53	100/100/60	6. 03/25	59 029	0	特级
122	山西晋城市	兰花公司望云煤矿	45. 4	51 207（大倾角）	10	100/100/89	4. 01/46. 4	5 737	0	一级
123	山西晋城市	兰花公司唐安煤矿	149. 97	137 300	9. 02	100/100/75	4. 84/16. 4	48 394	0	一级

续表

序号	隶属企业	矿井名称	矿井产量(万t)	综合单产(t/个·月)	原煤工效(t/工)	采煤、掘进装载、综掘机械化程度(%)	人均收入(万元)/增幅(%)	盈利(万元)	安全	级别
124	山西晋城市	兰花公司大阳煤矿	145.26	68 007	8.73	100/100/73	4.9/45	51 593	0	二级
125	山西晋城市	高平市申家庄煤矿	59.6	62 863	6.65	100/100/48	3.76/18	16 000	0	二级
126	山西晋城市	高平市赵庄煤矿	93.45	97 337	6.6	100/95/50	4.5/1	18 730	0	一级
127	山西晋城市	高平市南阳煤矿	59.97	68 478	4.33	100/95/95	3.41/10.7	23 243.5	0	二级
128	山西长治市	三元煤业	179.9	157 667	18.38	100/100/73.3	6.79/16	114 216	0	特级
129	山西长治市	长治经坊煤业	145.5	122 431	11.48	100/100/60	4.73/20	38 246	0	特级
130	山西长治市	花宝沟矿	88	70 923	10.24	100/95/85	4.1/13	4 700	0	二级
131	山西长治市	西山矿	81.6	72 941	10.2	100/97/50	3.6/11	15 886.2	0	二级
132	山西长治市	襄垣煤矿	238	100 686	9.89	100/98/98	4.5/15	26 920	0	一级
133	山西长治市	沁新煤焦新源煤矿	100	86 206	8.3	100/100/45	4.21/1	47 010	0	一级
134	山西长治市	沁新煤焦沁新煤矿	95.6	80 834	8.2	100/100/50	4.22/12.1	14 340	0	二级
135	山西长治市	七一矿	91.6	98 178	6.8	100/95/80	4.3/30	30 900	0	一级
136	山西临汾市	四通二矿	58.8	80 068	13.16	100/100/90	3/20	16 400	0	一级
137	山西临汾市	沙坪煤矿	90.18	89 057	10.88	100/100/100	4.26/	36 270	0	一级
138	山西临汾市	台头矿前湾子坑口	83	83 333	10.88	100/100/98	4.62/	39 861	0	一级
139	山西临汾市	玉和泰矿	58.65	32 216(薄煤层)	9.3	90/100/60	5.25/	10 770	0	二级
140	山西临汾市	申南凹矿	103.6	95 392	7.2	100/98/98	4.5/11.25	30 000	1	二级
141	山西阳泉市	盂县东坪煤矿	106.5	97 100	9.9	100/96/65	4.91/85	10 163	0	一级

续表

序号	隶属企业	矿井名称	矿井产量（万 t）	综合单产（t/个・月）	原煤工效（t/工）	采煤、掘进装载、综掘机械化程度（%）	人均收入（万元）/增幅（%）	盈利（万元）	安全	级别
142	山西吕梁市	柳林兴无煤矿	128	111 372.6	12.41	100/98/34	4.95/13.8	43 700	0	一级
143	山西吕梁市	柳林大庄煤矿	61.56	60 352	11.46	100/95/95	5.45/18	5 658	0	二级
144	山西吕梁市	柳林同德焦煤公司	90	77 189	10.19	100/96/32	4.08/16	44 215	0	二级
145	山西吕梁市	柳林金家庄矿	121.8	105 002	10	100/100/81	4.6/15	75 073.4	0	一级
146	山西吕梁市	柳林寨崖底矿	119.56	98 377	8.78	100/100/50	4.5/12.5	42 434	0	一级
147	山西晋中市	义棠煤业	118	99 343	19	100/99/40	4.3/19.9	25 018	0	一级
148	山西晋中市	国投昔阳黄岩汇矿	91.8	76 522	6.4	100/95.3/95.3	3.69/	8 300	0	二级
149	山西省监狱管理局	阳泉固庄煤矿	142.33	59 300	5.5	100/100/89	4.2/	4 282	0	二级
150	山西省监狱管理局	太原西峪煤矿	120.8	64 336	5.19	100/97/58.8	4.15/11.6	3 212	0	二级
151	山东淄博矿业	许厂煤矿	316	142 855	15.91	100/96/76	6.4/	49 211	0	特级
152	山东淄博矿业	唐口煤业公司	338	142 457	15.66	100/100/70.6	5.48/17.3	15 548	0	特级
153	山东淄博矿业	陕西长武亭南煤业	260	190 726	12.71	100/98/71	4.76/23.6	42 706	0	特级
154	山东淄博矿业	岱庄煤矿	235.35	123 480	12.69	100/100/50	6.82/21.7	25 637	0	特级
155	山东淄博矿业	葛亭煤矿	120	47 340（大倾角）	5.39	100/99.06/28.6	5.16/19.3	13 616	0	一级
156	山东淄博矿业	埠村煤矿	108.1	33 934（薄煤层）	2.82	100/100/20	3.97/10.6	115	0	二级
157	山东临沂矿业	古城煤矿	219.18	85 242	8.17	100/100/43.5	4.7/15.6	117 060	1	二级
158	山东临沂矿业	王楼煤矿	89.9	72 344	6.26	100/100/30	4.31/	10 458	0	二级
159	山东临沂矿业	田庄煤矿	89.7	41 300（薄煤层）	6.2	87/100/36	4.51/	34 652	0	一级

续表

序号	隶属企业	矿井名称	矿井产量(万 t)	综合单产(t/个·月)	原煤工效(t/工)	采煤、掘进装载、综掘机械化程度(%)	人均收入(万元)/增幅(%)	盈利(万元)	安全	级别
160	山东兖矿集团	济宁三号煤矿	619.02	181 673	28.87	100/100/80.67	5.2/17.15	184 830	0	特级
161	山东兖矿集团	东滩煤矿	700.64	319 706	19	100/100/74.43	5.98/15.1	182 091	0	特级
162	山东兖矿集团	兴隆庄矿	644.9	435 401	18.67	100/100/78.53	6.03/	191 468	0	特级
163	山东兖矿集团	鲍店煤矿	600	369 391	17.17	100/100/76.98	5.8/15.1	118 000	0	特级
164	山东兖矿集团	济宁二号煤矿	391.29	124 651	16.15	100/100/79.38	5.19/15.2	31 695.8	0	特级
165	山东兖矿集团	南屯煤矿	354.38	136 464	15.01	95.36/100/66.28	5.68/15.19	6 991	0	特级
166	山东兖矿集团	山西和顺天池公司	111	84 167	8.34	100/100/36.52	4.83/5.37	530	0	一级
167	山东兖矿集团	杨村煤矿	103.16	87 539	7.08	100/100/32.64	4.36/19	20 600	0	一级
168	山东兖矿集团	北宿煤矿	95.67	42 048(薄煤层)	3.01	87.5/100/25.16	4.35/19.9	10 544.9	0	一级
169	山东枣矿集团	高庄矿	286.49	153 605.6	15.12	100/100/70.5	6.07/	18 641	0	特级
170	山东枣矿集团	新安矿	296	246 667	13.34	100/100/50	6.34/15	20 130	0	特级
171	山东枣矿集团	付村矿	270	225 000	12.08	100/100/55	6.01/15	73 400	0	特级
172	山东枣矿集团	柴里矿	240.45	92 080	10.87	91.9/100/42.2	4.87/19	3 921.9	0	一级
173	山东枣矿集团	蒋庄矿	264.25	110 880	10.64	100/100/40	4.59/12	22 679.5	0	一级
174	山东枣矿集团	田陈矿	161.23	80 716	9.3	100/100/46.4	4.22/	3 197	0	一级
175	山东龙口集团	梁家矿	275.34	122 100	13.22	100/100/66.5	5.56/15.1	19 366.6	0	特级
176	山东龙口集团	北皂矿	223.23	121 514	12.04	100/100/59.2	5.13/15	20 641.4	0	特级
177	山东新汶集团	协庄矿	193.82	53 353(大倾角)	8.73	88.7/100/44.1	4.49/9.6	23 399.1	0	一级

续表

序号	隶属企业	矿井名称	矿井产量（万 t）	综合单产（t/个·月）	原煤工效（t/工）	采煤、掘进装载、综掘机械化程度(%)	人均收入（万元）/增幅(%)	盈利（万元）	安全	级别
178	山东新汶集团	翟镇矿	189.72	88 374	7.35	100/100/51.7	4.93/4.4	24 693	0	一级
179	山东肥城集团	梁宝寺能源公司	239.69	199 747	15.37	100/99.44/77.15	6.1/	92 162	0	特级
180	山东肥城集团	新查庄矿业公司	120.08	49 394(薄煤层)	5.6	100/96/25	3.7/	4 943	0	二级
181	山东肥城集团	曹庄矿	115.93	46 097(薄煤层)	5.13	95/95/15	3.98/	13 182.8	0	二级
182	山东省	里能鲁西矿业公司	81.7	68 083.3	6.56	100/95/95	9.42/14.6	18 083	0	二级
183	山东省	岱庄生建矿	81.1	67 600	4.2	100/100/67	10.86/16	40 526	0	二级
184	安徽淮北集团	朱庄矿	217.98	90 825	9.12	100/100/77.7	4.59/12	9 489	0	一级
185	安徽淮北集团	许疃矿	277.97	87 083	8.23	100/100/25	4.95/12	15 376.5	1	一级
186	安徽淮北集团	朔里矿	137.17	82 217	7.33	94.7/100/29.8	4.23/	6 112.6	0	一级
187	安徽淮北集团	朱仙庄矿	215.88	89 357	7.33	100/100/26	4.24/24.3	22 847.9	0	一级
188	安徽淮北集团	涡北矿	112.26	90 431	7.24	100/100/43.5	4.49/8	4 016.2	0	一级
189	安徽淮北集团	孙疃矿	163.6	87 000	7.05	100/100/63	3.96/	4 800	1	二级
190	安徽淮北集团	祁南矿	238.2	94 628(双突)	6.6	86.3/100/65	4.23/14.9	4 061.2	0	一级
191	安徽淮北集团	临涣矿	184	78 115	6.2	81.52/100/28.79	3.91/11.6	3 858.88	1	二级
192	安徽淮南矿业	顾桥煤矿	1 055	412 942	20.22	100/100/86	6.94/21.8	76 891.2	0	特级
193	安徽淮南矿业	张集煤矿	1 211.89	317 143	18.07	100/100/77	6.97/20	74 033	0	特级
194	安徽淮南矿业	顾北矿	431.67	246 437	17.59	100/100/66.6	8.56/16.1	56 092.8	0	特级
195	安徽淮南矿业	谢桥煤矿	800.17	212 664	16.97	100/100/56.22	6.04/17.51	29 958.2	1	一级

续表

序号	隶属企业	矿井名称	矿井产量(万t)	综合单产(t/个·月)	原煤工效(t/工)	采煤、掘进装载、综掘机械化程度(%)	人均收入(万元)/增幅(%)	盈利(万元)	安全	级别
196	安徽淮南矿业	丁集矿	323.4	242 020	14.72	100/100/62.5	7.8/13.2	13 292.6	0	特级
197	安徽淮南矿业	潘三矿	505.6	135 800(双突)	13.89	100/100/45	6.25/15.8	21 700	0	特级
198	安徽淮南矿业	潘一矿	518.07	132 297	13.42	100/100/57.25	6.99/30.6	40 726	2	一级
199	安徽淮南矿业	潘北矿	186.67	127 382	9.57	100/100/62	6.55/15.6	8 588.2	0	特级
200	安徽皖北煤电	祁东煤矿	240	116 373	9.81	100/100/32	4/14.5	10 037.1	0	一级
201	安徽皖北煤电	五沟矿	100.8	103 942	8.6	100/100/27.1	4.3/	4 844	0	一级
202	安徽皖北煤电	恒源煤电	200	95 963	8.49	100/98/51	4.77/31	34 541.5	1	二级
203	安徽皖北煤电	任楼煤矿	279.4	127 023	8.33	100/100/52	4.28/17.1	33 834.6	1	一级
204	安徽皖北煤电	百善煤矿	150	62 804	6.19	100/100/18.5	4.46/19.4	38 020.5	0	二级
205	安徽皖北煤电	刘桥一矿	140	60 183.6	6.03	80.7/100/31	4.2/11.2	9 650	1	二级
206	国投新集公司	刘庄煤矿	456.96	380 798	15.2	100/100/66	6.41/15.7	107 872.4	0	特级
207	国投新集公司	新集一矿	398.3	157 222(双突)	15	100/100/59	5.2/15	31 198	0	特级
208	国投新集公司	新集二矿	259.8	98 220	8.2	100/100/30	5.64/13.6	23 184	0	一级
209	河南中平能化集团	四矿	279.87	110 138(双突)	12.15	100/100/78	4.09/20.6	29 492	0	特级
210	河南中平能化集团	六矿	324	136 363	12.11	100/100/69	3.55/15.6	33 814	0	特级
211	河南中平能化集团	十一矿	313	83 585	11.17	100/100/51.85	3.76/14	30 174.9	0	一级
212	河南中平能化集团	十二矿	162.13	126 294	10.2	100/100/59.8	3.78/16.7	24 294.7	0	特级
213	河南中平能化集团	二矿	170	106 485	10.1	100/100/83.5	4.36/34.6	24 965	0	一级

续表

序号	隶属企业	矿井名称	矿井产量（万 t）	综合单产（t/个·月）	原煤工效（t/工）	采煤、掘进装载、综掘机械化程度（%）	人均收入（万元）/增幅（%）	盈利（万元）	安全	级别
214	河南中平能化集团	一矿	449.6	96 844（双突）	9.42	100/100/64.85	4.1/12	19 261.4	1	一级
215	河南中平能化集团	十矿	280	96 449	8.29	100/96.7/31	3.7/15	12 330.3	0	一级
216	河南中平能化集团	八矿	356.67	93 269（双突）	8.11	100/97/57	3.46/21.9	37 009	0	一级
217	河南中平能化集团	五矿	170.1	65 476	7.2	100/100/31	2.85/13	15 236.3	0	一级
218	河南中平能化集团	张村矿	95.6	71 400	6.89	100/100/57	3.17/12	12 000	0	一级
219	河南中平能化集团	七星矿	101.78	79 212	5.13	100/100/21	3.7/23	12 900	0	二级
220	河南煤业化工集团	正龙煤业城郊矿	497.66	209 350	17.4	100/100/79.4	6.11/4.2	198 624.8	0	特级
221	河南煤业化工集团	龙宇能源陈四楼矿	349.93	141 471	15.82	100/100/83.6	6.35/6.7	50 200	0	特级
222	河南煤业化工集团	龙宇能源车集矿	234.82	121 355	12.51	100/100/70	6.07/5.8	84 691.9	0	特级
223	河南煤业化工集团	永煤集团新桥矿	119.89	100 800	9.36	100/100/62.2	5.07/2	49 163.7	0	一级
224	河南煤业化工集团	永锦云盖山矿二矿	53.9	63 750	4.6	100/100/25	3.9/21.6	6 011	0	二级
225	河南煤业化工集团	焦作煤业演马庄矿	116	93 363	7.4	100/98/20	3.9/12	2 968	0	二级
226	河南煤业化工集团	焦作煤业古汉山矿	127.6	95 417	5.19	100/96.3/18.1	4.1/15.2	1 439.2	0	二级
227	河南煤业化工集团	焦作煤业中马村矿	94.56	78 798	5.15	100/96.5/19.9	4.46/23	3 969.1	0	二级
228	河南煤业化工集团	焦作煤业九里山矿	87.65	70 368	5.08	100/96/17	3.62/15	382	0	二级
229	河南煤业化工集团	鹤壁中泰矿业公司	140.1	64 456	8.22	100/100/30.8	3.65/21	27 052.4	0	一级
230	河南煤业化工集团	鹤煤公司三矿	133.14	65 198	5.1	100/100/30.8	3.67/26	6 063	0	一级
231	河南煤业化工集团	鹤煤公司二矿	63.38	51 279.6（大倾角）	2.31	100/100/18.9	2.91/16.5	5 809.5	0	二级

续表

序号	隶属企业	矿井名称	矿井产量(万t)	综合单产(t/个·月)	原煤工效(t/工)	采煤、掘进装载、综掘机械化程度(%)	人均收入(万元)/增幅(%)	盈利(万元)	安全	级别
232	河南义煤集团	耿村矿	349.84	161 065	15.61	100/100/83.8	3.68/20	45 400	0	特级
233	河南义煤集团	千秋矿	209.9	175 770	12.18	100/100/86.4	4.42/15.6	15 126.3	0	特级
234	河南义煤集团	杨村矿	169.7	148 833	10.11	100/100/28.7	4.27/8.9	20 183.7	0	一级
235	河南义煤集团	常村矿	198.69	172 473	8.92	100/100/52.17	4.46/12.2	1 435.7	0	一级
236	河南义煤集团	新安矿	150.59	64 095(双突)	8.09	100/95/23	3.27/10.5	9 186	0	二级
237	河南义煤集团	跃进矿	125.76	104 798	7.7	100/97/37	4.26/3.7	1 611.4	0	一级
238	河南郑煤集团	裴沟矿	194.98	85 517	10.78	86.7/100/34	4.39/13	14 706.9	0	一级
239	河南郑煤集团	超化矿	202.97	85 786	8.21	86.9/100/32.5	3.73/12.3	9 497.2	0	一级
240	河南神火集团	新庄煤矿	224.2	186 957.7	12.79	100/100/75	6.4/8.4	60 544	0	特级
241	河南神火集团	梁北矿	84.5	70 382(双突)	10.04	100/100/50	4.63/	30 000	0	一级
242	河南济源煤业	一矿	69.8	64 630	6.03	100/100/45	3.98/12	9 980	0	二级
243	河南禹州中锋	枣园矿	45	39 614(大倾角)	5.08	100/100/33	3.93/8.6	9 487	0	二级
244	甘肃华亭煤业	砚北煤矿	500.02	245 107	14.26	100/99.82/99.75	5.6/	24 200	1	一级
245	甘肃华亭煤业	东峡矿	120.6	60 298	12.08	100/98/75.2	4.9/17.1	3 000	0	特级
246	甘肃华亭煤业	山寨矿	201.1	163 574	11.46	100/98/75.2	5.39/	3 582.7	1	二级
247	甘肃华亭煤业	新窑煤矿	140.25	144 290	10.72	100/98/71	4.92/30.8	3 875	0	特级
248	甘肃华亭煤业	新柏煤矿	140.07	125 181.2	10.68	98/97/70	4.99/18.8	5 000.2	0	特级
249	甘肃窑街煤电	天祝煤业公司	63	81 400	6.35	100/97/70	4.33/31.5	3 315	0	一级

续表

序号	隶属企业	矿井名称	矿井产量（万 t）	综合单产（t/个·月）	原煤工效（t/工）	采煤、掘进装载、综掘机械化程度(%)	人均收入（万元）/增幅(%)	盈利（万元）	安全	级别
250	甘肃窑街煤电	三矿	197.64	64 700	5.3	100/98/98	3.44/22.2	11 256.7	1	二级
251	甘肃窑街煤电	海石湾矿	90	69 444	4.4	100/98/68	3.1/22	442	0	二级
252	甘肃窑街煤电	金河矿	92.02	72 500	4.02	82.94/98/24.5	2.92/27.8	1 684.9	0	二级
253	新疆潞新公司	潞新一矿	174	182 628	16.44	100/96.1/76.76	4.5/15.6	4 493.85	0	特级
254	新疆天山公司	俄霍布拉克煤矿	179.55	85 735	12.52	100/100/100	6.27/20	7 441.4	0	一级
255	新疆	乌苏四棵树八号井	83.12	69 266.7	11.08	100/100/100	3.89/	5 804.48	0	二级
256	黑龙江龙煤集团	双鸭山东荣二矿	240.67	101 372	8.3	100/100/27.3	4.06/12.1	8 700	0	一级
257	黑龙江龙煤集团	双鸭山东荣三矿	208	92 600	8.14	100/100/28.57	4.24/12.2	1 687	0	一级
258	黑龙江龙煤集团	双鸭山新安矿	220.78	72 919	6.86	100/100/28.9	3.76/12.8	2 569	0	二级
259	黑龙江龙煤集团	双鸭山东保卫煤矿	100	41 700(大倾角)	4.67	100/99.21/17	2.87/12.4	1 030	0	二级
260	黑龙江龙煤集团	鸡西东山煤矿	207	86 000	8.07	100/100/30	3.68/16.3	1 008	0	二级
261	黑龙江龙煤集团	鸡西杏花矿	200	102 570	8.05	100/100/36	4.35/6.6	282	0	一级
262	黑龙江龙煤集团	鹤岗南山煤矿	299.57	119 821	8.08	100/100/50	3.37/12.6	6 500	0	一级
263	黑龙江龙煤集团	鹤岗峻德煤矿	298.8	60 140(大倾角)	5.01	100/95.82/25.3	3.34/12.8	262	0	一级
264	黑龙江龙煤集团	七台河新立煤矿	100.57	40 354(薄煤层)	3.59	100/100/27.5	3.3/16.2	4 680	0	一级
265	吉林辽源矿业	金宝屯矿	199.88	105 746	8.03	100/100/60.73	4.21/18.9	4 554	0	一级
266	吉林辽源矿业	梅河煤矿三井	100	45 244(大倾角)	6.07	100/100/26	3.65/21.5	3 829.8	0	一级
267	吉林辽源矿业	梅河煤矿二井	120	53 651(大倾角)	4.12	100/100/21	3.52/24.7	4 012.1	0	二级

续表

序号	隶属企业	矿井名称	矿井产量（万 t）	综合单产（t/个·月）	原煤工效（t/工）	采煤、掘进装载、综掘机械化程度(%)	人均收入（万元)/增幅(%)	盈利（万元）	安全	级别
268	吉林辽源矿业	梅河煤矿四井	78	71 686(大倾角)	4.1	100/100/18	3.59/18	2 504.8	0	二级
269	吉林珲春矿业集团	板石煤矿	230	125 983	8.23	100/100/49.19	4.21/	4 668	0	一级
270	吉林珲春矿业集团	八连城煤矿	135.16	106 868	7.18	100/99.88/80	3.1/14.1	1 263	0	一级
271	吉林珲春矿业集团	英安煤矿	135.03	102 780	7.06	100/97.86/78.4	3.22/15	220	0	一级
272	吉林舒兰矿业集团	四矿	100	73 345	5.14	100/96.19/86.2	3.94/12	3 769.7	0	二级
273	江苏徐州矿务集团	张双楼煤矿	170	97 700	7.92	100/100/30.5	5.07/35.1	74 200	0	一级
274	江苏徐州矿务集团	三河尖煤矿	181.11	82 887	7.8	100/100/26	4.25/26.9	11 981.5	0	一级
275	江苏徐州矿务集团	权台煤矿	170.05	71 768	7.55	100/100/28.5	5.01/	15 227.8	0	一级
276	江苏徐州矿务集团	旗山煤矿	169.98	80 968	7.27	100/100/32.08	4.22/	11 937.7	0	一级
277	江苏徐州矿务集团	庞庄矿张小楼井	112.44	89 637	7.19	100/100/79.87	4.52/22	6 142.92	0	一级
278	江苏徐州矿务集团	夹河煤矿	127.96	61 145(大倾角)	6.02	100/100/27.6	4.31/24.9	1 750	0	一级
279	陕西黄陵矿业	一号煤矿	510	237 515	18.4	100/100/100	6.94/	24 100	0	特级
280	四川华蓥山广能	绿水洞煤业公司	107.6	40 294(大倾角)	4.4	99.14/100/32.53	4.15/12.5	1 128.6	0	一级
281	四川华蓥山广能	李子垭煤业公司	81.68	34 682(薄煤层)	3.16	100/100/33	4.23/23.6	318	0	一级
282	重庆松藻煤电	打通一煤矿	148.02	46 152(薄煤层)	2.98	100/99.49/20	3.64/24.1	4	0	二级
283	重庆松藻煤电	松藻煤矿	103.4	31 039（薄煤层、双突）	2.41	94.5/96.1/19.7	3.6/23.1	103	0	二级

续表

序号	隶属企业	煤矿名称	煤矿产量（万 t）	综合单产（t/个·月）	原煤工效（t/工）	剥采比（m^3/t）	人均收入（万元）/增幅（%）	盈利（万元）	安全	级别
284	神华准能公司	黑岱沟露天煤矿	2 283. 88	163 000	150. 28	3. 77	6. 48/	166 200	0	特级
285	神华宝日希勒公司	露天煤矿	942	235 492	75. 22	3. 69	6. 99/	24 777	0	特级
286	神华神东天隆公司	武家塔露天矿	309. 8	258 000	50. 1	6. 93	6. 12/	71 913. 8	0	特级
287	中煤平朔公司	安太堡露天矿	2 258	245 625	133. 35	5. 5	7. 75/	94 509	0	特级
288	中煤平朔公司	安家岭露天矿	1 451	134 352	119. 86	7. 6	7. 39/	78 000	0	特级
289	华能伊敏煤电公司	露天矿	1 382. 93	373 000	79. 72	1. 91	6. 45/	13 080	0	特级
290	辽宁抚顺矿业公司	西露天矿	228. 49	95 202	20. 12	4. 06	4. 62/12. 5	9 872	0	一级
291	新疆潞新公司	露天煤矿	237. 23	82 256	8. 66	4. 89	4. 29/	427	0	一级
292	云南先锋煤业公司	先锋露天矿	200. 2	91 000	25. 02	3	4. 62/13. 2	3 518. 58	0	一级

附录三　全国大型煤矿建设现场会暨推进煤炭生产规模化现代化发展论坛经验交流材料

（2009 年 9 月 3 日）

建设特大型煤矿推动内蒙古煤炭经济发展

内蒙古自治区煤炭工业局

内蒙古自治区煤炭资源丰富，截至 2009 年 7 月全区已探明煤炭资源储量7 016 亿 t,全区 12 个盟市 101 个旗（县、市、区）中有 67 个旗（县、市、区）赋存煤炭资源，含煤面积占国土面积的 1/10 强，特别是大型整装煤田较多，其中储量在亿吨以上的煤田 36 处。大部分煤田煤层赋存稳定平缓，地质、水文条件简单，适合大规模机械化开采，具备建设大型煤矿的条件；煤炭品种较为齐全，尤以优质动力煤和优质化工煤为主，适合煤电煤化工项目就地转化开发；我区具有较好的区位优势和交通条件，是国家“北煤南运”、“西电东输”的重要基地。

“十五”以来，我区陆续出台了一系列促进煤炭行业健康发展的政策，坚持“科学规划布局、有序协调发展”的发展原则，全力发展大产业、培育大集团、建设大基地、形成大集群。依托大煤电、大煤化战略，实现产业多元、产业升级、产业延伸，紧紧围绕“坚持、创新、提高”这个中心问题，以建设国家能源重化工基地为战略目标，积极贯彻落实科学发展观，以整顿关闭、资源整合、技术改造为突破口，在采煤工艺改革、淘汰落后生产能力、提高机械化水平、保障安全能力、就地加工转化增值、矿区规划规模发展、扶持大企业集团建设等方面取得了显著的成就。实现了我区煤炭工业资源集中化、企业大型化、装备现代化、安全标准化、产品多元化。走出了一条与我区经济社会发展相适应的资源利用率高、安全有保障、经济效益好、环境污染轻的可持续发展道路。

全区现有生产煤矿 501 处，其中，国有重点煤矿有 68 处，地方煤矿 433 处。平均单井生产能力超过 90 万 t，其中国有重点煤矿单井能力达到 340 万 t。今年全区矿井平均单产预计超过 100 万 t，国有重点煤矿预计超过 350 万 t。

全区生产矿中，年产 120 万 t 以上大型生产煤矿 105 处，占总数的 20%，占总产能的 70%。其中，特大型煤矿 27 处，生产能力 31 761 万 t，占煤矿总数和总产量的 5.4% 和 68%；千万吨级生产煤矿 12 处，产能 18 086 万 t，占煤矿总数和总产量的 4.6% 和 54%。年产千万吨企业 13 个，产量 25 561 万 t，分别占煤炭企业总数和总产量的 4.6% 和 54%。

全区在建煤矿 43 处，设计生产能力 22 700 万 t，其中特大型煤矿 26 处，千万吨级以上煤矿 14 处。到“十二五”中期，我区千万吨级煤矿将达到 26 处，产能38 386 万 t,将占全区总产能 50% 以上。

随着整顿关闭、整合技改的不断深入，我区煤矿安全生产水平有了很大提高。百万吨死亡率呈逐年下降和基本稳定的态势，百万吨死亡率由 2000 年的3.6,下降到 2008 年的 0.053。安全水平连续 5 年处于全国领先水平。

随着我区煤炭经济的快速发展，煤炭经济在自治区国民经济中的地位逐年提高。全区煤炭工业产值和利润已由 2001 年的 64 亿元，-1.6 亿元，分别提高到 2008 年的 1 313 亿元和 300 多亿元，煤炭产值在自治区国民经济中的比例由 2001 年的 4% 提高到 17%。2009 年上半年，全区煤炭行业实现增加值 445.7 亿元，占全区工业增加值的 24.2%，利润占全区工业利润的 59%，拉动全区工业增长 5.4 个百分点。

煤矿建设投资与规模由 2001 年的 9 亿元和 1 265 万 t，分别提高到 2008 年的 480 亿元和 20 600 万 t。

煤矿职工收入由 2001 年的 6 693 元提高到 2008 年的 33 000 元左右。全区煤炭从业人员约 16 万人，带动辅助人员就业 100 余万人。特别是鄂尔多斯市，煤炭工业产值约占全市 GDP 的 46%，从事煤炭产业及其相关产业的人数约 50 多万。

矿山环境得到根本改善，环境保护得到进一步加强。煤矸石利用率达到 80%，矿井水回收利用率达到 50% 以上，煤田、煤矿火区得到有序治理，基本完成棚户区改造工作，矿区发展日新月异。

几年来，我区主要做了以下几方面的工作。

一、推进大资源开发，坚持科学发展

我区严格按照国家规划优先的原则，组织编制完成37个矿区的总体规划，将国家重点规划我区的大型煤炭基地，细化为八个能源化工基地，即鄂尔多斯、锡林浩特、霍林河、呼伦贝尔四个煤电和煤化工基地，乌海、阿拉善盟和鄂尔多斯市三个千万吨级的煤焦化基地，阿拉善盟千万吨级特种煤基地。重点规划建设准格尔矿区、霍白平矿区2个年产1亿t以上，东胜矿区、万利川矿区、胜利矿区、呼伦贝尔矿区4个年产5 000万t以上的煤炭生产基地。

在2005年，我区提出新建煤炭生产企业最低建设规模井工矿不低于120万t/a,露天煤矿不低于300万t/a的要求。新建矿井基本上实现机械化生产、自动化控制、信息化管理和数字化监控。同时，通过对小煤矿实施资源整合和技术改造，煤矿数量由2001年的2 009处减少到501处，煤矿机械化装备水平由2001年的40%提高到了85%；井工矿从原来落后的房柱式采煤法改造成现在的壁式采煤法，煤炭资源的回采率从原来的30%提高到了60%以上。

二、推进大产业建设，坚持可持续发展

全区以“综合开发、加工转化、高效利用、集约经营”为原则，坚持煤炭资源配置向煤化工、煤转电产品转化，煤电化向环保型循环经济产业转化。“十五”以来，内蒙古自治区着力推动煤炭产业延伸，向煤电、煤化工及洁净煤生产方向发展。

从2005年起，自治区规定，停止对单一煤炭开采项目的审批，没有转化项目的煤炭开采项目，不予配置资源；新开工的煤炭项目就地转化率必须达到50%以上。对于新开工的煤化工项目，不得低于100万t甲醇当量，电力装机不低于60万kW。

到2008年底，内蒙古自治区电力装机容量已超过4 881万kW，火电装机容量超过4 568万kW。预计到2010年，全区电力总装机将突破6 000万kW，风电装机突破300万kW。全区在建煤化工重点项目15个，项目总投资467亿元，在建规模：年产成品油124万t、甲醇690万t、聚丙烯76万t、聚乙烯30万t、二甲醚65万t、合成氨124万t、尿素242万t、乙

二醇 20 万 t，煤制液化气 56 亿 m^3。

三、推进大企业建设，坚持多元化发展

“十五”末期，我区煤炭工业点多面广、规模较小、生产粗放，2000 年全区共有煤矿 2 009 个，产量仅为 8 162 万 t。进入“十一五”以来，通过鼓励和引导煤矿企业间通过收购、兼并、联合、重组、股份制改造等方式进行资产重组和资源整合。尤其是近几年，在国家和自治区产业政策指导下，依托煤炭资源优势，加大国有重点煤炭企业兼并重组力度，加快培育和发展以煤炭为基础的产业链企业集团。继神华集团后，相继引入国家五大电力公司、两大石油石化集团、中国烟草总公司、山东临矿集团和河北冀中能源等国内、外大型煤、电、煤化工企业和投资企业 20 多家，共同开发建设了 20 余个煤田矿区，成功走出了一条以资源合作、产品合作、资本合作到企业合作的低成本扩张之路。中央重点能源企业集团重组兼并了自治区内的 10 家国有重点煤炭企业，区属重点煤炭企业收购重组、整合兼并了一批小煤矿。到 2009 年底，我区的煤矿数量减少到了 501 处，产能却增加到了 7 亿 t。

建成亿吨级神华神东集团，已经建成国电平庄、华能扎赉诺尔矿业、华能伊敏煤电、神华乌海能源、神华万利煤业（与神东合并）、汇能煤电集团、伊东集团、乌兰煤炭集团、神华金烽（与神东合并）、神华宝日希勒等 10 个千万吨级以上煤炭企业集团。基本建成伊泰集团、神华准格尔能源、霍林河煤业、神华胜利北电等 4 个 5 000 万吨级以上煤炭企业集团。基本实现了规模化、多元化的产业模式。

四、推进大通道建设，坚持市场化发展

自治区在国家有关部门的大力支持下，积极加强基础设施建设，充分调动多方面力量，围绕煤炭这一支柱产业，突出大通道建设，有力地支持了煤炭产业的发展。

外运铁路在原有的包神铁路、大准铁路、呼准铁路、通霍铁路、京包—包兰铁路、集通铁路、滨州线和叶赤铁路的基础上，近年来又新建了准东铁路、东乌铁路、锡桑铁路等运煤线路，加上原有线路的改造，基本上可以满足现有煤炭生产原煤外运的需要。现在正在改造和规划建设的准朔铁路、准东铁路复线，京包、包兰铁路 4 线电气化改造，新建包神铁路、甘泉铁路、白满铁路、两伊铁路、锡乌铁路、赤大白铁路、巴新铁路、沿黄

河铁路以及白霍白等铁路项目，可以极大地改善我区煤炭的内外运输条件。

到2010年全区公路网主骨架将基本形成，自治区首府到各盟市、主要出区通道、重要口岸公路等重要路段以高速、一级公路连通，盟市至旗县基本以二级公路连通。特别是矿区公路基本实现黑色化。公路运输近年来为我区煤炭外运起到了重要的辅助运输作用，运煤线路主要有东胜至包头高速公路，呼—准—东高速公路、东乌高速以及京包高速通道等，以上交通运输线路的开通，对“十一五”末可能调出区外的3亿t煤炭的运输起到可靠保障作用。

在电力输送通道建设方面，全区已经形成了丰镇—万全—顺义、托克托—安定、岱海—万全及元宝山至辽宁、通辽至吉林、伊敏至黑龙江等向华北和东北地区送电通道，每年送出区外的电量占到全区发电量的近40%，成为国家“西电东送”重要的能源基地。

五、推进产业升级改造，坚持高水平发展

从“十五”开始，在国家和自治区产业政策指导下，我区通过对煤矿关闭破产、减员提效、淘汰小煤矿、调整结构、改革改制、推进安全质量标准化建设等工作，使行业生产的主要经济指标和科技创新水平有了较大提高。其中，矿井单产、原煤工效、工作面单产、单进、百万吨死亡率、经济效益等多项指标进入全国先进水平，我区的煤炭工业实现了由单一粗放型向综合集约型现代煤炭工业的跨越。

通过产、学、研紧密结合，我区乌兰察布市玫瑰营子煤田无井开采地下气化点火试验取得成功；“三下”采煤、边角煤回收、采空区煤柱回收等提高资源回收率的采煤技术取得了一系列技术突破：井工矿井连续运输、连续采煤机、辅助无轨胶轮运输、大采高履带行走液压支架成套技术；加长长壁工作面，无盘区、无岩巷布置，实现一井一面千万吨级矿井，急倾斜特厚煤层水平分段综合放顶煤技术的研究也取得很大的进展；露天矿已向轮斗、吊斗铲倒堆，半连续、连续开采工艺配置大吨位卡车逐步替代以往的单斗—汽车间断工艺；全区煤炭安全生产监测监控系统已全面实施。“十五”以来我区煤炭行业有多项生产、经济指标处于国内和世界领先水平。

六、推进科技进步，坚持人才战略

我区煤炭工业的快速发展，带动全区煤炭工程技术队伍迅速壮大，科

研、设计、教育等基础设施方面均有不同程度的提高。同时积极引进区外各种煤炭技术人才，形成人才汇聚的凹地和技术水平的高地。

为解决自治区浅层地压、高厚煤层和急倾斜煤层开采等技术难题，夯实全区煤矿技改工程基础，我们实施了引进技术和引进人才工程。在与中国煤炭科学研究总院等区内外十多家科研院所共同开展采煤方法、设备选型的科研试点攻关，同时鼓励地方煤矿通过产权重组、矿权转让、合作经营、开采承包等方式与国内大型煤炭企业加强合作，引进先进的管理理念和管理技术，先后有兖矿集团、平煤集团、焦煤集团、天地股份等十几家大型煤炭企业在我区开展了生产技术合作。同时我们还大力加强了专业技术人才引进与培养，先后引进了100多名博士生导师及硕士以上专业人员，委托煤炭院校定向培养了一大批专业技术人员，组建三级煤炭技术培训机构，培训了适龄农牧民和城镇无业人员并充实到煤炭生产一线；通过连续举办多届“采矿设备及技术人才博览会”，引进建设了一批煤机制造、设备租赁、机械维修项目，完善了我区地方煤炭工业服务体系，夯实了技术改造基础。据不完全统计，我区几年来引进各类煤炭技术人员3 000多人，技术工人50 000多人。

鄂尔多斯进行了“异地用脑”的新尝试，将研发中心设在大都市，借“外脑”引才，集聚了大量“候鸟型”高层次人才。科研开发、技术创新的四肢在高原深处，而头脑却在繁华闹市，这是鄂尔多斯人才引进方式上的一个“秘密武器”。伊泰集团控股了中科院山西煤炭化学研究所，进行了“间接煤转油”项目研究并取得成功。

改革开放30年来，内蒙古煤炭工业坚持开放、改革、科学发展，煤炭工业取得了长足的进步，特别是近几年来，内蒙古煤炭抢抓机遇，与时俱进，在不断深化改革中开拓创新，实现了跨越式发展。在当前国际、国内复杂经济形势下，我们提振发展信心，苦练发展内功，蓄积发展力量，变“危”为“机”，坚持整顿提高、整合技改不动摇，坚持科技进步不动摇，坚持发展目标不动摇，共同构建健康发展、和谐发展的新型煤炭工业体系。

建设大型煤矿
推动山西煤炭产业结构优化升级

山西省煤炭工业厅

山西是全国重要的煤炭生产基地，在保障国家能源安全、促进全省经济社会发展等方面发挥着重要作用。近年来，煤炭工业快速发展，小煤矿数量急剧增加，在为国家提供大量能源的同时也付出了沉重的代价。山西煤炭工业发展历程清晰表明，关闭淘汰小煤矿、建设大型矿井是煤炭工业健康发展的必由之路。我省对小煤矿先后实施了“三大战役”、“十关闭十整顿”、机械化升级改造以及兼并重组等一系列重大措施，大基地、大集团建设进度明显加快，产业结构不断优化升级，安全生产水平稳步提高。

一、山西煤炭工业现状及发展回顾

（一）资源储量、产业现状及产运销状况

山西省煤炭资源储量丰富、分布广泛、品种齐全、质量优良。全省含煤面积6.2万km^2，占国土面积的40.4%，119个县（市、区）中，94个县（市、区）有煤炭资源。据山西省第三次煤田预测资料，全省煤炭资源储量约6 552亿t，其中：保有查明资源储量2 653亿t。全省自南向北分布有大同、宁武、西山、河东、沁水、霍西六大煤田和浑源、繁峙、五台、垣曲、平陆五个产煤地。

新中国成立以来，特别是改革开放30年来，山西省煤炭工业步入了发展快车道。目前已经形成了包括资源勘探、矿区规划设计、建井生产、综合加工利用、煤机制造、教育科研、环境保护为一体的门类齐全完备，发展较为协调的煤炭工业体系。到2008年底，全省共有矿井2 598座，其中：生产矿井1 804座，在建改造矿井794座。煤炭产能9.4亿t/a，其中：生产矿井6.13亿t/a，建设改造矿井3.27亿t/a。全省国有重点煤炭企业集团中有中央直属企业2户，省属企业7户，省属国有重点煤炭企业核定生产能力2.07亿t/a。全省共有大、中型洗煤厂近900个，目前煤炭洗选率为59%。全省煤炭行业从业人员约104.2万人，其中：国有重点煤矿约51.1万人。

目前，山西煤炭外运已形成以铁路运输为主、公路运输为辅的路网体系，铁路年出省运力已达5亿t以上。

（二）作用与地位、贡献

山西煤炭工业的迅速发展，不仅有力地支撑了国民经济快速发展对煤炭的需求，而且有力地促进了全省综合交通运输网的建设，加快了全省区域经济体系的形成，带动了电力、冶金、化工、机电、建材等产业的发展。山西煤炭工业发展健康与否不仅影响着全省经济发展的方向与进程，而且对国家的能源安全亦起到重要的保证作用。建国以来，山西省累计生产煤炭近105亿t，外调煤炭72亿t,近年来，煤炭产量占全国生产总量的1/4左右，煤炭调运占全国省际间煤炭净调出量的7成以上。煤炭供应全国28个省市自治区，出口20余个国家和地区，煤炭出口占全国的50%左右。

（三）发展历程回顾

我省煤炭开发历史悠久，新中国成立以后，国家有计划地在山西投入资金，建设了一批国有重点煤矿，初步形成了山西煤炭工业的主导力量。十一届三中全会以后，改革开放使山西各类中小煤矿得到了飞速发展，特别是“有水快流”政策造成了全省小煤矿发展过快、过滥。进入“九五”时期，山西省各类煤矿和采矿点最多达到近万处，全行业产能过剩，无序竞争，效益下滑的情况开始显现。为此，从1998年开始，我省依法取缔非法开采和关闭了一批布局不合理、安全无保障的小煤矿，到2000年底，全省关闭各类小煤矿4 051处，压减产能7 980万t/a，淘汰了一批落后生产能力，小煤矿随意布点、越层越界、乱采滥挖现象得到初步遏制，办矿秩序和生产经营秩序趋于好转。“十五”期间，全省又累计压减淘汰落后产能9 820万t/a。进入“十一五”时期，经过资源整合、“十关闭十整顿”，全省煤矿数量大幅度减少，到2008年底，共有煤矿2 598座，产业集中度进一步提高。

（四）存在的问题

建国以后特别是改革开放以来，山西煤炭工业为了支撑国民经济的发展，按照不同时期的国家产业政策，全省煤炭工业从产量上得到了长足发展，但经过长时期高强度、粗放式开发，也造成省内煤矿“多、小、散”的格局和落后的生产方式，虽然采取了一系列“关小建大”措施，取得一定的成效，但是煤炭工业的发展还存在许多不符合、不适应科学发展观的深层次矛盾与问题，突出表现在：一是产业集中度低。30万t及以下小煤矿占矿井总数的80%以上，矿井平均单井规模仅36万t/a。二是产业技术水平低。2008 年仅有 307 座煤矿实现了综采，占煤矿总数的 11.9%，约有 40% 的煤炭产能仍采用落后的炮采方式；煤炭行业劳动生产率低，与国内外先进水平差距较大。三是综合竞争力不强。四是煤矿安全生产形势严峻。五是资源环境破坏严重。六是“四矿”（矿城、矿业、矿山、矿工）问题突出。煤炭城市转型步伐慢，产业结构初级化、单一化严重；矿山企业棚户区改造、沉陷区治理任务艰巨；煤炭企业社会包袱重，矿工收入水平低。七是煤炭及相关产业发展不平衡。煤炭的加工转化和相关产业，特别是煤化工、煤机制造、煤炭物流等产业的发展与煤炭大省地位极不相符。

2008 年下半年以来，我省煤炭产业受到国际金融危机的严重冲击，需求萎缩、价格下降，企业经营困难，煤炭产业形势严峻。但从中长期看，我国经济社会发展的基本面并未改变，工业化和城镇化发展的进程逐步加快，煤炭作为我国主体能源的地位不会改变。同时，煤炭供需形势的相对缓和，也为我省煤炭工业提供了一个调整和发展的战略机遇。目前，在省委、省政府的正确领导下，全省煤炭行业按照“转型发展、安全发展、和谐发展”的要求，正在加快推进煤矿企业兼并重组和大型现代化矿井建设步伐，积极培育大型企业集团，进一步提高产业集中度，提高产业水平，提高安全保障能力。

二、建设大型煤矿是推动山西煤炭产业结构调整和实现科学发展的必然选择

（一）山西煤炭工业发展历程清晰表明，关闭淘汰小煤矿、建设大型矿井是煤炭工业健康发展的必由之路

历史上特殊时期形成的小煤矿，由于先天投入不足、技术装备差、生产工艺落后、技术管理人才缺乏、井田面积小、资源储量不足等原因，客观上决定了小煤矿没有竞争力和生命力。在日常生产管理过程中存在很多问题，主要表现在：一是容易造成越层界开采，部分小煤矿无正规设计开采方案，超层越界，争抢资源，乱采乱挖，不仅扰乱了正常的生产经营秩序，还带来严重的安全隐患。二是资源浪费和环境破坏严重，小煤矿生产工艺落后，资源回收率低。有的煤矿不按正常的开采程序开采，挑肥拣瘦，浪费资源严重。同时，由于环境意识薄弱，治理能力差，对环境的破坏严重。三是无序竞争激烈，有些中小煤矿受利益驱动，盲目竞争。市场疲软时，竞相压价、抢占市场；市场紧俏时，盲目提价，以次充好，破坏了煤炭市场经营秩序。四是生产安全形势严峻，小煤矿投入不足，矿井抗灾能

力差，百万吨死亡率是国有重点煤矿的 5 ~6 倍。五是自身管理落后，多数小煤矿人才匮乏，人员素质低，管理水平差，队伍不稳定，培训难度大，制约了小煤矿的发展。近年来，我省通过实施“三大战役”、“十关闭十整顿”等措施，关闭了大量落后产能，彻底取消了 9 万 t/a 以下的小煤矿，到 2008 年底，全省矿井数量从近万处压减到 2 598 处，120 万 t/a 及以上的大型矿井达到了 133 座，其中，生产矿井 85 座，在建矿井 48 座。大型高产高效矿井的建成，使矿井抗灾能力、资源回收率大幅度提高，经济效益显著增加，煤矿脏、乱、差的形象明显改观，采、掘、机、运、通等环节全部实现了机械化，产、运、销容易调控，先进技术更易引进推广，配套建设了工业园区，加快了转型发展。历史经验证明，关闭淘汰小煤矿，建设大型高产高效矿井是我省煤炭工业健康发展的必由之路。

（二）建设大型现代化矿井是建设大基地、大集团、发展循环经济的最重要的物质基础和先决条件

近年来，我省关闭了大批小煤矿，给大型矿井建设腾出了市场空间，建成投产了一批大型现代化矿井，大基地、大集团建设进度明显加快。一是提高办矿标准，严格控制新建矿井规模，2005 年，山西省政府晋政发［2005］6 号文件规定全省范围内原则上不再批准建设单井能力小于 30 万 t/a的小型矿井，较好地扼制了小煤矿重复建设与盲目建设，近年来我省新建矿井均为大型煤矿；二是实施大集团发展战略，国有重点企业不断发展壮大，组建了全国最大的炼焦煤基地——山西焦煤集团，动力煤基地——大同煤矿集团，无烟煤基地——阳泉煤业集团、晋城煤业集团以及兰花实业、沁新煤焦、离柳焦煤、三元煤业、经坊煤业等一批区域性地方大型煤矿，组建的煤炭企业集团公司也已形成规模，进入了全国煤炭百强企业之列；三是依托大型矿井规划建设了 14 个煤炭循环经济工业园区，规划了 206 个循环经济项目，总投资 1 800 亿元。目前已有 76 个项目开工建设，5 个园区初具规模。实践证明，建设大型矿井是建设大基地、大集团的基础，是发展循环经济、优化产业结构、强基固本、延伸产业链的基本前提。

（三）建设大型矿井是提高我省煤炭工业核心竞争力，保障煤炭稳定供给的内在需要

山西煤炭工业在国民经济和能源发展战略中，处在及其重要的地位。结合当前国际、国内的形势，煤炭企业要实现可持续发展，必须推进大基地、大集团建设。我省 2 200 多家煤炭企业，大集团大公司的煤炭产量仅占全省煤炭总产量的 51.3%，五大集团产量占全省总产量的 38.1%。与国际

先进水平和国内领先水平相比，我省煤炭企业平均规模明显偏小，产业集中度明显偏低，整个产业的机械化、信息化程度不高，煤炭行业“多、小、散、乱”的格局还没有根本扭转。我们要改变这一现状，主要途径就是要实现大公司、大集团的战略，向集团化、现代化、国际化、多元化发展，建设大型矿井，是保证国家能源安全和供给稳定，提高我省煤炭工业的核心竞争力和国际竞争力的内在需要。

三、我省在建设大型煤矿、推动产业优化升级工作中的主要举措

（一）大力推进现代化大型矿井建设，龙头带动与示范效应逐步显现

近年来，我省大型矿井建设步伐加快，特别是已建成的晋城寺河、同煤塔山、平朔1号、2号井等千万吨级矿井装备已达到了国际先进水平，配套工业园区中的加工转化、延伸产业链等循环经济项目多数已建成运行，成效显著，大型矿井和工业园区的建成，为全省煤炭工业发展起到了样板示范作用，同时大集团的龙头地位逐步显现。近期我省在大型矿井建设方面将采取以下措施：

一是今年我省将加大在建的大型安全高效矿井和煤炭循环经济项目投资力度，加快建设步伐，使其早日建成投产。继续加大同煤集团同忻矿井、阳煤集团新元和寺家庄矿井、汾西集团新阳矿井、霍州集团干河矿井、潞安集团高河矿井等30座在建大型现代化矿井的投资力度，争取今明两年有20余座矿井建成投产。继续加大正在建设的煤矸石砖厂、煤矸石电厂、煤层气综合利用等78项煤炭循环经济项目的投资力度，争取用两年多的时间，使这些项目建成并投入运营，促进我省煤炭产业的结构调整。

二是进一步配合项目单位，加快完成近期规划开工项目的上报与核准等前期准备工作，争取早日开工建设。加快潞安集团李村煤矿、平朔东露天煤矿、岚县矿区龙泉煤矿等23座大型现代化矿井的前期准备工作，争取今明两年全部实现开工建设。加快完善规划近期开工的煤矸石制砖、煤矸石电厂、煤层气综合利用等128项煤炭循环经济项目的前期准备工作，争取早日开工建设。

三是为了确保我省大型煤炭企业可持续发展，省政府两次常务会议专题研究解决大集团接替资源，共配置接替资源54宗，新增面积2 223.773 5 km^2，新增储量284.839 6亿t，这54座接替煤矿均为大型现代化矿井，接替资源配置项目已列入省重点工程进行管理，将进一步提高我省煤炭产业集中度，提升产业技术水平。

（二）加快实施兼并重组整合，促进产业结构实现跨越式升级

推进煤矿企业兼并重组工作，是国务院批准山西煤炭工业实施可持续发展政策措施试点工作的重要内容，是彻底扭转我省煤矿企业“多、小、散、乱”的格局，改变安全基础薄弱的迫切需要，也是我省煤炭工业实现“转型发展、安全发展、和谐发展”的根本途径，是新形势下煤炭工业的一场深刻革命，是大势所趋。在省委、省政府的大力推动下，各级政府、煤炭系统抓住金融危机对整体经济影响和煤炭需求下降的市场倒逼机制，快速推进煤矿企业兼并重组整合工作，截至 7 月底，全省 11 个市的方案均已报批完成，确定的重组整合的目标可望实现。从审定方案看，全省煤炭行业有以下明显变化：

一是产业水平跨越提升。全省煤矿重组整合前矿井为 2 598 处，审查通过的重组整合方案为全省保留矿井 1 053 处，压减 1 545 处，压减比例为 60%，保留矿井将全部实现机械化开采。30 万 t/a 以下矿井全部淘汰关闭，30 ~ 60 万 t/a 的机采矿井占 1/3，90 万 t/a 及以上的综采机械化矿井比重组整合前增加近 2 倍，占到 2/3，全省平均单井规模由重组整合前的 36 万 t/a，提高到重组整合后的 110 万 t/a。

二是产业集中度明显提高。重组前全省仅有 1 个年生产能力在亿吨级的特大型煤炭集团，2 个年生产能力 5 000 万吨级以上的大型煤炭企业集团，办矿企业 2 200 多个。重组整合后全省形成了 4 个年生产能力亿吨级的特大型煤炭集团，分别为同煤集团、山西焦煤集团、山西煤炭运销集团和平朔煤炭总公司（含中煤进出口公司）；3 个年生产能力 5 000 万吨级以上的大型煤炭企业集团，分别为阳煤集团、潞安集团、晋煤集团；11 个年生产能力 1 000 万吨级以上的大型煤炭企业集团；还有部分 300 万吨级左右的地方集团公司，集中度明显提高。初步形成了国有大集团大公司控股为主导，多种经济并存的办矿格局。

四、未来山西煤炭工业发展展望

根据初步规划，我省煤炭行业今后 5 ~ 10 年主要发展目标为：

（1）煤炭矿井数量控制在 800 处左右，单井生产规模达到 120 万 t/a 以上。

（2）产业集中度大幅度提高。大集团煤炭产量达到全省总产量的 80% 以上。

（3）产业技术水平明显提高。综合采煤机械化程度达到 85%，综合掘

进机械化程度达到75%以上。

(4)产业结构趋于合理，煤与非煤产业比翼齐飞。

(5)实现人员、技术、装备、环境和管理等要素的优化配置，逐步达到本质安全型行业。

(6)构筑稳定、集约、清洁、安全、多元的煤炭产业体系，初步实现从煤炭大省到煤炭强省的转变。

今后，我省将继续推进大基地大集团建设，根据国家晋北、晋中、晋东三大煤炭基地总体规划，加快建设煤—电—路—港—航为一体的晋北动力煤基地，煤—焦—电—化为一体的晋中炼焦煤基地和煤—电—气—化为一体的晋东无烟煤基地。继续加大技术改造力度，提高矿井现代化水平，国有重点煤矿要积极采用世界先进技术装备，建成一批世界一流的自动化、智能化矿井。地方煤矿及兼并重组后的煤矿要全部实现机械化开采，建成安全质量标准化矿井。

加快特大型矿井集群建设
实现集约化生产

神华集团公司

一、两个“一体化”模式是神华集群矿井集约化生产的保障条件

神华集团公司成立于1995年，为中央直管企业之一，是集煤矿、铁路、港口、电力、煤制油煤化工为一体的跨地区、跨行业、多元化经营的特大型能源企业。矿、路、港、电一体化和煤炭产运销一体化格局，构建了特大型煤炭企业发展模式，形成了特大型矿井集群集约化生产的保障条件。在两个“一体化”模式下，实施集约化、规模化、现代化开发生产，实现了高速发展和做强做大的目标。

（一）神华一体化框架构成

煤炭：神华集团拥有9个在生产煤炭子（分）公司和4个在建煤炭子（分）公司，在生产矿井58对，其中，安全高效矿井30对，占矿井总数的51.7%。神华集团从1995年以来，已连续十年保持煤炭产销量千万吨级以上增长。2008年完成原煤产量2.82亿t，商品煤销量实现3.2亿t，是目前世界最大的煤炭生产企业和煤炭供应商。安全生产居于世界先进水平，连续十年杜绝了三人以上重大人身伤亡事故，2008年原煤生产百万吨死亡率0.018。神东矿区已经连续四年实现产量过亿吨，是我国第一个年产原煤过亿吨的煤炭基地。

铁路：神华集团拥有总长度1 369 km的朔黄、神朔、包神、大准四条自营铁路，货运周转量达到1 232亿tkm。

港口：拥有黄骅港、天津煤码头两个自营港口，年吞吐量为1.02亿t。

电力：拥有装机容量为2 168万kW的火力发电项目和总装机容量为55.6万kW的风电项目。

煤制油与煤化工：神华煤直接液化示范工程于2008年12月30日第一次投料试车取得圆满成功，使我国成为世界上唯一掌握百万吨级煤直接液

化关键技术的国家。

（二）近年来的发展成果

2004 年，“神华神东现代化矿区建设与生产技术”荣获国家科技进步一等奖；2008 年，“特大井田浅埋藏易自燃煤层防灭火关键技术研究”、“煤炭超纯制备工艺与设备研究”等项目获国家科技进步二等奖；“年产 600 万 t 大采高综采成套技术与装备”项目荣获煤炭科技进步奖特等奖（现已通过申报国家科技进步二等奖的评审）；2008 年全集团共获专利授权 51 项，共有 40 项成果获中国企业新纪录，占煤炭行业企业新纪录（62 项）的 64%。获奖项目为煤炭生产企业之最。

神华集团牵头组建了国家级“煤炭开发利用技术创新战略联盟”和“煤直接液化国家工程试验室”。

神华集团坚持绿色发展、和谐发展，积极履行社会责任，推动地企共赢，实施环保节能工程。神东矿区和准格尔煤田被评为全国环保先进企业、水土保持示范区，朔黄铁路获评“国家环境友好工程”。2008 年，煤炭产业万元增加值综合能耗同比下降 5.3%。火力发电供电煤耗继续保持国内领先水平。二氧化硫、COD 排放量同比分别下降 9.5% 和 8.7%。

神华集团公司认真贯彻落实科学发展观，全面构建本质安全型、质量效益型、科技创新型、资源节约型、和谐发展型的“五型企业”，实现了持续、稳定、快速发展，经营业绩不断攀高，在 2008 年度中央企业业绩考核 A 级的 32 家企业中位列第二名。

神华集团的改革发展得到了党中央、国务院的充分肯定和社会各界的赞誉。先后荣获全国“五一”劳动奖状、社会责任贡献奖、中华民族品牌奖、中国最佳诚信企业和中国工业大奖表彰奖等多项荣誉。

二、“五高”、“四化”方针是神华矿井集群建设和集约化生产的核心

煤炭产业是神华的发展之基和利润之源，特大型矿井集群建设是神华煤炭的立业之本。神华集团自成立以来，始终坚持“高起点、高技术、高质量、高效率、高效益”的建矿方针和“生产规模化、装备现代化、队伍专业化、管理信息化”的生产模式，瞄准世界一流，坚持不断创新，持续改进，经过了十多年的探索和实践，建成了生产能力达 1.8 亿 t/a 的全球最大生产能力的神东现代化煤炭生产基地，通过推广、应用“神东现代化矿井建设与生产技术”的先进理念和改善公司治理结构等手段，逐步重组并建成了生产能力达 4 000 万 t/a 的准格尔公司和宁煤集团公司，生产能力达

2 000 万 t/a 的新疆能源公司，生产能力达 1 500 万 t/a 的乌海能源公司和 1 000 万 t/a的北电胜利公司和宝日希勒公司。

矿井集群的建设与集约化生产秉承了以下理念：

（一）突破传统、创新设计，为打造特大型矿井和实现集约化生产提供了技术支撑

（1）优化开拓布置，简化生产系统。

（2）加大综采工作面（露采工作线）参数，提高生产效率和资源回收率。

（3）连续采煤机快速掘进技术，提高掘进效率。

（4）辅助运输无轨胶轮化，提高辅助运输效率。

（5）主运输系统连续化，实现集中自动化控制。

（6）综采工作面搬家快速化，提高了有效工作时间。

（7）采用大断面低风压大风量通风系统，保障矿井通风安全和产能需求。

（二）采用先进高端装备和完善的管理体系，为建设特大型矿井和实现集约化生产提供了可靠的保障

（1）采用大功率、重型化、高可靠性的世界一流的先进装备，使资源和装备实现最佳结合，产生最佳的生产效率和经济效益。

（2）开发实施资产管理系统（EAM 系统），实现设备资产全寿命管理，不仅提高了劳动效率和设备使用率，还使维修工艺程式化。

（3）构建完善的机电管理体系，提升机电综合管理水平，提供了可靠装备管理保障。

（4）推广使用设备点检系统，实时监测设备的运转状态，及时进行检修维护，杜绝了设备故障对生产的影响。

（三）实现矿井综合自动化，是建设特大型矿井和实现集约化生产的必要手段

（1）实施矿井综合自动化管理，构建信息高速公路，使全部生产过程实现集中自动化控制。

（2）使用工业电视监视系统，覆盖主要生产场所，实现主要生产过程的可视化，固定岗位无人值守。

（3）实施井下数据上传、安全监测监控系统、无线通信系统、井下人员定位等系统，保证了安全高效生产。

(四) 构筑专业化服务体系，是建设特大型矿井和实现集约化生产的有效途径

构筑包括设备管理、搬家倒面（生产准备）、设备维修、物流管理、井巷开拓、洗选加工、供电、通信、信息化管理、工程设计、地质勘探、瓦斯抽采（含专业化打钻）等方面的专业化服务体系，实现人员、装备、技术的资源共享，提高人力物力利用率和响应速度，达到精干高效，降低运营成本，保障生产效率和效益最大化。

(五) 产运销一体调度，实现均衡生产，是建设特大型矿井和实现集约化生产的有效举措

(1) 科学安排矿井产量，合理协调运、销，稳定日产，保证均衡生产。

(2) 动态调节各矿的生产、工作面搬家、设备维修等时间安排，保证均衡外运。

(3) 合理安排设备日常维护保养和预防性检修时间，保证设备处于良好的运行状态，提高了开机率。

(4) 避免超负荷、超能力、超循环作业，保证安全生产。

(六) 建立安全管理长效机制，构建本质安全型矿井，为建设特大型矿井和实现集约化生产提供了安全保障

(1) 推进矿井安全质量标准化，夯实安全生产的管理基础。

(2) 推进本质安全型矿井建设，以“风险预控”为核心，创建煤矿本质安全体系，构建长效安全管理机制，为集约生产提供安全保障。

三、不断推进矿井集群建设，实现集约化生产

胡锦涛总书记2008年10月29日在视察神华锦界煤电一体化项目时指出：“要坚定信心，把我们中国特色的社会主义企业办得更好，把神华建成具有国际竞争力的世界一流能源企业”。

国家能源局提出要“建设大型煤炭基地、培育大型煤炭企业和企业集团、提高国家对煤炭生产供应的调控力”、“扶持大集团发展，鼓励跨行业、跨区域、跨所有制合作，鼓励煤、电、路、港、化相关产业联营或一体化发展，努力争取再形成一两个‘神华’，发挥大型中央企业在保障国家能源供应中的骨干作用”。

面对国家的宏观要求和日趋激烈的外部竞争环境，神华集团党组以科学发展观为指导，审时度势，果敢提出“科学发展，再造神华，五年实现经济总量翻番”的战略目标。

按照“科学发展，再造神华，五年实现经济总量翻番”的战略目标，未来五年，神华集团将打造一个2亿t（神东煤炭集团）、四个1亿t（宁东矿区、榆神矿区、新街矿区、准格尔矿区）、一个5 000万t（新疆能源公司）、四个2 000万t（宝日希勒公司、北电胜利公司、乌海能源公司、包头矿业—杭锦能源公司）的煤炭基地，形成拥有近百个大型矿井（其中特大型矿井超过30%）组成的分区域矿井集群。到2013年，产量达到5.68亿t/a。占全国煤炭产量的20%左右。

回顾过去，憧憬未来，神华集团将深入贯彻党的十七大和十七届三中全会精神，以坚定的信心踏上发展的新征程，以科学的战略谋求发展的新高度，以加快“五型企业”建设落实发展的新要求，以和谐共赢的理念开创发展的新环境，以学习实践科学发展观的成果注入发展的新动力。神华集团将充分利用自身的技术、人才、资金和管理优势，充分发挥两个“一体化”优势，接受地方行业主管部门的属地领导，虚心向全国众多先进的煤炭企业学习，继续加强与科研院所深度合作，继续秉承“五高、四化”矿井建设和生产宗旨，加快特大型矿井集群建设，进一步提高矿井集约化生产水平，努力为国家能源的保障供应做出更大贡献！

创新煤炭安全高效开发技术
支撑特大型矿井建设

煤炭科学研究总院

煤炭是我国主要能源，且资源储量丰富，目前已查明的煤炭资源总量为10 282.6 亿 t,资源储量（已精查部分）为 1 908.45 亿 t。2008 年我国煤炭产量达到 27.93 亿 t，消费量 27.4 亿 t，分别占世界煤炭产量和消费量的42.5% 和42.6% ,2009 年上半年全国原煤产量达到 13.56 亿 t，同比增长1.08 亿 t。受资源秉赋条件的限制，我国在未来相当长一段时间内以煤为主的一次能源消费结构难以改变。初步估计，到 2020 年我国煤炭需求将达到35 亿 t，煤炭的稳定供给直接关系到我国的能源安全和国民经济与社会的快速发展。

一、建设特大型矿井，提升安全高效矿井生产水平

为保持我国经济的快速发展，煤炭的持续稳定供应是决定性因素。要实现煤炭的稳定供应和煤炭工业的安全、高效、可持续发展，则必须解决产业集中度过低的问题。实施大公司、大集团战略，抓紧大型煤炭基地建设，尽快形成若干个亿吨级的特大型企业，以及一批年产规模 5 000 万 t 左右的大型企业，提高生产的机械化与自动化水平是解决煤炭产业集中度低、生产效率低、安全状况差的根本途径，同时对提高煤炭行业国际竞争力具有重要意义。

从实际效果来看，随着 13 大煤炭基地的建设及产业机构调整的加快，国有重点煤矿生产能力占全国年产量的比例逐渐提高，从 2003 年的47.11% 增长到 48.16%；国有重点煤矿采煤机械化程度不断提高，从 2003 年的 81.47% 增长到 2007 年的 88.2%；国有重点煤矿百万吨死亡率大幅下降，从 2003 年的 1.07 下降到 2007 年的 0.383；我国煤炭行业产业集中度低、机械化水平低、安全状况差的局面得到基本改善。

二、我国特大型矿井建设的现状和趋势

《煤炭工业发展“十一五”规划》中明确指出，“十一五”期间我国要重点建设10个千万吨级现代化露天煤矿，10个千万吨级安全高效现代化矿井，形成6~8个亿吨级和8~10个5 000万吨级大型煤炭企业集团，大型煤矿采掘机械化程度达到95%以上，安全高效煤矿数量达到380个，产量占全国的45%。

随着技术与装备的发展和进步，我国特大型矿井建设突飞猛进。山西、内蒙古、陕西等8个富煤省区煤炭产量超过亿吨，神华集团、中煤能源、大同煤矿集团等35家大型煤炭企业年产量均超过1 000万t，其中神华布尔台矿设计生产能力2 000万t，神东上湾矿仅综采工作面年产量就达到1 199万t。

要彻底改善我国煤炭行业产业集中度低、生产效率低、安全状况差的问题，“十一五”末期、“十二五”期间仍要大力建设大型煤炭基地，加快小型煤矿的整合改造和产能升级，大型矿井的建设是主导，同时建设大型矿井离不开技术与装备的支撑，依赖技术与装备的进步。

三、依靠科技进步，提升特大型矿井建设科技支撑能力

我国高产高效现代化矿井建设是在综合机械化采煤技术基础上发展起来的，经历了摸索探讨、规范发展和提高推广等主要阶段。20世纪80年代以来，综采、综掘等基础生产设施技术性能不断升级，厚煤层一次采全高、特厚煤层综放开采，薄煤层自动化开采工艺和装备取得重要突破，矿井提升运输和装车自动化、全矿井综合自动化系统逐步得到应用，特别是“十五”、“十一五”以来，煤炭科技工作取得了重要的突破，在设备的成套性、关键元部件的研发等方面均实现了跨越式进步，为我国特大型矿井建设提供了强有力的支撑。

（一）厚煤层综采技术与装备

采用自主创新和集成创新相结合，研制开发了一批达到或接近国际先进水平的综采技术装备。如功率1 800 kW以上的大功率电牵引采煤机，最大装机功率可达2 295 kW，最大采高6 m，生产能力2 500~3 500 t/h，具有位置检测和信息网络自动化控制功能；大采高强力液压支架最大支护高度可达6.3 m、最高工作阻力13 000 kN，加载循环超过50 000次，并研制了具有自主知识产权的电液控制系统，实现了双向邻架自动控制和成组顺

序控制，移架速度达到6～8 s/架；工作面刮板输送机铺设长度可达300 m以上，总装机功率可达3×1 000 kW，运量超过3 500 t/h，并成功攻克了大功率传动、工况监测监控、高强度铸焊结合中部槽等技术难关；带式输送机实现了大运量长距离输送，最大运距可达7 km，最大运量可达7 000 t/h，并在液压自动储卷带、高度低阻托辊等技术上实现创新。目前采用国产成套综采装备的工作面年产量已达到600万t，以进口采煤机配套国产液压支架、刮板输送机和大运量带式输送机的综采工作面年产量已超过1 000万t。

在国产厚煤层综采成套技术与装备方面，典型代表为煤科总院、神华集团、中煤装备公司等单位完成的国家发改委十大装备研制专项之一“年产600万t大采高综采成套技术与装备”，在神东矿区万利一矿进行井下工业性试验，2007年工作面年产达到了762万t，单台设备开机率均达到95%以上，回采工效达到398.9 t/工，2008年工作面年产量达到了946万t，实现了我国国产成套大采高装备的飞跃。在关键元部件上，自主研发了采煤机高强度摇臂、147 mm节距高强度“齿—销”传动系统；刮板输送机φ48×152刮板链、整体铸焊式中部槽；液压支架φ42大缸径立柱和液压支架电液控制系统。目前，80%左右的国产液压支架全部应用国产电液控制系统。

我国年产600万t装备与国外同类设备对比如附表1所列。

附表1　　我国年产600万t装备与国外同类设备对比

对比内容	年产600万t装备	国外先进水平技术指标
液压支架	工作阻力10 000 kN，最大高度6.3 m，寿命试验50 000次，电液控制	工作阻力10 000 kN，最大高度6.3 m，寿命试验50 000次，电液控制
采煤机	装机功率1 815～2 215 kW，最大采高6 m	装机功率1 800～2 300 kW，最大采高6 m
刮板输送机	功率2 100～2 565 kW，运量3 750 t/h	功率2 100～2 565 kW，运量3 750 t/h
带式输送机	运距5 000 m，运量4 000 t/h	运距5 000 m，运量4 000 t/h
生产能力	年产1 000万t	年产1 000万t
作业方式	电液控制	电液控制
工作面长度	300 m	300～360 m
主要关键元部件	自主研发	
开机率	85%～94%	≥90%（平均）
寿命	≥1 000万t	≥1 000万t

（二）厚煤层综放开采技术与装备

在厚煤层综放开采方面，“十五”期间兖州兴隆庄煤矿“600万t综放工作面设备配套与技术研究”2004 年实现平均日产 20 376 t，最高日产 24 047 t，平均采出率 87.43%，工作面年产量 684 万 t 的最高水平，创造世界上综放开采单产、工效和采出率的最高纪录，且“两柱式”综采放顶煤支架成功出口澳大利亚。潞安集团的屯留煤矿采用国产 ZF7000/19.5/38 支架最高日产达到了 2.42 万 t，最高月产 18.59 万 t，平均采出率达到 90%。2005 年潞安王庄矿采用成套国产放顶煤装备，年产量达到 608 万 t。2008 年，平朔安家岭二号 300 m 综放工作面创造了日产 5.41 万 t、月产 118 万 t、年产 1 039 万 t、人员工效 450 t/h 的全国综放纪录。目前，配套全部国产装备综放工作面可实现年产 600 ~ 800 万 t。

（三）薄煤层开采技术与装备

在薄煤层开采方面，目前已自行研制出最低高度 0.67 m 的薄煤层液压支架，可以满足 1 m 左右薄煤层的开采，开发了适用于薄煤层的刮板输送机，基本满足了中硬以下薄煤层开采的需求。大同煤矿集团公司采用天地上海分公司 MG200/450 - WD 型采煤机，配套国产支架与输送机，于 2003 年在晋华宫矿实现了年产原煤 100 多万吨。枣庄煤业集团与辽源煤机厂等单位合作，采用 MG200 - BW2 型采煤机配套 ZY2400/08/19 液压支架、SGZ630/220 输送机，实现最高日产 3 504 t，平均月产 89 636 t，创出了滚筒式较薄煤层综采年产百万吨的新水平。2008 年 10 月，平顶山六矿采用 MG-TY250/600 - 1.1D 采煤机、SGZ - 764/500 刮板输送机、ZY5000 - 1.45/3.0D 液压支架等全套国产装备，实现了工作面无人跟机作业。

（四）掘进技术与装备

在掘进技术与装备方面，“十五”以来我国中型掘进机发展日趋成熟，重型掘进机大批出现，已能够独立研制截割硬度 $f \leq 8$、机重 60 t 左右、截割功率 160 ~ 220 kW 的重型掘进机，主要有煤科总院太原院研制的 EBJ（Z）系列、佳木斯煤机公司生产的 S 系列和 EBZ 系列、三一重装和石家庄煤机公司生产的 EBZ 系列型掘进机。其中煤科总院太原院生产的 EBJ - 120TP 型掘进机 2004 年获得国家科技进步二等奖。配合巷道锚杆锚索支护新技术，显著地提高了巷道掘进施工的机械化水平和成巷速度。

此外，在矿井建设施工方面，解决了近 600 m 厚松散冲积层的矿井建设难题，达到国际领先水平；千米深凿井技术和工艺取得了突破性进展，立井井筒施工速度达到每月 230 m 以上，创造了世界纪录。煤科总院建井分院完成的国家“十五”科技攻关计划“600 m 深厚冲积层特殊钻井法凿井技术研究”，首次在国际上利用钻井法开凿厚冲积层矿井，井筒穿过 546.5 m

的冲积层，钻井深度达582.8 m,达到世界先进水平。2007 年科研院所技术开发专项“大直径煤矿风井反井钻井技术及装备”研制成功 ZFY5.0/600（BMC 600）型反井钻机，2008 年在晋煤王台铺煤矿采用一次钻扩成井工艺，钻进成功一口深 165 m，直径 5 m 的立井，该工程为国内最大直径反井工程，成井速度达到了每月 270 m。在短壁机械化开采方面，研制出连续运输系统、连续采煤机、行走液压支架、四臂锚杆钻机、铲车、梭车等一系列设备，在性能和技术参数方面已接近国际先进水平，某些技术指标和结构性能甚至超过同类引进产品。

四、特大型矿井建设的科技需求与趋势

虽然我国现代化矿井建设、煤炭产业机构调整取得了初步成绩，但产业集中度低、核心竞争力低、安全状况差的问题尚未得到根本上的改变，经过“十五”、“十一五”前期的技术攻关，我国在成套装备和单机装备上取得了重大突破，但是许多关键元部件如采煤机记忆截割、故障诊断，刮板输送机软启动，带式输送机多机功率等方面还依赖进口，需要运用创新思维进一步提升自主研发能力。此外，还需在液压支架、采煤机等设备关键元部件的材料、加工工艺等方面进行攻关，进一步提高设备的可靠性。

（一）矿井建设与巷道掘进

在矿井建设施工方面，还需要在竖井无人化、自动化施工技术及装备、岩石巷道遥控掘进技术及装备、大直径立井凿井装备等方面开展研究。2008年，针对我国东部经济发达地区能源消费量大且浅部煤炭资源逐渐减少的状况，“十一五”科技支撑计划“深厚冲积层千米深井快速建井关键技术”已经得到科技部批复并启动，项目针对深厚冲积层千米深井安全、快速建设的实际需要，拟解决 1 000 m 深厚冲积层下凿井和注浆等技术、装备及施工工艺，提高我国深厚冲积层深井建设技术水平，使千米深井月成井速度提高 20% ~30%，井筒建设工期提前一年以上。

随着矿井规模和工作面单产的进一步提高，大批千万吨现代化矿井的建设，提出了生产能力大、掘进效率高的大断面重型掘进机的需求。因成巷速度的需求，对掘锚一体化作业效率提出了更高要求。“十一五”以来，各掘进机研制单位已相继开始了特重型岩巷掘进机的研制工作，其中佳木斯的 EBZ300、三一重装的 EBZ318 以及煤科总院太原院的 EBH/Z315 掘进机截割功率均达到 300 kW，可截岩石硬度最大达到 120 MPa，可掘断面超过 30 m^2。但还需在机载锚钻系统、机载临时支护系统、自动控制技术、综

合除尘系统等方面进行研究。

（二）煤矿开采技术与装备

在煤炭资源开采领域，利用现代加工、智能控制技术和工况监控技术，研究开发大功率、高可靠性的采煤装备，使厚煤层综采工作面年产能力达到1 000万t以上，大型露天矿生产能力达到每年2 000万t以上，同时研究适合大倾角5～10 m厚煤层安全高效开采方法及成套技术与装备、自动化工作面成套技术与装备，使采煤装备更适合于各类复杂煤层的开采条件，全面提升我国采煤技术的机械化、自动化水平。

厚煤层综采方面，重点开展大截齿高强度块煤截割机构，基于记忆截割的采煤机自适应控制系统、网络的采煤机故障分析的智能技术、网络化和模块化的分布式采煤机电气控制系统、综采工作面装备三机联动远程可视化控制技术、复杂难采煤层的高可靠性电液自动控制液压支架、刮板输送机软启动装置、带式输送机多电机功率平衡控制系统、大拉力自动张紧装置及软启动装置的研发，提高设备的自主研发能力和可靠性。

目前，综放开采只解决了8 m左右的厚煤层综放开采技术，单产水平相对大采高工作面还有一定差距，整体技术装备水平相对落后，综放工作面及顺槽自动化控制以及含厚层不均匀夹矸厚煤层大采高综放支架等均需进行攻关。2008年“十一五”科技支撑计划“特厚煤层大采高综放开采成套技术与装备研发”项目已得到科技部批复并启动，项目旨在研制出适合截割高度2. 8～5. 5 m、采放高度14～20 m特厚煤层综放开采成套技术与装备，实现年产1 000万t，工作面回收率达到85%以上。项目将于2010年6月底在大同塔山8105工作面进行工业性试验。

此外，在短壁机械化开采技术与装备、辅助运输装备、薄煤层及难采煤层机械化开采方面均需加强科技攻关，实现煤炭工业的可持续健康发展。

五、结语

煤炭是我国的能源基础，以煤为主体的能源结构在相当长一段时期内不会改变，为保障国家经济发展对能源的需求、大型矿井的建设和煤炭工业可持续健康发展的实现，煤炭科技工作者将不断努力，从而提高我国煤炭科技的现代化水平。

煤与瓦斯共采技术在大型煤矿建设中的应用

淮南矿业集团公司

一、问题的提出

高瓦斯矿井安全高效开采是世界性难题，我国淮南矿区是该类矿井的典型代表。矿区煤层赋存为高瓦斯煤层群（9～18层可采煤层），根据层间距的大小自下而上分为A、B、C、D、E五组，主采煤层C_{13}、B_{11}、B_8、B_4均为强突出煤层。其中13－1煤层属于C组煤层，平均厚4.5 m，煤质优良，但瓦斯含量大，突出危险性严重煤层赋存的地质条件极为复杂，煤层瓦斯含量高（12～36 m^3/t），煤体极松软（坚固性系数f为0.2～0.8），煤层透气性低（渗透率为0.001 mD），煤层瓦斯压力大（高达6.2 MPa），随着逐步向深部开采，矿井开采深度将以每年20 m以上的速度下延，矿区瓦斯涌出量将以每年100 m^3/min的幅度递增，2008年达到940 m^3/min。目前，淮南矿区内新建矿井多为深井开采，首采区多在距地表800 m以下深度；大部分生产矿井的开采深度已达－700～－1 000 m，且开采深度正以每年20～25 m的速度增加。

1997年前，煤层开采程序自上而下，不能实现卸压开采，首采煤层即为高瓦斯强突出的主采煤层，瓦斯事故频发、工作面受瓦斯制约生产效率低下，仅采用传统的本煤层瓦斯抽放技术和方法，不能解决松软低透气性煤层群安全开采的瓦斯治理难题。矿井设计的井筒服务半径达5～6 km，矿井通风阻力高达5 100 Pa，抗灾能力差。因此，淮南矿区必须创新矿井设计理念和瓦斯综合治理技术，实现大型矿井的安全高效开采。

二、低透气性煤层群卸压开采程序

煤层群开采时，首先选择瓦斯含量较小、突出危险性较低的煤层作为首采卸压层，确保现有的瓦斯治理技术能够满足首采卸压层的瓦斯治理需求，实现首采卸压层安全开采。针对淮南矿区具体条件的煤层群开采程序，首采面选择开采卸压层，优先采取自上而下的下行开采顺序。若无上卸压层可采，且首采下邻近层能满足上部煤层开采条件不被破坏，也可采用上行开采程序。

为解决煤层高瓦斯及瓦斯突出问题，在煤层群条件下，采用煤层底板和顶板岩石集中巷布置，以利于煤层瓦斯抽采。在采取抽采瓦斯的同时，打破以往“先厚后薄、自上而下”的开采程序，选择低瓦斯薄煤层作为卸压层开采，一方面使高瓦斯厚煤层瓦斯得以有效释放，实现高瓦斯煤层的消突和安全开采，为大幅度提高工作面单产创造条件，另一方面开采薄煤层可使采区煤炭回收率提高10%左右。

淮南矿区选择开采11－2煤层上向卸压13－1煤层，选择开采 B_8 煤层下向卸压 B_6 煤层，选择开采 B_{10} 煤层上向卸压 B_{11b} 煤层，选择开采 C_{15} 煤层下向卸压 C_{13} 煤层等都获得了成功。在11－2煤层缺失的区块，开采下部150 m的 B_8 煤层上向卸压，均获得了良好的效果，形成了开采间距70～150 m煤层远距离上向卸压。基于下向卸压的影响范围较小，当层间距较大时，需要多重开采上部煤层循环卸压才能使被卸压的煤层得到充分卸压。

选择薄煤层作为首采卸压层能够提高卸压煤层的开采量，淮南矿区凡是厚度达到0.6 m的煤层都作为首采卸压层，实现卸压效果最大化。

通过首采层卸压开采，对邻近被卸压煤层瓦斯的高效抽采，实现了被卸压突出煤层快速消突，高瓦斯煤层转变为低瓦斯状态下开采。

三、矿井开拓布局调整

为实现首采卸压层开采对高瓦斯突出煤层的充分卸压，满足矿井卸压开采的需要，矿井井筒及开采水平必须布置在首采煤层的底板，规避和减少强突出煤层的揭煤次数和时间，缩短矿井建设工期，迅速打开首采层采区，首先开采卸压层，对邻近高瓦斯突出煤层卸压，形成卸压层与卸压后的被保护主采煤层的配采，实现矿井的长期均衡生产。

井筒是矿井安全生产系统的重要通道，井筒距离采掘作业地点超过某一极限距离，会造成矿井安全生产系统不稳定，系统能力降低，这一距离可称为井筒安全开采半径。大量现场实践表明，淮南矿区采矿地质条件下的井筒安全开采半径小于4 km。采用“分区开拓、分区建设、分区通风”。如张集矿井分中央区、北区和东区三个分区，顾桥矿井分中央区、南区，潘北矿井分东区、西区，望峰岗矿井分中央区、南区和北区等，每个分区各自建立相对独立的安全生产系统。

四、卸压开采抽采、煤与瓦斯共采技术

采取卸压开采增加煤层透气性、“抽采”瓦斯的原理，变传统瓦斯自然排放为集中“抽采”，实现卸压开采抽采瓦斯、煤与瓦斯共采的科学构想；提出了在煤层群中选择安全层首先开采，形成岩层移动、煤层膨胀卸压，使邻近煤层中80%以上的瓦斯由吸附状态解吸为游离状态，在被卸压煤层顶底板预先布置巷道、钻孔抽采卸压瓦斯，在百余个工作面的现场工业性试验取得成功首采层开采。

在卸压开采抽采瓦斯技术成功的基础上，在深部矿井开采过程中存在瓦斯抽采巷道、钻孔工程量大等带来的突出问题。2004年又开展了低透气性煤与瓦斯突出煤层群开采走无煤柱沿空留巷Y型通风、煤与瓦斯共采无煤柱煤与瓦斯共采关键技术研究，在首采煤层采煤工作面采用无煤柱沿空留巷，替代顶底板瓦斯抽采岩巷、变传统U型为Y型通风方式、在留巷内设计钻孔连续抽采采空区瓦斯。实现了无煤柱煤与瓦斯共采技术的重大突破。

卸压开采煤与瓦斯共采在淮南矿区取得成功，实现了卸压层间距达50倍采高，突破了30倍采高的传统理论。

五、煤与瓦斯共采工程技术体系

（一）开采煤层顶板环形裂隙圈内走向长钻孔或巷道抽采瓦斯技术

首采煤层开采工作面的瓦斯主要来源于本煤层、采空区和邻近层的卸压解吸瓦斯。由于煤层松软，透气性低，顺层钻孔施工困难，抽采效果极差。

根椐矿山岩层移动理论，煤层在开采过程中，顶底板岩层冒落、移动，产生裂隙，开采煤层和卸压煤层内的瓦斯卸压、解吸。由于瓦斯具有升浮移动和渗流特性，来自于大面积的卸压瓦斯沿裂隙通道汇集到裂隙充分发育区，即汇集到环形裂隙圈内，在环形裂隙圈内形成瓦斯积存库。把抽采钻孔和巷道布置在环形裂隙圈内，能够获得理想的抽采效果，从而避免采空区瓦斯大量涌入到回采空间。根据矿区39个采用顶板环形裂圈内走向长钻孔或巷道抽采工作面的瓦斯抽采量考察结果，工作面瓦斯抽采率均在50%以上。

（二）开采远距离煤层上向卸压瓦斯抽采技术

针对淮南矿区主采煤层（C_{13}）有近50%的区域具有远程开采卸压的条

件，研究与掌握区域性大幅度提高主采煤层透气性与卸压瓦斯流动规律，并有效地抽采其卸压瓦斯的方法与参数是实现主采煤层根治瓦斯灾害并实现安全、高效集约化生产的技术关键。距主采煤层近 70 m 的下部煤层（B_{11}）瓦斯含量较小。首先对其进行开采煤层的回采，利用远程采动卸压和煤岩层弯曲下沉变形破裂使透气性成千倍增加的作用，使主采煤层瓦斯大量解吸。由于层间距较远，层间岩性致密，主采煤层及其下部 30 m 范围内的煤岩层处在开采煤层回采形成的弯曲下沉带内。该带内形成的裂隙多为顺层张裂隙，瓦斯穿层流动困难。为此在主采煤层底板 10 ~ 20 m 的花斑粘土岩和砂岩中布置了一条底板抽采巷，在抽采巷内向主采煤层打网格式上向穿层钻孔，使解吸瓦斯沿顺层张裂隙向抽采钻孔流动，即“卸压煤层底板岩巷和网格式上向穿层钻孔远程卸压法”抽采瓦斯。

与未采取卸压瓦斯抽采的综采工作面相比，工作面平均产量由原来的 1 700 t/d提高到 5 100 t/d，达到了原来的 3 倍；相对瓦斯涌出量由原来的 25 m^3/t 降低到 5 m^3/t，降低了 4/5。按试验工作面的瓦斯抽采能力和通风能力计算，工作面平均生产能力可达 7 000 t/d。

（三）开采近距离煤层下向多重卸压瓦斯抽采技术

淮南矿区各煤组、各煤层之间距离和岩性差别较大，除了对开采层上部的上卸压层进行瓦斯抽采以外，下部还有近、中、远距离的 4 ~ 6 层可采煤层。这些煤层的瓦斯含量大、透气性低，直接预抽的难度非常大，因而，在对瓦斯涌出量较小的 B_8 煤层（称开采层或上保护层）进行开采的同时，利用对下部煤层的卸压、增透作用，提高下部煤层（称下卸压层）的瓦斯抽采效果。为实现这一技术途径，一是要开采对下部有卸压影响的煤层，二是应根据各卸压层的不同卸压效果设计不同的抽采方式、参数和抽采时机，以便使抽采工程既能满足瓦斯治理的要求，又经济合理。

利用 B_6 和 B_4 煤层之间的岩石运输巷道向上打钻孔，穿过 B_6 到达 B_7 煤层；同时，在补充的一条抽采巷道内同时向上部的 B_6、B_7 煤层和下部的 B_4 煤层打钻。利用 B_4 煤层底板的岩石巷道向 B_4 煤层打少量钻孔，以控制下部范围的 B_4 煤层。对几个上部煤层多重开采的分析，发现当多重开采上部煤层时，下部的煤层经过多次卸压（尽管卸压并不一定充分），瓦斯得到多次释放，煤层的残余瓦斯压力将比开采单一上部煤层时的常规情况要低，多重开采上部煤层比开采单一煤层卸压效果更好。

（四）地面钻孔抽采采动影响区域及采空区瓦斯技术

地面采空区钻孔的设计目的在于得到一个高效的地面采空区钻孔抽采

系统，该系统能更多地抽采高浓度的瓦斯，并使采空区自燃的风险最小。这需要依据设计规范对地面钻孔进行优化设计，并对钻孔进行精心施工和优化处理。

现场考察结果表明，地面钻孔单孔抽采瓦斯量最高达22 190 m^3/d，平均14 943 m^3/d。抽采瓦斯浓度达到95%，单孔年抽采瓦斯量300 万 m^3。在采动影响区域，地面钻孔单孔抽采半径500 m。

（五）无煤柱煤与瓦斯共采技术

1. 无煤柱煤与瓦斯共采技术原理

首采关键卸压层，沿采空区边缘沿空留巷实施无煤柱连续开采，通过快速机械化构筑高强支撑体将回采巷道保留下来，沿空留巷与综采工作面推进同步进行，在留巷内布置上（下）向高（低）位钻孔，抽采顶（底）板卸压瓦斯和采空区富集瓦斯，工作面埋管抽采防止采空区瓦斯大量向工作面涌出，以留巷替代多条岩巷抽采卸压瓦斯，大大减少岩巷和钻孔工程量，实现煤与瓦斯安全高效共采。

2. 工作面通风系统

Y 型通风系统巷道布置要求在采煤工作面开切眼侧构成回风系统，根据采区巷道布置条件，矿井设计和采区设计要做到早谋划早统筹。在做采区设计时，在采区边界同时布置一条回风上山，采区各工作面在切眼位置施工回风联巷与边界回风上山连通，形成 Y 型通风道。

3. 工程实践效果

淮南矿区新庄孜矿、顾桥矿、谢桥矿等 8 对矿井及皖北、铁法等矿区采用无煤柱煤与瓦斯共采技术安全回采 24 个工作面，瓦斯抽采率 48% ~ 95%。解决了深井高瓦斯、低渗透率、高地应力等复杂地质条件矿区煤与瓦斯共采的技术难题。顾桥煤矿 1115（1）综采工作面采用无煤柱沿空留巷 Y 型通风卸压开采，创造了深井复杂地质条件下沿空留巷综采月产 36 万 t，采区瓦斯抽采率 70% 以上的纪录。

六、结束语

淮南矿区应用采动卸压抽采瓦斯技术，针对矿区煤层群及瓦斯赋存特点，提出了改变采场布置和煤层群开采程序，施行卸压开采增加煤层透气性和提高治理瓦斯效果的技术路线，在我国高瓦斯低透气性矿区，进行了系统的卸压开采“抽采”瓦斯理论研究，建立了卸压开采“抽采”瓦斯、煤与瓦斯共采的安全高效开采工程技术体系，实现了低透高瓦斯煤层群突出煤层的安全高效开采。

淮南矿区应用上述成果，实现了安全高效开采。2008 年与 1998 年以前相比，采煤机械化程度由 30% 提高到 85%，采煤工作面个数由 70 个减少为 35 个，煤炭产量由 1 000 万 t 增加到近 6 000 万 t，综采工作面最高年产由 60 万 t 增加到 500 万 t，矿井、采区、工作面资源回收率分别达到 70%、85%、95%，创行业领先水平。瓦斯抽采量由 1 000 万 m^3 增加到 2.5 亿 m^3，抽采率由 5% 提高到 48%，百万吨死亡率由 4.01 降低到 0.1 左右，达到世界先进水平。

随着矿井开采深度的增加，煤层和岩层的性质都会发生变化，我们将会继续关注埋深 -1 000 m 及以下煤层开采过程中的高瓦斯、高地温、高地压科学技术问题，继续研究、探索煤矿深井开采面临的许多新的技术难题。

发挥集团产业链优势
打造平朔亿吨级矿区

中煤平朔煤业有限责任公司

平朔公司创建于1982年，是中国中煤能源集团有限公司旗下核心生产企业，负责平朔矿区的开发建设，是我国目前规模最大、现代化程度最高的露井联采煤炭企业。平朔矿区是我国13个煤炭大基地——晋北基地的重点矿区，是我国重要的动力煤和商品煤基地，也是中煤集团的主力矿区。平朔矿区不仅是我国改革开放的窗口，也是我国煤炭工业现代化的缩影，得到了邓小平、江泽民、胡耀邦、李鹏等党和国家领导人的关心和支持，受到各界的广泛关注。从1982年中美合作建设安太堡露天矿算起，平朔矿区经过27年的开发建设，由一座露天煤矿发展为六座千万吨级现代化矿井，由单一的露天开采演变为露天井工联合开采，由1 500万t产能扩大到近亿吨产能，取得了令人瞩目的成就。特别是进入21世纪以来，在中煤集团的坚强领导下，平朔公司抓住国民经济快速发展和国家建设煤炭大基地、发展煤炭大集团的机遇，坚持走资源利用率高、安全有保障、经济效益好、环境污染少和可持续发展的道路，发挥集团内部煤炭生产、贸易、煤矿建设、煤矿设计、煤机制造的产业链优势，多快好省地建设国家大型煤炭基地，使平朔矿区有望成为继神东之后我国第二个亿吨级矿区。

一、立足高起点，始终保持平朔矿区的领先优势

一是发展规划高起点。安太堡露天矿是我国改革开放之初最大的中外合作项目，是邓小平同志亲自决策的项目。实践证明，与美国西方石油公司合作建设安太堡露天煤矿，不但引进了投资，还引进了技术和管理，使我国煤炭工业现代化水平一步跨越30年。虽然美方后来撤资，但我们已经站在了行业的制高点上。以此为基础，在规划平朔矿区发展时，从生产规模、技术水平、企业管理等各方面，敢于超越，不断创新，始终瞄准世界先进水平，保持行业领先地位。与中煤西安设计工程公司一起研究论证的《平朔矿区总体规划》获得国家发展改革委的批复。平朔矿区规划总面积达

380 km^2，保有地质储量112亿t，全区规划总建设规模为9 350万t，其中露天矿3个，井工矿13个。高起点的规划，为平朔矿区的又好又快发展提供了保证。目前，平朔矿区已建成安太堡矿、安家岭矿、一号井工矿、二号井工矿、三号井工矿、东坡煤矿等多个千万吨级生产矿井，形成了集产、洗、运一体化的安太堡区、安家岭区、木瓜界区三大生产区域，总生产能力8 600万t,矿区洗选能力9 000万t，加上正在改造的总能力1 600万t的地方煤矿，平朔矿区2010年将形成1亿t的生产能力。

二是装备配置高起点。安太堡露天矿建矿初期就引进了世界最先进的露天开采设备，比如170、190自卸卡车等大型生产设备，开创了我国煤矿装备引进的先河。根据安家岭露天矿投产和扩能的需要，陆续购置世界先进的大型卡车287台、电铲25台，其中卡车最大载荷达290 t，电铲斗容达55 m^3，累计投资超过220亿元。随着平朔矿区井工开采的发展和我国煤矿装备的技术进步，平朔公司加快了煤矿装备的国产化进程，三个井工矿在用国产采煤机2台、刮板输送机5台、液压支架5套，平均国产化率达到80%。其中3×800刮板输送机、6.3 m采高液压支架、2 000 kW采煤机均为中煤集团所属装备公司生产，代表了我国煤机制造企业的最高水平。

三是技术创新高起点。创新是平朔的传统，是平朔发展的不竭动力，安太堡矿就是相当于把美国西部的一个特大型露天矿搬到了中国，进而成为中国露天开采的里程碑。目前，安太堡矿的工艺、装备、技术依然在世界采矿业占有重要的一席之地。安家岭项目更是以集成创新、技术突破成为煤矿项目建设的典范。该项目最初设计为单一露天开采，为适应煤炭市场变化和矿区资源赋存条件要求，经设计优化，项目由单一露天开采调整为露天—井工联合开采，解决了资源回收、煤种配采问题，露天矿资源回采率超过95%。露天生产采用国外最先进的穿爆、运输装备和“单斗电铲—卡车”间断开采工艺，机械化程度100%。井工矿首次在浅埋深、硬顶板、硬煤层条件下，成功实现了综采放顶煤工艺，工作面回采率达到85%以上，采区回采率在75%以上。洗煤厂采用全重介洗选工艺，全闭路循环，自动化生产。平朔矿区露井联采技术获煤炭工业科技进步一等奖。在平朔矿区三号井工矿、东坡煤矿以及正在改造的地方煤矿设计中，都采用了目前世界最先进的综采放顶煤技术和大型机械化综采设备，代表了我国井工开采技术发展的方向。

二、坚持高效率，勇创煤炭行业一流水平

一是项目建设高效率。在平朔矿区的开发建设中，平朔公司坚持管理创新，注重效率，创造了投资项目建设的新经验。我们严格按照基本建设程序和法律、法规，执行项目法人负责制、招投标制、合同管理制、工程监理制、质量监督制等管理制度，安家岭项目露天矿、选煤厂、铁路专用线三个单项工程自1999年12月开工建设，到2001年9月投入试生产，历时仅为21个月，在国内创造了同类、同规模建设项目工期最短，建设速度最快的纪录；井工矿工程建设速度同样在国内处于领先水平。在项目的开发建设中，我们坚持集成创新，充分发挥了集团公司产业链完整的优势。集团公司拥有煤炭设计、施工、监理、生产、营销等一系列的产业优势，兄弟单位西安设计院，中煤建安、中煤一建、中煤五建公司，北京煤机、张家口煤机公司都是煤矿设计、施工和煤机行业的王牌军，这些企业汇集在平朔，参与项目会战，保证了安家岭项目的快速优质建成投产。中煤装备公司为了提高设备维护服务的质量和效率，在平朔矿区投资1.5亿元建设了矿区设备维修租赁中心。西安设计工程公司在矿区设立分院，保证了设计服务到一线。在安家岭煤矿项目建设中，没有发生过一起重伤、死亡事故，实现了安全生产的好成绩。

二是煤炭生产高效率。平朔公司通过对矿井进行设备更新改造，推进管理信息化，将信息技术、高科技应用到矿井的生产管理中，进一步提高了矿井的生产规模和生产效率；优化生产布局，简化生产系统，加大工作面长度，提高了矿井生产集约化程度。安太堡、安家岭露天矿连续多年被评为全国安全高效矿井，原煤工效逐年提高，2008年达到127.8 t/工，保持行业领先。一号、二号井工矿连续三年被评为全国特级安全高效矿井，2008年井工矿原煤工效137.7 t/工，今年再次创出工作面日产32.8万t、月产830.9万t的历史最好水平。平朔公司坚持“安全为天、生命至尊”的安全生产核心理念，以安全质量标准化工作为总揽，加强安全生产工作，在生产快速发展的同时，安全生产保持世界先进水平，2008年煤炭生产百万吨死亡率0.013。

三、实现高效益，推进资源价值最大化

一是延伸产业链，实现增值效益。突出煤炭主业发展，加快东露天煤矿项目建设，对井田内小煤矿破坏的资源进行露天复采，提高了资源利用

率。落实平朔公司作为整合地方煤矿主体的责任，通过资源整合、优化设计、改进开采工艺，已经完成5座小煤矿的整合改造。积极实施煤炭就地转化，增加产品附加值，向电力、化工、氧化铝行业延伸，形成煤—煤泥矸石—电厂—氧化铝及其他附产品、煤—煤灰—墙体材料、煤—煤化工等多条产业链。煤化工、煤矸石发电、粉煤灰制砖、提取氧化铝等项目取得积极进展。现已建成年产合成氨3万t、多孔硝铵5万t的生产装置，产品全部供应矿区，总规模30万t的四期工程正在建设中。建成2×50 MW的矸石电厂一期工程，年耗矸石及劣质煤50余万吨，装机2×300 MW的二期工程已正式发电，装机2×300 MW的三期工程、4×135 MW的安家岭资源综合利用电厂及东露天矿资源综合利用电厂正在筹建中。以粉煤灰为原料的砖厂，年利用粉煤灰3万余吨，二期规划每年生产空心砖3亿块。开展了粉煤灰提取氧化铝系列产品开发技术的研究，已成功开发出氧化铝、白炭黑、微硅粉等多个产品，中试已通过专家验收。产品技术含量和附加值极高，资源综合利用效果明显。

二是加强企业管理，增强企业成本优势。平朔公司借助中煤集团煤炭大营销体系，平朔矿区煤炭产品实行统一销售，突出了平朔公司的生产中心职能，形成了成本优势。公司原煤成本多年保持在较低水平，2008年吨煤成本84.5元，远低于同类企业，成为中煤能源股份的一大亮点，得到投资者认可。按照扁平化、专业化、精细化管理要求，积极向海尔、神华等国内国际知名企业对标，切实采取降本增效措施，努力建立创新性思维、人性化管理、集约型经营、市场化运行模式，取得了明显成效。公司先后获得全国企业管理最高奖“金马奖”、煤炭工业最高奖“金石奖”、“全国十佳优秀企业”、“全国百家文明社区示范点”、“全国厂务公开先进单位”、“全国思想政治工作优秀企业”、“全国五一劳动奖状”、“2007世界市场中国（煤炭）年度品牌”、“煤炭行业AAA级信用企业”等500余项荣誉称号。

三是推进生产规模化，发挥规模效益。随着矿区生产规模的扩大，平朔公司的规模效益日益明显。十年间，平朔公司原煤生产工效增加到134 t/工，年均增长13.84%。劳动生产率增加到334.74万元/人，年均增长18%。到2008年底，平朔公司资产总额达到326亿元，累计生产原煤5.6亿t，外运商品煤4.32亿t，原煤生产百万吨死亡率0.038，实现产值887亿元，上缴税费120亿元，出口创汇47.34亿美元。2008年，平朔公司实现自有原煤产量8 000万t，销售收入203亿元，上缴税费47亿元，为国民经济发展做出了重要贡献。随着企业效益的提高，职工收入同步增长，2008年职工平均收入水平达到5.8万元，年均增长16.31%，在煤炭行业处于前列。

四、发展高质量，增强企业可持续发展能力

一是提供高质量煤炭产品。牢固树立以客户为中心、以市场为导向的经营理念，高度重视平朔矿区煤质管理。科学规划采区设计，将提高煤质与开采工艺紧密结合，实施合理配采，从源头上保证煤炭质量可控。加大洗选投入，改进选煤工艺，提高商品煤产出率。针对硫份高的特点，采用分级入选、全重介洗选工艺，可编程序控制器自动控制，有效提高了脱硫效率。加强全面质量控制，加强原煤生产工艺研究，加强各生产环节的标准化建设，实施全过程煤质监测。目前，“平朔煤”拥有三大系列十多个品种，已成为国内外煤炭市场的名牌产品，是质量和信誉的象征。

二是建设高质量绿色矿山。以矿区复垦、恢复生态为己任，增加投入、创新技术，积极实施矿区生态建设，并将土地复垦资金纳入生产成本，开创了我国矿山土地复垦工作的先河。累计投入复垦资金1.5亿元，完成土地复垦总面积22 500余亩，矿区土地复垦率达到43%以上，排土场可复垦达到90%以上，为全煤系统最好水平。生态环境建设达到国内领先水平，绿色矿区已现雏形，被原国家煤炭部列为示范工程，多次获得山西省及国家有关部委的表彰。加大节能减排工作力度，实施了矿区水资源综合利用项目，将安太堡、安家岭区域内的生活污水、工业废水、矿井排水等水资源经过收集处理后进行重复利用，不仅每年可置换清水574万m^3、节约费用1 000多万元，而且有效缓解了矿区水资源短缺的矛盾。

三是打造高质量员工队伍。平朔矿区的快速发展，离不开一支优秀的职工队伍。始终坚持依靠职工，团结职工，关心职工，以团结凝聚战斗力，以团结增强执行力，以团结提升向心力，让职工与企业共同发展是平朔矿区建设的主要经验。20多年来，伴随着祖国改革开放的步伐，几代平朔人上下一心，干群团结，艰苦创业，励精图治，在风云变幻的市场中抢抓机遇，在波澜壮阔的改革大潮中搏击风浪，创造了一项又一项新纪录，攀登了一座又一座新高峰。靠的就是坚持发展依靠平朔人、发展造福平朔人的理念，始终把职工的利益和个人成长作为事关企业发展的重要问题来对待、来落实，保护好、引导好、发挥好职工的工作积极性；靠的就是把职工个人的发展纳入企业发展的大局，通过实现职工个人价值，汇聚企业发展的

力量，增强企业发展的活力和动力；靠的就是紧紧依靠民主管理，始终尊重和注重职工的民主参与、民主监督，坚持落实职工代表大会的各项职权，深化企务公开，接受职工群众的监督；靠的就是高度重视职工队伍的建设、培养、使用和管理，营造氛围、搭建平台，培养、吸引和集聚创新型的经营管理人才、专业技术人才和高技能人才。

五、确立高目标，不断开创矿区发展新局面

平朔矿区作为中煤集团发展建设的主战场，肩负着中煤集团做强做大的重任。在金融危机的外部环境下，平朔矿区的发展面临着资源、环境、人才、管理、成本等方面的压力和挑战。我们唯有认真贯彻落实科学发展观，坚持走煤炭工业新型工业化的道路，更加重视煤炭主业的发展、产业链条的延伸、安全质量的管理、企业文化的建设，才能建设成为本质安全、资源节约、环境友好、行业领先的中央企业，应对危机过后更高层次和更加激烈的竞争。

根据国家批复的平朔矿区总体规划，平朔公司将加快平朔矿区建设，在 2010 年建成亿吨级煤炭生产基地的基础上，力争用五年左右的时间，使原煤产量达到 1.3 亿 t；建设一个集煤炭、电力、化工、建材、生态为一体的具有示范意义的高标准循环经济工业区；开疆拓土，新增煤炭资源 40 亿 t；优化产业结构，非煤产业年销售收入达到 50 亿元；坚持煤电一体化，新增 600 万 kW 的装机能力，将平朔矿区建成我国第二个亿吨级煤炭基地和国内一流、国际领先的现代化循环经济示范矿区。

国内外大型煤矿发展趋势和发展我国特大型矿井的思路

中煤国际工程设计研究总院

煤炭工业是我国重要的基础产业，是关系国民经济安全的重要行业和关键领域，建设大型煤矿既是优化煤炭产业结构，也是保证国民经济健康发展和国家能源安全的需要。建设特大型高效矿井是我国煤炭工业发展的方向，是煤炭工业先进生产力的代表与体现，是煤炭企业减人提效、转变经济发展方式、促进科学发展的重要途径。

一、国内外大型煤矿发展趋势

（一）工作面不断加长，采高不断加大

在煤矿生产中，合理的工作面长度和采高是实现高产高效的重要条件，煤矿综采工作面开采参数取决于很多因素。从理论上讲，在不受地质条件、通风和安全条件以及工作面配套设备的装备水平等制约时，工作面长度、采高与工作面单产和生产效率成正比。近年来，为了提高生产效率和资源采出率，世界主要产煤国家致力于发展超级综采工作面。超级工作面的特点是：工作面宽度大、采高大、产量大；采区储量多、走向长。

美国和澳大利亚是世界上主要的煤炭生产大国，长壁综采工作面技术位居世界前列。到2004年，美国部分综采工作面长度已近300 m，最大推进长度为4 580 m，工作面平均单产也从152万t增加到326万t。澳大利亚也有类似的提高，到2002年，其长壁工作面平均长度达到227 m，平均推进距离2 160 m，平均工作面单产达282万t。在国内，神华集团加长工作面技术在神东矿区全面应用的基础上，已向万利矿区推广。2007年，中国首个400 m加长工作面在神东矿区榆家梁煤矿建成，神华集团共完成300 m以上加长工作面26个，资源回采率提高2%，累计多出煤610万t。神华神东矿区上湾煤矿、神华宁煤集团羊场湾煤矿、晋城煤业集团寺河矿等矿井的综采工作面最大采高已突破6 m大关，羊场湾矿和寺河矿工作面采高达到6.2 m，上湾矿为6.3 m，我国的大采高技术已处于世界领先地位。

（二）高效综采装备不断升级，开采技术和工艺不断完善

20 世纪 90 年代以来，世界主要产煤国家为了提高生产效率，改善安全生产水平，增加经济效益，不断将高新技术应用到综采工作面技术装备领域。美国、德国、澳大利亚等先进采煤国家通过采用大功率可控传动、微机工况检测监控、自动化控制、机电一体化设计等先进适用技术，研制出适用不同煤层条件的高效综采成套设备，实现了从普通综合机械化采煤向高产高效集约化采煤的根本性转变。我国煤矿长壁开采起步较早，但综采工作面建设自 20 世纪 80 年代大规模引进国外综采设备后才进入起步阶段。由于原材料及设备制造技术工艺落后，煤矿机械自动化控制技术发展较晚，致使我国在高效综采装备上与国外相比还存在一些差距。可喜的是，近年来，在产学研的共同努力下，我国高效综采成套设备的国产化步伐明显加快，继年产 600 万 t 综采成套技术与装备开发成功后，年产 800 万 t 的综采成套技术与装备也在研发之中。

我国从 20 世纪 70 年代开始大面积推广机械化开采，同世界主要采煤国家一样，我国井工矿实现高产高效的采煤工艺主要为长壁综合机械化开采。近十多年来，以长壁高效综采为代表的煤炭地下开采技术取得新进展。在薄煤层综采方面，刨煤机综采机组是实现薄煤层工作面自动化开采重要的发展方向之一，根据国内外实践，一个工作面年产量可达 100 ~ 180 万 t；采用大功率高强度薄煤层滚筒采煤机割煤并配备电液控制液压支架，是我国薄煤层开采实现高产高效的主要途径，目前 1.2 m 以上薄煤层采用该种开采方法已实现单面年产 100 万 t，但 1.2 m 以下薄煤层综采实现高效开采仍存在大量的难题。对于中厚煤层综采工作面，配备大功率、高可靠性采运设备及高强电液控制液压支架，加大工作面尺寸，是我国中厚煤层综采工作面进一步提高产量的主要途径。随着大采高综采技术与装备水平的提高，大采高综采将成为 3.5 ~ 6.0 m 厚煤层实现高产高效开采的重要途径。提高大采高工作面设备可靠性，推广使用电液控制两柱掩护式支架，是进一步提高大采高工作面单产水平的主要方法。在综放开采方面，大采高综放开采可以有效地缩短工作面循环时间，加快工作面推进速度，是综放开采实现进一步高产的重要途径。根据当前工作面设备能力分析，在适宜的条件下，采用大采高综放开采可以在 7 m 以上厚煤层工作面实现年产 1 000 万 t。

二、我国发展特大型矿井的思路

(一)加强煤炭资源的规划管理

煤炭资源是重要的战略资源，煤炭资源开发规划是优化煤炭生产布局的基础，矿业权的设置和交易，应当以煤炭生产开发规划为依据。由于缺乏统筹规划的指导，探矿权、采矿权完全由市场配置，已经产生跑马圈地、抢占资源（矿业权）的投机行为，特别是还出现了“化整为零”的区域勘探登记，一些可供建设大型煤炭项目的整装矿田被分割肢解，给统筹规划、合理布局、合理开发煤炭资源的工作带来很大障碍，加大了开发成本，甚至造成资源的严重破坏和浪费。

要进一步健全和完善资源规划和开发规划体系，明确编制授权单位、审批机关及其与矿产权设置的关系，理顺规划层级和处理好规划在时间、空间上的关系；尽快出台煤炭资源规划管理办法，为煤炭资源规划管理提供法律保障，通过立法加强对煤炭资源统筹规划和合理配置，促进煤炭资源的规模化、集约化开发利用；国家煤炭规划编制应采用非市场化授权专业规划设计院进行统筹规划，任何带有商业性质和经济利益的规划都将影响规划的合理性。

(二)积极培育大型煤炭企业，加快建设大型煤炭基地

大型煤炭企业集团是我国发展特大型矿井的核心主体，肩负着技术升级、研究创新和实践等重要使命。尽快培育和组建一批实力强大、优势明显、具有国际竞争力的大型煤炭企业集团，是提高煤炭生产集中度、建设特大型现代化煤矿、促进煤炭工业可持续发展的重要途径。鼓励煤炭企业发展相关产业，支持以煤电一体化、煤路港航一体化、煤炭的深加工、煤炭的综合利用等方式联合生产经营，能源资源综合利用已成为国际化大型能源企业的发展趋势。

根据我国煤炭资源分布特点，国家有关部门已经编制了大型煤炭基地建设规划，为加强煤炭资源勘查，强化资源管理，科学规划、有序开发奠定了基础。通过实施大型煤炭基地规划，加快大型煤矿项目建设，在大型煤炭基地建设基础上，建成以煤炭资源开发为基础的产业集群，实现煤炭资源的综合开发和高效利用。对资源条件优良的矿区，借鉴神华集团煤矿建设模式，在有条件的地方建设一批大型、特大型、年产千万吨、煤矿经济技术指标达到世界先进水平的现代化煤矿，推动煤炭产业升级，保证国家能源安全，维护市场秩序。

（三）深化采煤工艺改革，着力推进采掘机械化

改革采煤工艺和发展采掘机械化，提高单产单进水平是建设特大型矿井的关键所在。20 世纪 80 年代以来，国家大力引进世界先进的采掘机械化技术和装备，为我国采掘机械化发展打下了重要基础。20 世纪 90 年代以后，尤其“十一五”以来，我国特大型矿井建设继续快速发展，综采装备和生产工艺不断完善，对提高单产单进水平起到了关键作用。大采高厚煤层一次采全高综采工作面突破年产 1 000 万 t、特厚煤层综放开采综采工作面突破年产 700 万 t，我国已经出现多个年产超 1 000 万 t 的特大型矿井，总体经济技术指标达到国际领先水平，并在综采工作面单产、工效，综掘工作面单进等方面突破多项世界纪录。中煤国际武汉院设计的年产 2 000 万 t 的神华布尔台矿是目前建设的矿井生产能力、主运输能力、煤炭洗选加工能力位居世界第一的特大型现代化井工矿井。

要继续深化采煤工艺改革，积极推广长壁大采高和综放开采技术，重视薄煤层综采装备的研制。要在厚煤层年产 1 000 万 t 综采工作面成套装备，特厚煤层大采高综放开采工艺与成套装备，年进万米能力的大断面煤巷快速掘进与支护技术及装备，特大型矿井新型运输、提升、装车装备、矿井或综采工作面信息化自动化监测监控和自动化系统等关键领域取得新突破，使特大型井工矿井年产能力达到 2 000 万 t 以上。

（四）合理集中生产，提高系统配套能力

随着煤炭企业集中生产的推进，许多企业已基本上实现了一井一面或一井两面的集约化生产模式。各类煤炭企业应坚定走高产高效集约化生产之路，要根据自身的生产条件，改革开拓部署，优化巷道布置，调整生产布局，以提高装备技术水平和现场管理水平为突破口，采用重型化、强力化、自动化和机电一体化的装备，集中开采、集约化生产。

矿井生产过程中，通风、提升、运输、供电、排水等系统的各种因素互相制约、互相影响，每一个系统都会直接影响采掘工作面生产能力的发挥。建设特大型矿井，必须完善上述各大系统，防止和避免在某个生产系统上出现瓶颈，全面提高矿井的综合生产能力，建立安全高效整体配套工程。这是实现矿井现代化管理和安全高效生产的重要手段和保障。

（五）坚持设计理念创新，不断提升我国特大型矿井的设计水平

煤矿设计工作是先进的科学技术转化为生产力的桥梁和纽带，是基本建设的灵魂。中国煤炭企业参与国际竞争的大形势，要求设计企业在总体规划和现代化矿井的设计工作中继续突破传统观念的束缚，与时俱进，不

断求索创新，在设计中要有大思路、大气魄、大手笔，积极采用新工艺、新技术。

提升矿井设计理念，就要坚持以科学发展观为指导，解放思想，在引进、吸收与利用世界采煤发达国家高新采矿技术和装备，以及高效管理运行模式的基础上，坚持把实现可持续发展的先进思想贯穿于整个设计过程中，牢固树立矿井综合效益最大化的设计理念，努力把我国特大型矿井建成“开拓布局集中化、采掘综合机械化、煤流运输胶带化、辅助运输连续化、主要设备自动化、监控管理智能化、地面布置合理化、节能环保文明化、人文关怀幸福化、技术经济先进化”的具有国际领先水平的现代化矿井。

（六）加强职工技术培训，加强产学研联合

企业之间的竞争，归根到底是人才的竞争。没有一流的职工队伍，不可能成为一流的企业。高素质的职工队伍与先进的技术装备同等重要，建设特大型矿井必须要有高素质的管理人员、技术人员和生产人员。各企业必须通过加强职工技术培训，广泛学习国内外先进技术和管理经验，鼓励大中专毕业生到生产一线工作，切实提高队伍整体素质。

建设特大型矿井是技术含量较高的复杂的系统工程，需要与科研、设计、制造部门以及大专院校密切配合，通力合作。重大科研课题需要各方联合攻关，建议建立健全有效的合作机制，努力加快科研成果转化为生产力的进程。煤炭企业作为技术进步的主体，要围绕建设特大型矿井这一重点，积极主动地采用新技术、新成果，努力探索有利于产学研管理的新机制，对建设特大型矿井中的难点，可以进行联合技术攻关。

构建与煤炭工业规模化现代化相适应的人才培养机制

中国矿业大学

一、煤炭工业规模化与现代化对人才的需求

规模化和现代化是我国当前煤炭工业发展的重要特征。2007 年，温家宝总理在会见全国煤炭工业劳动模范、先进集体代表时指出，要加快煤矿的规模化和现代化建设，依靠科技进步，建设安全高效矿井和大型煤炭企业，提高煤炭工业的竞争力。显政会长 6 月份到我校作“深入贯彻落实科学发展观，努力促进煤炭工业健康可持续发展”报告，也透彻地分析了煤炭工业规模化和现代化的发展形势，指出：“十一五”期间，我国将重点建设 13 个大型煤炭基地。到 2010 年，这些基地的煤炭产量将达到 22.4 亿 t，占全国产量的 86% 。可见，以规模化和现代化为标志的煤炭产业升级已成为全行业的切实行动。

作为全国煤炭行业的最高学府，我校最关心的问题是如何构建与我国煤炭工业规模化与现代化发展趋势相适应的人才培养新体系，这是近年来全校人才培养特别是煤炭主体专业建设围绕的核心问题。这既是我们的所思所想，也是我们的所作所为。其意义主要包括两个方面：

第一，煤炭工业的规模化和现代化离不开高水平人才的支撑。温总理曾指出，煤炭工业现代化是中国工业现代化的关键，这一方面说明煤炭工业在整个国家工业体系中的重要地位，同时也说明我国煤炭工业现代化之路依然任重道远。2009 年 3 月份，在中国社科院发布的《工业化蓝皮书》中，我国煤炭工业现代化的总体水平落后于我国整体工业现代化水平，现代化水平大致相当于世界先进水平的 23% 左右。这其中当然有诸多原因，但毋庸置疑，在广大煤炭生产一线高水平科技人才的匮乏肯定是最为重要的原因之一。举例说明，前些年，我们一名采矿的本科毕业生到山西地方国有矿，当时这个矿几十年一直使用的是普采装备，这个学生直接牵头完成了矿上多年没有实现的综合机械化改造，使产量迅速翻番，这个学生不

到30岁就成为这个百万吨煤矿的矿长，这说明当前煤炭行业最缺乏的不是资金，不是政策，而是人才，特别是技术过硬、实践能力强，懂管理的高素质人才。

第二，学校人才培养机制改革始终要顺应煤炭工业的发展潮流。中国矿业大学是煤炭行业自己的学校，学校也始终以煤炭工业的发展与进步为己任。近年来，学校毕业生就业率始终保持在95%以上，位居全国高校前列，这与全国煤炭行业规模化现代化发展对高水平专业人才的旺盛需求是密不可分的。据统计，从2005~2007年，我校到煤炭行业内就业的人数分别为604人、926人、1 218人，所占比例分别提高11%、16.6%、20.04%，在部分煤炭主体专业中更达到50%以上。即便在经济危机最严重的2008年，学校的就业率仍达到96.34%。因此，学校人才培养机制改革的首要标准就是适应我国煤炭工业规模化现代化发展的最新需求。

二、我校在构建相关人才培养机制方面进行的探索

（一）以能力培养为核心，确立“四个体现”的煤炭行业人才培养目标

进入21世纪之后，为缓解煤炭行业人才紧缺状况，我校进一步创新人才培养理念，确立了以能力培养为核心的煤炭主体专业新的人才培养目标，即“培养能适应煤炭工业建设需求，德智体全面发展，具有扎实的专业理论知识和较强的专业技术技能，工程实践能力强，综合素质高，并获得工程师的基本训练，能运用所学知识和掌握的技能，创造性地解决煤炭生产、管理一线实际问题的高级应用型人才”。新的人才培养目标体现了以能力为核心的新的人才培养理念、理论教学与煤炭生产实际相结合的教学观、以就业为导向的人才培养新模式，凸显了我校立足煤炭、服务煤炭的办学特色。

（二）深化特色专业建设和课程改革，实施“八大工程”，构建与煤炭工业规模化现代化相需求的培养体系

我校“十一五”教学规划的一个重要指导思想是：“以服务煤炭工业为宗旨，以提高人才培养质量为中心，以煤炭就业市场为导向，以课程内容与方法改革为重点，以教学方法和教学手段改革为突破口，突出实践能力和创新能力的培养，为煤炭工业培养‘招得来、用得上、留得住’的高级工程技术应用人才。”按照上述指导思想，学校相继实施了“品牌特色专业建设工程”、“课程体系改革工程”、“精品课程建设工程”、“精品教材建设工程”、“优秀教学团队与名师培育工程”、“大学生创新教育工程”、“实践

教学改革工程”、“文化素质教育工程”等“八大工程”，强化特色专业建设和课程改革。主要内容包括：

（1）突出“基础实”的理论教学体系。以服务煤炭生产、管理和科技发展为中心，以反映当前煤炭生产和管理新技术、新方法、新工艺以及突发事件处理为重点，以提高学生分析解决生产和管理实际问题能力为目的。理论教学体系突出“基础实”，即基础理论厚实、实用、够用。理论教学总学时 2 200 学时。

（2）以提高岗位技能为目的的实践教学系列。改革实验教学模式，推行“双证书”制，加强实习实训基地建设。实践环节不低于 60 周。

第一，改革实验教学模式。一是依托国家重点实验室和国家工程研究中心，实施开放式实验教学，实验室全天向学生开放。二是学校增设实验项目让学生选做，鼓励学生自设实验项目。三是改革传统实验教学内容，强化综合性、设计性、创新性实验，将实验课程内容分为基础型（验证性）实验、提高型（综合性、设计性）实验、研究创新型实验三个层次，对学生进行综合素质技能、专业感性认识、专业基本技能、专业单项能力、专业岗位综合能力的培养。四是学生用半年时间在煤矿直接参加顶岗劳动，并通过国家相关岗位资格证书工作能力考核，达到毕业后直接上岗的要求。五是毕业设计结合煤炭生产实际和解决科技难题，结合比例达 93% 。

第二，按照专业岗位工作技能规范和标准的要求，推行“双证书”（资格证书、毕业证书）制度，将职业资格证书的获得引入人才培养方案并予以落实，提高学生的职业适应能力和岗位竞争能力。

第三，在煤炭行业建立一批稳定的实习实训基地。采取招生、培养“捆绑式”方式与企业合作。学生直接到井下采煤工作面实习。目前，学校已与煤炭企业共建主体专业实践教学基地 107 个。

第四，开展以服务煤炭企业为内容的社会实践活动。组织各类学生深入矿区，学习煤炭企业的先进生产经验，了解煤矿存在的安全和技术问题，提供煤矿安全知识服务。

（3）突出创新精神和实践能力培养的科研创新训练系列。一是在培养方案中设“科研创新”学分，并将学生的表现反映在综合素质测评中。二是实施“大学生科研训练计划”、“大学生创新行动计划”、“大学生科研参与计划”，学生的科研项目全部来自企业生产实践。三是鼓励教师在科研项目中吸收本科生参与，引导学生尽早参加科研和创新活动。四是每年举办大学生科技文化节，煤炭专业主体学生全部参与。五是以“挑战杯”竞赛、数学建模比赛等国际国内大赛为载体，组织学生进行科技创新活动。

(4) 以知识、能力、素质协调发展为原则，构建通识教育课程、专业大类教育课程、专业主干课程、专业选修课程四大模块。第一，煤炭主体专业按专业大类招生、培养，同一专业大类的各专业设置相同的通识教育课程、专业大类教育课程模块。第二，专业主干课程、专业选修课程突出反映煤炭生产、安全、管理等领域新理论、新技术、新工艺，强化应用性。

（三）招生—培养—就业“联动”，构建煤炭行业应用型紧缺人才培养新模式

2002 年 12 月，我校提出面向煤炭企业优秀青年实行“对口单招”，定向为煤炭企业培养紧缺人才，这一建议得到了国家领导人和教育部的高度重视和充分肯定。2003 年 2 月，教育部正式批准我校试点进行“对口单招”，招生专业为采矿工程、安全工程、矿物加工工程等 9 个煤炭主体专业，学制四年，学生学习合格后，颁发国家统一的本科毕业证书和学位证书。目前，我校每年通过这一途径为煤炭行业直接培养应用技术型人才 600 余人。此做法目前已在全国煤炭类高校得到了广泛推广，人才培养规模也逐年递增。在单招学生中，煤炭企业优秀青年录取前就与所在企业签订“中国矿业大学单独招生定向培养协议书”，毕业后回定向企业就业。这样，将招生与就业、人才培养与岗位需求有机连接起来，确保了“对口单招”学生“招得来、用得上、留得住”。

“对口单招”开创了“四个结合”的校企合作培养模式。首先，“订单式”培养实现了企业人才需求与学校人才培养的结合；其次，学校与企业共同制定培养方案、进行课程设置、开展教学质量评估、编写教材、建立实习基地等，实现了学校教育与企业对人才培养全程参与的结合；第三，学生到煤炭企业顶岗进行工程实践技能训练，实现了学生能力培养与煤炭职业岗位工作内容和技能规范要求的结合；第四，学生毕业设计结合煤炭生产实际和解决科技难题，实现了“学”与“用”的结合。

三、新培养机制取得的显著成效

我校在服务于艰苦行业院校的办学中起到了重要的示范作用，一定程度上缓解了煤炭行业人才紧缺的状况，得到了国务院领导同志的充分肯定，得到了教育部、人事部、国家安全生产监督管理总局、煤炭工业协会的高度评价，也得到了煤炭企业的广泛赞誉。教育部科技委《专家建议》2006 年第 2 期以《关于行业院校可持续发展的思考与建议》为题，专题刊发了

我校的做法与建议。《教育部简报》第 177 期以《中国矿业大学适应需求发挥优势努力为煤炭行业培养优秀人才》为题，专题报道了我校的做法。中国教育报、中国青年报等报刊也对我校的做法多次做了报道。以切实行动促进了国家对地、矿、油等艰苦行业专门人才培养的倾斜政策的落实。为行业应用型紧缺人才的培养提供了成功范式。形成了独具特色的具有示范效应的人才培养体系和模式，引起了许多同类型高校的关注，纷纷到我校交流经验。

同时，相关的理论和实践研究成果也非常丰硕。近几年来，学校围绕煤炭工程技术人才培养，承担了教育部战略研究重大专项“面向创新型国家建设的工程教育改革”、教育部重大研究课题“继续教育改革和发展战略与政策研究”（煤炭行业继续教育子课题）。“面向创新型国家的矿业高级专门人才培养的国家支撑体系研究”获 2007 年中国煤炭工业协会科学技术奖一等奖，“构建应用型工程技术紧缺人才培养体系，为我国煤炭工业可持续发展战略服务”获 2007 年江苏省高等教育教学成果特等奖。2005 年元旦期间，温家宝总理接见了我校中国工程院周世宁院士，肯定了我校的经验与做法，并希望“矿业大学应该保持自己的特色和优势，进一步提高办学水平，把矿业大学办成精品和高水平的大学”。今年上半年，我校 2009 届 29 名支援西部赴基层工作的毕业生给温家宝总理写信，6 月 21 日，总理在百忙之中亲笔给同学们回信勉励大家：“同学们：基层艰苦地方需要你们，那里大有可为，希望同学们努力奋斗！”为此，教育部简报专题报道了我校的人才培养和就业工作。

四、对加强煤矿人才培养的若干建议

在取得一定成绩的同时，我们也必须看到，由于种种原因，煤炭行业高水平人才短缺的现状依然没有得到根本的扭转，也仍然制约着我国煤炭工业规模化和现代化的发展。为此，我代表学校向有关主管部门提几点建议。

（一）建立“国家矿业人才培养基地”

该基地建设的总体思路和目标为“一个中心，四个基地”，即以矿业人才培养为中心，努力把“国家矿业人才培养基地”建设成为一个具有实践能力和创新精神的矿业人才培养基地、在全国有较大影响的矿业类教学改革试验基地、面向煤炭工业的全国重点科研基地、全国高校矿业类专业学术交流和教学经验交流和教师培训基地。

（二）设立“矿业人才培养专项基金”

除了国家财政加大投入外，煤炭生产企业按照每吨煤0.5元比例提取资金，作为“矿业人才培养专项基金”，主要用于支持矿业类专业的高等学校进行专业建设、师资队伍建设、教材建设和定向奖、助学金。享受者签订有关协议，毕业后必须到煤炭生产建设第一线工作至少5年。

（三）建立国家级教学实习基地

加强实习基地建设是确保实习质量、增强学生实践能力、创新能力的重要手段，有利于促进产、学、研相结合，有利于促进学校与基地资源共享、互惠互利、共同发展。

（四）扩大矿业类专业的招生计划，给煤炭艰苦专业招生更灵活的政策

扩大采矿工程、安全工程、土木工程、测绘工程、地质工程、水文与水资源工程、矿物加工工程和机械工程及自动化等专业的招生计划，普通招生计划可标出专业方向，对口单招计划可以不完全按照专业目录进行招生，如可招收矿山机械、通风、矿建、煤化工等专业。

（五）更好地为煤炭工业培养人才

“招得来、用得上、留得住”的人才，缓解煤炭工业人才紧缺状况，为煤矿安全生产和矿区稳定提供人才保障，恳请国家给予两方面的支持：一是增加对口单招的招生计划，二是增加硕士生、博士生的招生计划，经单位推荐，通过单独考试录取；同时在煤炭行业一线骨干报考我校研究生时，建议给予学校20分左右的降分自主权，或给予不参加国家总分或单科最低分排序的优惠政策。

（六）给予毕业生到煤炭行业就业优惠政策

实施“大学生志愿服务矿山计划”。每年选拔一定数量的学校应届毕业生到矿山志愿服务工作，志愿者享受与“大学生志愿服务西部计划”同等优惠政策和待遇，志愿者服务期满后，鼓励其扎根基层，服务矿山。

优化资源配置　推进技术和管理创新 实现千万吨矿井群安全高效持续发展

神华神东煤炭集团

神东煤炭集团是中国神华能源股份有限公司的核心煤炭生产企业，地跨陕西、内蒙古、山西三省区。现有大型现代化安全高效矿井17个，其中年产2 000万t以上的3个、1 500万t以上的2个、1 000万t以上的5个，形成了千万吨矿井群。1998年以来，煤炭产量连续10年以千万吨速度递增，2005年率先建成全国第一个亿吨级煤炭生产基地，并实现连续四年原煤产量过亿吨，2008年生产煤炭1.27亿t，占全国煤炭总产量的4.7%；原煤工效124 t/工，采煤工作面效率578.6 t/工；百万吨死亡率为零。企业主要安全、生产、技术、经济等指标达到国内第一、世界领先水平。神东创建安全高效千万吨矿井群的主要做法有三点：

一、不断优化千万吨矿井群资源配置

神东矿区的发展史贯穿了多种资源持续优化配置、核心能力持续提升的过程。从1985年起，矿区经历了三次历史性的整合变革。

第一次是从1985年至1998年，实现了由中小矿井群到现代化高产高效矿井模式的转变。初期，按照“国家修路，群众办矿，国家、集体、个人一齐上”的思路搞建设，煤矿规划井型在30万~60万t，点多面广，布局分散，装备和技术水平起点较低。通过向国内、外先进矿井学习，到20世纪90年代初，确立了高起点、高技术、高质量、高效率、高效益的“五高”建设方针，对矿区整体规划进行了调整，对被分割的整装资源重新进行整体开发，1994年开始首创了活鸡兔矿500万t 270人高产高效矿井新模式，自此矿井建设迈上了大型化规模化的新路子。

第二次是从1998年8月到2009年5月，跨省区的神府、东胜两大矿区整合，实施了高产高效矿井向千万吨矿井群建设。创新了千万吨矿井技术体系，形成了生产规模化、技术现代化、服务专业化、管理信息化的“四化”模式。2000 年建成了全国第一个 800 万 t 综采队，2001 年建成了全国第一个千万吨矿井，2004 年建成了全国第一个 1 000 万 t 综采队，相继诞生了第一个 300 m、360 m、400 m 加长工作面和世界第一个 6. 3 m 大采高重型工作面、中厚偏薄煤层自动化工作面，快速形成了千万吨矿井群和亿吨矿区。

第三次是以 2009 年 5 月 20 日四公司整合成立神东煤炭集团为标志。与以往相比，这次整合范围更广、层次更高、意义更大、影响更深远，不但实现了人才、管理、设备、技术、文化等资源的充分共享，而且为建设高品质的高产高效矿井、进一步扩大千万吨矿井群建设成果创造了有力条件。一是促进了煤炭资源优化配置。分区域开采的井田在更大范围内实现统筹规划、科学布局，为煤炭产量明年达 2 亿 t、5 年内达到 3 亿 t 提供了充分的资源保障。整合前一些低热值煤炭只限于区域销售，销路不畅，效益不佳，整合后通过合理配煤并提质，可有效解决这一问题，按现有产能计算，仅此一项每年可增加利润 15 亿元。二是促进了低成本优势的充分发挥。企业管理横向拓宽、纵向链条减少，有效提高了技术、设备、资金利用率，避免了重复建设、重复采购，大幅降低了成本。据测算，整合后可减少一次性重复投资 19. 7 亿元，每年至少可降低各项成本费用支出 8. 7 亿元，经济效益巨大。三是促进了大专业化格局的形成。通过对生产准备、设备管理、设备大修、物资供应、后勤保障等专业化服务业务的对口整合，将四公司 35 个专业化二级机构重组为 18 个，使煤炭生产、生产服务、生活服务三大板块的专业化特征更加突出，专业化服务范围进一步延伸，生产效率、服务水平进一步提高，体制机制创新的空间进一步拓展。

二、全面推进千万吨矿井群技术创新

千万吨矿井群建设是宏大的系统创新工程。神东充分利用煤层赋存条件，围绕开采设计、开采技术、通风系统、供电系统、采掘装备、信息化建设和环境保护等核心课题，积极推进集成创新和自主创新，实现了重大突破。2004 年，《神东现代化矿区建设与生产技术》荣获国家科技进步一等奖。

第一，开采设计方面。通过优化设计、简化系统，推进了生产集约化。

根据煤层赋存稳定、倾角变化小的特点，通过理性突破传统设计规范，变多盘区布置为无盘区布置、条带式开采的千万吨矿井设计模式。工作面长度由传统的150 m延长到240～400 m，走向长度由1 500～2 000 m延长到4 000～6 000 m，简化了生产系统，减少了巷道掘进量，有效地提高了资源回收率，为安全高效生产创造了条件。

第二，开采技术方面。通过开发应用高产高效开采系列技术，推进了生产规模化。

连续采煤机快速掘进技术。以连续采煤机、四臂式锚杆钻机及其配套设备为基础，采用大断面全煤巷锚杆支护技术及运输巷道与回风巷道双巷布置方式，既保证了掘进与支护平行作业，又满足了长距离大断面掘进通风要求。攻克了传统掘进工艺（综掘和炮掘）效率低、支护速度慢等技术难题，提高了单进水平，减少了掘进队伍和人员，效率提高了1～2倍，为综采快速推进和生产接续准备创造了条件。

辅助运输无轨胶轮化技术。在消化吸收国外无轨胶轮车运输技术的基础上，研发了防爆低污染胶轮车，全面实施了矿井辅助运输无轨胶轮化技术，辅助运输系统由原来的串车大倾角轨道运输，改为现在的小倾角、平硐胶轮运输，彻底解决了传统辅助运输方式系统复杂、效率低等问题，满足了综、连采快速推进对人员、材料和装备等运输的需要，支撑了工作面长距离推进，为矿井大型化创造了条件。

“辅巷多通道”综采工作面快速搬家技术。通过自主创新，攻克了工艺设计、支护形式等技术关键点。在采煤工作面预掘两条辅助巷道，在两条辅巷之间掘出若干条联络巷，构成辅巷多通道系统；采用锚、网联合支护，配以专用垛式支架进行支护，实现了综采工作面快速搬家倒面工艺的新突破。1万t的装备搬家倒面仅用一周时间，比传统工艺平均缩短20多天，大大提高了设备利用率，减少了搬家对生产的影响。

长短壁相结合的开采技术。为最大限度地提高资源回收率，采区内能布置长壁综采工作面的尽量布置长壁综采工作面，不适合布置长壁综采工作面的边角块段，采用短壁机械化开采。同时，研发了“连续采煤机、连续运输系统、履带行走式液压支架短壁机械化开采装备与工艺成套技术”，解决了传统工艺难以解决的资源回收率低问题，使占矿井可采储量1/3的边角块段资源实现了安全、高效开采。

第三，通风系统方面。针对神东矿区存在“煤层埋藏浅、开采漏风严重、煤层自然发火期短、易自燃”的特点和难点，通过应用“大断面、多通道、低负压、大风量”高效通风系统，攻克了千万吨矿井安全高效生产的通风和防火难题，既适应了矿井高产的需要，又降低了易自燃煤层着火的风险，保障了矿井安全生产。

第四，供电系统方面。变煤矿多级供电为地面箱式移动变电站钻孔直供，10 kV 电缆经钻孔直接入井，提高了供电电压等级，缩短了供电距离，满足了千万吨综采工作面用电负荷大、供电距离长的需求。

第五，生产装备方面。坚持产学研相结合，对引进装备全面进行国产化开发制造，与国内厂家联合研发了 3.5 ~ 6.3 m 系列液压支架、连续采煤机、连续运煤系统、锚杆钻车、掘锚机等一大批具有自主知识产权、适合高产高效的技术装备，目前国产化率达 80% 以上，有效推动了国内煤机制造业整体水平的提升，为安全、高效生产提供了装备保障。

第六，信息化、自动化控制方面。通过集成创新，建成了覆盖井上下的信息网络，井下运输、供电、通风、排水等各大系统以及地面的洗选、装车实现了集中自动化控制，井下固定岗位实现了无人值守。主要生产环节采用工业电视监视，全公司实现了集中安全监测、预警报警，井下应用了移动通讯系统，井下人员和车辆安装了跟踪定位系统。信息和自动化控制技术的广泛应用，改变了传统煤矿生产管理模式，井下固定岗位变为巡检，矿井定员减少了 22% ，极大地提高了安全高效现代化矿井建设水平。

第七，清洁生产技术方面。神东牢固树立“产环保煤炭，建绿色矿区”的理念，采取了一系列的清洁开采技术：通过对矿井水质和采空区充填物的矿物与物理特征的研究，突破“过滤、沉淀、吸附与离子交换”等关键环节，开发出矿井水采空区过滤与净化技术，使井下污水过滤净化复用，洗煤水全部循环再利用；开发了封尘剂和洗选装车全封闭技术，煤炭从井下生产到地面洗选装车采用全封闭运输，装车碾压后喷洒封尘剂，减少了环境污染和煤炭损失。实现了采煤不见煤，污水不外排，绿色开采，清洁生产。

第八，生态修复技术方面。通过研发“采前生态环境构建及采后生态修复技术”，形成了“三圈一水”，即：以生产生活区为“中心美化圈”，以周边山地水土流失区为“周边常绿圈”，以外围大面积风沙及水土流失区为

"外围防护圈";"一水"指矿区水源的有效利用与河道治理及水景建设。主动进行大规模生态环境综合治理，改善了当地的自然环境，促进了矿区开发建设与环境治理协调发展。矿区开发建设以来，累计投入环境治理资金10亿元，治理面积160 km^2（开采扰动面积100 km^2），矿区植被覆盖率由开发初期的10%提高到60%以上。2006年，神东荣获第三届"中华环境奖";2008年，神东《荒漠化地区大型煤炭基地生态环境综合防治技术》获国家科技进步二等奖。

三、持续创新千万吨矿井群管理手段

（一）创新专业化服务体系

神东认真总结企业"大而全小而全"的弊端，坚持"有所为，有所不为"，构建了内外部相结合的专业化服务体系。以煤炭生产规模化、集约化为基础，以安全生产为中心，将非煤炭生产直接业务从矿井剥离出来，在全公司范围内统一实行专业化服务，矿井与专业化服务单位建立了服务与被服务的合同契约关系，按内部模拟市场运作。目前，神东专业化服务业务包括矿井生产准备、综采工作面回撤安装、设备管理、设备维修、物资供应、洗选加工、地质测量、车辆管理、后勤服务等20多个方面。对于不属于矿井核心业务，社会化程度高，如防爆车辆维修和运行、蓄电池维修保养、自动化控制服务等，充分利用社会资源，实行专业化服务外包。神东专业化服务体系的构建，不但使煤炭生产核心板块实现了精干高效，而且使全公司各类资源得以充分共享，提高了工作质量和运行效率，降低了运营成本，提升了企业核心能力。

（二）创新规范化精细化管理

神东充分认识煤炭企业在管理上存在的问题和不足，将企业管控的重心转移到弥补管理短板、推进管理机制创新上。近年来，利用已经实施和正在实施的九个管理项目确保安全高效运营。已经成功实施的三个项目是基于业务规范，在集质量管理体系、NOSA管理体系和质量标准化于一体的综合管理体系基础上进行的提炼和升华。煤矿本质安全管理体系，是以安全风险预控为核心，以危险源辨识为基础，以切断事故发生的因果链为手段，以人的不安全行为预控与管理为重点，采用PDCA持续改进的管理方法，实现"人—机—环—管"最佳匹配，遏制事故的发生。目前，神东在各个矿井和地面辅助生产单位全面实施应用了本安体系，对井下156个岗位、全公司1 967项任务进行了全员危险源辨识，共辨识出危险源近2 000个，并制定了有效的防范措施，有力地保障了安全生产。煤炭生产管理信息系统，是在总结、提炼多年安全高效生产经验的基础上，对煤炭生产、接续、设备配置等执行流程进行梳理和优化，并通过信息化手段进行固化，实现了生产接续计划和设备配套计划的自动生成，各类数据齐全、统计及时，为均衡生产、科学调度提供了决策支持，促进了生产精细化管理。EAM资产管理信息系统，通过广泛应用信息化手段，实现了3.8万台/套、200亿元设备资产全寿命的生命周期管理和8万多种20亿元库存物资全过程管理。建立了维修和故障管理标准体系，提高了设备资产的利用率、开机率、运行质量和综合效能，提升了机电管理水平。

除此而外，为推进企业由传统管理向现代管理、经验管理向科学管理、粗放管理向精细管理转变，为千万吨矿井群建设提供坚强支撑，我们从企业战略需求出发，与国际知名咨询公司和国内院校合作，正在实施其他六个管理创新项目。一是业务流程管理项目。通过进一步规范管理和业务程序，理清职责边界，减少业务交叉重叠，加强过程管控，推动职能管理向流程管理转变，最终实现流程优化、运行高效、管控有力的目标。二是人力资源管理项目。将人力资源日常管理的重心从行政事务性工作，转移到以战略为导向的人力资本管理上来，实现人力资源规划、招聘甄选、绩效管理、薪酬管理、培训与开发、员工职业发展的全面提升，建立科学的选人、用人、育人和留人机制，最大限度地挖掘人力资源价值，实现人岗最佳匹配，为企业发展提供人才支撑。三是全面预算管理项目。构建生产经营活动事前目标制定、事中过程监控、事后绩效评价的新机制，为公司战略目标的实现提供管控、分析、决策支持。四是幸福矿工工程项目。以人的全面发展为目标，从物质和精神两个层面探查员工的幸福感因素结构，建立员工幸福指标体系，增强员工的安全感、公平感、成长感、成就感、归属感，全面提高员工的幸福指数，最大限度地调动员工的积极性、创造性。五是企业文化诊断提升项目。运用科学的诊断方法对神东原有文化理念进行提升、优化，形成独具特色的企业文化，内聚人心，外塑形象，用文化管理推动管理升级，激发员工的潜能和活力，打造文化软实力。六是本质安全管理信息系统项目。构建上下互动、资源共享、统一管理、集中控制的安全信息管理平台，充分利用信息化可以追踪的优点，形成安全作业和安全管理的标准工单，促进安全生产的规范化、标准化、专业化。

（三）创新人才发展机制

人力资源是企业的第一资源，是建设现代化大型矿井的根本性、决定性因素。神东始终坚持“精干高效”的发展思路，着力构建科学合理的人才培养机制，促进了专业化高素质员工队伍建设。

一是按市场化要求选拔和引进人才。站在企业发展的战略高度，建立开放的用人机制，面向全国公开招聘引进人才。2005 年以来，共招聘大中专毕业生3 616人、优秀技术人才 689 人。目前，公司具有大中专以上学历的员工达到了全员的 54%，员工的文化层次和专业结构不断优化。通过与专业学校签订《企校“订单式”人才培养协议》，合作开发培训教材，培养了一批实用型、专业化技能人才。按照“不求所有，但求所用”的原则，充分利用社会资源，聘任了 20 多名国内外专家及高科技人才作为企业顾问和技术服务师，为神东快速发展提供了智力支持。

二是建立了员工职业发展激励机制。制定了《神东员工职业发展实施办法》，开辟了经营管理、专业技术、操作员工发展成长“三条通道”，把岗位业绩与专业技术职务晋升结合起来，为员工职业发展拓宽了渠道，员工自身价值得到了体现。实行了技能等级评聘制度，对操作工人的技术等级进行鉴定，并落实了相应的收入待遇，有效地提高了一线员工的劳动积极性。对评为公司劳模、技术比武成绩突出、安全生产做出特殊贡献的员工实行重奖，并优先选拔为后备干部。通过考试考核，选拔专业技术突出的青年员工赴国外进行脱产学习。全方位的员工发展激励机制，促进公司上下形成了岗位成才、奉献企业、实现自我价值的良性互动局面，先后涌现出了全国五一劳动奖章获得者 7 名、全国劳模 3 名、全国技术能手 9 名。

三是构建了员工职业培训体系。近年来，神东不断创新培训工作，建成了教培理念和教学模式国内一流的教育培训中心，形成了课程体系、教材体系、课件体系、师资体系、实操体系等完备的六大教育培训体系。2005 年以来，共开展管理、技能、安全三大类集中培训 716 期，培训员工 10 万人次，人均每年培训一次、每次 1 个月。利用两年时间，对 59 个综、连采队进行了整建制轮训，完成了队长执行力培训 19 期 663 人和各类特殊工种培训25期2 550人。坚持内外培相结合，公司级领导按计划选送到清华大学经管院EMBA班学习，选送中层管理人员到清华等院校高级工商管理班进行为期3个半月的脱产学习，更新和充实了管理队伍的现代企业经营管理知识，提高了综合素质。2008年5月，神东被人力资源和社会保障部认定为“国家级高技能人才培养示范基地”。

千万吨矿井群建设是集生产技术、先进装备、科学高效管理机制和高素质专业化员工队伍于一体的结晶。神东依靠国家西部大开发和能源战略西移的产业政策，凭借煤炭行业协会、各级管理部门及地方政府的大力支持，依托神华矿电路港油一体化建设、产运销一条龙经营的体制平台，在安全高效现代化矿井建设方面创出了新模式，取得了一些经验，但与世界先进煤炭企业相比，仍存在差距。我们将以这次会议为契机，认真履行中央企业“政治、社会、经济”责任，积极对标世界一流煤炭企业，不断提升现代化煤炭生产基地建设水平，力争早日实现“四化五型大神东”战略目标，为我国煤炭工业又好又快发展做出更大贡献。

抛掷爆破—吊斗铲倒堆剥离技术在大型露天矿的应用

神华准格尔能源有限责任公司

吊斗铲倒堆剥离工艺是一种先进的露天开采工艺，它集采掘、运输与排土三项作业于一体，将剥离物直接倒堆排弃于露天内排土场，具有设备数量少、单位斗容效率高、剥离成本低、生产能力大、生产可靠性高等显著特点。抛掷爆破技术用于吊斗铲倒堆剥离工艺，将20% ~45%的剥离物直接抛入采空区，从而进一步提高剥离效率，大幅度降低剥离成本。

在我国露天煤矿采用抛掷爆破吊斗铲倒堆剥离工艺的应用刚刚起步，神华集团准格尔能源有限责任公司黑岱沟露天煤矿选用Bucyrus公司生产的8750－65型号吊斗铲剥离6号煤层顶板以上45 m厚的岩石。8750－65型号吊斗铲的主要技术规格如附表2所列。

附表2　　黑岱沟露天煤矿采用的吊斗铲规格

参　数	数　值	参　数	数　值
吊斗铲型号	Bucyrus 8750－65	铲斗内物料的松方容重（t/m^3）	1.756
勺斗容积（m^3）	90	满斗系数	0.95
悬臂长度（m）	109	平均铲斗装载量（实方）（m^3）	61.04
悬臂倾角（°）	35	平均铲斗装载量（松方）（m^3）	85.50
悬臂高度（m）	68.0	最大挖掘深度（m）	61
底座直径（m）	24.4	最大卸料高度（m）	40.50
空斗重量（t）	124.5	工作重量（t）	5 600
额定荷载（t）	274.6	台年能力（Mm^3/a）	22.50

准格尔黑岱沟露天煤矿采用抛掷爆破—吊斗铲倒堆工艺在我国尚属首次，是我国露天开采领域里重要研究课题之一，也是露天采矿学科发展方向之一。露天煤矿抛掷爆破—吊斗铲倒堆工艺的成功应用，必将极大地推动我国露天采矿事业的发展及科学技术的进步。

一、爆破及炸药

(一)预裂爆破

黑岱沟露天煤矿的预裂爆破参数:

(1)台阶高度为30~45 m。

(2)钻孔倾斜角度为65°。预裂孔的爆破方法采用齐发爆破,且先于倒堆台阶炮孔起爆。

(3)预裂孔为单排孔,布置于采宽80 m的内侧,孔径为310 mm,采用超低密度炸药,大孔径横向不耦合装药,孔距3.5 m。

(4)预裂爆破炸药单耗:铵油炸药为0.6 kg/m^2(孔距×孔深)、超低密度炸药为1.1 kg/m^2。

(5)预裂孔采用空气间隔器分段装药的结构。每孔从下到上分三段装药:第一段底部装药位置要高于煤层顶板约1 m,第二段中部装药位置位于覆盖岩层的中部,第三段顶部装药位置在孔口以下14 m;铵油炸药第一段(最大段)比第二、第三段多装20%的药量,第二、第三段均装,药包位置要结合较硬岩层布置;超低密度炸药也分三段装药,第一段最多,第二段次之,第三段最少,呈60%的向上段装药量递减。

采用超低密度炸药的优点:可以降低爆速、降低爆轰压力对孔壁的冲击;在装药量一定时,能够延长装药长度。与常规炸药相比,预裂面半壁孔率由32%提高到62%。

(二)抛掷爆破

黑岱沟露天煤矿的抛掷爆破参数:

(1)台阶高度为30~45 m。

(2)孔网参数:炮孔直径一般在310 mm,孔距取9~13 m,排距取4~9 m。

(3)排间延时间隔、孔间延时间隔。抛掷爆破采用逐孔斜线起爆的方法,孔间延时间隔一般为9~17 ms,效果最佳为9~13 ms;排间延时间隔一般为100~200 ms,其中第一排至第二排为100 ms,第二排至第三排为150 ms,第三排至第八排为200 ms,第八排至第九排为150 ms,第九排至第十排为100 ms,预裂孔先于第九排主爆孔850~1 100 ms起爆。

(4)炸药及其单耗。抛掷爆破用重铵油炸药、铵油炸药。重铵油炸药装药密度大,抛掷效果好,由乳基质与硝铵混合的重铵油炸药应用较多,其中乳基质所占比例在10%~90%之间,一般应用在20%~30%之间。在潮湿或水孔条件下，需装入乳化炸药。

黑岱沟露天煤矿抛掷爆破炸药单耗取 0.65 ~0.85 kg/m^3。

（5）装药结构。根据炸药单耗，调整各炮孔内炸药的品种和装药结构，使得前五排炮孔内只装重铵油炸药且炸药比例逐渐减少，从第六排孔开始只装铵油炸药，最后一排和侧面最后两列孔采用空气间隔器分段装药，减少后冲和侧冲。

（6）钻孔欠深。为了防止爆破对煤层的破坏，造成开采时岩石对煤的污染，需要留一定的保护层，其方法是钻孔时距煤层顶板高度留 1 ~4 m，且从 A 排孔至 J 排孔依次由 4 m 递减到 1 m。

（7）警戒安全距离。通过模拟在 8ms 内一次起爆的药量对爆轰波和地震波传递迭加的效果，确定了绝对安全范围为：以抛掷爆破点为中心，建（构）筑物的安全距离为 1 600 m，设备抛掷爆破正向安全距离 600 m，反向 400 m，侧向 300 m，人员安全距离 1 000 m。

（三）抛掷爆破结果分析（见附表 3 至附表 5）

通过多次抛掷爆破模拟设计和现场的爆破试验，进行逐步的调整，使其达到理想的效果：

（1）30% ~35% 的有效抛掷率。

（2）爆堆沉降大于 15 m，爆堆形状适合推土机修建吊斗铲作业平台。

（3）爆破块度良好，爆堆松散，适合吊斗铲作业及工艺要求。

（4）预裂爆破成本低廉，预裂面平整，能为下次爆破提供安全、抵抗线均匀的自由面。

（5）抛掷炮孔装药底部离煤层顶板保留 1 ~4 m 距离，这可以对煤层顶板进行有效的保护，使煤层边角损失最小。

（6）采用高精度雷管、预裂爆破，可以取得很好的降震效果。

附表 3　　2007 年抛掷爆破统计表

序号	爆区名称	爆破日期	爆量（m^3）	有效抛掷率（%）	有效抛掷量（m^3）
1	东部第 1 次	2007. 3. 1	1 150 000	39	448 500
2	东部第 2 次	2007. 4. 19	640 800	42	269 136
3	东部第 3 次	2007. 5. 5	669 600	28	187 488
4	东部第 4 次	2007. 7. 7	1 246 400	34	423 776
5	东部第 5 次	2007. 8. 22	1 300 000	34	442 000

续附表 3

序号	爆区名称	爆破日期	爆量（m^3）	有效抛掷率（%）	有效抛掷量（m^3）
6	东部第 6 次	2007. 9. 8	1 020 000	31	316 200
7	东部第 7 次	2007. 11. 3	1 840 000	32	588 800
8	东部第 8 次	2007. 12. 3	1 530 000	31. 81	486 693
	合　计		9 396 800	33. 66	3 162 593

附表 4　　2008 年抛掷爆破统计表

序号	爆区名称	爆破日期	爆量（m^3）	有效抛掷率（%）	有效抛掷量（m^3）
1	东部第 9 次	2008. 2. 6	1 671 999	35. 02	585 534
2	东部第 10 次	2008. 3. 18	1 914 182	28	535 971
3	西部第 1 次	2008. 4. 23	1 784 007	30	535 202
4	西部第 2 次	2008. 5. 25	1 704 378	32	545 401
5	东部第 11 次	2008. 6. 11	1 626 009	35. 6	578 859
6	东部第 12 次	2008. 6. 30	1 948 869	29. 2	569 070
7	西部第 3 次	2008. 7. 24	1 782 289	23. 3	415 273
8	西部第 4 次	2008. 8. 20	1 890 744	25. 6	484 030
9	东部第 13 次	2008. 9. 8	1 608 375	36. 4	585 449
10	东部第 14 次	2008. 10. 1	1 739 000	25. 9	450 401
11	西部第 5 次	2008. 10. 22	1 844 866	31. 7	584 822
12	西部第 6 次	2008. 11. 7	1 909 053	27. 6	526 899
13	东部第 15 次	2008. 12. 8	1 514 725	33. 6	508 948
14	东部第 16 次	2008. 12. 18	1 610 094	42. 2	679 460
	合计		24 548 590	30. 90	7 585 319

附表 5　　2009 年抛掷爆破统计表

序号	爆区名称	爆破日期	爆量（m^3）	有效抛掷率（%）	有效抛掷量（m^3）
1	西部第一次	2009. 1. 23	1 875 824	30. 9	579 630
2	西部第二次	2009. 2. 7	1 083 190	32. 4	350 954
3	东部第一次	2009. 3. 11	1 231 220	35. 6	438 314
4	东部第二次	2009. 3. 21	1 574 053	33. 9	533 604
5	西部第三次	2009. 4. 23	1 526 603	31. 3	477 827

续附表 5

序号	爆区名称	爆破日期	爆量（m^3）	有效抛掷率（%）	有效抛掷量（m^3）
6	西部第四次	2009. 5. 7	1 448 171	27. 9	404 040
7	东部第三次	2009. 6. 9	1 439 741	32. 3	465 036
8	东部第四次	2009. 6. 18	1 366 578	24	327 979
9	西部第五次	2009. 7. 24	1 506 532	32. 3	486 610

二、吊斗铲倒堆工艺

（一）电铲—卡车—推土机为吊斗铲做扩展平台

黑岱沟露天煤矿原设计抛掷爆破爆区宽 60 m，扩展平台由推土机完成；考虑采煤进度，爆区宽度需增加到 80 m，吊斗铲倒堆方式也相应的改变，推土机运距大大加长，通过比较成本，单斗—卡车做扩展平台明显低于推土机做扩展平台，因此采用单斗—卡车—推土机做扩展平台。并且可以增加爆破台阶高度，加大有效抛掷率，节约了露天矿整体生产成本。

（二）吊斗铲倒堆台阶高度的确定

吊斗铲出动、实动变化较大加之回采煤量东西区差异较大，又考虑到煤层顶面变化，吊斗铲倒堆台阶高度需根据推进度随时调整。

在吊斗铲 80 m 采宽情况下，根据排土空间容量可以计算出实体台阶最大高度，然后通过煤层顶板标高确定吊斗铲实体台阶顶面标高。

（三）特殊地质条件下吊斗铲作业技术

考虑煤层顶板起伏与钻机作业要求，顶面坡度应不超过 5%，根据吊斗铲倒堆内排空间容量，实体台阶高度不超过 45 m 的条件下，实体台阶顶面基本保持同一坡度。吊斗铲走行坡度可控制在 10%，作业坡度必须为水平。因此爆破后，为了满足吊斗铲作业，必须对爆堆进行平整。

吊斗铲作业顶面不是水平的，存在很大的水平过渡，水平过渡倒堆程序如下：

吊斗铲在东区作业，由于存在降段过渡区，如从 1155 水平降至 1145 水平作业方式为：吊斗铲倒堆①－⑨，按顺序依次作业，然后吊斗铲走行至 1145 水平，下挖⑫、⑭块位置至 1145 水平，后吊斗铲走行至⑫处，依次按顺序挖⑩－⑯。到此完成一个降段过程。

吊斗铲在西区作业，由于存在升段过渡区，如从 1155 水平升至 1165 水平作业方式为：吊斗铲倒堆①－⑤，按顺序依次作业，然后吊斗铲走行至 1165 水平，下挖⑨、⑪处填方至⑧、⑩处，填到 1165 水平，后吊斗铲走行至⑧处，依次按顺序挖⑥－⑯。到此完成一个升段过程。

（四）吊斗铲作业循环及行走路线

1. 吊斗铲作业循环

吊斗铲站立在其工作平盘上，下挖爆堆至煤顶板，将所挖爆量直接排弃到内排土场。

2. 吊斗铲行走路线

吊斗铲在整个采场分为东西两个采区进行作业。吊斗铲在东部区作业时，从采场中间由西向东作业，作业至采场东端帮后，经端帮联络路、内排土场1 155 m平盘、运煤通道转弯处（1 155 m）、中部沟西侧的中间联络路返程至西部区；在西部区作业时，从采场中间由东向西作业，作业至西端帮后，经西端帮联络路、部分中间沟运煤通道（斜出入沟）、中部沟东侧的中间联络路返程至东部区。

吊斗铲进入西部区作业，由单斗—卡车为吊斗铲开切口，将爆堆靠近采场中间一侧 150 m 范围内的爆量剥离，排弃至内排土场。

（五）吊斗铲倒堆剥离量统计表（见附表6、附表7）

附表6　　2008 年吊斗铲倒堆剥离量表

剥离时间（月）	倒堆产量（万 m^3）	剥离时间（月）	倒堆产量（万 m^3）
1 月	45. 32	7 月	161. 24
2 月	96. 12	8 月	116. 24
3 月	33. 25	9 月	181. 33
4 月	169. 32	10 月	182. 54
5 月	60. 77	11 月	149. 37
6 月	116. 65	12 月	158. 97
合计	1 471. 12		

附表7　　2009 年吊斗铲倒堆剥离量表

剥离时间（月）	倒堆产量（万 m^3）	剥离时间（月）	倒堆产量（万 m^3）
1 月	130. 26	5 月	170. 28
2 月	139. 24	6 月	169. 54
3 月	173. 64	7 月	150. 98
4 月	170. 01	合计	1 103. 95

注：吊斗铲年设计倒堆量 1 979 万 m^3，即月倒堆 165 万 m^3。2009 年 3 月份吊斗铲开始正常作业，达到了设计能力。

三、吊斗铲作业方式的优化

吊斗铲的作业方式直接影响露天煤矿的年生产能力，经过一年多吊斗铲实际作业的经验总结，并参考国外其他矿山吊斗铲系统作业程序，优化设计作业程序。按此方式作业可以保证推土机推土量最小，运距最短，同时可以满足吊斗铲作业的正常接续。

四、经济效益

抛掷爆破—吊斗铲倒堆剥离工艺生产效率高、成本低。国外统计，当有效抛掷率达30%以上时，抛掷爆破剥离的生产成本是相同条件下的单斗—卡车剥离成本的1/5～1/6，抛掷爆破—吊斗铲倒堆剥离工艺的生产成本为单斗—卡车的1/3～2/3。抛掷爆破—吊斗铲工艺在黑岱沟露天煤矿的直接生产剥离成本仅为相同生产规模下单斗—卡车系统的38.86%。综合效益则更为可观：

（一）直接成本节约部分

2008年哈尔乌素露天煤矿单斗—卡车系统剥离岩石单位成本为22.85元/m^3，同期投入使用的黑岱沟露天煤矿抛掷爆破—吊斗铲系统剥离岩石单位成本为8.88元/m^3。按2008年抛掷爆破—吊斗铲系统实际剥离量计算，节约成本总额为301 300 894.73元。

（二）剥采比降低致成本节约部分

黑岱沟露天煤矿自2003年一期达产至2006年在单斗—卡车系统开采工艺下平均实际生产剥采比为4.7 m^3/t。自2007年3月抛掷爆破—吊斗铲工艺在黑岱沟露天煤矿投入应用以来，由于工艺技术、开采方法的改进及开采规模的扩大、工作线长度拉长、重复倒堆量减少等因素，生产剥采比明显下降，2008年实际剥采比为3.7 m^3/t，由于剥采比降低而减少总剥离量2 283.88万m^3，由此而节约的成本为42 815.73万元。

五、社会效益

（1）该项研究成果提高了黑岱沟露天煤矿生产效率、效益及生产能力，实现了节能降耗。

（2）通过抛掷爆破剥离岩石，节省了卡车数量和油耗，降低了汽车尾气有害气体和粉尘的污染。

（3）对我国露天采矿事业的快速发展和科技进步，将产生极大的推进作用。

（4）对适合采用抛掷爆破—吊斗铲倒堆剥离工艺的新建及改扩建露天煤矿具有重要的推广应用价值和指导意义。

规划 设计 科技 装备 管理 文化

大同煤矿集团有限责任公司

进入20世纪90年代以来，我国煤炭行业迎来了一个新的发展高峰，在建井理念、生产组织模式等各方面大胆创新，建设了一批千万吨级的现代化矿井，引领了我国煤炭行业发展的方向。而山西、东北、河南、河北等老煤炭工业基地经过建国几十年来的开采，逐渐显露出资源枯竭、井型偏小、装备技术落后、人员多效率低等问题，企业发展举步维艰。同煤大唐塔山煤矿有限公司就是同煤集团应对挑战、抓住机遇、大胆创新、再铸辉煌，建设大型矿井、发展循环经济的开山之作。

塔山煤矿是同煤集团在石炭系煤田战略转移计划建设的六个千万吨级以上矿井中的第一个特大型安全高效矿井，同时在建矿之初就以塔山煤矿为上游龙头企业筹建“一矿八厂一条路”的塔山循环经济园区。园区投资170亿元，园区内共建有年产1 500万t的塔山矿井，配套洗煤厂、年产200万t的新型干法水泥厂、年产5万t的高岭岩加工厂、2×60万kW的坑口电厂、4×5万kW资源综合利用电厂、年产1.2亿块的煤矸石砖厂、年产120万t的甲醇厂、日处理4 000方的污水处理厂，全长19.29 km的园区铁路专用线，共计“一矿八厂一条路”十个建设项目。

塔山煤矿设计年产量1 500万t，矿井服务年限140年，设计概算30.34亿元。井田面积170.8 km^2，地质储量50.7亿t，可采储量30亿t。可采煤层5层，主采及首采煤层为石炭二叠纪3－5#合并层，平均厚度18.44 m，属特厚煤层。

矿井采用平硐立井联合开拓方式，分区独立通风，工业广场布置主副平硐，盘区广场进回风井采用立井；矿井两个水平开采，划分有七个盘区；主要采煤方法为综放一次采全高，两个放顶煤综采工作面达到1 500万t的设计能力。安全系统配备了监测系统、井下移动注氮系统、井下移动灌浆系统。主提升系统为带式输送机直接搭接，辅助运输为无轨胶轮车。

塔山煤矿于2003年2月开工建设，2006年7月试生产。2008年12月通过国家发改委能源局整体验收。试生产以来，截至2009年7月底连续安全生产 1 100 多天，共生产原煤 3 061 万 t，2008 年单队单面矿井产量达到 1 090 万 t，并分别创造单队月产 131 万 t，日产 5.8 万 t 的矿井纪录。2007 年、2008 年被评为全国特级安全高效矿井。2008 年累计利润 19.2 亿；净利润 14.38 亿。2009 年上半年累计利润 33.23 亿；净利润22.49 亿。

通过六年多的建设，三年多的生产，塔山煤矿在大型安全高效矿井建设中初步探索出了以下经验：

合理规划是前提，开采方法定能力；

优化设计理环节，核心竞争靠科技；

装备突破创水平，创新管理是动力；

矿井发展人为本，企业文化是灵魂。

一、整体规划、集中开发、合理布局为大型矿井建设奠定资源和环境基础

同煤集团从 20 世纪 80 年代开始研究双系煤田下组石炭二叠纪煤层的开采，而上组侏罗纪煤层开采受当初的技术水平限制形成井型小、矿井多，不利于大规模延伸开采石炭二叠纪煤层的现状。要想建设大型现代化矿井，建井理念必须有所突破。

(1) 资源是建设大型矿井的物质保障，对资源进行整体规划、集中开发。

2001 年伴随着经济形势的好转，同煤集团在恢复石炭二叠纪开发工作后，受国内煤炭行业建设大型矿井最新发展方向的启发，重新对石炭二叠纪煤层开发整体规划。改变原规划在口泉沟各侏罗纪矿井基础上建设 5 ~ 6 个 400 万 t 井型石炭二叠纪矿井的设想，统一规划为两个千万吨级矿井，塔山煤矿 1 500 万 t，同忻矿井 1 000 万 t。实现了资源的整合利用，整体规划，为大型矿井的建设提供了资源保障。

(2) 打破传统布置的思路，以集约化、便利化为出发点，采取矿井边缘渐进开拓，为现代化生产组织创造条件。

塔山井田上覆地表为山地，盖山厚度达到 400 ~ 500 m，上层侏罗纪煤矿将有限的可布置工厂的土地占用。按传统井田中央布置井筒，两翼均衡布置生产的思路。采用立井开拓，存在井筒罐笼运输能力有限，工业广场没有足够空间布置，山谷内原铁路专用线保障能力不足等缺陷。

在矿井设计中，塔山煤矿打破常规，在煤层露头平原处布置工业场地，利用平硐从煤层浅部见煤，采用胶轮辅助运输，为大型现代化矿井的建设提供了环境保障。

二、一次综放采全高开采方法的确定奠定高效矿井的基础

采掘能力是决定高产高效矿井建设的关键，而煤层条件是决定采掘能力的基础。塔山煤矿煤层条件属于特厚复杂疏松煤层，首采区一、二盘区3－5#煤层合并，厚度1.63～29.21 m，平均18.44 m，煤层由下向上依次为4 m厚垂直节理发育煤层、6 m厚倾斜节理发育煤层、5 m厚层理发育煤层、2 m厚破裂煤层和不到1 m的破碎煤，因受火成岩侵入影响，上部1～6 m为硅化变质煤层。在早期的小规模实验开采中，暴露了煤层上部送巷难，开采顶板控制难等问题。在先期开采方法论证中，出现了上部大采高下部综放开采的分层开采方法和一次综放开采方法的选择。

同煤集团在塔山矿石炭二叠纪特厚煤层开采方法的论证上十分慎重，于2004年8月邀请了由钱鸣高院士等参加的专家委员会进行了技术论证。论证认为在同煤大唐塔山煤矿特殊的石炭二叠纪煤层条件下，由于煤层上部赋存复杂、不稳定，会给分层开采带来一系列很难解决的技术、安全上的问题，而上软下硬的煤层结构保证了下部巷道的安全掘进的同时，上部煤层具有较好的可放性，建议选用一次综放采全高的开采方法。

科学论证、大胆决策，克难创新，厚煤层一次综放采全高无工艺巷的采煤方法取得了初步成功。为塔山安全高产高效矿井建设奠定了基础。

2006年7月20日开始正式试生产，首采面一盘区8102工作面，一队一面完成产量320.16万t，平均月产64万t；2007年一队一面完成产量808.2万t，平均月产73.35万t；2008年一队一面完成产量1 076.2万t，平均月产97.8万t；2009年矿井初步达到设计生产能力，一、二盘区两队两面，平均月产150万t,全年计划生产1 500万t。由此可见，塔山煤矿安全高效现代化矿井建设初见成效。

三、理念创新、注重细节，从设计环节保证大型现代化矿井建设

塔山煤矿在建矿伊始就树立高起点、高技术、高质量、高效率、高效益的设计指导思想。在设计理念上坚持三个原则：

（1）坚持安全性、经济性、社会性的高度统一。

（2）坚持从现场出发，从实践出发，力求简单、可靠、高效。

（3）坚持安全第一，预防为主，综合治理的安全设计理念。

同时参考国内同类高产高效现代化矿井设计的成功经验，从七个方面保证矿井安全高效的实现：

(1) 采用国内外先进的放顶煤及大采高采煤工艺，配备大功率采煤机及工作面配套设备。

(2) 主运输采用带式输送机直接搭接不设缓冲环节集中运煤。

(3) 辅助运输采用无轨胶轮车辅助运输系统。

(4) 充分利用现有工业场地分区开凿风井解决通风及安全避灾井。

(5) 矿井形成集中出煤、集中运输设备及材料、分区通风的分区开拓布局。

(6) 以需定岗、以岗定员、精简机构、减少冗员，矿井只建设必要的生产及生活设施。

(7) 对原煤进行深加工和综合利用，提高煤炭产品的附加值，减少环境污染，实现煤炭生产综合效益最佳化。

通过塔山矿的六年建井实践，反思塔山矿的设计，总体上是成功的，满足了塔山煤矿建设特大型现代化矿井的需要。

四、坚持走科技立矿、科技建矿、科技兴矿的大型矿井建设道路

塔山矿建矿以来，坚持以科技立矿、以科技建矿、以科技兴矿。在科技工作中坚持三个紧密结合，即“理论与现场实践相结合，本矿与集团公司业务部门相结合，企业与科研院校相结合”。本着立足塔山实际，以我为主，谦虚学习，引进吸收，兼容并蓄的原则，自主或合作开发了一大批社会经济效益显著的科技进步和技术革新项目。先后开展了“特厚煤层大断面切眼（8.8 m）施工与支护”、“特厚煤层综放工作面支架开发研制与应用”、“特厚煤层放顶煤开采顶板控制及矿压规律技术研究”、“火成岩侵入条件下特厚煤层支护研究”、“超大硐室 12 m×12 m 施工”、“石炭二叠纪特厚煤层微地震研究”等具有世界先进水平的科技难题的研究。

在矿井设计方面，与北京华宇公司紧密配合，奠定了 1 500 万 t 大型矿井建设的基础。

在开采方法确定上，广泛邀请国内知名专家集体论证，确定了最适合塔山煤层条件特点的一次综放采全高的开采方法。

在顶板控制方面，与院校合作进行了特厚煤层综放矿压防治研究、微地震研究，与北京开采所合作先后开发了 10 000 kN、13 000 kN、15 000 kN 综放支架，特厚煤层综放开采矿压控制取得了初步成效。

在瓦斯治理方面，先后与重庆煤科院和抚顺煤科院进行了瓦斯治理。针对塔山矿井低瓦斯含量（3－5#煤层的瓦斯含量为 1.6～1.97 m^3/t ，平均

为1.78 m^3/t)，高强度开采集中释放造成局部瓦斯积聚的特点，通过系统优化、风量调整、风机抽排、煤体抽放、设施导风、上隅角埋管抽放、顶板高位专用抽排巷敞口风排和密闭埋管抽等多种实验，初步确定了较为成功的顶板高位专用抽排巷密闭埋管抽的瓦斯治理方法。

在防灭火方面，塔山煤矿 3－5#层煤经过实验室测定自然发火期为 68 天，属于易自燃煤层，在实践中经过与重庆煤科院和抚顺煤科院先后合作通过注氮、喷洒阻化剂、三相泡沫、注浆等方法的实验，确定了现场以注氮为主，端头封堵、注浆为辅，束管监测做保障的防灭火措施。

目前由科技部牵头的，煤科总院和同煤集团主要承担的国家“十一五”科技支撑项目“大采高千万吨级综放成套装备及技术”，汇集了国内十余家科研院校和制造厂家已在塔山煤矿开展，它必将引领煤炭行业科技发展的一个新高潮。

塔山煤矿在短短三年的试生产过程中，能够在石炭二叠纪新煤系初步摸索出开采和安全的一些规律，初步保障了安全高效开采，充分发挥了市场经济条件下的体制优势，充分发挥了科研院校的理论研究和研发优势及企业现场的实践优势，充分体现了开放的科研环境和扎实的现场实践是建设大型矿井的重要保障。

五、现代化装备水平是煤炭产业发展的助推器

人类在征服自然的过程中，工具的发展具有标志性，同样装备水平的不断突破在煤炭行业的发展过程中起着助推器的作用。装备带来的生产力的释放影响着矿井各环节的连锁反应。

塔山矿井单队单面年产千万吨，单月突破 131 万 t，单日产量 5.8 万 t 等成绩的取得，得益于在早期设备配套时，决策者的高瞻远瞩，充分考虑了科学技术的发展空间，坚持保有余量的原则。现塔山矿综放工作面配套设备如附表 8 所列。针对煤矿生产的特殊性，用能力确保可靠性，实践证明，高能力带来的稳定性是连续稳定高产的可靠保证。同时，塔山矿井重视设备的引进消化，目前与科研院校和厂家正在联合开发研制全部国产的大采高千万吨级综放成套设备。

六、现代企业管理制度的创新是现代化矿井建设的必由之路

塔山煤矿完全按公司制的模式运行，公司机构设置简单、人员精干，实行“扁平化”管理模式，工作效率比较高。尤其是实行“生产专业化、

服务社会化”，除主要生产队组外，后勤、维修、掘进、洗选、井下辅助工种均采用社会化模式，引进市场竞争机制，不仅大大降低了管理成本，并且提高了服务质量，使企业摆脱传统企业办社会的模式，集中精力搞生产、抓经营。

附表 8　　综放工作面配套设备一览表

序号	设备名称	型　号	功率 (kW)	电压 (V)	生产能力 (t/h)	备　注
1	采煤机	SL500AC	1 815	3 300	2 700	一台
2	前运输机	PF6/1142	2×750	3 300	2 500	一部
3	后运输机	PF6/1342	2×850	3 300	3 000	一部
4	转载机	SZZ－1200/1000	450	3 300	3 000	一台
5	破碎机	SK1118	400	3 300	4 250	一台
6	带式输送机	PVG1800S	2×500	10 000	3 000	一部
7	液压支架	ZF13000－25/38	支掩式		126 架	中心距 1.75 m
8	端头支架	ZTZ20000/25/35			2 架	宽度 3.32 m
9	过渡支架	ZFG10000/25/38H			6 架	中心距 1.75 m
10	乳化液泵站	EHF－3K 200/53	4×200	3 300	4 泵两箱	压力 36 MP
11	喷雾泵站	EHF－3K 125/80	4×132	3 300	4 泵两箱	压力 36 MP
12	绞车	JH2－14	14	660		移泵站用
13	液压支柱	DW－X45				需 200 根

七、打造企业精神，培养人才队伍，是建设现代化企业的灵魂

一切事业的关键因素是人，一切成功的核心要素是精神。塔山煤矿从建矿开始，就致力于打造一支有事业心、责任感、不断成长的人才队伍。坚持以事业吸引人才、以感情团结人才、以待遇善待人才。在艰苦的创业过程中培养了一大批有归属感的管理、专业人才，为企业的可持续发展奠定了坚实的基础。同时树立高标准、建设高平台，提出塑造六个典范，即：瞄准先进目标，塑造一流矿井建设的典范；弘扬时代精神，塑造独特企业文化的典范；坚持率先垂范，塑造优秀领导班子的典范；勇于开拓进取，塑造创新管理模式的典范；突出以人为本，塑造本质安全矿井的典范；树

立必胜信念，塑造争创成功企业的典范。这就是塔山煤矿建设世界一流矿井的坚实精神基础。

塔山煤矿的建设是同煤集团这个传统国有大型煤炭企业在新时期艰难转型，建设大型现代化矿井的老兵新传。在这个过程中，我们初步摸索出了一些做法，还不太成熟，需要时间的进一步检验。

研制重型高端液压支架
为我国煤炭工业规模化现代化建设贡献力量

中煤北京煤矿机械有限责任公司

进入21世纪以来，我国煤炭工业逐步走上健康发展的轨道。以神华集团和中煤集团为首的国内大型煤炭能源集团，以科技创新为先导，以现代化装备为支撑，产量效率快速提升、经济效益飞速增长、本质安全得到了有效保障。规模化、现代化的发展理念对全国煤炭行业的整体提升起到了突出的推动和示范作用，也促进了煤机装备业高技术装备的发展。

一、我国重型高端液压支架的发展现状

我国厚煤层储量非常丰富，国内大型、重点矿区都有5 m以上厚煤层，且矿压显现一般比较明显或强烈。这为我国重型高端液压支架的发展提供了广阔空间。21世纪初，受国内煤机装备制造业技术水平限制，以高工作阻力（8 000 kN以上）、高性能（电液控制）、高可靠性（高寿命低故障）、大采高（5 m以上）为特点的重型高端液压支架几乎全部从国外引进。2003年起，神华、中煤、大同、晋城等煤炭能源集团公司与国内煤机装备制造业合作，率先在国内推进高端液压支架产品的本土化。经过几年的努力，对国外引进技术消化吸收和再创新，我国液压支架整体技术得到跨越式发展，在很多方面占有世界领先地位。

总结我国近年来重型高端液压支架研制方面的成果，可以归纳为以下几点：

（一）消化、吸收、运用国外先进的设计理念

（1）在结构设计布局上体现简单可靠、便于工艺保证和实现焊接自动化。

（2）主体结构的焊缝设计改变了以往国内传统的焊接形式：采用国外产品普遍采用的焊接效率高、强度好、抗疲劳性能强的坡口熔透焊形式。

（3）为满足高工作阻力要求，主体结构设计材料强度等级较以前有大幅度提高。抗拉强度 $\sigma_b \geqslant 800 \sim 1\ 000$ MPa级别钢材得到普遍应用（达到结构

件重量的20% ~70%)。

(4) 采用先进的电液控制系统，实现工作面快速推进（工作面支架动作循环时间≤6 ~11 s)，大大提高工作面效率。

(5) 支架立柱、推移千斤顶、平衡千斤顶等主要液压元件选用高寿命、高可靠性复合密封。

(6) 总体设计体现人性化：加强安全防护、方便操作。

(二) 采用先进的设计手段

(1) 液压支架设计普遍采用计算机优化设计软件。结构设计、机构优化、运动学分析、结构强度分析一体化完成。

(2) 采用国际著名的Pro－E三维仿真软件和Ansys等有限元受力分析软件，对样机进行动态模拟和各种加载工况的总体和局部受力状况模拟。

(三) 拉动和促进我国液压支架制造工艺技术长足进步

(1) 高强结构件焊接技术与国外引进产品差距明显缩小。重型高端液压支架结构选材强度等级与国外引进支架相当，800 ~1 000 MPa级钢材焊接这一关键技术，已形成完整可靠的工艺规范。

(2) 大缸径油缸的研制已处国际领先。目前ϕ400 mm缸径油缸在国内重型支架已普遍使用，已经研制的最大缸径油缸已达到ϕ500 mm，为重型支架的发展提供了技术储备。

中煤北京煤矿机械有限责任公司与钢铁企业联合进行攻关，打破多年来一直沿用的油缸缸管27SiMn材料（$\sigma_s \geqslant 630$ MPa）限制，研制了新型易焊接、高淬透性、较高防锈性能、高强缸管材料（$\sigma_s \geqslant 750$ MPa）。大大提高了重型液压支架单架支撑力（使用新型缸管材料研制的1.75 m二柱掩护式液压支架最大工作阻力达到12 000 kN)。

(3) 替代国外引进的高可靠性、高寿命（寿命30 000次）、大流量阀类(400 L/min立柱控制阀、1 000 L/min立柱安全阀）得到开发应用。

(四) 促进产品标准与国际先进水平接轨

产品标准决定产品的整体技术水平。近五年来，我国煤机装备制造业通过对重型高端液压支架研制的实践，产品整体技术水平已大大提高。产品设计规定的考核标准已远远超过目前正在执行的《液压支架通用技术条件》(MT312－2000) 煤炭行业标准，从产品的结构强度、耐久性能等多方面已达到国际先进标准考核水平。囿于我国重型高端支架产品目前实际技术水平，与国际先进水平接轨的、由煤科总院负责编写的《煤矿用液压支架安全性要求第一部分：通用技术条件》国家标准和由中煤北京煤矿机械有限责任公司负责编写的《液压支架结构件制造技术条件》（MT/T587）煤炭行业标准，目前已经进入批准发布程序。

（五）总体技术和性能指标达到国际先进水平

进入21世纪以来，随着国内综合机械化开采对装备技术和性能要求的不断提高，我国液压支架总体技术和性能指标取得重大突破，多方面已处国际先进水平，如附表9所列。

附表9　　液压支架总体技术和性能指标

	21世纪初国内水平	目前国内水平	目前国际水平
支架最大支撑高度（m）	5	7	6
支架最小支撑高度（m）	1.2	0.6	0.9
支架工作阻力（kN）	6 800	17 000	10 000
支架宽度（mm）	1 500	2 050	2 050
支架寿命	30 000次 （单一加载）	≥50 000次 （复合加载）	≥50 000次 （复合加载）
工作面年产量（万t）	350	≥1 200	≥1 000
支架移架速度（s）	15～20	9～11	9～11
工作面长度（m）	200	300	400
可靠性（平均检修时间）（h/d）	6	2	2

二、重型高端液压支架的推广应用

煤炭行业技术水平和市场竞争力的提高，在很大程度上取决于装备制造业所能提供的技术装备水平。反之，装备制造业的发展也依赖于煤炭行业对技术进步的强烈需求。2004年以来，重型高端液压支架在国内各大型矿区推广应用势头强劲，概括起来主要有以下因素：

(1) 集约化矿井建设实现一井一面模式，要求综采工作面单产和效率大幅度提高。

(2) 5 m以上厚煤层开采采用一次采全高、大配套、大截深、快速推进的强力开采模式得到普遍推广。

(3) 放顶煤开采为提高回收率和加快推进速度，要求一次采高越来越大。

(4) 工作面规模不断扩大，面长达到300 m以上，走向长度达到3 000 m以上，矿山压力明显增强。

(5) 装备配套能力高富裕系数、装备要求高可靠性、高投入高产出的理念得到普遍认同。

针对煤炭综采技术的发展趋势，作为支护设备的液压支架必然向大采高、高工作阻力、高性能、高寿命、高可靠性方向发展。随着重型高端液压支架的推广应用，装备技术日趋完善：

(一) 支架架型品种齐全，适应各种开采工艺方法和煤层条件

我国煤炭资源丰富，同时贮存条件也复杂多样。综采技术的多样化需求，促进了重型高端液压支架架型品种的发展。

1. 厚煤层一次采全高支架

目前国内井下使用的一次采全高支架最大高度6.3 m，工作阻力12 000 kN。受支架整体稳定性和液压油缸所能配置缸径规格限制，已达到1.75 m中心距支架的参数极限。6 m以上重型高端支架目前在晋城、神东、万利、宁煤、陕煤等矿区均有使用。其中，宁煤集团羊场湾矿工作面倾角局部达到20°，目前中煤北煤机公司正在进行第三套支架的设计。以上矿区所选用的6 m以上重型高端支架根据不同的顶板条件，支架的顶梁形式分为整体顶梁和整体伸缩顶梁两种形式。

2. 放顶煤技术突破10 m以上较硬煤层放顶煤开采的禁区

平朔矿区自2003年使用ZF8000/23/37型和ZF10000/23/37型放顶煤支架开采4#和9#厚度10～12 m较硬（$f=3$）煤层，产量持续稳定在日产4～4.5万t,工作面年产保持在1 200万t。

为解决厚度15 m以上煤层的开采，提高煤炭回收率，国家科技部重点技术支撑项目研发的ZF15000/28/52型大采高放顶煤支架已经进入正式产品制造阶段。该支架工作阻力达到目前国内支架最大工作阻力15 000 kN。采煤机割煤高度5 m，开采煤层厚度极限可以达到20 m。

3. 实现极薄煤层的全自动化开采

针对优质薄和极薄煤层的全自动化开采，开发了适合与刨煤机配套使用的大缸径、高工作阻力ZY4800/06/16.5型刨煤机支架。支架最小高度0.6 m。在铁法煤业集团小青矿已完成一个工作面的开采，月产量保持在10万t以上。

(二) 支护设备整体配套性更加完善

随着安全高效综采技术的发展，工作面两端顶板、巷道的维护，机头配套设备的快速推进成为制约的关键。近年来，装备制造企业与各矿区加强合作，在端头支护和巷道支护设备的研制中取得较多成果。

(1) 一次采全高工作面通过工作面支架、过渡支架、排头支架和端头支架位置与支护方式的合理配套，较好地解决了工作面两端封矸、行人、架前顶板维护、机头机尾推进等问题。各矿区通行的5 m以上大采高自动化工作面所采用的后置式端头支架，架型简单，与运输机、采煤机配套关系简单，全工作面支架部件通用性强，成为主导成熟模式。

(2) 放顶煤工作面使用的前后架、两架一组等型式的端头支架组较好地解决了端头支护。这些端头支架克服了一般端头支架整体长度长、重量重、稳定性差的弱点。

中煤北煤机公司为国产放顶煤成套装备出口俄罗斯研制的上述端头支架，在巷道条件很差的俄罗斯奥里热拉斯基矿使用效果良好。

近年来研制的适合于大倾角工作面、沿顶掘进的异形巷道支护端头支架和巷道超前支架，在宁夏矿区也取得了较好的效果。

(三) 重型高端支架产品的特殊性能要求，带动了自主知识产权专利技术的研发

重型高端支架特殊的工作环境和性能要求，带动了支架结构设计中的专利技术研发。为提高支架对顶板维护性能，在高工作阻力支架中采用自助增压，保证支架对顶板的主动支撑力达到工作阻力的80%以上。强力护帮装置对6 m以上大采高工作面煤壁的维护效果大大提高。内循环供液双伸缩立柱，使薄和极薄煤层支架实现高工作阻力成为可能。

2003年以来，中煤北京煤矿机械有限责任公司共研制生产了工作阻力8 000 kN以上重型高端液压支架近百种架型，15 000多架。分布在国内大部分重点矿区，并有部分产品出口国外。几种典型重型高端支架如附表10所列。

附表10　中煤北京煤矿机械有限责任公司几种典型重型高端支架

支架型号	高度(m)	工作阻力(kN)	支架中心距(m)	架数	使用地点	特点
ZY8600/25.5/55D (Y75) 二柱掩护式支架	2.55~5.5	8 600	1.75	127	天地华泰公司	电液控制
ZF8000/22/35 (C141) 放顶煤支架	2.2~3.5	8 000	1.5	139	俄罗斯奥里热拉斯基矿	手动先导
ZT1000/24/38 (TC141) 放顶煤端头支架组	2.4~3.8	10 000	1.8	2架1组	俄罗斯奥里热拉斯基矿	手动先导
ZY9000/25.5/55D (Y77) 二柱掩护式支架	2.55~5.5	9 000	1.75	367	神华神东公司	电液控制
ZY12000/25/50D (Y111) 二柱掩护式支架	2.5~5.0	12 000	1.75	360	神华神东保德矿	电液控制

续附表 10

支架型号	高度（m）	工作阻力（kN）	支架中心距（m）	架数	使用地点	特点
ZY12000/28/62D（Y112）二柱掩护式支架	2.8～6.3	12 000	1.75	285	晋城煤业集团	电液控制
ZY10000/28/62D（Y106）二柱掩护式支架	2.8～6.2	10 000	1.75	346	神华宁煤集团	电液控制
ZY10800/28/63D（Y107）二柱掩护式支架	2.8～6.3	10 800	1.75	180	神华万利公司	电液控制
ZYF10200/25/42D（Y109）二柱掩护式放顶煤支架	2.5～5.2	10 200	1.75	325	神华神东公司	电液控制
ZY12000/28/63D（Y119）二柱掩护式支架	2.8～6.3	12 000	1.75	155	陕煤神木张家峁	电液控制
ZF13000/25/38（C154）四柱放顶煤支架	2.5～3.8	13 000	1.75	190	大同煤矿集团	手动控制
ZF15000/28/52（C175）四柱放顶煤支架	2.8～5.2	15 000	1.75	65	大同煤矿集团	手动控制
ZF8000/23/37（C123）四柱放顶煤支架	2.3～3.7	8 000	1.5	1 218	中煤平朔	手动控制
ZF10000/23/37（C156）四柱放顶煤支架	2.3～3.7	10 000	1.5	1 015	中煤平朔	电液控制

三、重型高端液压支架技术研发的展望

（一）新架型的开发

6 m 以上大采高支架已经在国内神华、晋城、宁煤、陕煤等多处矿区得到推广应用。国内煤机装备业正在争相开展 7 m 以上大采高支架的研制。该支架工作阻力将达到 17 000 kN 左右，将使用 ϕ500 mm 缸径立柱，重量将达到 65 t 以上。支架液压操作系统设计、支架稳定性、可维修性、操作人员的安全防护都将成为更加突出的技术难题。特别是在不同煤层和围岩物理性能条件下，煤壁及架前顶板破坏机理和有效维护的研究还需深入，这也是 7 m 大采高工作面能否成功的重要因素。

最小支撑高度 0.6 m 的极薄煤层支架在铁法矿区已经得到成功使用。进一步开发适合于 0.7 m 左右厚度优质煤层开采的支架（支架支撑高度在 0.6 m以下），在技术上仍是非常必要的也是可行的。中煤北煤机公司与铁法煤业集团联合开发的最小支撑高度 0.5 m 刨煤机支架已经通过方案论证。

国家科技部重点科技支撑项目大同塔山矿 ZF15000/28/52 型放顶煤目前已经进入产品制造阶段。按照国家有关文件规定，放顶煤开采中采放比可

达到1∶3。但在5 m左右架前落煤条件下，顶煤冒落效果如何还无可供借鉴的实践经验。采用放顶煤开采架前落煤高度是否还有进一步提高的可能，合理性如何，也是应进一步研究的课题。

（二）电液控制系统的研发

目前我国研制的重型高端液压支架大部分电液控制系统配置，主要仍为国外引进产品。主要供应商有EEP、蒂芬巴赫、玛珂等公司，国内天地玛珂和神坤也已经形成商品（可靠性有待完善和提高）。国内多家煤机装备制造企业正在抓紧研制之中。

（三）进一步提高重型高端液压支架的可靠性

近年来，国产化重型高端液压支架在架型、功能、寿命等方面与国外引进支架的差距已经明显缩小。但在井下使用中，国内各公司生产的支架焊缝开裂、立柱挂液、油缸镀层起泡、油缸涨缸、阀类故障等问题还时有发生。在产品研发制造过程中，对结构件焊接质量、复合密封件质量、阀类结构性能等问题还应努力做好以下工作：

1. 进一步提高设计水平，保证产品的先天质量

支架井下损坏中往往出现在局部结构，这也是产品设计中比较容易忽略的。对一些关键受力部位的损坏，引进国外公司不同的支架往往损坏形式也不同。如立柱柱窝的损坏，有些表现为挤压塑变，有些表现为开裂。总之应从损坏形式上认真研究，从选材和热处理方面探索。

2. 提高焊接质量

对焊接材料与母材的匹配关系、坡口形式等方面还应继续研究，达到焊缝强度与母材合理匹配，坡口形式应考虑焊接效率高、残余应力小。在焊接规范验证成熟的条件下，保证焊接质量优质和一致性十分重要，因此要研究采用机器人进行支架结构件焊接，此方面工作正在进行中。

焊接预热和焊后时效对高强钢材的焊接十分重要，是降低焊接应力，防止焊接开裂和延时开裂的有效手段。为提高预热和时效效果，中煤北煤机公司一方面专门立项进行焊接应力分析的研究、优化预热和时效工艺；另一方面投入高额技术改造资金新建了预热炉和时效炉，为保证焊接质量提供设备保障。

3. 密封件质量

目前，国内各装备制造厂家对密封件的质量检测手段相对比较薄弱，往往造成安装后或使用后才能发现问题。密封件质量检验检测手段，是应采取措施加强的一个重要方面。

4. 提升试验检测设备

完善的试验检测设备是进行产品研发的必备手段。目前国内支架产品检测手段已和重型高端液压支架的开发研制现状不相适应。根据我国重点矿区对重型液压支架需求的发展趋势和最新制订的液压支架通用技术条件国家标准，中煤北煤机公司本着服务当前着眼长远的思路，研制了实际能力 45 000 kN、试验额定能力 30 000 kN 并留有 1.5 倍安全系数的液压支架整架试验台、16 000 kN油缸试验台和 1 000 L/min 液控阀类试验台。

自 21 世纪初以来，中煤北京煤矿机械有限责任公司在国内重型高端支架的研制方面做了一些开创性工作，也得到全国各矿区的支持和信任。中煤北煤机公司将一如既往，以我们的努力，回报全国各矿区用户，为我国煤炭工业的规模化现代化建设贡献力量！

大运量重型输送设备在大型煤矿建设中的应用及发展

中煤张家口煤矿机械有限责任公司

实现煤炭安全、高效开采，取决于开采技术和装备水平。大型煤矿建设需要装备制造业的支撑，同时装备制造业的进步也推动着大型煤矿建设的发展，两者相互促进、密不可分。多年来以中国煤矿机械装备有限责任公司为代表的中国煤机制造业，以服务于大型煤炭基地建设为目标，走出一条消化、吸收、再创新、装备成套化的煤机发展道路，从而推动了煤炭开采技术和大型煤矿建设的发展。

中国煤矿机械装备有限责任公司隶属中煤集团，是我国规模最大、技术装备水平最高、综合实力最强的煤矿井下设备制造企业，集设备研发、设计、制造、销售、维修服务于一体，具备工作面设备成套研制、成套供应能力。中煤张家口煤矿机械有限责任公司是中国煤矿机械装备有限责任公司的核心子公司之一，是国内最大的工作面刮板输送机成套输送设备专业公司，公司长期致力于煤矿井下刮板输送机、转载机、破碎机、刨煤机、矿用开关的研制，曾先后承担国家科技攻关项目13项、省部级科研项目27项，产品遍布全国各大煤矿，成套输送设备还出口到俄罗斯、印度、孟加拉等十几个国家。

近几年，在中煤集团和中煤装备公司的领导下，按照装备公司整体规划要求，公司通过不断完善技术创新体系和设计手段、进行大规模技术改造、提升检测试验能力，加大科技投入力度，加快关键部件研制步伐，运用新的设计理念和设计手段，突破和掌握核心技术，全面提高刮板输送机成套设备的设计和制造水平。1998年通过了ISO9001质量体系认证；2003年以来，连续进入中国机械500强企业（2008年列241位）；2004年，建立了煤机行业首家国家认定企业技术中心、博士后科研工作站和国家CNAS认可的测试实验室；在满足各大矿井不同采煤要求的同时，企业自身也得到了长足发展，技术创新能力显著提高。目前公司综采产品市场占有率为46%，其中高端重型输送设备市场占有率达到68%，国内市场占有率位居第一。

一、大运量重型输送设备在大型煤矿建设中的应用

为促进技术进步和提高经济效益，世界各主要产煤国都将煤炭工业的发展重点调整为扩大矿井生产规模和提高采煤工作面单产和效率，使矿井建设规模日益加大。“一矿一井一面”安全高效现代化矿井已成为我国大型煤矿建设的方向。适应煤矿开采技术的发展，满足煤矿采煤装备的需求，提高市场竞争力，是煤机装备制造业的重大责任，也为煤机装备制造业提供了难得的发展机遇。

为此，在中煤装备公司带领下，我公司紧跟煤机装备国际发展潮流，加大、加快国产重型输送设备研发力度，根据国内各主要煤炭生产企业的需求，研究工作面重型成套设备解决方案，在消化、吸收的基础上，通过自身的再创新，不断推出适合用户需求的新产品，并在行业内取得了显著的成绩。2001 年以来，先后共开发槽宽 1 000 mm 以上重型刮板输送机 4 个系列、15 个品种产品，生产逾 130 多套，在神华、平朔、淮南、同煤、兖煤、铁法、黄陵等 22 个大型矿区广泛应用，推动了国产煤矿井下工作面成套输送设备向大运量重型、超重型方向发展。

（一）综采方面

2001 年，我公司承担了“国家重大技术装备国产化创新研制项目”，通过开发以锻造立环为代表的 ϕ38 和 ϕ42 紧凑链、700 kW 摩擦限矩器、行星减速器、126 和 147 节距锻造销轨，成功研制出装机功率 2 × 700 kW、运输能力 2 500 ~ 3 000 t/h、铺设长度 300 m、过煤寿命 800 万 t 的 SGZ1000/2 × 700 型成套输送设备，使我国煤矿重型刮板输送机的整体技术达到国际先进水平，满足了国内高产高效现代化矿井建设的需要。

首套设备于 2002 年 10 月在大同煤矿（集团）公司四老沟矿与德国艾柯夫公司 SL500 型大功率采煤机和国产大采高支架配套使用，取得了良好效果。该型设备于 2003 年 4 月在兖州煤业股份有限公司投入使用，截至到目前，先后投入使用 18 套，最高日产达到 2. 8 万 t，最高月产达到 72 万 t。淮南矿业集团于 2004 年 8 月开始使用该型设备，截止到目前，共投入使用 26 套，最高日产达到 2. 9 万 t，最高月产达到 74 万 t。截至目前，我公司先后生产该型设备 100 余套。

2006 年，我公司通过对铸焊式 1 750 mm 长整体加工中部槽、48 × 152 mm紧凑型圆环链、147 大节距整体模锻销轨、高强度一次大卸载口交叉

侧卸机头架等关键部件的开发，率先在国内研制成功适用于缓倾斜中厚煤层采高3.5～6 m、可与多种采煤机和支架合理配套使用、输送长度300～350 m、输送能力3 000 t/h、年产600万t以上一次采全高综采工作面用SGZ1000/3×700型成套输送设备。首套设备先后于2006年7月及2007年11月在神华集团金烽公司昌汉沟矿15102和15103工作面投入使用，至2008年3月，累计出煤650万t，最高日产达到4.23万t、月产达到80.4万t，为矿方新增产值26亿元，新增利税7.02亿元。

该型设备是国家发改委煤矿采掘和洗选装备本地化国债专项计划“高效矿井重型刮板输送机成套设备国产化国债项目”的子项目，其研发成功，实现了我国综采装备技术的重大突破，既获得了2008年中国煤炭工业协会科技进步一等奖，又为“年产600万t大采高综采成套技术与装备”项目获得国家科技进步二等奖奠定了基础，已被列为2008～2009国家重点新产品计划项目、河北省首批自主创新产品。目前我公司已先后向神华（金烽、万利）、北京昊华、陕煤集团、鲁能集团等公司生产11套，实现了大型煤矿集约化矿井的高产高效、安全生产。

2007年，我公司在研制成功1 000 kW矿用行星减速器、刮板输送机电液控制自动伸缩机尾、综合监控集成传输系统、输送机软启动调速传动装置等关键部件基础上，推出了目前国产装机功率最大、运距最长、智能化程度最高的SGZ1000/3×1000（855）型煤矿井下工作面成套输送装备，满足了采高4～6.5 m、输送能力3 500 t/h、输送长度400 m、年产1 000万t以上的高产高效矿井一次采全高综采工作面的需要。

该型设备在原神华集团金烽公司昌汉沟矿使用期间，创出月产100.8万t、最高日产4.62万t的国产设备一次采全高最高采煤纪录，达到了世界采煤先进水平，经中国煤炭工业协会鉴定，该型设备达到国际先进水平，填补了国内刮板输送机设备高端产品空白。进一步缩小了与国外同类产品的技术差距，为赶超国际领先水平积累了宝贵经验。截至7月底，该套设备在井下使用18个月，已累计过煤量1 225万t。目前已为神华、亿利、伊泰、陕煤等公司生产了12套，推进了大型、特大型煤矿集约化矿井建设。

（二）综放方面

由于综放开采较一次采全高开采具有用人少、开采效率高等诸多优点，已经成为我国建设高产高效现代化矿井、实现一矿一面集约化生产的主要途径之一。提供可靠的装备保障，对实现我国6 m以上厚及特厚煤层安全高效开采意义重大。

为此，我公司在对综放技术进行深入研究基础上，积极加快了适用于放顶煤用后部刮板输送机关键元部件的研制，成功开发了装机功率2×700 kW、运输长度250 m的2×700型放顶煤成套输送设备，2003年在平朔煤炭工业公司安家岭井工矿投入使用，最高日产达到5.2万t、最高月产达到130万t，至2008年9月，仅平朔煤炭工业公司就订购该型设备9套。

2007年，我们通过研制阀控充液型液力耦合器、1 000 kW大功率重载行星减速器、ϕ48×152节距链轮组件，应用监测监控技术和网络通讯技术，开发了装机功率2×1 000 kW、输送能力2 500 t/h、输送长度300 m、过煤寿命1 500万t的2×1 000型年产千万吨放顶煤成套输送设备。首套设备于2008年7月在平朔煤炭工业公司投入使用，当月创出最高日产4.1万t的好成绩，最高月产达到了118万t。截至目前我公司已先后向神东、平朔、万利等公司生产了6套。

该型设备的使用，丰富和发展了我国厚及特厚煤层综放开采这一特有技术，使之持续保持世界领先水平，实现了矿井集约化安全生产，提高了采煤机械化程度，满足了低投入、高产出的国家大型煤矿年产千万吨矿井建设的需要。

二、国产重型输送设备与国外先进水平的对比

国际上供应综采重型刮板输送机成套设备的公司主要有JOY公司和BUCYRUS公司（原DBT公司），JOY公司和BUCYRUS公司作为国际上传统的煤矿机械制造企业，在刮板输送机、转载机、破碎机方面，引领着世界潮流，代表了当今国际的先进水平，两者的综合水平基本相当，但各有所长。

JOY公司以铸焊结构刮板输送机为主，在铸造中部槽、阀控调速型液力耦合器的研发及应用方面处于国际领先水平，较适于中国国情。BUCYRUS公司以传统的轧制槽帮刮板输送机为主，在可控软起动（CST）、变频电机、工作面自动控制技术应用等方面处于国际领先水平。

近年来，国内重型刮板输送机成套设备整体技术水平和质量水平上了一个新的台阶，在输送机基础件研究及制造方面积累了一定的经验，设备使用寿命、可靠性方面都得到提高，已能基本上满足国内高产高效工作面输送设备的需要，但与国外相比仍有一定差距。

国内外最高水平重型成套输送设备的主要参数及指标对比情况见附表11。

附表 11　国内外最高水平重型成套输送设备的主要参数及指标

主要参数及指标		国　外	国　内
刮板输送机	运输能力（t/h）	5 000	4 000
	运输距离（m）	>430	>350
	装机功率（kW）	3×1 200	3×1 000
	中部槽长度（mm）	2 000	1 750
	保证过煤量（万 t）	>1 200	>1 000
转载机	运输能力（t/h）	5 000	4 000
	装机功率（kW）	525	700
	保证过煤量（万 t）	>1 200	>1 000
破碎机	通过能力（t/h）	5 000	4 000
	装机功率（kW）	400	400
	破碎硬度（MPa）	≤140	≤100

（一）技术参数

从表中可以看出，国产重型刮板输送机的技术参数与国际先进水平相比差距不大或基本相当，可以说国产重型刮板输送机与国际水平相比是最接近的采煤工作面设备之一。但国产设备属于在消化、吸收引进国外设备和技术的基础上的再创新，自主创新研发的能力还不强，因此，目前只能做到紧跟世界潮流，而不能引领世界潮流。

（二）配套性

国内工作面设备的总体配套通常由用户牵头、组织设备生产制造企业共同完成。在设备配套中，用户较多地考虑自己的使用要求和习惯，煤机制造业按产品分工，各自为政，缺乏对工作面设备总体配套的系统研究和统筹，不能很好地为用户提供导向。因此造成配套种类繁多，生产制造无法形成批量，加大了制造企业的成本，也不利于用户的使用管理。因此，提供工作面成套装备已成为国内各大煤机制造企业的共识，同时对成套设备供应也提出更高的要求。

（三）技术先进性

技术先进性是保证产品不断创新和进步的关键。在国内，无论是研究院，还是设备制造企业，更多地侧重于产品的设计和制造，在核心技术和关键元部件研究方面投入明显不足，自主创新能力不够，造成先进技术研发与应用缓慢。

国外最先进的重型刮板输送机广泛采用了阀控充液型液力耦合器、CST可控软启动装置、变频调速电机，改善刮板输送机起动性能，实现了功率平衡和传动保护。配套的工况监测、监控系统，不但可以对减速器、液力耦合器、电机、链条、自动伸缩机尾等的运行情况进行在线监测监控，并可与工作面其他设备的控制系统、通讯系统集成为一个综合监测控制系统，从而实现工作面综采配套设备的自动化控制。

目前，国内刮板输送机制造企业在新型传动及保护技术的研发方面只是刚起步，虽已成功研发了重载输送机用1 000 kW行星减速器，但未得到广泛应用；刮板输送机运行工况监测监控系统虽已推出，但技术尚需在应用中不断成熟，工作面成套设备自动化控制尚未实现。

（四）使用可靠性

元部件的可靠性直接影响到整机使用可靠性，引进国外的刮板输送机与国内相比，元部件制造质量高、使用事故率低，安全可靠。特别是刮板输送机的中部槽、减速器、链轮、接连环等部件，国外产品的使用可靠性和一次大修时间明显优于我国产品。我国刮板输送机无故障运行时间仅相当于国外产品的60% ~85%，整机使用寿命只相当于国外设备的80%左右。国内输送机的元部件制造质量及稳定性、一致性尚待进一步提高。

（五）原材料及基础件

国产的高强度钢板、耐磨钢板和链条钢在尺寸精度、材料成分的精度和纯度、质量稳定性和一致性等方面与国外有较大差距；国产的轴承、密封、液压元件等基础件在精度、寿命等方面无法满足重型刮板输送机的设计要求，因此，目前上述原材料及基础件主要依靠进口来满足产品和用户的需要，这种局面短期还不能改变。

（六）价格和技术服务

我国重型刮板输送机与国外同类产品相比最大的优势在价格和技术服务，以3×1 000 kW刮板输送机为例，国内价格仅为国外价格的50%左右，而且国外产品的技术服务费用昂贵，技术服务不能及时到位，这也是国内与国外产品竞争的得天独厚的优势。但是，我们也应该清醒看到，国外各知名企业已纷纷在国内建立制造基地，试图改变其不利状况。

总之，国内重型刮板输送机成套设备与国外同类成套设备相比，在价格、技术服务等方面具有一定的优势；在设备配套、技术参数、性能参数等方面基本相当；在基础理论研究、先进技术应用、产品持续创新、产品可靠性、产品质量稳定性等方面仍然有一定差距。

三、赶超世界先进水平，推动大运量重型输送设备的发展

国家“十一五”规划中，将大力振兴装备制造业作为实现国民经济可持续发展的战略举措。国务院常务会议通过了关于加快振兴装备制造业的纲领性文件——《国务院关于加快振兴装备制造业的若干意见》，其中将“煤矿综合采掘设备”列为“十一五”装备制造业振兴的10个重点之一。煤机装备制造业的地位被提到了前所未有的高度。到2010年，国家将要重点扶持和发展一批具有国际竞争力的大型装备制造企业集团和自主制造具有自主知识产权的重大技术装备产品，从而为煤机制造业发展带来前所未有的历史机遇，并为其提供了巨大的推动力。

当前，日益大型化、规模化的高产高效现代化矿井建设，已成为世界煤炭工业的发展方向。国内各大型、特大型矿井已将一井一面（或两面）、400 m以上工作面、7 m以上大采高、3 000 m以上长走向作为主要开采方式；将日产5万t、年产1 200万t以上作为生产目标，致使重型输送设备呈现出以下发展趋势：

（1）向大型化方向发展。装机功率3×（1 200～1 600）kW，输送能力4 000～5 000 t/h，输送长度400～500 m，圆环链规格ϕ52～ϕ56，中部槽规格内宽1 200～1 500 mm。

（2）向高可靠性方向发展。运用动态设计技术、可靠性技术、制造工艺关键技术等，保证设计、制造质量和水平，适应不同的采煤工艺，保证输送机开机率达到85%以上，使用寿命（过煤量）达到2 000万t。

（3）向自动化、智能化、信息化方向发展。运用机电液一体化技术，自动化技术、信息化技术实现刮板输送机的工况监测、预报型故障诊断、与采煤机和支架联动与通信，实现整个采煤工作面的自动化控制，使工作面生产过程自动化、采煤工艺智能化、工作面管理信息化。

（4）向设计绿色化方向发展。变革设计理念，从单纯产品设计向设备全生命周期设计方向发展，实现设备资源的充分利用，推动企业可持续发展。

振兴发展煤机制造业是煤炭工业发展的需求，是树立和落实科学发展观、走新型工业化道路、实现国民经济可持续发展的战略举措，面对“可持续发展”和“新能源革命”的挑战，面对煤炭生产向高效、安全、洁净、优质发展，推进大型矿井建设，提高煤炭工业生产力水平，为煤炭工业规模化和现代化发展提供先进可靠的装备，是我们煤机制造企业肩负的责任，也是煤炭行业共同的奋斗目标。

为此，我们将明确发展方向，以“国内王牌、世界名牌”为目标，加快实施重型输送设备关键核心技术的开发和突破，全面提升企业自主创新能力，不断提高大运量重型输送设备的技术水平和质量水平，以中煤装备公司为依托，不断提高煤矿井下工作面设备成套能力与水平，为我国煤炭开采技术与装备的发展和大型煤矿建设再做新贡献。

大采高液压支架在大型煤矿建设中的应用和发展

郑州煤矿机械集团股份有限公司

煤炭在我国一次能源生产和消费结构中长期保持着主体地位，《煤炭工业发展“十一五”规划》确定了我国煤炭工业要走资源利用率高、安全有保障、经济效益好、环境污染少和可持续的发展道路。从技术角度讲，这需要进一步扩大综采机械化普及率，需要大型煤矿综采装备的强力支撑。

一、郑煤机集团基本概况

郑州煤矿机械集团股份有限公司始建于1958年，是我国第一台液压支架诞生地，拥有液压支架行业唯一的“国家认定企业技术中心”，是国家创新型试点企业，设立了博士后科研工作站。2008年液压支架的产量、数量和品种均位居世界第一，工业总产值和净利润均位居同行业第一。

二、大采高液压支架的应用优势与现状

(一) 适用大采高液压支架的煤炭资源区域分布

目前，我国煤炭工业高产、高效、高集中度的生产格局越来越清晰。4~7 m的厚煤层，占我国主要大型煤矿可开采存量的40%以上，是实现高产高效的主力煤层，适用于大采高液压支架。这些厚煤层主要集中于山西、陕西、内蒙古、宁夏、新疆、安徽、河北、安徽、辽宁、黑龙江等地区。在这些地质条件适宜的区域推广使用大采高液压支架，将成为我国大型煤矿建设的重要方向。

(二) 大采高液压支架的应用优势

目前我国厚煤层的开采主要采用放顶煤和大采高两种开采工艺。

1. 放顶煤开采工艺

具有开采成本低、产量大等优点，在煤层硬度小、厚度变化大、大倾角及特厚煤层开采中具有特殊优势。但是放顶煤开采对煤层硬度和裂隙发育程度有较高的要求，同时在采放比太小的情况下，容易影响原煤质量。

更重要的是，放顶煤液压支架结构比较复杂，开机率较低，难以实现自动化开采，而且工作面长度一般不超过 200 m，制约了工作面的高效生产和产量的大幅度提高。

2. 大采高开采工艺

同放顶煤工作面相比，大采高开采工艺在以下方面具有独特优势：

（1）工作面布置简单。放顶煤开采巷道施工采用跟底留顶，不便于施工，而大采高开采采用跟顶留底，便于施工，有利于两巷超前控制；同样开采高度，大采高开采的通风断面是放顶煤开采的 2 倍。

（2）产量大、效率高，适于自动控制和集约化生产。大采高液压支架多数可以配备电液控制系统，可以实现自动控制，加快工作面装备的推进速度，减少人力资源的配备，有助于大幅度提升单一工作面的开采效率。

（3）原煤质量好，煤炭资源回收率高。大采高工艺实现厚煤层一次采全高，较之放顶煤开采更容易控制和保障原煤质量；同时可以大幅提升煤炭资源回收率，减少对煤炭资源的浪费。

对于煤层厚度在 4 ~ 7 m，煤层倾角较小，煤层硬度较大，煤层顶底板较平整的稳定厚煤层，大采高开采工艺具有更大的技术经济优势。

通过对同一煤矿、同一煤层赋存、同一开采厚度条件下大采高开采与放顶煤开采的统计比较，前者是后者正常生产平均月推进度的 2.01 倍、平均单产的2.05倍、回采工效的 2.1 倍、出煤灰分的 0.8 倍、出煤含矸率的 0.62 倍，平均材料消耗下降 0.42 元/t，回采率提高 7% 以上。2005 年以来，晋城寺河矿综放面逐步淘汰，采用 6.2 m 大采高工作面，回收率由原来的不足 80% 提高到 93% 。

实践证明，在两种开采方法同时可以应用的厚煤层中，大采高开采比放顶煤开采具有十分明显的优势。

（三）大采高液压支架的应用创造了显著的经济效益和社会效益

2004 年以来，郑煤机集团累计为我国神华、晋城及内蒙古、宁煤、陕西、山西、淮南、河北等地区 30 多个矿区及俄罗斯 70 多个工作面配备了 4 m以上大采高液压支架 9 000 多架，其中 5 m 以上液压支架 5 000 多架，6 m以上液压支架 2 700 多架，工作面年产量达到 600 ~ 1 500 万 t，煤炭资源采出率平均提高 8% ，为神东、晋城、伊泰、沈阳、伊东、宁煤、金烽、开滦宏丰、晋兴等矿区的大型煤矿创造了巨大的经济效益和社会效益，仅神华集团就节约采购资金（未计配件）30 亿元以上；同时扭转和提升了我国在两柱大采高液压支架上的设计理念和应用观念，高端液压支架研发技术快速发展、主要技术指标刷新世界纪录，在我国液压支架发展史上继放顶煤液压支架之后又竖起了一座新的里程碑；更为重要的是，大采高液压支架全面实现了国产化，彻底打破国际煤机巨头对我国高端液压支架市场的垄断地位，并迫使其全面退出中国液压支架市场，开创了我国高端煤矿综采装备国产化的先河。

三、大采高液压支架的研发现状

自2004年开始，郑煤机集团在国内率先研制开发替代进口的高端液压支架，经过多年来的研究积累，主要解决包括大采高在内的高端液压支架研发制造过程中的以下多项问题：

（一）彻底扭转了液压支架的设计理念，明确了未来液压支架技术的发展方向

从传统的四柱支撑掩护式、四柱放顶煤支架到目前大面积推广应用的两柱大采高液压支架，还有两柱放顶煤支架，标志着我国在液压支架设计和应用理念上发生了革命性的变化；液压支架设计制造将朝着重型化、高可靠性方向发展；同时大采高液压支架也正在朝着超高（7 m以上）、超倾斜（倾斜度大于28°）和两柱式放顶煤方向发展。

具有明显架型优势的两柱掩护式液压支架的比例由2004年的20%左右，提高到2006年的50%以上，实现了与国际主流架型的接轨，同时为大采高液压支架的发展奠定了基础。

（二）重点掌握了大采高液压支架的关键技术

1. 可靠性技术

郑煤机集团先后进行了Φ360 mm ~ Φ500 mm大口径超长立柱和低合金高强度结构钢板的研发，使掩护式支架的工作阻力由2005年的平均不到5 000 kN提高到2008年的8 000 kN以上，最大达到16 800 kN，大大提高了掩护式支架的切顶能力和对难控顶板的控制能力；大流量液压安全系统的成熟应用，解决了矿压显现强烈导致立柱及结构件破坏问题。以上技术的开发应用，破解了长期困扰掩护式支架可靠性设计和推广的难题。目前，大采高支架按照欧洲液压支架标准进行力学计算和结构设计，循环加载试验次数均达到50 000次以上，支架的结构可靠性达到了世界先进水平。

2. 高强度材料及其焊接工艺

郑煤机联合钢厂先后研究开发了Q550、Q690、Q890级低合金高强度结构钢板；开展高强度结构钢板焊接工艺研究，有效避免产生焊接冷裂纹的

产生和母材冲击韧性下降；研究试验高强焊丝匹配性，确定了低合金结构钢最优焊丝材料。自行开发新型柱窝用高强铸钢材料——ZG30Cr06A 新钢种，综合机械性能大幅度提高，其中抗拉强度由 800 MPa 提高到 950 MPa，冲击韧性提高近 4 倍。

3. 稳定性技术

大采高支架支护的稳定性取决于支架自身的稳定性和外部系统的稳定性。通过提高四连杆抗扭能力和结构刚度，控制主要结构件铰接间隙、调整合力作用点位置、把顶梁运动轨迹设计为自上而下朝向煤壁倾斜的曲线等措施，使支架获得自身的稳定。通过增加支架的初撑力和工作阻力，减少因顶板下沉发生的煤壁剪切滑移；设计自身强度高、护帮护顶能力大、具有联动双向锁控制的护帮机构，对煤壁片帮进行防控；同时设置防倒防滑装置和锚固装置，提高支架外部系统的稳定性，从而有效保证了支护的稳定性。

4. 高压大流量配置与电液系统控制

现行大采高工作面一般采用双进双回环形供回液系统，系统流量为 1 000 L/min。立柱控制阀采用旁路回液，达到快速降柱目的；立柱和平衡千斤顶上分别安装流量为 1 000 ~ 2 000 L/min 和 500 L/min 的安全阀，实现快速泄液。5 m 以上大采高液压支架多数采用电液系统控制，支架的降、移、升循环时间小于 10 s。

（三）全面改善和提升了整体装备和检测试验的水平

支架加工能力和试验检测能力大幅提高，以郑煤机为例：油缸零件的加工全部在数控机床上进行；板件坡口的加工全部由坡口机器人加工；主要铰接孔在卧式双面镗床上进行整体镗孔；高强度钢板校平、折弯均由大型精密处理设备处理。研制了 1 000 t 立柱外加载试验台和 3 000 t 重型支架试验台等，整体装备能力达到了世界领先水平。

四、大采高液压支架未来的发展前景

（一）依托广阔的国内市场需求引领高端化、重型化大采高液压支架技术的发展方向

我国是全球规模最大的煤矿综采装备市场，将产、学、研紧密结合，彻底攻克电液控制系统、高端胶管和密封件技术，实现大采高液压支架的全面国产化，引领世界液压支架新技术发展方向，以优越的性价比参与国际煤矿装备市场的竞争。

（二）以政府和协会主导、由重点企业牵头重新制定高端化、重型化大采高液压支架的设计、制造和检测标准

随着大采高液压支架的发展，原有的标准体系已经不能满足实际需求，高端化、重型化大采高液压支架的概念应进一步明确和细化，技术标准体系应更加完善。我们初步认为，大采高液压支架的设计、制造和检测标准制定将提上日程，同时建议将大采高液压支架的基本标准应涵盖以下四项内容：最大支护高度 5 m 以上、单一工作面单产达到 600 ~ 1 500 万 t、大修过煤量达到 2 500 万 t、支架按照高端标准进行耐久性循环试验要达到50 000 次。

（三）进一步推广使用大采高液压支架，为高产高效煤矿建设提供优良装备

作为厚煤层开采的两种主要支架形式，放顶煤液压支架与大采高液压支架的使用比例，由 2004 年前的 9∶1，发展到 2008 年的基本相当（0.9∶1），大采高液压支架的工作面装备率，由 2004 年前的不足 10%，提高到了 2008 年的 30% 以上，表明大采高液压支架在我国厚煤层开采中具有广泛的适应性和广阔的应用空间。期望政府和行业协会能够进一步引导推广大采高液压支架的普及率，保障煤炭工业安全、高效、可持续发展。

郑煤机新研发的 ZY10800/30/65D、ZY16800/32/70D 大采高液压支架将在邢台、神东下井使用，将再次刷新世界液压支架发展的新纪录。我们相信，在广大煤炭工业界同仁们的支持和信任下，郑煤机集团将永不停步、创新不止，继续引领我国高端化、重型化大采高液压支架技术的发展方向，进一步实现包括电液控制系统在内的液压支架全面国产化，同时也期望国内同行业的朋友们共同举起“国产化”的旗帜，实现综采工作面高端采掘装备的全部国产化，为我国大型煤矿建设、煤炭工业安全高效可持续发展做出更大的贡献！

重型掘进机在大型煤矿建设中的应用及发展

佳木斯煤矿机械有限公司

佳木斯煤矿机械有限公司作为我国最早的掘进机定点生产厂家，于1975年生产出中国第一台掘进机，截至目前已累计生产各类掘进机2 000多台，是集研发、生产、销售、服务为一体的专业掘进机生产基地，素有“中国掘进机摇篮”之称。

一、我国大型煤矿综掘机械化的现状及发展趋势

（1）从我国煤矿采掘机械化现状来说，采掘比例失调的矛盾仍然十分突出，综掘机械装备落后于综采机械装备。这说明，今后较长时间内煤矿机械化的重点应该是掘进机械化加快发展，这就为国内掘进机厂家提供了广阔发展空间，同时也对掘进机技术发展提出了更高要求。

（2）从煤矿综掘发展趋势来看，大断面巷道掘进越来越多，重型掘进装备发展比较快。目前，我国新建煤矿起点比较高，开掘大断面巷道成为大型煤矿建设中的主导思想。老矿井的改造也在逐步考虑加大掘进断面，使用重型掘进机，提高进尺效率；中小煤矿及地方煤矿开始加快综掘机械化步伐，这些都促进了国内掘进装备的发展。

二、国内掘进机在大型煤矿建设中的应用及发展

随着煤矿综掘机械化程度的提高和高产高效矿井建设步伐的加快，高效掘进技术及装备具有广阔的发展前景。特别是近几年，国内掘进机技术发展较快。总体来看，掘进机的发展具有以下几个特点：

（1）国内掘进机是在国外先进技术基础上，通过消化、吸收、创新、升级发展起来的。20世纪80年代佳煤机通过技贸结合方式，引进日本S100－41掘进机技术，于1987年生产出第一台代表当时国际水平的S100型掘进机，2000年又引进日本技术开发出S200M型掘进机。此后，在此基础上不断创新升级，研制出各类适合我国井下地质条件的机型。目前，国内70%以上煤矿使用的掘进机，都是在日本掘进机技术基础上创新发展而来的。

佳煤机是消化吸收国外先进技术，发展国内掘进机技术的先驱。

(2) 与国外掘进机技术差距逐步缩小。国外掘进机技术先进，可靠性高，但价格却高出国产掘进机 2～3 倍，而且配件供应困难，服务不到位。国内掘进机性价比较高，配件供应及时，服务便捷高效。近几年，佳煤机通过不断吸收国际先进技术和经验，掘进机性能和可靠性稳步提高，泵、马达、阀、密封件、截割头等关键件都采用国际顶级技术和产品。同时，我们通过技术攻关，从根本上解决了一系列影响产品质量的问题，使掘进机故障率大大降低。因此，佳煤机的掘进机无论在技术和性能上，还是在品质和稳定性上，都与国外产品逐步缩小差距，一些大型煤矿企业已经不再进口掘进机。总体看来，佳煤机的掘进机已经达到国际 90 年代中后期水平，有一部分已经达到国际先进水平。

(3) 系列化发展。目前，国内掘进机有 20 多个机型，佳煤机拥有 EBZ55、EBZ100、EBZ120、EBZ132、EBZ135、EBZ150、EBZ160、EBZ200、EBZ230、EBZ260、EBZ300 等 11 大系列成熟机型，实现了国产掘进机系列全覆盖。2008 年产量达到 360 台以上，市场占有率达到 35%，年生产能力 600 台以上。佳煤机能够用几年的时间实现掘进机系列化、规模化生产，首要得益于我们通过矿企合作的方式，自主创新研发了一代代掘进机产品。矿企合作既是我们成功的法宝，也是供需双方实现互利双赢的典范。2002 年我们与兖矿集团合作研制成功 EBZ150 型掘进机，开创了佳煤机矿企合作、自主研发之路；2004 年与延边凉水煤业公司合作，研制成功 EBZ55 掘进机；2005 年与新汶局合作，研制成功 EBZ135 掘进机；2007 年与大同局合作，研制成功 EBZ300 重型掘进机；2008 年与潞安局合作，研制成功 EBZ150C 智能化掘进机；2009 年与淮南矿业集团合作研制成功 EBZ260 岩巷掘进机。矿企合作研发的掘进机非常适合我国井下地质条件的要求，试验成功的产品都得到了广泛推广，成为目前我国煤矿掘进的主力成熟机型。

(4) 个性化发展。我们的掘进机在满足用户个性化需求方面有着得天独厚的优势，而国外掘进机难以做到这一点。佳煤机有完整的研发和生产体系，反应速度快，能以最短的周期为用户提供适用可靠的个性化产品。比较有代表的个性化产品，如 EBZ200MJ 掘进机，改变了掘进机单一的巷道掘进，使其具有连续采煤机的作用，达到了掘进、连续采煤双倍功效，曾在晋煤集团取得了月进尺1 860 m、最高日进尺 79 m 的好成绩，在快速连掘工艺项目中获煤炭工业科学技术特等奖。此外，我们还推出了其他型号的“联动采掘式”掘进机；再如，EBZ150/160/200/230/260 等重型掘进机的本体，采取了分段式设计，缩小了不可拆卸件的体积和重量，极大地方便了用户井下运输；还有 EBZ100E 吊挂式二运、EBZ150J/200A 的机载二运及临时支护等设计，实现了二运大角度偏移输送物料及安全掘进等。

(5) 重型化发展。随着大型矿井建设理念上开始与国际接轨，大断面巷道掘进增多，对重型掘进机的需求随之增加。而随着国内与国外掘进机技术差距的缩小，我们已经具备了研发生产重型掘进机的能力。2008 年佳煤机推出的 EBZ230 和 EBZ300 重型掘进机，目前已经成为成熟机型，在大同局、贵州开磷、河北金牛能源等企业使用获得成功。2009 年我们又推出了 EBZ260 岩巷掘进机，吸收了国内外多项先进技术，目前正在淮南矿业集团试验，专家评议认为："EBZ260 掘进机是新一代岩巷掘进设备，性能指标先进，控制手段完善，制造质量良好"。我们正在研制的 EBH350 重型掘进机，是采用横轴设计的新一代重型产品，已经开始生产试制，我们将在今年 10 月底的北京国际采矿博览会上正式推出该产品。届时，佳煤机重型掘进机家族中，将拥有 EBZ200、EBZ230、EBZ260、EBZ300、EBH350 等 5 大系列掘进机娇子，引领中国掘进机重型高端产品发展潮流，为解决采掘比例失调的矛盾做出新的贡献。

此外，佳煤机加大投入力度，2009 年通过改造生产工艺流程，引进大型关键设备，正在装备建设一个大型加工车间，今年底将具备规模，明年上半年将形成月产重型掘进机 40 台以上的能力。届时，佳煤机重型掘进机加工制造水平将更上一层楼，生产效率和产品质量将有更大提升。

(6) 提供掘进装备全面解决方案。佳煤机通过总结实践经验，不断探索并掌握了国内外巷道掘进前沿技术，已经具备了为大型矿井建设和开掘提供全面解决方案的能力。首先，我们拥有轻、中、重型系列化掘进机；同时，我们还研制出高水平的智能化掘进机、大倾角掘进机、新型掘钻机（配置防突钻机）、机载锚杆机、机载临时支护型掘进机等，还有自移式锚杆钻车、装煤岩机等掘进辅助产品。可以说，随着掘进技术全面解决方案的逐步成熟，必将为我国煤矿实现高效安全掘进提供更加全面精良的装备。

三、岩巷重型掘进机与智能化掘进机在大型煤矿建设中应用及发展的探索

岩巷掘进与智能化掘进应该是今后一段时期内掘进机攻关的两大课题。之所以研发岩巷掘进机和智能化掘进机具有深远的意义，是由煤矿井下掘进客观条件所决定的。

(1) 煤矿采掘比例失调是多年来形成的矛盾，随着煤矿井下采掘的深

入，岩巷掘进攻关课题被提上了重要日程。虽然国内外掘进机制造厂家在岩巷掘进机研发方面取得了一定成绩，但我们对此还是要理性地认识。本着实事求是和为用户负责的态度，我们认为，岩巷掘进机能否在实际工作中取得理想的效果，取决于煤矿井下地质条件的优劣，岩石不同的结构类型、不同的风化系数、强度等级等。以目前掘进机技术水平，只能满足岩石硬度为F6~8的巷道掘进，在节理发育的地质状况下，岩巷掘进机可以在截割硬度F8左右的全岩断面掘进，局部截割，截割硬度会更高些。如果节理发育不好或不发育，在F6以上的岩巷掘进，其消耗会很大，经济效益低下。现阶段普遍采用的是传统的“钻炮法”开掘。对此，我们正在研究一种新型钻装机设备，可以集钻眼、装运为一体，有望提高岩巷掘进效率。据我们了解，国外掘进机也不是在什么地质条件下都能很好的工作。正是基于这样的认识和思考，我们可以做出初步判断：岩巷掘进机还处于攻关阶段，岩巷机械化掘进仍然是井下作业中的难题。

淮南矿业集团与佳煤机合作研发的EBZ260岩巷掘进机就是本着实事求是的理念，通过大量的实地考察调研，并结合我们以往研发岩巷掘进机的经验，推出的新一代产品。我们相信，经过与广大用户的不懈努力，中国岩巷掘进机一定会不断向更高水平迈进，缩小与国际先进技术的差距，并最终很好地解决岩巷掘进课题。

(2) 近年来国家高度重视煤矿安全生产，大型煤矿安全高效矿井建设十分紧迫，使智能化掘进机有了用武之地。2008年，佳煤机率先完成了EBZ150C型智能化掘进机的研制项目，在“中国煤矿全面发展典范”的潞安集团王庄矿一次试验获得成功，专家一致认为：该技术已达到国际领先水平，走在了中国煤机工业的前面，对提高我国煤矿生产自动化水平、实现无人安全矿井的前景目标具有重大的战略意义，成为中国掘进机全面技术的典范。

另外，佳煤机研制的新一代升级版智能化掘进机EBZ150D，已经出厂进入井下试验阶段。该产品配有机载锚杆机，具有煤岩识别、自动纠偏、自动切割、地面远程控制操作、故障自动诊断等先进技术。

四、中国掘进机创新发展方向

虽然掘进机发展取得了很大的进步，但必须承认，我们在很多方面与国外有差距。如：产品设计标准、设计理念、手段比较落后；制造工艺和加工设备有差距；检测手段还不完备；主要产品核心技术没有全部掌握；产品可靠性和技术创新能力有待提升等。这些都是我们需要下大气力改进的方向。

着眼未来，佳煤机将继续专注于掘进机技术的发展，从以下几方面进行深入探索，寻求突破：

(1) 不断扩大适用范围。具有在复杂条件下正常工作的性能，不仅可截割半煤岩、全岩，还可在其他工程隧道中广泛应用，截割断面达 42 m^2、经济截割硬度F≥12,能在纵向 ±20°左右的坡上可靠地掘进施工，并科学地解决迎头临时支护问题。

(2) 进一步提高可靠性。在齿轮寿命 2 万 h 以上、轴承寿命 3 万 h 以上、整机掘进 1 万 m 无重大故障等方面实现突破，使机器能在井下连续正常工作 3 ~4 年不大修。

(3) 进一步提高机电一体化程度，完善截割断面监控、机组运行状况监测、故障自动诊断、各功率自动调节、远距离多视频传输、遥控操作等功能及掘进机定位导向系统，实现无人值守的前景目标。

(4) 提高掘进机综合配套能力。包括支护、转载、运输、供电、供水、通风、除尘等。首先，要重点解决岩巷除尘问题，探索和寻求一种简单、易行、有效的最佳方式或方法。

(5) 探索新的截割技术。如高压水射流辅助截割技术、冲击扭矩截割技术等等。

(6) 开发研制集切割、装运、行走、锚杆支护 、除尘等功能为一体的掘锚联合装备机组，实现高效掘进开采。

五、结束语

中国掘进机行业已经有了一个良好的技术基础，正处于独立自主地开发采掘设备关键技术的好时期。我们以赶超世界一流技术为目标，不断研发掘进机新产品及其辅机配套产品，不断攻克技术难关，为我国大型煤矿建设和发展，提供安全高效、与时俱进的一代代新产品，继续为中国能源事业尽心尽力，奉献我们的明天。

大功率电牵引采煤机在大型煤矿建设中的应用及发展

煤炭科学研究总院上海分院

当前，国家大力发展大型煤矿建设，作为煤矿开采的核心设备之一的采煤机也迎来了一轮新的发展机遇和挑战。2006 年国内使用进口大功率采煤机的综采工作面，最高单产已超过 1 000 万 t/a。截至目前，据不完全统计，国内各大煤矿先后引进国外大功率采煤机（按装机功率 1 600 kW 以上）30 台以上，而自 2005 年起，国内各主要采煤机制造公司共生产大功率采煤机 30 台以上。随着全球煤矿开采装备技术水平及产能的不断提高，国内煤矿综合机械化开采水平也有长足发展。为满足大型煤矿基地的生产需要，大功率采煤机于 2004 年列入国家科技部项目“4 ~5 m 厚煤层综采关键技术与成套装备”的子项，2006 年列入国家发改委项目“年产 600 万 t 综采成套装备研制”的子项，目前已结项。大功率采煤机作为煤矿井下高效开采方法的主要设备，对它的结构、性能、参数等提出了越来越高的要求。

一、国内外大功率采煤机的应用

目前，能提供系列大功率采煤机的国际厂商有德国 Eickhoff 公司、美国 JOY 公司、美国 Bucyrus 公司（收购德国 DBT 公司）等；国内有天地科技上海分公司、国际煤机（收购鸡西煤矿机械有限公司）、西安煤矿机械有限公司、太原矿山机械制造有限公司等。

目前，国内各大煤炭生产基地都普遍采用大功率采煤机对 4. 5 ~6. 5 m 煤层进行一次采全高安全高效开采。生产能力普遍能达到日产 1. 5 ~3 万 t。下面就国内神华集团金烽公司昌汉沟煤矿和美国二十英里矿开采实践进行对比说明。

作为国家发改委项目“年产 600 万 t 综采成套装备研制”的子项的工业性试验地点，神华集团金烽公司昌汉沟煤矿采用天地科技上海分公司生产的 MG750/1815 - GWD 型采煤机。其 715103 工作面基本情况为，煤层平均厚4. 8 m，采高 4. 3 m，工作面走向长 2 032 m，倾斜长 300 m，倾角 1° ~

3°。2007 年 6 月份产量达 62 万 t，7 月份产量达 67 万 t，8 月份产量达 74 万 t，最高日产 3.3 万 t，平均工效达到 160 t/工的好成绩，接近引进国际综采机组的先进水平。特别是 2008 年在矿井主运输改造后，产能得到释放，该机组创造了最高日产 4.6 万 t，最高月产 108 万 t，年产 1 015 万 t 的国产设备最好纪录。附表 12 为该工作面配套情况。

附表 12　　配套设备及技术特征

名　称	型　号	主要技术参数	生产厂家
采煤机	MG750/1815 - GWD	装机功率 1 815 kW，最大生产能力 3 000 t/h	天地科技股份有限公司上海分公司
刮板输送机	SGZ1000/3 × 700	运输能力 3 000 t/h	宁夏天地奔牛
顺槽转载机	SZZ1200/400	运输能力 3 500 t/h	宁夏天地奔牛
中部液压支架	ZY8600/24/50D	中心距 1 750 mm	郑州煤机厂
过渡支架	ZYG8600/24/45D	中心距 1 750 mm	郑州煤机厂
胶带输送机	DSJ1400/250/3 × 400	运输能力 3 500 t/h	煤科院上海分院
乳化液泵站	K25050M - E250B	流量 318 L/min，47.5 MPa	德国
喷雾泵站	K13060M - E120B	流量 423 L/min，14.3 MPa	德国

2006 年，美国著名的二十英里矿（The Twentymile longwall coalmine）某工作面，采高 2.6 ~ 2.9 m，工作面长 305 m，走向长 3.6 ~ 4.5 km，最大工作面倾角 10°，埋深 300 ~ 400 m。主运皮带宽 1.8 m，运量 5 000 t/h，带速 4 m/s。采用 EL3000 采煤机，配 U2000 行走系统，截深 900 mm，行走速度 40 m/min，平均产能 2 700 t/h，达到最高日产 46 340 t。

此外，对于 6 m 以上特厚煤层，神东矿区配置进口机组一次采全高达到 6.5 m，而神宁集团配置国产设备，煤机采用天地科技 MG900/2245 型，一次采全高达到 6.2 m，摇臂首次故障过煤量达 420 万 t。目前，神东矿区正积极攻关一次采全高近 7 m 的工作面开采。

二、大功率采煤机介绍及差距分析

目前与国外最先进的大功率采煤机相比，国内大功率采煤机在总体技术、结构设计与传动技术、电气系统性能方面尚有一定差距。

（一）总体技术

国外大功率采煤机总体技术，目前处于行业国际领先地位。与之相比，国内大功率采煤机在整机结构、性能、参数及可靠性、先进性、适应性等方面都存在一定的差距。附表 13 显示了在总体参数、结构、可靠性等方面的主要指标对比。

附表 13　　大功率采煤机配置主要指标对比

参　　数	国　　外	国　　内
最大适应采高（m）	6.5	6.3（实际应用）
最大装机功率（kW）	2 390	2 245（在研可达 2 300 kW）
最大截割功率（kW）	2×900	2×900
最大牵引功率（kW）	2×150	2×125（2×150 在试验中）
最大破碎功率（kW）	270	160
最大泵站功率（kW）	1×55（甚至达 2×45 kW）	1×40
摇臂长度（mm）	3 296	3 100
适应工作面长度（m）	~450	~300（实际应用）
最大牵引速度（m/min）	~17	~12
调速系统	交流变频调速	交流变频调速
控制系统	先进计算机控制、记忆截割、高级通讯功能	先进计算机控制、记忆截割、高级通讯功能
牵引系统	U2000	U2000
整机重量（t）	~150	~130
理论最大生产能力（t/h）	5 000	5 000
大修周期	~6 Mt	进一步研究
设计寿命	~30 Mt	进一步研究

（二）结构设计与传动技术

某些关键部件的适应性、可靠性还有待完善和提高，尤其是壳体强度、齿轮传动制造、密封结构等。

（三）交流变频电牵引技术

目前采煤机变频调速系统已从一拖二（1 台变频器拖动 2 台电动机）发展到一拖一（2 台变频器分别拖动 2 台电动机），国内上海分院在 1986 年就开始研制交流变频电牵引采煤机，略晚于三井三池，领先于 Eickhoff、JOY、Andeson 等。1999 ~2001 年国家科技部“电牵引采煤机四象限运行变频调速及控制系统”项目的完成，使我国能量回馈型四象限运行的交流变频电牵引采煤机技术处在国际领先地位。

JOY 电牵引采煤机牵引功率已达 2×150 kW，变频器电压 575 V。Eickhoff 电牵引采煤机牵引功率已达 2 ×150 kW，变频器电压 460 V。目前国内电牵引采煤机牵引功率已达 2 × 125 kW，在研 2 × 150 kW，变频器电压 380 V。国内交流变频电牵引采煤机自动调速技术都已相当成熟，能够实现额定转速以下恒扭矩调速，额定转速以上恒功率调速，及两台变频器之间的主从控制和转矩平衡。

（四）电气控制系统及自动化技术

随着电子科技的进步，国内外大功率采煤机都对控制系统进行了升级。但是与进口机组相比，国产采煤机在主控制技术、工况检测和故障诊断技术、远程通讯和集中控制技术、少人工作面控制技术等方面仍有较大差距。国产电气控制系统可实现的功能有：截割电机恒功率控制；牵引电机负荷控制；各电机及变频调速箱温度显示和热保护；变频调速系统超频、过载、过流、短路及漏电保护；简单的电气系统的故障诊断等。此外，在电控防爆箱体的结构布置、元件的体积控制、连线布置等细节方面也有着明显的差距。

1. 采煤机主控制系统

近年来美国 JOY 公司的 7LS、德国 Eickhoff 公司的 SL500 等采煤机在主控制系统上都进行了升级换代，JOY 公司推出了改进型 JNA 控制系统，Eickhoff 公司将 MICOS 68 矿用微机系统升级为基于 IPC（装有 AMD、166 MHz处理器）的控制系统，它们在检测和显示等方面具有许多共同的特点，诸如检测用的传感器多，采用多个处理单元，相互间以串行总线形式通讯，连线少，处理速度快，能够显示瞬间变化的工况参数。人机交互界面非常直观、方便且功能强大。

国内采煤机生产厂家一般采用大屏幕工控一体机加进口可编程序控制器的控制系统，也采用了多传感器，多个处理单元，相互间以串行 R485 总线通讯的分布式结构，但存在总线速度低，传感器、处理单元质量不够稳定的问题。天地公司上海分公司 1815 采煤机则采用了 DSP 芯片嵌入式主控系统，处理速度快，升级空间大。

2. 工况检测、故障诊断技术

比较而言，国外的大功率电牵引采煤机检测位多，故障诊断软件功能强大，输出显示信息量大，带有数字和文字、图形、曲线显示，具有强大服务功能和非常直观的人机交互功能。

JOY 公司采煤机的图形显示器给操作者显示了机器的工况检测和故障诊断信息，包括主菜单、14 屏显示页和一个连续的工况曲线。操作者可以从图形显示器上看到主控制单元的工况，也可以通过遥控来选择显示某一页内容。主菜单的 14 页子菜单包括：截割部信息汇总、左截割部电流曲线、左截割部温度曲线、右截割部电流曲线、右截割部温度曲线、牵引速度电流柱状图、牵引电流曲线、牵引速度曲线、泵站电机电流曲线、状态显示灯、错误信息记录、单项记录/重新整定、记忆截割菜单、参数模式整定等。

Eickhoff 公司采煤机同样用大屏幕图形显示器给操作者显示机器的工况检测和故障诊断信息。主菜单的 10 个子菜单包括：采煤机运行状态、自动操纵状态、截割部参数、牵引部参数、液压系统参数、各检测点温度、各电动机电流、水量和水压、控制系统软硬件型号、诊断和预警（口令）等。检测和显示方式相对 JOY 公司更为详细，保护点更多，而且多数保护项目可以通过人机交互方式予以屏蔽，以优先显示关注的信息。

根据主控系统平台的不同，国内采煤机工况检测、故障诊断存在检测参数少、信息处理内容少、显示服务有待完善等不足。以天地科技主控系统为例，其数字化嵌入式系统平台与进口机组功能接近，处理速度快，但由于传感器应用不足和信息处理服务有待提高等问题，仍与进口机组功能存在一定差距。其监测系统主要功能有：开机操作步骤中文提示、故障中文显示及记忆、22 种运行状态信息实时显示、最新运行状态及故障信息、故障信息闪烁提示等。

3. 远程通讯和集中控制技术

引进的 JOY 6LS5、7LS6，Eickhoff SL500，Eickhoff SL1000 采煤机都实现了数据远程传输、集中监控和部分集中控制。顺槽集中控制站与采煤机、液压支架控制系统、刮板输送机、转载机相连。通过中继站可与距离大于 5 km的地面数据转换器连接，后者把信号传给矿井地面站。通过上述系统，可以在顺槽集中控制站实现工作面设备和顺槽设备的远程通讯和集中控制，但由于井下条件多变及配套管理等种种原因，目前实际还只能实现远程通讯和集中监控或局部意义上的集中控制，也有的是在特定的一段时期试用一下。

SL500、SL1000、6LS5 和 7LS6 采煤机机身上还装备有红外线发射器，支架接到信号后，通过电液阀系统可以自动收放护帮板、移架、推溜。这一点要求液压支架带有接收控制器以及电液控制系统。

比较而言，这方面与国外的差距较大，目前天地科技大功率采煤机可以实现采煤机与顺槽控制箱的数据载波通讯，提供数字化矿山常用通讯数字接口，能实现采煤机定位检测，具备了实现工作面三机联动自动化的基础。

4. 少人工作面控制技术

近几年，以记忆截割技术为代表的少人工作面控制技术得到关注和大力的应用研究。该技术是一种基于位置传感器和计算机程序控制的技术，引进大功率采煤机一般都配置有该功能，通过结合采煤机倾角传感器、同步位置传感器、油缸行程传感器等的信息检测，主控系统计算机进行记忆储存及按模式程序控制，实现采煤机滚筒的自动调高和定位。

记忆截割方法是一种可以人工远程干预的自动化操纵方式，具有实用价值。目前在神东矿区试验多次，最近在2 m左右采高的薄煤层高效开采项目上取得一定的成效。国产的机组也已开发配置了该记忆截割功能，但都没有进行工业性试验。随着位置传感器、机身倾角传感器、摇臂倾角传感器等技术完善，记忆截割技术的推广应用很快将会有所突破。

三、发展趋势

大功率采煤机的开发不仅仅是通过增大装机功率和调整结构尺寸来适应一次采全高的需要，还要提高其先进性和可靠性，以满足大型煤矿建设增产提效安全开采的需要。因此，随着国际采煤自动化程度的快速发展，采煤机必须能满足井下少人工作面发展的需要，未来开发的大功率电牵引采煤机一定是安全高效、高可靠性、高度自动化、具有很强适应性、能远程控制的产品。

根据我国煤炭生产远景规划及采煤机技术发展趋势，今后国内大功率采煤机的主要发展趋势及研究方向为：

（1）提高产品技术标准，从而促进提高设计水平、制造工艺水平，进而提高可靠性。如新制定的行业标准“MT/T1003.1－2006 滚筒采煤机大修规范第1部分：总则和整机部分”规定了整机和部件大修周期和寿命。

（2）提高产品设计理论。要加强基础理论研究，不能只重视引进消化的仿形设计，还要深入研究相应的理论和手段，提高元部件的性能指标。例如采煤机整体结构动力学分析、高电压采煤机供电系统前瞻性研究等。

（3）研究掌握核心技术。通过挖掘产品的核心技术，从跟踪仿制到自主创新，掌握核心技术，就能提高产品核心竞争力。例如加速研制基于记忆截割技术的自适应控制系统；网络化模块化分布式电气控制系统完善、高牵引力行走系统等。

（4）应用可靠性开发理论。要提高产品整机到元部件的寿命，在规定条件下，提高首次故障时间，平均故障时间，平均修复时间；通过结合机构设计的安全系数法、管理上的概率分析法和信息技术上的CAD/CAE虚拟制造等，进而提高单设备和系统开机率，降低维修成本乃至吨煤成本。

(5) 提高产品制造工艺。通过更新加工设备和深入研究工艺，严格执行质量管理要求，保证设计指标，进而降低生产成本和制造引起的故障率。

(6) 提升牵引速度和加大装机功率是增产增效的必要手段。对于大功率采煤机，这里是指总装机功率在1 600 kW以上的电牵引采煤机，对于较薄和中厚煤层的开采而言，为了提高产能，采煤机通过加大牵引功率、提高牵引速度、配置更宽刮板输送机等措施，对已有机型做系列化或者更新，达到相对的大功率配置。如天地科技的MG320/710型、MG500/1300型，美国JOY的7LS1A型，德国Eickhoff的SL300加强型等。

四、结语

当前，国内外大功率电牵引采煤机的适应性、先进性、可靠性都得到极大提高，能满足现代化大型煤矿建设所需。尤其是国产大功率采煤机的推广使用，意味着国内煤机装备整体研制水平上了一个新台阶，同时极大地提高了采煤工作面生产能力，改善了安全生产环境，满足建设安全高产高效大型煤矿的需要，对我国国民经济可持续发展具有一定推动作用。

大型煤炭企业集团自动化建设的思路与应用

开滦集团有限责任公司

一、大型煤炭集团综合自动化建设的必要性和可行性

目前，我国国民经济正处于快速发展时期，对能源需求量也在不断增加，煤炭企业集团纷纷向着实现煤炭集团大型化、煤矿井型的大型化、安全、高效、节能、集约化方向发展，提出了“做大做强”、建立“四跨型企业”发展战略目标。要实现这一目标，就必须加快煤矿信息化与自动化建设步伐，并通过信息化和自动化的融合从根本上解决煤炭生产落后局面。为了实现这一目标，开滦近几年来进行了有益的尝试，率先在全国煤炭行业进行了煤炭企业集团级的《综合自动化建设总体规划》，加快了信息化和自动化建设步伐，并且取得了较好成绩，已连续五年获得了“全国企业信息化 500 强”，去年排名第 85 位。

加快煤炭企业集团自动化建设的步伐，对于扭转我国煤炭企业整体落后局面，促进煤炭企业“两化融合”，推动煤炭企业产业升级，建立本质安全型矿井，提高煤炭企业的核心竞争力有着举足轻重的意义。

煤矿近几年机电装备的技术改造升级，自动控制、传感器、计算机、网络、电力电子等技术的发展，国内众多厂家和煤矿在系统和综合自动化建设的实践为煤炭企业集团实现综合自动化奠定了基础。

二、现状与存在问题

我国煤矿生产中普遍存在“人员多、效率低、能耗高、安全差”等问题，这些问题的存在很大程度上影响了企业快速、健康发展。建设本质安全型矿井、增加效益、降低能耗已经成为企业的强烈愿望。要实现这一愿望，必须通过产业升级、采用先进适用技术对矿井生产、安全系统进行自动化改造。

目前，我国煤炭行业自动化建设水平相对于其他行业相对较低，其重要原因，就是多年来，装备投入欠账太多，基础设施相对较差，难以满足

煤矿自动化的基本要求，近两年来，状况逐年好转，国家和大型煤炭集团增加了投入，进行设备更新改造升级，确立了煤矿实现综合自动化的良好基础，在此情况下，如何加快并整体推进煤炭大型企业集团综合自动化的建设步伐，其关键应首先进行《煤炭集团自动化建设总体规划》，没有一个集团级自动化建设总体规划，难以建立一个集团级的生产自动化与管理信息化的综合平台，矿井综合自动化与企业信息化难以融合，且网络难以统一，信息无法共享。也会造成各个矿井在进行综合自动化建设中，无章可循、自成体系，建设中不是以煤矿企业自身的意志和需求为转移，而是以生产厂家的产品为导向。同时，由于没有先进、正确的指导思想做指导，在各个生产子系统自动化建设与改造中，造成控制目的单一，效果平平，整体可靠性差；仅能考虑系统自身，无法考虑系统综合，忽略了系统间的联系和闭锁关系，从而形成信息孤岛；各子系统自成网络，使得网络资源重复投资、重复建设；建成的各子系统还需专门的值班和维护人员，系统维护量大。要想解决这些问题，就必须首先制定出集团公司自动化建设总体规划，并在规划的指导下付诸实施，只有这样才能有效地加快集团自动化建设步伐。

三、总体规划与指导思想

开展煤炭企业综合自动化建设，要首先编制煤炭企业集团自动化建设总体规划，要从集团、矿井、系统三个层面上对煤炭企业集团自动化建设进行谋划。按照“集团信息自动化、矿井综合自动化、生产系统自动化”三层大体系结构进行规划和建设。

开滦集团综合自动化建设的指导思想是“综合考虑、先进适用，总体规划、分步实施，重点突破、逐步推广，因矿而异、因地制宜”的“32 字方针”。

（一）统筹兼顾、先进适用

把自动化的建设和企业发展战略、生产安全、升级改造、节能减排等各项工作综合起来考虑，以避免重复投资。做到技术上先进，有一定的前瞻性；经济上可行，避免盲目追求先进造成浪费。

（二）总体规划、分步实施

矿井综合和系统自动化的建设，要符合《自动化建设总体规划》的要求，要先规划设计、再进行建设改造，避免形成信息自动化孤岛。应考虑新旧系统的衔接、按生产安全轻重缓急分步进行，防止一拥而上。

（三）重点突破、逐步推广

在集团要在重点生产矿井、自动化基础较好的矿井先行突破，取得经验再逐步推开。要在重点安全、生产系统，经济效益显著的系统先行，然后按轻重缓急推开。

（四）因矿而异、因地制宜

对不同类型的矿井实施策略不同。新建矿井和新投入的水平、区域要从设计开始就要按综合自动化矿井建设；对发展矿井要采用先综合、后系统顺序进行改造建设；对衰老矿井要采用先系统、后综合顺序进行改造建设。

四、多重目标与技术对策

编制煤炭企业集团层面的《自动化建设总体规划》，要考虑“减人提效、人本安全、节能降耗”的多重目的和技术对策。以增强自动化建设的有效性，避免单一性。特别是强调“以人为本”的安全理念。

（1）针对煤矿企业人员多、效率低问题，采用设备、系统集中控制方式，实现减人提效的目的。

（2）针对煤矿企业生产环节多、安全差问题，研发人本安全的保护技术，实现人本安全。

（3）针对煤矿企业设备能耗高、效益低问题，研发变频、优化等控制技术，实现节能降耗。

五、实施的理念与策略

为了全面实现综合自动化，我们提出了矿井自动化建设中网络、系统、软件、功能、数据“五融合”理念和策略。

（1）网络的融合：监测、监视、监控、通讯等多网融合。建立统一的数据传输通道，实现双网、双环、双冗余结构，增加网络传输的可靠性。

（2）系统的融合：整合各生产子系统，建立系统纵向、横向间的联系。

（3）软件的融合：统一软件开发平台、人机界面、数据接口、通信协议等。

（4）功能的融合：融合系统间的功能，便于操作、查询、决策。

（5）数据的融合：统一数据库，合理数据结构，实现数据共享。

通过“五融合”技术，简化了系统和网络结构，建立并协调了系统间的关系，统一了软件开发平台、通信协议、数据接口和数据库，使得系统间更易互联、信息更易共享，功能更易调用，在减少了系统投资的同时，也增强了系统的同一性、兼容性、可靠性、可扩展性。

六、集团信息与自动化的基本模式

我们根据这些年来的信息化、自动化建设的经验，提出并实施了集团公司自动化与信息化平台的基本模式。按照这个模式，集团公司成立了信息与控制中心，建立自动化与信息化统一平台，实现了对集团公司内外埠综合自动化矿井的远程监测、监视、诊断和维护。

按照这个模式，已经建成了集团公司综合信息化与自动化平台及覆盖唐山、蔚州、内蒙古、新疆等开滦矿区的信息与自动化综合网络和集团自动化网站，实现了远程监测、监视、诊断、维护。

七、矿井综合自动化基本模式

矿井综合自动化平台的基本模式包括：多网融合、双环、双网、双冗余拓扑结构模式，从而减少网络投资、增加系统可靠性。既要考虑系统纵向联系、控制和闭锁，也要考虑系统横向间的联系、控制和闭锁，从而避免自动化孤岛、避免系统间控制失衡。要建立面向全矿井的调度控制指挥中心，使得整个矿井生产过程处于统一的高效控制平台之下，实现各系统的优化联合运作。

按照这个模式，已经建成 2 个综合自动化矿井，目前正在建设的还有 4 个。

八、系统自动化的基本模式

各生产安全子系统自动化的基本模式主要涵盖提升、通风、压风、排水、供电、主皮带运输、轨道运输、工作面、选煤厂等系统。

(一) 提升系统自动化的基本模式

直流 F－D 机组：采用 SCR－D 驱动＋全数字调节＋PLC 行程控制＋远程监测/监控。

交流绕电机 TKD：采用绕线 HV－D 驱动＋转子双馈变频调速＋PLC 行程控制＋远程监测/监控。

按照上述模式，已经改造了 59 套交、直流提升机。

(二) 主通风自动化系统基本模式

正处于达产期和衰竭期矿井主要通风机系统：采用 PLC 控制＋变频节

能控制 + “三自动”应急控制 + 远程监控。

稳定期且已满载高效率的矿井主要通风机系统：采用 PLC 控制 + “两自动”应急控制 + 远程监控。

按照上述模式，已经对 5 个通风系统进行了改造。

（三）主排水系统基本模式

直排水系统：采用 PLC 控制 + “三自动”应急控制 + 远程监控。

多水平分级排水：采用 PLC 控制 + 优化节能控制 + “三自动”应急控制 + 远程监控。

按照上述模式，已经改造完成四个排水泵房。

（四）主压风系统基本模式

改造压风机系统的主流方案：PLC 自动控制 + 远程监控。

（五）主皮带运输系统基本模式

长距离固定主运皮带运输系统：采用全线顺煤流到位软启动/停止自动控制 + 各种保护 + 远程监控。

主煤流运输系统：采用从工作面运输机、转载机、破碎机，到主运皮带、井下煤仓装载系统、提升系统、地面皮带运输系统、原煤仓、洗煤厂、产品仓，全线实行系统间连锁联动。

（六）轨道运输系统基本模式

主、副斜井轨道运输系统建立“斜井人本安全运输监测监控系统”，实现“三自动两闭锁一隔离”即“自动挡车、自动捕车、人车自动闭锁”、“人车闭锁、行人安全门与绞车闭锁”、“人车隔离”。

按照这个模式，已经推广应用了 14 套。

平巷轨道电机车运输系统建立“人本安全智能化机车 + 平巷机车定位 + 轨道信集闭运输监测监控系统”，实现“六自动”，即“前方障碍自动报警减速停车”、“后方爬车自动报警停车”、“复杂路况自动减速运行”、“矿车落辙自动报警停车”、“平巷机车自动定位”、“司乘人员异常状况自动控制”。

采区轨道运输系统建立“采区轨道运输人本安全监测监控系统”，实现“三自动”，即“自动挡车、自动捕车、人车自动闭锁”。

（七）矿井供电系统基本模式

矿井地面 110 kV/35 kV 变电站：采用电站微机测控、二次保护 + “四遥” + 系统四闭锁。

井下（中央、石门、采区变电所、移变）高、低压供电系统：采用地面集中监控 + 高、低压微机二次保护 + 高压四遥/低压三遥（除局部通风机）。

按照上述模式，已经在开滦14个地面变电所实现了改造。

（八）工作面自动化生产系统

对于煤层、装备条件比较好的矿井可以实现高度自动化的无人工作面。对于中厚煤层一次采全高滚筒式采煤机自动化工作面可以采用：学习记忆+远程人工干预程控滚筒采煤机+自动移架、移溜 + 工作面刮/转载机/破碎机/带式输送机程序控制。对于厚煤层放顶煤滚筒式采煤机自动化工作面可以采用：程控滚筒采煤机+自动移架、移溜+工作面刮/转载机/破碎机/带式输送机程序控制。对于薄煤层刨煤机自动化工作面可以采用：程控刨煤机+自动移架、移溜+工作面刮/转载机/破碎机/带式输送机程序控制。

（九）选煤厂自动化

选煤厂自动化发展方向是由选煤厂集中控制向以提高选煤“三率”（效率、回收率、批合格率）为目的的选煤厂综合自动化转变。按照这个模式，我们正在进行这方面的技术研究。

（十）“人本安全”控制技术应用方面

“主井装、卸载自动检测防超载保护装置”推广应用3套。

主排水安全的“三自动”（透水水位、关闭闸门、联合运转）灾变应急控制技术推广应用4套。

主要通风机安全的“三自动”（旁路、切换、反风）事故灾变应急控制技术推广应用5套。

局部通风安全的“四双、三专、两闭锁、一自动”技术推广应用120套。

供电安全的“系统四防”和“电磁锁闭锁装置”推广应用1 200套，获国家实用新型专利。

皮带运输安全的“双滚筒人员保护装置”推广应用436套，获国家实用新型专利、第六届国际发明金奖、国家安全生产科技成果二等奖。

主、副斜井轨道运输人本安全监测监控系统已经推广了14套，其中“斜井运输安全监测系统”、“捕车器具”获国家实用新型专利。

采区轨道运输人本安全监测监控系统研发完成，已在开滦荆各庄矿试运行，准备全面推广。

九、实施的效果与效益

（一）经济效益

提升系统自动化改造起步早、推广范围广、效益显著，应用后每年为矿山增收 25.34 亿元。综合自动化系统已经发挥作用，通过综合自动化系统减少生产系统故障时间多出煤，以及选煤厂多入洗原煤，每年共增收 2.5 亿元；生产系统实现综合自动化后，每年减人提效节支 6 608 万元。在综合考虑、先进适用的方针指导下，避免重复性建设，目前节约资金 4 808 万元。通过节能降耗改造各种系统，每年节约电费 2 650 万元。

（二）社会效益

通过矿井综合自动化建设，使矿山安全生产管理更加科学、规范，提高了整个矿井生产系统运行的可靠性和安全性，如“生产调度预案和事故处理预案”的运用。通过对生产系统人本安全型改造，提高设备运行的安全性和可靠性，杜绝人身事故的发生。

附录四　国外大型现代化煤矿介绍

2008 年，世界煤炭总产量达到 67.81 亿 t，原煤产量排序前 10 位的国家是：中国（28 亿 t）、美国（10.63 亿 t）、印度（5.12 亿 t）、澳大利亚（4.02 亿 t）、俄罗斯（3.27 亿 t）、南非（2.5 亿 t）、印度尼西亚（2.3 亿 t）、德国（1.92 亿 t）、波兰（1.44 亿 t）、哈萨克斯坦（1.15 亿 t）。

本章介绍了美国、澳大利亚、印度、南非和印度尼西亚年产量和生产效率名列前茅的 23 座煤矿（包括露天矿），因煤层赋存条件的不同，美、澳、印等国的煤炭生产以露天开采为主。美国 2008 年井工开采和露天开采产量的比例是 31∶69，而且井工开采产量所占比重有降低的趋势；在井工开采中，长壁式开采产量的比重逐年增加，而房柱式开采产量的比重逐年下降；2008 年美国有 600 个井工矿和 800 个露天矿；井工矿每人每小时产煤 2.88 t，露天矿每人每小时产煤 8.91 t。澳大利亚 2008 年井工开采和露天开采产量的比例是 26∶74；在井工开采中，房柱式开采的回收率在 50% ~ 60%，长壁式开采的回收率在 75% 以上。印度 2008 年井工开采和露天开采产量的比例是 19∶81，大型露天矿年产量超过 1 000 万 t；井工开采以房柱式为主，长壁式开采产量仅占 4%。

美国典型煤矿

煤炭储量。据美国能源部能源信息管理局统计，截至 2008 年初，美国煤炭探明储量约 4 435 亿 t，占世界煤炭储量的 1/4 左右。

煤炭生产。2008 年美国共产煤 10.63 亿 t，同比上升 2.2%，增加 2 250 万 t。怀俄明州产量最大，2008 年产煤 4.24 亿 t，同比上涨 3.1%，增加 128 万 t；其次是西弗吉尼亚州，2008 年产煤 1.43 亿 t，同比上涨 2.9%，增加 408 万 t；肯塔基州位居第三，2008 年产煤 1.80 亿 t。

煤炭消费。2008 年美国共消费煤炭 10.17 亿 t，同比下降 0.6%，降低 571 万 t。各行业煤炭消费都出现了不同程度的下降，但电力部门仍然是煤炭消费的主体，占到全行业的 93% 左右。

煤炭进出口。2008 年，美国出口煤炭 7 392 万 t，较 2007 年增加 2 032 万 t。煤炭出口均价 88.60 美元/t，同比上涨 39%。同年，美国进口煤炭3 102 万 t，同比下降 5.9%，减少 190 万 t。

煤炭库存。截至 2008 年底，美国煤炭库存约 1.81 亿 t，同比增加580 万 t。

一、井工煤矿

从 20 世纪 60 年代开始，美国从西欧引进长壁综采技术。70 年代期间，美国逐步推广应用，长壁综采工作面个数和长壁综采产量在井工煤矿产量中的比重不断增加和上升。2008 年，美国有 41 个长壁综采煤矿，其中，固本能源公司 Bailey 煤矿是美国长壁综采年产量最高的煤矿，年产煤 9.996 Mt；Williamson 能源公司 Mach No. 1 煤矿是美国长壁综采平均工效最高的煤矿，平均产煤 14.03 t/人·h。单一长壁工作面产量不断刷新。

（一）二十英里煤矿

皮博迪能源集团公司（Peabody Energy）二十英里煤矿（Twentymile）位于美国科罗拉多州北部，距 Steamboat Springs 县 30 km，距丹佛西北 180 km。1987 年二十英里煤矿开始布设长壁采区，1989 年第一个长壁综采工作面投产，2008 年该矿有矿工 496 人，产煤 7.8 Mt，人均年产煤 15 725 t。自 1989 年第一套综合机械化采煤工作面投产以来，二十英里煤矿已累计生产煤炭 100 Mt。

开采条件和储量：二十英里煤矿开采格林河（Green River）煤田的煤。煤层厚 2.6 ~ 2.9 m，煤层最大倾角 10°。该矿采深 300 ~ 400 m。截至 2005 年底，二十英里煤矿有煤炭可采储量 65.0 Mt。

煤质：二十英里煤矿生产动力煤，产出的煤炭无需洗选直接供给用户。煤质参数是：水分为 10.3%；灰分为 9.8%；挥发分为 35.5%；热值为 26.3 MJ/kg。

采区开拓：二十英里煤矿为平硐开拓，从地面广场用连续采煤机沿煤层开拓 5 条平硐，除一条安装带式输送机运煤外，其余 4 条，2 条进风，2 条回风。井上下都采用柴油机驱动的无轨车运输人员和材料设备。现有 2 条采区巷道掘进头。每条巷道掘进配备的设备有：1 台 Joy12CM12 型连续采煤机、2 台 Fletcher 顶板锚杆安装机、Joy 梭车和 1 台 Stamler 履带式给料破碎机。巷道宽 6 m，高 2.9 m，顶板采用 1.8 m 长的树脂锚杆锚固。

开采方法：二十英里煤矿采用单一长壁工作面作为主要生产单位。

1989～2001 年，二十英里煤矿已完成 9 个采区的煤炭开采。现有的煤炭储量可供布置 15 个采区。工作面长度由最初的 195 m 增加到 1999 年的 305 m，采区最长曾达到 5.5 km。综采工作面采用的设备包括：1 台 Long－Airdox Electra300 型双滚筒采煤机、174 台液压支架、1 台 DBT 公司生产的可弯曲刮板输送机和 1 台转载机。煤炭运输系统采用 Continental 公司生产的带式输送机，带宽 1.8 m，小时输送能力为 5 000 t。2006 年，二十英里煤矿新购了一套长壁综采设备，并提升了煤炭运输系统的输送能力。

滚筒采煤机按每分钟 40 m 速度沿工作面截煤，一次截深 900 mm。每班完成 20～22 个生产循环，小时产煤 2 700 t，最高日产煤 46 340 t。为防止运输系统出现过载，用计算机监控系统控制滚筒采煤机运行。

（二）SUFCO 煤矿

阿齐煤炭公司（Arch Coal Inc）SUFCO 煤矿位于美国萨莱纳东北50 km，距盐湖市南 200 km 处。自 1941 年以来，SUFCO 煤矿一直在生产煤炭，最初采用房柱式开采方法开采，近些年来开始采用高产高效的长壁式方法开采。2005 年产煤 6.8 Mt。SUFCO 煤矿是犹他州最大的煤矿，产出的动力煤通过洛杉矶港出口到日本。2008 年该矿有矿工 359 人，产煤 6.95 Mt，平均工效 9.18 t/工。

开采条件和储量：SUFCO 煤矿开采的是 Wasatch Plateau 煤田的煤。煤层厚 2.1～6.1 m，平均厚 4.1 m。剩余的可供长壁开采的储量约有 41 Mt。

煤质：SUFCO 煤矿典型的煤质参数是水分为 10%；灰分为 8.5%；硫分为 0.35%；热值为 26.5 MJ/kg。

巷道开拓：SUFCO 煤矿的巷道掘进采用 Joy12CM12 型连续采煤机和18 t 能力的 Joy 梭车。顶板支护采用 Joy 公司生产的锚杆安装机。

开采方法：SUFCO 煤矿于 1985 年首次采用长壁开采，1998 年安装使用了现代长壁综采工作面开采设备。开采的煤层厚 2.6 m。18 号采区是该矿首次布置的“超级采区”。工作面长 283 m，采区长 4.3 km。2000 年，该矿开采的 22 号采区长 5.7 km，产煤 6.9 Mt。对采区间的设备搬家，每年平均计划所用时间为 8～12 d。机械设备总重量 5 200 t，运距长达 6 km。

综采工作面采用的设备包括：一台 Joy 7LS－3 型双滚筒采煤机、Joy 掩护式液压支架、DBT 公司生产的可弯曲刮板输送机和转载机。工作面额定最高小时产煤 4 540 t，实际控制在小时产煤 2 300 t，典型日产煤 22 700 t。产出的煤在进入带式输送机系统之前采用 MMD500 型给料破碎机将大块煤破碎到 －55 mm。

滚筒采煤机的总装功率为 1 110 kW，一次行程截深 1. 07 m，运行速度每分钟 8 ~ 12 m。

煤炭运输：SUFCO 煤矿的地面储煤能力小，仅为 27 000 t 左右。为减少地面压煤，产出的煤必须每天用卡车运往 130 km 以外的联合太平洋（Union Pacific）铁路煤炭集散地。

二、露天煤矿

美国露天开采比重从 1970 年的 43. 8% 提高到 2007 年的 66. 3% 。露天煤矿采用高性能大型设备和计算机监控系统进行大规模开采，极大地提高了煤炭生产效率和经济效益。单个露天矿生产能力增大，2007 年怀俄明州有大型露天煤矿 19 个，总产量 437. 4 Mt，平均单个露天矿年生产能力 23. 0 Mt。

（一）北安特洛浦/罗切尔露天煤矿

皮博迪能源集团公司北安特洛浦/罗切尔露天煤矿（North Antelope Rochelle Mine）位于美国怀俄明州 Gillette 县东南 105 km 处，是目前世界上最大的露天煤矿。北安特洛浦煤矿于 1983 年底开始投产，罗切尔煤矿于 1985 年底开始投产。两个煤矿于 1999 年合并为一个煤矿，成为美国最大的露天煤矿。现有矿工 1 080 人。2008 年产煤 88. 4 Mt。

开采条件和储量：该矿开采的煤层是波德河煤田 Wyodak - Anderson 煤层，煤层厚 60 ~ 80 ft，覆盖层厚 50 ~ 350 ft。剩余的煤炭可采储量约为1 088 Mt。

煤质：该矿生产的煤炭在美国生产的煤炭中含硫量是最低的。典型的煤质参数是：硫分为 0. 2% ；热值为 8 600 ~ 8 800 Btu/Ib。

开采工艺：该矿采用的设备主要有索斗铲、机铲、卡车、坑内破碎机、带式输送机、圆型储煤装载仓等。在 4 个矿坑内采煤，产出的煤炭采用卡车运输到其中一个给料斗。全矿共有 3 个给料斗。大块煤经过破碎后由带式输送机运到储煤装载仓，再由组合列车运往用户。煤炭装载设施由 5 个储煤装载仓组成，可满足 150 节车皮组合列车的装载能力。

该矿共有 36 个电厂。每天两班作业，每班 12 h，全年 365 天生产。

（二）黑雷露天煤矿

位于怀俄明州波德河煤田南部的阿奇煤炭公司（Arch Coal Inc.）黑雷露天煤矿（Black Thunder Coal Mine）是继皮博迪集团北安特洛浦/罗切尔露天煤矿之后的美国第二大露天煤矿。黑雷露天煤矿于 1976 年开始建设。建设期间安装了大块煤破碎设备、带式输送机运输系统和高速组合列车装载系统。目前，该矿所有设备都采用了计算机控制系统，其中包括1989年安装的矿内块煤破碎系统和带式输送机运输系统。1998年以前，黑雷露天煤矿由ARCO煤炭公司经营，现归属阿奇煤炭公司经营。2008年黑雷露天煤矿产煤80.3 Mt。

开采条件和储量：黑雷露天煤矿开采的是Wyodak煤层。赋存的煤层呈缓倾斜状，煤层厚22 m，局部煤层厚18 m。2004年，阿奇煤炭公司出资6.11亿美元成功收购了邻近煤矿的煤炭资源开采权。收购的煤炭可采储量约650 Mt，使阿奇煤炭公司的煤炭可采储量增加到1 370 Mt。

煤质：黑雷露天煤矿生产的低硫次烟煤，除大块煤需要破碎外，无需洗选直接供给电厂发电。典型的黑雷煤矿煤质参数是：热值为20.3 MJ/kg；灰分为5%；水分为25%~30%。

开采工艺：黑雷露天煤矿在其矿山开采权范围内有几个独立的露天矿。露天矿覆盖层的剥离采用大型索斗铲。BE-2570 WS型索斗铲是黑雷露天煤矿采用的索斗铲中最大的一台索斗铲，机重6 700 t。第三台索斗铲也是黑雷露天煤矿最大的一台，索斗铲在现场组装了3年，工程造价5 000万美元，臂长110 m，斗容122 m^3。在其他3台索斗铲中，1台B-E 1 570 W型索斗铲，臂长97.5 m，斗容69 m^3；1台B-E 1 300 W型索斗铲，臂长92 m，斗容34 m^3；1台从阿奇煤炭公司Coal Creek煤矿调运的索斗铲。

浅层剥离先用爆破方式松动，用机铲—汽车完成20%~30%的覆盖层，然后，采用索斗铲倒堆作业完成。煤层开采也是采用先爆破后开采的方式。采用5台P&H 2800型机铲和1台Marion351-M型机铲。卡车采用Liebherr T-262型卡车（载重218 t）和Komatsu 930E型卡车（载重290 t）。露天矿坑边设有半固定式破碎站，由卡车运来的煤炭经破碎站初破碎后，再由一条长3.5 km带式输送机运到储煤装载仓。

装车系统由两座容量分别为12 700 t和82 000 t储煤装载仓以及自动计量全自动化装车站组成，小时装载能力为4 100 t和10 800 t。

澳大利亚典型煤矿

煤炭是澳大利亚出口的主要矿产品，占出口总收益的25%。澳大利亚是世界第四大煤炭生产国，硬煤产量占世界硬煤总产量的近7%，其3/4的硬煤产量来自露天矿，仅有1/4来自井工矿。

一、井工煤矿

澳大利亚2006年7月至2007年7月年产量在400万t以上的井工矿有8座，基本情况如下所述。

（一）澳凯克里克矿

澳凯克里克矿（Oaky Creek）位于澳大利亚昆士兰州中部Tieri镇和Middlemount镇之间，隶属埃克斯卓达煤炭公司，现有员工1 230名。年生产能力1 100万t，人均年产煤炭8 943 t。

该矿有两个现代化长壁工作面和一个选煤厂，生产优质中挥发性焦煤，洗精煤产品经铁路运往东部港口麦凯和格拉斯通出口，其主要用户是亚洲、欧洲、北非和南美国家。目前剩余可采年限32年。

澳凯克里克矿于1982年投产，当时采用露天开采方式采煤，采煤设备是拉铲，这种采煤方式于2006年12月停止使用。1989年尝试井工长壁式开采，1990年开始建设第一个长壁工作面，1995年开始建设第二个长壁工作面——北澳凯工作面。

北澳凯长壁工作面，开采深度100~200 m，煤层厚4 m，2006年7月至2007年7月生产煤炭492万t。该工作面采高4 m，煤炭开采使用久益（Joy Mining）公司的2台12CM12型连续采煤机和15SC32型梭车；顶板支护采用久益公司127型，宽2 m、2×120 t的支架，这种支架包括现代化RS20s控制系统；工作面安装的是48 mm×1 000 mm铠装输送机，小时处理能力达到4 800 t。

（二）乌兰矿

乌兰矿（UCML）开采澳大利亚新南威尔士州西部煤田，隶属埃克斯卓达煤炭公司，现有员工316人。年生产煤炭1 000万t，人均年产煤炭31 646 t。

该矿采用露天和井工混合式开采，占有的乌兰煤层厚度在0.4~8 m之间，井工开采乌兰煤层低于3 m的部分，灰分含量12.5%；露天开采其余煤层，灰分含量16.5%。

长壁开采工作面开拓工程的装备包括：2台久益公司的12CM12型连续采煤机、1台DBT30MB3型连续采煤机、1台HM9型连续采煤机，久益公司的15SC32型梭车等。

长壁开采工作面开拓工程的装备包括：171架久益公司的700 t四柱式支架、Eickhoff SL500型采煤机、300 kW破碎机、3 000 t/hBSL和3 300 t/h

的铠装输送机。

（三）奥斯达矿

奥斯达矿（Austar）位于澳大利亚新南威尔士州纽卡斯尔煤田，距离赛斯诺克（Cessnock）西南 10 km，隶属兖煤澳大利亚有限公司（Yancoal Australia Pty Ltd.），现有员工 280 人。

该矿以长壁开采方式为主，开采深度 400 ~ 530 m，盘区长1 300 m、宽 220 m，煤层厚 4. 8 ~ 6. 5 m。2006 年 7 月至 2007 年 7 月生产煤炭 449. 99 万 t，人均年产煤炭 16 035 t。

澳斯达矿是澳大利亚第一个引进放顶煤开采技术的煤矿，其母公司认为这种开采技术是世界上最安全、效率最高的开采技术之一。放顶煤开采适用于 4. 5 m 以上的煤层，回采率可达 80% 以上。

澳斯达矿的煤炭产品是优质炼焦煤，具有低灰、低硫和低磷的特点。洗精煤运往纽卡斯尔港装船出口。

（四）北莫兰巴矿

北莫兰巴矿（Moranbah North）位于澳大利亚昆士兰州北部约 18 km 处，在莫兰巴镇北部 15 km、距达尔林普尔湾的煤码头 150 km。隶属澳大利亚英美煤炭公司（ACA），是 1998 年投产的地下长壁开采煤矿，矿区租赁面积 100 km^2，现有员工 650 人。

该矿目前开采的是贡耶拉中部煤层，年生产能力 4. 5 Mt，可采年限 20 年以上。该矿开采深度 200 m，煤层厚 3. 8 ~ 4. 5 m，2006 年 7 月至 2007 年 7 月生产煤炭 446. 20 万 t，人均年产煤炭 6 865 t。煤种是硬焦煤，主要出口日本、韩国和台湾等地区。

该矿使用久益公司的 6LS3 - 5 DERDS 型采煤机，采高 3. 8 ~ 4. 5 m；经过 2 年论证，2008 年英美煤炭公司最终决定选择久益公司的 2 m 宽、额定负荷为 1 750 t 的世界最大的液压支架，整个系统包括 151 台掩护支架，总投资 2 亿澳元。

（五）布尔塔纳矿

布尔塔纳矿（Beltana）位于澳大利亚新南威尔士州，是由埃克斯卓达（Xstrata Coal）煤炭公司控股的煤矿，现有员工 170 人。以长壁开采方式为主，年生产能力 680 万 t，2006 年 7 月至 2007 年 7 月生产煤炭 680 万 t，人均年产煤炭 40 000 t。当年完成了 5 号和 6 号盘区的井巷开拓布置，7 号盘区井巷开拓布置完成了 1/3。采用 DBT 的采煤机，滚筒直径 2. 2 m，采高 2. 7 ~3. 1 m。

（六）北新路矿

北新路矿（Newlands Northern）位于澳大利亚昆士兰州北部的鲍恩煤田，距麦凯西部 130 km、距格莱登 32 km，隶属埃克斯斯卓达煤炭公司（Xstrata Coal），占55%的股份。现有员工 1 227 人，年生产能力1 100 万 t，人均年生产煤炭 8 965 t。

该矿采用露天开采和井工长壁开采相结合的开采方式，煤层厚 6 m，主要生产供出口的动力煤和炼焦煤。长壁开采使用朗艾道（Long Airdox）公司的采煤机，采高 4.2 m；工作面顶板支架是 DBT 公司的，屈曲荷载 913 t。

（七）凯斯垂矿

凯斯垂矿（Kestral）位于澳大利亚昆士兰州中部鲍恩煤田，距埃莫拉尔德东北 50 km、罗克汉普顿西 300 km。隶属力拓澳大利亚煤炭公司（RT-CA），现有员工 320 人。

该矿以长壁开采为主，开采深度 250 m，煤层厚 2.8 ~ 3.2 m，2006 年 7 月至 2007 年 7 月生产煤炭 448.50 万 t，人均年生产煤炭 14 016 t。使用朗艾道（Long Airdox）公司的 Electra 1000 DERDS 型采煤机，采高 4.2 m；工作面顶板支架是久益公司的，屈曲荷载 860 t。

（八）麦超珀丽炭矿

麦超珀丽炭矿（Metropolitan）位于澳大利亚新南威尔士州南部煤田，隶属皮博迪能源集团的子公司海伦斯堡煤炭公司（Helensburgh Coal），现有员工 370 人。以长壁开采为主，煤层厚 3.2 m，2006 年 7 月至 2007 年 7 月生产煤炭 446.20 万 t，人均年产煤炭 12 059 t。使用艾克夫公司 EDW300/380 DERDS 型采煤机，采高 2.8 ~ 3.6 m；工作面顶板支架是 DBT 公司的，屈曲荷载 750 t。

二、露天煤矿

（一）黑水煤矿

黑水煤矿（Blackwater）是澳大利亚最大的露天矿之一，隶属 BMA 公司，年生产炼焦煤 14 Mt。该矿位于黑水镇南 24 km、格拉斯通港315 km，1967 年投产。

该矿煤层倾角为 3° ~ 5°，属缓倾斜煤层，平均厚 7 ~ 7.5 m。该矿煤炭销往东南亚、欧洲、中东、美国、印度和本国内的企业。

BMA 公司积极推行员工培训和带薪休假制度，使该矿的可记录工伤事故率下降了 57%。

（二）贡耶拉瑞尔塞德矿

贡耶拉瑞尔塞德矿（Goonyella Riverside Mine）是澳大利亚最大的露天煤矿之一，该矿年生产焦煤 14 Mt。该矿位于莫拉巴哈镇（Moranbah）北 30 km、海波因特港西南 190 km。

贡耶拉瑞尔塞德煤矿属于鲍恩煤田的 BMA 公司，开采贡耶拉浅部煤层和中部煤层的一小部分，平均厚 8 m。

贡耶拉煤矿 1971 年投产，BHP Mitsui 瑞尔塞德煤矿 1983 年投产；1989 年贡耶拉煤矿与瑞尔塞德煤矿合并成为著名的贡耶拉瑞尔塞德煤矿。

该矿采用露天采煤法开采，上覆岩层的剥离使用 7 个拉铲、卡车/电铲剥离车队、电铲/输送机系统；煤炭开采设备包括挖掘机、前置式装载机、大容量煤炭输送机；采出煤炭经 2 个选煤厂洗选后运往海波因特港。

该矿的炼焦煤销往东南亚、欧洲、中东、美国和印度。

印度典型煤矿

一、井工煤矿

1978 年，印度首次从国外引进长壁综采设备。在贾里亚煤田的 Moonidih 煤矿试采两个工作面，工作面各长 140 m。一个工作面采用 4 ×240 t 垛式支架和 FAMUR 滚筒采煤机；另一个工作面采用 4 × 280t 垛式支架和 DERDS 滚筒采煤机。工作面平均日产 300 ~500 t。20 世纪 80 年代，印度又从英国、波兰、俄罗斯、德国、法国和中国共计引进 30 套长壁综采设备。从中国引进的长壁综采设备和大巷带式输送机于 1995 年 8 月 21 日投入使用。截至 2007 年底，印度煤炭公司拥有综采成套设备 6 套，这些设备目前已经十分老化。2007 年，印度全国长壁综采工作面的产量仅占井工煤炭产量的 4% 左右。

印度政府批准并拨款在东南部煤田有限公司（SECL）巴兰布矿 63L 工作面试验短长壁综采。63L 工作面与巴兰布矿 P－1 长壁综采工作面相邻，也是浅埋深，上覆岩层整体性强的工作面。在此工作面上除液压支架改选 ZZ6500/14/27 型支撑掩护式支架外，其他综采成套设备仍是该矿曾成功使用的中国设备。

巴兰布矿共布置了 9 个短长壁综采工作面，每个工作面长度均为 80 m，推采长度变化在 240 ~540 m 之间。63L 短长壁综采工作面参数：采深在

40～51 m 之间；推采长度为 540 m；工作面长 80 m；煤柱尺寸为 20 m × 20 m；巷道宽 4.5 m；采高 2.2～2.4 m；倾角为 2°～3°。

在 63L 短长壁综采工作面选用的采煤机、液压支架、刮板输送机、桥式转载机等主要设备都是中国制造的。63L 短长壁综采工作面每天 18 h 出煤，6 h 维修设备，开机率为 50%。全天出勤 90 余人，另安排地面爆破专业队、地面下沉观测组和井下测压人员。每刀割煤 100 t，每日进 10 刀，日产煤炭 1 000 t。63L 短长壁综采工作面于 2007 年 12 月 30 日正式投产，至 2008 年 3 月 27 日全部采完，共推采 540 m，产煤 89 850 t。工作面平均日产煤 1 200 t，平均工效为 5.8 t/工。煤炭资源回收率为 100%。63L 短长壁综采工作面结束回采工作后，巴兰布矿开始准备向邻近的 58L 短长壁综采工作面搬家倒面。2008 年 4 月 25 日，58L 工作面投产出煤，短长壁综采第二个工作面生产开始，短长壁综采首采面的经验得到推广。

二、露天煤矿

印度煤炭开采主要以露天矿开采为主，露天矿产量约占印度煤炭总产量的 81%。一些大型露天煤矿的年产量超过 10 Mt。露天煤矿的开采深度一般在 100～150 m 之间，剥采比一般在 1.15～4.4 m^3/t 之间。煤层倾角小，采用经济的开采工艺，成本低、经济效益好。露天开采所有的机械设备大多是引进国外专利技术在国内制造，包括大型机铲和自卸汽车。采用的机械设备有斗容 25 m^3 的机铲、170 t 自卸汽车、斗容 24 m^3 的索斗铲，以及给料破碎运输系统等。褐煤露天煤矿采用大型轮斗挖掘机。印度露天煤矿建设趋向大型化，已建成的露天煤矿最大年设计能力达到 14 Mt。印度现有露天煤矿 170 个，井工露天混合煤矿 33 个。

（一）阿姆洛内露天矿

阿姆洛内（Amlobri）露天矿位于印度中央邦锡提区，瓦拉纳西城以南 250 km，归属印度煤炭公司北部煤田有限公司，所产煤主要供给装机容量 1 000 MW的 Rihand 电厂。1993 年露天矿建成后，由于初期设计不合理，后期请国外公司对露天矿重新设计，使现在的露天矿建立了开采进度系统；钻孔和爆破作业大大改善；设备利用率提高；安全和环境标准改善；建立了记录和报告制度，并实现了计算机化；矿山仓库重新布置和重新组织，使其高效运行；确定了直接和间接成本，并做了预算准备；为操作人员和管理人员编写了各种手册，包括设备操作和正常开采等相关工作。

该矿采用斗容 24 m^3 拉铲。前期拉铲作业面长约900 m，后期作业面增加到 1 500 m。初期采场剥离台阶宽 55 m，高 3 m。其他台阶高 15 m。汽车与电铲作业的台阶宽 80 m，采用拉铲时，台阶宽度达到 110 m。采用的其他采矿与辅助设备主要有：3 台 20 m^3 斗容的 P&H2300 型电铲、2 台 10 m^3 斗容的 P&H1900 型电铲、2 台 10 m^3 斗容的 Bucyrus - Erie195 型电铲、2 台 4.5 m^3 斗容的 EKG 型电铲、59 台 170 t 和 85 t 自卸汽车、12 台钻机、16 台推土机、6 台平路机、11 台水车、2 台 Terex 71 - 72 型轮式装载机和 2 台 Komatsu PC 300 型液压反铲。

矿内可采储量 319 Mt，东西部矿区大约各占一半。要开采这些煤炭资源需剥离 13.73 亿 m^3 的覆盖层，总剥采比为 1:4.3。现有职工 1 600 人。

覆存条件及煤质：覆盖层厚 0 ~ 60 m。第一个可采煤层为上 Purewa 煤层（0.5 ~ 7.6 m），它被 15 ~ 20 m 厚的中间层与下 Purewa 煤层（10.3 ~ 15 m）分开。最富有的煤层是 Turra 煤层（11.5 ~ 17.9 m），位于下 Purewa 煤层以下 50 ~ 75 m。上 Purewa 煤层煤的热值为 16.30 ~ 17.97 MJ/kg，下 Purewa 煤层煤的热值为 11.29 ~ 13.79 MJ/kg，Turra 煤层煤的热值为 17.97 ~ 23.83 MJ/kg。

露天矿的地表面积为 9.51 km^2，煤层以 2° ~ 5°的倾角向西北倾斜。设计生产能力为 10 Mt/a。Rihand 电厂发电能力增加 2 倍，达到 3 000 MW。

露天矿建有一个大型的综合设备维修厂，内设有汽车维修车间；电铲、推土机和平路机维修车间；电气设备和轻型运输车维修车间。另外，还设有道路维护部门。设备维修按制定的日程实施，并采用计算机以图表形式展示出来。正规的维修日程，专业化的维修人员，加上所提供的技术培训，使露天矿的设备利用率大幅度提高。

备品、备件仓库设在综合性维修车间附近。仓库实施计算机管理，采用 Plantcare 程序的材料管理模式，所有备品、备件在仓库的计算机上都打上了标记，包括印度煤炭公司与北部煤田有限公司的零件号码，卖方的零件号码和卖主。零件在仓库中的确切位置可在计算机上确认出其放在哪个房间，哪个零件架，哪一层及什么位置上。仓库计算机网络可以处理所有采购、接收、存储和发出的具体事宜。

露天矿建立了一个完整的计算机网络系统，可对任何工作地点的数据进行检查、核对和筛选。该系统可以提供设备维修预告，故障分析及报告，仓库管理，设备的完好率或使用率，设备运行成本，成本集中分析及报告，生产预测及报告，以及财务报表等。

为减轻粉尘问题，采用洒水车洒水。沿汽车路线建立了环境监测设施。为便于今后复田种植工作，还对排矸场进行了重新设计。

（二）奈维利褐煤矿区露天煤矿

奈维利褐煤田发现于20世纪50年代。该矿区位于印度半岛东南部泰米尔纳德邦的南阿尔特地区，距孟加拉湾40 km，面积480 km^2，总地质储量31 Gt，为印度褐煤的重要产地。奈维利褐煤公司（NLC）成立于1956年11月14日，现已成为印度一个以煤、电为主，开展多种经营的大型综合企业。公司现有职工18 945人，其中技术人员9 113人。

奈维利褐煤公司现有3个褐煤露天矿和3个坑口电站。

1号露天矿：1号露天矿原设计年产能力6.50 Mt，所产褐煤供给1号坑口电站发电。为满足1号坑口电站和1号坑口电站扩建项目的发电用煤，从2003年3月起，1号露天矿的年产能力提高到10.5 Mt。褐煤开采采用连续开采工艺，即轮斗挖掘机、移动式转载机和带式输送机系统。剥离作业采用排土机。所有设备均从德国引进。

1号A露天矿：1号A露天矿于2003年3月30日投产，年产能力3 Mt。褐煤开采采用连续开采工艺。

2号露天矿：2号露天矿的建设分二期工程完成。一期工程设计年产能力4.70 Mt，二期工程的扩建于1991年12月完成，年产能力提高到10.5 Mt。采用的轮斗挖掘机、排土机和移动式转载机是从德国进口的。带式输送机由印度Elecon工程公司提供。

上述3个露天煤矿均在2005～2006年期间获得质量管理体系（ISO 9001：2000）、环境管理体系（ISO 14001：1996）和职业安全健康管理体系（ISO 18001：1999）的ISO认证。

1号坑口电站：1号电站设计总装机容量为600 MW（6×50 MW和3×100 MW），分别于1962年5月和1970年9月投产发电。全部设备从原苏联进口。生产的电力输入泰米尔纳德邦电力局电网。由于这些发电设备已经超过正常的使用寿命，在1992年4月至1999年3月期间对设备进行了技术改造。改造后的发电设备可再运行15年。

2号坑口电站：2号电站的建设分两期工程完成。一期工程期间，分别于1986年3月和1988年1月完成630 MW（3×210 MW）装机容量的投产发电。锅炉和涡轮机分别由匈牙利Trans－Electro公司和意大利Franco Tosi公司提供。二期工程期间，分别于1991年3月和1993年6月完成840 MW（4×210 MW）装机容量的投产发电。使用的设备全部由印度国内公司提供。2号电站目前的总装机容量为1 470 MW。在满足奈维利褐煤公司内部用电需求后，其余电力根据相关协议输往国内其他地区。

1号坑口电站二期工程：1996年2月12日，印度政府批准1号电站二期工程安装两台机组（2×210 MW），总容量为420 MW。两台机组分别于2002年10月和2003年7月完成安装并投产发电。生产电力根据相关协议输往国内其他地区。

奈维利褐煤公司在建的项目主要有：① 2号露天矿扩建项目。2004年10月，印度政府批准2号露天矿将年产能力由10.5 Mt增加到15.05 Mt。② 2号坑口电站扩建项目。2004年10月，印度政府批准2号坑口电站安装两台各为250 MW的发电机组，使2号电站的总装机容量由现在的1 470 MW增加到1 970 MW。③ Barsingsar煤矿项目。2004年12月印度煤炭部批准Barsingsar煤矿建设项目。采场剥离作业从2006年8月开始。④ Barsingsar电站项目。2004年12月，印度政府批准Barsingsar电站建设项目，装机容量为250 MW（2×125 MW）。

现有项目的效益：2006年4～12月，奈维利褐煤公司露天剥离91.812 mm^3，产煤13.98 Mt，发电10 944 MU，电力输出9 177.6 MU。露天矿人班效率为104.78 t，人班发电11 914 kW·h。2005～2006年度，奈维利褐煤公司销售额为220.14亿卢比，比2004～2005年度减少80.05亿卢比。2006年4～12月销售额为173.934亿卢比，同比增加99.9亿卢比。

南非典型煤矿

2006年底，南非共有60座煤矿。依据煤炭赋存深度，南非煤炭开采方式主要有露天开采（深度500 m）和井工开采两种。

一、井工煤矿

房柱式开采概况。2008年，南非房柱式煤炭产量占全国煤炭总产量的18.8%，占井工产量的40%。南非煤层埋藏较浅，厚煤层所占比例较大，顶底板条件好，很少受到地质变化的影响，只有伴随火成岩侵入形成的局部断层和变位。

南非房柱式开采采用的设备主要由杰弗里、玛丽埃塔和威尔科克斯公司提供的采煤机，较大的机型为久益公司HM31型连续采煤机。掘进机由阿尔卑尼公司和鲍拉特公司提供，较大的机型为阿尔卑尼公司AM85型掘进机。在这些采掘设备中，85%的机械设备用于2.5～4.5 m和3.5～5.5 m煤层的开采。

房柱式开采的优点是：设备投资少，为综采的 1/4 ~ 1/5；采出率接近长壁工作面回采；采掘合一，建井期短；设备少，灵活，易搬运；巷道压力小，支护简单；利于环境（无矸石时），地面下沉量少；全员效率高。缺点是：回采率低，仅为 70% ~75%；通风条件差；初期投资高，需对矿井生产系统进行较大的改动，且在可进行长壁工作面开采的地方进行房柱式开采，将增大煤炭资源的损失量。

（一）典型煤矿——威斯特德艾煤矿

煤矿概况：威斯特德艾（Twistdraai）煤矿建于 1980 年，是 Igoda 煤炭公司全资子公司，拥有煤炭开采储量 79 Mt。开采的煤层位于南非普玛兰加省中海费尔德煤田，年产量 9 Mt。现有 3 对矿井。2006 年，公司所有权发生转变，由萨索尔公司和 Exxaro 公司控股，股份分别为 65% 和 35%。

煤质：威斯特德艾煤矿生产的煤炭为低灰动力煤和燃料煤。

开采条件：威斯特德艾煤矿目前开采的是 3#和 4#煤层，煤层厚 2.7 ~ 4.5 m，平均厚 3.6 m。其中，4#煤层厚 2.4 ~3.6 m，平均厚 3.3 m。

威斯特德艾煤矿房柱式开采采用的主要设备有：2 台阿尔卑尼 AM85 型巷道掘进机，2 台阿尔卑尼 AM75 型、1 台久益 HM21 型和 18 台久益 HM31 型连续采煤机，1 台久益梭车，7 台带式输送机。为降低生产成本，连续采煤机的台数已从 13 台减少到 7 台，生产效率为每班 1 540 t。

长壁式开采概况：从 20 世纪 60 年代开始，南非首次采用长壁综采技术，目的是解决矿井顶底板条件较差的问题和提高工作面的回采率。首次采用长壁综采的矿井是艾斯科公司纳威哥什煤矿。该矿布置有 2 个长壁综采工作面，工作面长 129 ~197 m，采区长 480 ~1 030 m。随着长壁综采在煤矿中不断应用，20 世纪 80 年代初期，南非长壁综采工作面产量超过了3 000 t。

南非长壁综采工作面开采的煤层厚度一般在 3 m 左右，工作面长度 200 m左右，采区走向长度一般为 1 000 ~2 500 m 左右，顺槽断面一般在 2.5 m×5.0 m，采区煤柱安全系数规定为 2.0。长壁综采工作面最初采用的双滚筒采煤机功率为 400 kW，但在使用过程中，因为煤质硬，抗磨强度大，使这种采煤机的能力达不到要求。针对这些问题，南非一些井工矿改用大功率的滚筒采煤机，最大功率可达 750 kW，大大提高了生产能力。采用的自移式支架一般为 4 柱支架，初期采用的液压支架支护能力较小，达不到顶板来压时工作阻力的要求，后来厂商修改了设计，提高了液压支架的支护能力，目前最大支护能力在 900 t 左右。

近年来，随着南非经济不断发展，采煤技术能力不断提高，房柱式开采由于劳动力费用的不断增加使其竞争力开始下降。考虑到煤炭供应，安全管理及出口市场的需要，一些从未采用过长壁综采的煤矿逐渐开始考虑改变传统采煤方法。长壁式采煤方法有望得到进一步发展。

（二）新登马克煤矿

煤矿概况：新登马克煤矿（New Denmark）隶属于英美矿业公司，位于普玛兰加省东南部 180 km，距斯坦得顿镇 30 km。1986 年投产，年设计能力为 10 Mt，所产煤炭大部分供应 Eskom 公司，总装机容量为 3 600 MV 的图卡电厂，其余部分供应南非其他电厂。

煤质：新登马克煤矿是南非最深的机械化井工矿之一。煤种为高挥发分、弱结焦性烟煤，热值 22.5 ~ 24.5 MJ/kg。灰分高，硫分和水分低。

储量和开采条件：新登马克煤矿现有可采储量超过 300 Mt，共有 4 个煤层，两个主采煤层厚 0.9 ~ 5.5 m，厚度稳定，但局部有起伏。目前开采 4# 煤层，厚 1.5 ~ 2.8 m，平均厚 1.9 m。

煤炭生产：按目前产量计算，该矿开采年限约 36 年，计划于 2040 年报废。自 1986 年投产以来，新登马克煤矿有 2 个长壁综采工作面和 2 个短壁工作面，1990 年停采了短壁工作面。在 1999 ~ 2001 年期间，调整了生产经营策略，采用新型采煤设备；2002 ~ 2004 年，生产效率提高了 60%，长壁综采工作面平均月产提高了 72%。其中，2004 年 8 月采用久益开采设备工作面生产煤炭 46 041 t，打破了薄煤层长壁开采纪录。目前新登马克煤矿的年产量维持在 5 Mt。2007 年该矿产煤 5.13 Mt，拥有矿工1 440人，全员效率 3 562.5 t/人。由于产量的提高，新登马克煤矿最近获得了 BEE 公司的长期供煤合同。

开采方法：该矿有 3 个立井。主巷、复巷开拓采用连续采煤机，单一长壁工作面出煤。长壁综采工作面平均长度约 200 m，采区长度最大约 2 000 m。工作面采用 4 柱工作阻力为 825 t 的垛式液压支架。

煤矿井田分为 2 个区段，分别是北部矿和中央矿。北部矿斜井出煤，1 个通风立井。立井装备 2 个罐笼，其中一个罐笼可容纳近 300 人。中央矿也是斜井出煤，立井通风，并有 2 个回风井。北部矿和中央矿运出的煤炭分别由带式输送机运送到转载仓。

2007 年 3 月，新登马克煤矿为增加产量，首次采用了久益公司型号为 12HM31AAA 新型薄煤层连续采煤机。该设备根据客户需要设计，于 2006 年上半年研制成功。

该型号设备与型号为 12HM31AA 连续采煤机相比，可降低开采高度，同时能满足大量缺乏 14HM15 设备的客户。该设备采用最新的 FACEBOSS 控制系统，并安装了最新的全球集成给油阀组，不仅提高了采煤机操作可靠性，而且显著地改善了设备的耐用性。新型 12HM31AAA 采煤机比目前 14HM15 型采煤机多开采 27 t，设备稳定性良好。

该设备此前已在一些煤矿试用，反映良好。新登马克煤矿首次采用这种采煤机，在 2.4 m 厚度的煤层，每班采煤最大达到了 1 271 t。

二、露天煤矿

露天开采概况：露天开采比重占 51%。南非露天煤矿开采从 20 世纪 70 年代开始至今发展迅速，当时第一座运用露天开采的煤矿是 Arnot 煤矿。目前有 8 个大型露天矿应用 20 多台机铲。随着大量煤炭资源开采，更多地采用露天矿开采技术。

煤矿概况：格特盖卢克（Grootegeluk）露天煤矿位于林波波河省，建于 1980 年。截至 2006 年 1 月，该矿煤炭可采储量 426 Mt，有矿工 1 800 人，年产量 18.6 Mt，产出的煤炭为动力煤、炼焦煤和冶金用煤。

煤质：格特盖卢克煤矿位于沃特堡煤田，煤田南、北边缘有低角度走向逆断层发育。断层上部煤层煤种为炼焦煤，下部煤种为劣质动力煤。

开采方法：格特盖卢克露天煤矿开采方法主要有两种，一种是采用传统的卡车—机铲开采工艺；另一种是使用巨型传统露天开采设备，包括爆破钻机、斗容为 25 m^3 的液压铲和 20 m^3 索斗铲，10 辆载重为 180 t 和 14 辆载重为 200 t 的卡车。虽然露天矿上层的煤层较容易开采，但主要的煤层与岩石层仍然需要用钻孔和爆破的方式开采。

煤矿生产：格特盖卢克煤矿是南非最大的露天矿。2007 年，该矿电煤产量为 15.3 Mt，冶金煤为 1.5 Mt，炼焦煤为 2.7 Mt。其中电煤主要供应煤矿附近的 Eskom 公司的 Matimba 电厂，冶金煤供应国内 mittal 钢厂，余下的煤炭通过德班和理查兹湾煤炭码头出口。目前，Eskom 公司正在研究新建一座2 100 MW发电厂，该矿每年增加供应 7.3 Mt 煤。如果电厂投产，该矿每年将供应新建发电厂 14.6 Mt 煤。Exxaro 公司也开始考虑扩大该矿煤炭产量，以满足电煤供应和出口的需要。

印度尼西亚典型煤矿

印尼是世界上最大的低灰、低硫次烟煤出口国。在过去的10年中，印尼煤炭工业迅速发展，煤炭产量增长了16倍。2008年，煤炭生产规模列世界第七位。印尼煤炭生产几乎都是露天开采，91%产自东卡里曼丹和南卡里曼丹，9%则来自苏门答腊岛南部。

一、Satui矿

Satui矿是印尼布米资源集团公司的子公司阿鲁特明煤炭公司的一个煤矿，拥有资源储量4.11亿t，可采储量4 300万t。2008年煤炭产量为390万t（2007年为540万t，2008年持续暴雨影响了生产），剥离地表量47.7 bcm。主要生产高质量烟煤、次烟煤。产品具有高热值、高水分、低硫的特性，不需要洗选。Satui矿位于印尼南加里曼丹，东北—西南向延伸40 km，平行距海岸约20 km，距离港口24 km。矿区为露天矿缓倾斜煤层，煤种主要是烟煤和次烟煤，煤层厚3 ~6 m。

二、Sebuku矿

基本概况：Sebuku矿隶属亚洲海峡资源集团公司，截至2008年6月30日，该矿拥有资源储量3.84亿t，基础储量1 900万t，2008年煤炭产量为300万t。Sebuku矿位于印尼南加里曼丹省的Sebuku岛。该矿是第二代煤炭承包制（CCOW）煤矿，煤炭工作合同由PTBCS与印尼国家矿山能源局共同签订。PTBCS承担承包者管理、全面的技术及工艺、业务运营（包括地质和煤炭质量管理）、环境管理、矿山规划（生产和加工的调度）、煤炭运输和销售。

地质条件：塞布库岛矿区为露天矿缓倾斜煤层，煤层为始新世下层，主要保存在塞布库岛西南地区。主要矿床呈南北走向，地层为向斜排列方式，倾角通常小于10°。地层构成主要是泥岩和与煤层镶嵌的页岩。各地层都能够开采且不需要爆破。该矿生产的煤炭是高挥发烟煤，平均灰分12%，总硫分1.05%，热值6 085 kcal/kg（风干基础），平均全水分14%。煤炭通常具有明亮的光泽，偶尔有亮带。

采煤方法和工艺及装备：该矿采用多坑露天开采方式。处理覆盖层和煤炭运输的混合车队，正铲挖土机和各种能力的挖掘机、轮式装载机，配合辅助设备包括推土机、筑路机（平地机）、压路机和水车。挖掘机运除表土和废料。

三、Tutupan 矿

Tutupan 矿隶属于印尼阿达罗公司，位于南加里曼丹岛，可开采储量超过4.06 亿 t，煤层厚 30 m。该矿为露天开采，主要使用推土机、挖掘机、装载机和卡车等装备，无需进行炮采。正铲和液压挖掘机装载覆盖层，再通过非公路自卸卡车进行运输。较低的剥采比使之不需要大量的重型设备。煤炭通过侧卸式两重或三重拖车从矿区运输到驳船装载点，再由转载装备装载到远洋货轮，实现海上运输和出口。

开发煤炭资源的基础是建设一个 75 km 公路运输线，从煤炭储备点到巴里托河的 Kelanis 驳船装载点。巴里托河呈南北向，靠近协定区并拥有进入爪哇海的深水航道。驳船载重高达 14 000 t。